전자기록 평가론

전자기록 평가론

Appraisal of Electronic Records

김명훈 지음

新 진리탐구

세계기록문화유산으로 등재되어 있는 조선왕조실록은 우리 민족의 찬란했던 기록관리 문화의 결정체라 할 수 있습니다. 임금의 승하 후 사초(史草) 및 시정기(時政記)를 수집하여 실록청에서 편찬한 조선왕조실록은, 중국이나 일본의 왕조실록에 비해 그 내용이 매우 상세할 뿐만 아니라, 군왕만이 아닌 당대의 정치·경제·사회·문화 전반에 걸친 내용을 전한다는 점에서 세계에서 유래를 찾아보기 힘든 기록유산이라 할 수 있습니다. 하지만 무엇보다 중요한 점은 군왕도 볼 수 없게 함으로써 내용의 진위성 및 무결성 확보는 물론, 이를 통해 자신의 통치내역에 관한 역사적 설명책임을 지니게 한다는 점입니다.

기록은 조직이나 개인의 활동 과정 중에 자연스럽게 생성·축적된다는 점에서, 있는 그대로의 모습을 비춰 주는 거울과 같다고 할 수 있습니다. 모든 사람들이 거울에 비추어 자신의 모습을 정돈하듯, 기록을 통해 과거를 되돌아보고 오늘을 점검하며 내일의 나아가야 할 길을 찾을 필요가 있습니다. 이러한 면에서 조선왕조실록의 전통은 현재적 의미를 지니며, 보통 사람들이 국가의 주인으로 인정받는 참된 민주주의를 향한 지름길을 제시해 줍니다.

우리나라에 기록학이란 새로운 학문이 소개된 지 어언 10년을 맞게 됩니다. 지난 10년 동안 우리나라의 국가 기록관리는 괄목할만한 발전을 이룩해 왔습니다. 국가 기록관리를 체계적으로 수행할 수 있는 법적 인프라 수립은 물론 각급 중앙기관 및 지방자체단체에 기록연구직이 배치되었으며, 전자기록을 과학적으로 관리할 수 있는 기록관리시스템이 구축되었습니다. 또한 기업이나 종교기관, 대학 및 기타 민간단체에도 하나 둘씩 기록관이 세워지고 있으며, 전국 각지에 기록학대학원이 설립되어 불철주야로 기록학 이론 및 방법론 연구에 매진하고 있습니다.

한국외국어대학교 기록학연구센터도 우리나라 기록관리의 정착에 힘을 보태고자 노력해 왔습니다. 지난 2001년 설립된 한국외국어대학교 대학원 정보기록관리학과 구성원들을 주축으로 기록학 이론 및 방법론에 대한 심도 있는 연구를 수행해 왔으며, 다수의 구성원이 기록관리 실무현장에서 전문가로서의 첨병 역할을 담당하고 있습니다. 또한 다양한 영역의 기록관리 실무 관련 프로젝트 수행을 통해 과학적인 기록관리 방법론들을 보급해 왔으며, 매월 기록학 콜로키움을 개최하여 연구자의 고뇌와 실무자의 경험이 조우하는 만남의 장을 제공을 마련해 왔습니다.

이러한 활동의 연장선상에서 올해부터는 기록학연구센터의 연구 및 출판사업에도 박차를 가하려 합니다. '한국외대 기록학연구센터 연구총서' 발행은 그 일환으로 기획된 것입니다. 지난 10년간 우리나라 기록관리 제도의 급격한 발전 속도에 비해 기록학의 학문적 연구는 상대적으로 뒤쳐진 것이 사실입니다. 튼튼한 건물을 세우기 위해서는 지반공사가 중요하듯, 굳건한 기록관리 제도의 정착을 위해서는 기록학의 학문적 연구가 뒷받침되어야 하기 때문입니다.

향후 한국외대 기록학연구센터 총서는 기록학 이론 및 방법론과 관련된 다양한 학문적 연구 성과들을 엄선하여 발간할 계획입니다. 그동안 국내 기록학계에서 본격적인 전문 연구서가 간행되지 못해왔음을 염두에 둘 때, 이번 총서의 간행은 국내 기록학의 진전에 큰 촉매제가 될 것입니다. 아직 국내 기록학의 학문적 연구 여건이 그리 양호한 편은 아니지만, 한국외대 대학원 정보기록관리학과의 교강사진 및 불철주야로 연구 활동에 매진하는 박사과정생들의 연구 성과, 그리고 국내외 기록학 연구자 및 실무자들의 연구 성과들을 모아, 우리나라 기록학의 학문적 발전에 밑걸음이 되고자 합니다.

끝으로 어려운 출판 여건에도 불구하고 한국외대 기록학연구센터 총서의 발간을 흔쾌히 허락해 주신 도서출판 진리탐구의 조현수 사장님과 조영재 이사님 그리고 편집부 일동께 감사를 드립니다. 아무쪼록 한국외대 기록학연구센터 총서 발간이 우리나라 기록학의 학문적 발전에 일조하길 기대하며, 추천사를 대신하고자 합니다.

2009년 2월
한국외국어대학교 기록학연구센터 소장
한국기록학회 회장
문학박사 이 영 학

요즘 내 꿈자리에는 유년 시절의 추억으로 가득하다. 성실하신 아버지 덕분에 넓은 정원을 지닌 이층집의 한강이 내려다보이는 내 방에서 순수한 유년의 꿈을 키워 왔고, 자상하신 어머니의 보살핌 속에 형, 여동생과 토닥거리며 아무런 근심 없는 행복한 나날을 보내왔다. 지금도 아무 일 없이 가끔씩 들러보는 옛 동네에는 유년 시절의 추적이 곳곳에 스며있고, 내가 다니던 국민학교와 작은 예배당에는 올해 역시 하얀 라일락꽃이 만발하게 피어 있었다. 모든 이들에게 과거가 아름답듯, 훌쩍 불혹을 넘겨서인지 유년 시절의 기억이 요즘 사뭇 그립다.

느닷없이 유년 시절의 추억을 떠올린 것은 지금 내 삶의 좌표를 되집어 보기 위함인 듯하다. 유복한 집안에서 자란 공부 잘하는 착한 학생이었지만, 이후의 여정은 평탄하지만은 않았다. 고등학교를 마치고 대학에 들어갈 때 우여곡절을 겪었고, 대학을 마치고 대학원에 진학할 때에도 그러했으며, 대학원을 마친 후 내 삶의 곡절 역시 그리 순탄치 못하였다. 내 인생에서 기록학과의 만남은 바로 이때 이루어졌다. 어영부영 만났지만 살면 살수록 애틋한 정이 쌓이는 인연처럼, 우연히 조우했지만 10년이 지난 지금 기록학은 어느새 내 생활의 전부가 되어 있었다. 물론 지난 10년 동안 유년 시절의 아련한 추억들은 아낌없이 주는 나무와 같이, 내일을 위한 오늘의 삶에 버팀목이 되어 주었다.

지난 2000년 한국기록관리학교육원에서 기록학에 입문한 이래 가장 흥미를 느낀 영역은 기록의 평가였다. 사학도 출신이 나에게 관리방법론 영역들은 별 흥미를 주지 못한 것도 이유 중 하나이긴 하지만, 평가론에서 이야기하는 이론적 논의들은 청빈한 학자의 길을 꿈꾸던 초학의 귀를 솔깃하게 만들었다. 지금도 보관하고 있는 당시 이원규 선생님 수업시간에 제출한 기말리포트를 보면 웃음이 절로 나지만, 사뭇 나름대로 진지했던 흔적 역시 잔잔한 미소를 머금게 한다.

기록학의 여정에서 찾아 온 기회 중 하나는 한국국가기록연구원 생활이었다. 선임연구원으로 근무하며 기록학 전반에 걸친 다양한 영역을 접할 수 있었으며, 또 개인적인 연구 활동들을 통해 기록학의 기본적 지식들을 체계적으로 축적할 수 있었다. 기록학에 본격적으로 재미를 붙인 연구원 생활동안 거의 휴일도 없이 남산에 있던 연구원에 나와 논문들과 씨름했던 기억이 새롭다. 덕분에 자못 널리 읽히는 연구보고서나 번역서, 논문들을 공간할 수 있었고, 또 이때의 진지했던 초학으로서의 학문 자세는 이후의 연구 활동에 큰 힘이 되어 주었다.

기록학 연구 활동을 평생의 과업으로 삼게 된 계기는 2004년 8월 국내에서 처음으로 개설된 한국외국어대학교 정보기록관리학과 박사과정에 입학하면서부터이다. 사뭇 진지하게 시작한 박사과정 생활은 그간 나름대로 많이 공부해왔다는 자만심을 깨우치게 했고, 학덕과 인덕을 두루 갖추신 은사님들의 지도 아래 다시 초학으로서의 학문적 자세를 가다듬을 수 있었다. 덕분에 박사과정 생활동안 특정 분야에 편중되지 않고 폭넓게 연구 활동에 임할 수 있었으며, 기록학의 거의 모든 분야에 걸친 연구 성과들을 공간할 수 있었다. 그리고 이영학 교수님 및 이승휘 교수님을 비롯한 여러 지인들의 도움으로, 분류, 기술, 평가 등 실무영역은 물론 기록관 설립, 역사집필 등 기록관리 영역 전반에 걸친 프로젝트에 참여하며 실무적 식견 역시 넓힐 수 있었다.

전자기록 환경에서의 평가 문제를 본격적으로 연구하게 된 계기는 바로 이러한 적극적인 연구 활동의 연장선상에서이다. 애초부터 기록의 평가에 관한 글들을 몇 편 발표해 왔긴 하지만, 기록학 전 영역에 걸친 폭넓은 이론 및 실무적 훈련들은 평가에 관한 논제를 보다 거시적 시각에서 조망할 수 있게 해주었다. 무엇보다 노명환 교수님의 서양 기록관리 역사 수업은 기록관리 패러다임의 변이 차원에서 평가 논제를 설정할 수 있는 안목을 제시해 주었다. 기록의 의미 및 기록관리 역할은 주어진 환경 및 시대에 적응하며 부단히 변모해 왔음을 감안할 때, 전자기록 환경에서의 기록관리는 단지 관리 매체의 변화만이 아닌 패러다임의 변이 차원에서 우선적으로 접근할 필요가 있으며, 평가 논제역시 이전의 영구보존 대상 선별 논리를 넘어서는 새로운 방향성을 모색할 필요가 있다는 점에서이다.

본서는 이에 대한 연구의 첫 번째 산물이다. 전자기록 환경에서 기록의 의미 및 기록관리의 역할을 기록의 평가 측면에서 모색코자 의도한 본서는 크게 세 방면에서 연구 상의 주안점을 두고자 하였다. 첫째는 전자기록 환경에서의 기록관리 패러다임 변이에 대한 고찰이며, 둘째는 전자기록 평가 자체에 대한 이론적 방법론적 분석이다. 그리고 마지막은 연구 결과의 우리나라 상황에 대한 적용과 함께, 전자기록 환경에서 향후 평가가 나아가야 할 방향을 제시하는 것이다. 물론 이러한 세 방면의 연구결과는 단초로서의 의미를 지닌다. 본서에 수록한 연구결과를 기반으로, 앞으로 전자기록 환경에서의 기록이 지닌 의미 및 기록관리의 역할을 지식정보 및 기록콘텐츠와 연계시켜 보다 구체화시킬 생각이다.

＊　　＊　　＊

기록과 사회, 인간을 화두로 삼은 학문의 길 가운데 이제 막 작은 봉우리 하나를 넘어선 기분이다. 앞으로 묵묵히 넘어서야 할 멀리 보이는 수많은 고봉들을 바라보며, 기록학을 입문할 때 지녔던 초심을 다시 상기해야 할 것 같다. 이제, 산을 오를 때 지니는 무념과 무상의 자세로, 앞으로 가야 할 먼 여정을 모든 것에 감사하며 기쁜 마음으로 가야할 것 같다.

감사는 축복이라고 하던데, 감사드려야 할 분이 너무 많다. 먼저 한국외국어대학교 정보기록관리학과의 은사님들께 감사를 드리고 싶다. 외롭고도 먼 학문의 여정에서 너무도 고마우신 은사님들을 만나게 된 것은 인생의 혼치 않은 행운인 듯싶다. 이영학 교수님께서는 엄격한 학문 자세와 스승으로서의 인덕이 무엇인지를 몸소 보여주셨다. 평소 조용하시고 다정다감하신 가운데 항시 제자들의 입장을 먼저 배려하시는 인품은 늘 삶의 지표가 되어 주었으며, 부족한 제자에게 베푸신 자애는 지금도 생각하면 마음이 잔잔하다. 노명환 교수님께서는 학문의 즐거움과 함께 인문의 길에 대한 가르침을 주셨다. 교수님의 인간적이신 인덕은 힘들고 지칠 때마다 늘 큰 힘이 되어 주었고, 교수님께서 추구하시는 기록과 사회, 인간에 대한 학문적 방향은 부족한 제자가 가고자 하는 길에 나침반이 되어 주었다. 교수님의 세련된 패션 감각만큼이나 섬세한, 그동안 베풀어주신 애정과 배려는 평생 잊지 못할 것 같다. 이근명 교수님께서는 학자로서의 자세와 함께 겸손에 대한 가르침을 주셨다. 지도교수로서 그동안 보여주신 학자로서의 인품과 자세는 성실한 초학으로서의 학문적 자세를 가다듬는 계기가 되어 주었으며, 교수님께서 보여주신 겸손의 미덕은 상대의 입장을 먼저 배려하는 삶의 지혜를 깨우쳐 주었다. 그리고 한국외국어대학교 사학과의 반병률, 여호규 교수님께도 감사 드려야 할 것 같다. 자주 뵙지는 못하였지만, 두 분께서 보여주신 인간미와 학문적 철저함은 앞으로의 여정에서 밑천으로 삼을 생각이다.

기록학의 입문 과정을 이끌어 주신 이승휘, 김익한 교수님과 이원규 선생님께도 깊은 감사를 드린다. 이승휘 교수님께서는 기록학 입문부터 지금까지 부족한 제자에게 학문적 가르침과 함께 늘 자상한 배려와 애정을 아끼지 않으셨다. 김익한 교수님께서는 따스한 인간미와 함께 기록학의 역동적인 사회적 역할에 대한 가르침을 주셨고, 또 박사학위 논문의 작성과정에서 보여주신 기록학에 대한 혜안과 격려는 앞으로의 연구 활동에 큰 밑 걸음이 될 것 같다. 그리고 이원규 선생님께서 보여주신 기록학에 대한 열정과 자기희생의 자세는 지난 10년간의 기록학 여정에 토대가 되어 주었다. 곽건홍, 설문원 선생님의 자애와 격려에도 감사를 드려야 할 것 같다. 필자가 걸어 온 그간의 생활동안 기록학 분야의 선배로서 보내주신 조언과 격려, 애정은 이루 말할 수 없이 고마울 따름이다. 오랜 기록학 영역의 동무들인 곽정, 오명진 선생님께도 감사의 인사를 표하며, 긴 학문의 여정에서 필자에게 여러모로 도움을 주고 있는 조민지 선생님께도 감사를 드리고 싶다. 한국외대 정보기록관리학과의 석박사과정 후배님들, 그리고 한국외대 기록학연구센터의 모든 식구들에게도 이 자리를 빌려 고마움을 전하고 싶다.

그리운 옛 스승께도 감사의 인사를 드려야 할 것 같다. 필자에게 처음으로 연구자로서의 자세를 혹독하게 훈련시켜주신 분은 건국대학교 사학과의 양필승 교수님이었다. 문헌자료의 읽기와 논리적인 글쓰기 유독 강조하셨던 교수님의 수업 시간은 긴장의 연속이었다. 일주일 내내 밤을 새가며 준비해 간 발표문에서는 사소한 꼬투리까지 일부러 잡아 수업 시간 내내 제자들을 가혹하리만큼 혼내셨고, 대신 수업을 마친

후에는 항시 근사한 저녁식사와 술을 사주시며 일주일 동안의 노고에
대한 위로 겸 초학으로서의 학문 자세를 주지시켜 주셨다. 자의 반 타
의 반으로 학교를 떠나게 되었지만, 글을 쓸 땐 늘 양 교수님의 꾸지람
이 그리워진다. 그리고 조교 시절 유독 따스한 격려와 배려를 아끼지
않으셨던 김기홍 교수님, 기록학이란 새로운 분야에서의 연구 활동을
격려하고 학문적 자세를 권면해 주신 한상도 교수님과 김기덕 교수님,
학덕과 인덕을 늘 흠모했던 경제학과의 최배근 교수님께도 가슴 깊숙
한 곳에 간직해 왔던 감사의 마음을 전해드리고 싶다.

어려운 국내 출판 환경에도 불구하고 기꺼이 출판을 결정해주신 도
서출판 진리탐구의 조현수 사장님과 조영재 이사님께 감사드리며, 한
국외대 기록학연구센터를 물심양면으로 지원해주고 계신 (주)듀플랙
스의 유익회 사장님, (주)딤스의 조송암 사장님, (주)한국문헌정보기술
의 이연창 사장님께도 지면을 빌려 감사의 인사를 드린다.

무엇보다 수고하고 무거운 짐을 질 때마다 쉴만한 물가로 이끌어주
신 하나님께 감사를 드리며, 낮춤 · 비움 · 용서 그리고 사랑의 마음으
로 하루하루 주어진 삶을 기쁘게 살아야 할 것 같다. 하나님께서 모든
자들을 직접 보살피실 수 없기에 모든 이들에게 부모님을 주셨다는 말
이 있다. 어머니 아버지만 생각하면 어느덧 눈망울엔 눈물이 고이게 된
다. 불효자식을 늘 염려하고 걱정하시는 부모님께 그간의 결실을 드리
고 싶다. 그리고 나를 사랑하고 아껴준 가족 모두에게 고마움을 전하
며, 특히 현민이, 민지, 정현이에게 고마움을 전한다.

2009. 3. 25

휘경동 연구실에서 씀

차례

발간사
저자서문

제3장　전자기록 환경과 ISO 15489 평가 함의

제4장　전자기록 평가체제와 평가방식

제5장　전자기록 환경과 영구보존 대상 평가전략

제6장　한국 공공기록 평가체계의 혁신 과제

제7장　전자기록 평가의 향후 과제

결　론

서론

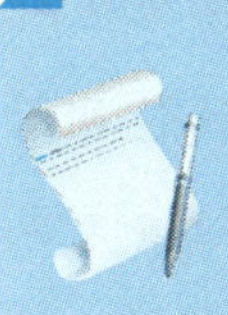 전자기록 평가 연구의 목적

21세기 새로운 기록 유형으로 보편화된 전자기록은 그동안의 기록관리 패러다임을 변모시키고 있다. 비트스트림으로 구성된 전자기록은 시공을 초월하여 생성·유통될 뿐만 아니라 네트워크망을 통한 다자간의 동시적 활용 역시 가능한 관계상 라이프사이클 개념 적용이 어렵게 되었다. 또한 복제 및 수정이 용이한 관계로 인해 종래 기록의 속성을 규정짓던 유일성 개념을 더 이상 통용될 수 없게 한다. 특히 다양한 기능들 간의 유기적 연계망 속에 생성되며 그 기술적 조건 역시 수시로 급변하고 있는 관계상, 그 관리 및 보존은 예전처럼 용이치 않게 되었다.[1]

전자기록이 지닌 이러한 특성들은 그동안 종이기록 환경에 기반을 두어왔던 기록관리의 원리 및 방식을 재정립시키고 있다. 조직구조와 연동된 분류 논리인 출처주의는 생산맥락 파악의 연원으로서 기능에 기반 한 분류 논리로 재정립되고 있으며, 원질서 존중의 원칙 또한 과거 물리적 순서에서 지적 질서의 개념으로 변모되고 있다. 또한 과거 시간의 흐름에 따른 기록의 가치 변화 논리와 맞물린 라이프사이클론은 일원화된 기록관리체제를 지향하는 컨티뉴엄 이론으로 대체되고 있으며, 더불어 분류 · 평가 · 기술 · 보존 등 제반 기록관리 실무상의 방식 역시 전자기록의 특성에 맞게 대대적으로 변모되고 있다.[2]

그러나 이와 같은 기록관리의 원리 및 방법론상의 변화에 우선하여 보다 중요한 점은 기록 및 기록관리의 본질적 의미에 대한 재탐구라 할 수 있다. 한 사회 속에서 기록관리는 관리 방법론 이상의 의미를 지니기 때문이다. 지난 역사를 조망할 때 기록 및 기록관리의 시대적 의미는 각각의 시대에 부응하며 끊임없이 변모해왔다.[3] 이는 곧 기록관리는 단순히 기록화 된 대상을 기술적 내지 방법론적으로 관리하는 것만으

---

1 전자기록이 지닌 이러한 기록으로서의 특성에 대해서는 김익한, 「EDMS와 기록의 라이프사이클」, 『기록학연구』5, 한국기록학회, 2002, pp. 5~24; 김명훈, 서석제, 김자경, 『전자기록관리의 이해』, 한국국가기록연구원, 서울, 2004, pp. 1~28을 참조.

2 전자기록 환경 하의 기록관리 원리 변화상에 대한 보다 구체적인 내용에 대해서는, ICA, Committee on Electronic Records, *Guide for Managing Electronic Records from an Archival Perspective*(ICA Studies 8), ICA, 1996; Terry Cook, "Archival Science and Postmodernism: New Formulations for Old Concepts", *Archival Science* 1(1), 2001; Philip C. Bantin, "Strategies for Managing Electronic Records: A New Archival Paradigm? An Affirmation of Our Archival Traditions?", *Archival Issues*, 1999. 〈http://www.indiana.edu/~libarch/ER/macpaper12.pdf〉; David Bearman & Margaret Hedstrom, "Reinventing Archives for Electronic Records: Alternative Service Delivery Options", *Electronic Records Management Program Strategies*, Archives and Museum Informatics Technical Report 18, Pittsburgh: Archives and Museum Informatics, 1993을 참조.

3 시대에 따른 기록관리의 의미 및 역할 변화에 대해서는 Michael Duchein, "The History of European Archives and the Development of the Archival Profession in Europe", *American Archivist* 55(Winter), 1992; Ernst Posner, "Some Aspects of Archival Development since the French Revolution", *American Archivist* 3(July), 1940; Richard C. Berner, *Archival Theory and Practice in the United States: A Historical Analysis*, Seattle & London: University of Washington Press, 1983; Hugh A. Taylor, "Information Ecology and the Archives of the 1980s", *Archivaria* 18, 1983을 참조.

로 한정될 수 없음을 의미한다. 물론 기록화 된 대상을 관리·보존한다는 점에서 기술의 진전에 대응하여 관리·보존상의 기술 및 방식들의 개발 역시 필요하다. 하지만 이에 앞서 당대 사회에서 기록이 지닌 의미 및 역할, 기록이 생성되는 사회적 환경들에 대한 조망과 더불어, 여기서 기록관리가 지닌 함의 및 역할 인식 또한 전제되어야 할 필요가 있다.[4]

비단 전자기록 환경[5]은 종이기록에서 전자기록으로의 매체 전환만을 의미하지 않는다. 전자기록 환경에서는 기록의 생성 연원이라 할 수 있는 사회 환경 및 조직의 운영방식이 변화하였으며 이에 따라 기록의 역할 및 활용 패턴 역시 변모하였다.[6] 또한 근대 시민혁명 과정에서 연유하여 산업사회를 거치면서 정립된 기록 및 기록관리의 의미는 최근의 사회 환경 속에서 새로운 자리매김이 요구되고 있

---

[4] Terry Cook, "What is Past is Prologue: A History of Archival Ideas since 1898, and the Future Paradigm Shift", *Archivaria* 43, 1997, p. 20.

[5] 전자기록 환경이란 전자·정보통신 기술의 발달로 비롯된 기록의 생산·유통·활용·관리상의 변화와 함께, 이러한 변화의 결과이면서 요인이기도 한 사회·문화적 변동의 상호작용 전반을 의미한다(이승억, 「전자환경에서의 기록관리 개념에 관한 재검토」, 『기록학연구』6, 한국기록학회, 2002, p. 42). 이는 곧 종이기록 환경에서 전자기록 환경으로의 이전은 기록관리 대상 매체의 전환 이상을 의미하는 것으로, 위와 같은 변화를 총체적으로 인식할 때에만 전자기록 환경에서 진행된 제반 변화의 실상을 근본으로부터 파악할 수 있다는 입장에서 연유한 개념이라 할 수 있다(원종관, 「레코드 컨티뉴엄의 속성을 통해 본 증거와 기억의 조화에 관한 연구」, 한국외국어대학교 대학원 정보기록관리학과 석사학위논문, 2007, p. 1). 물론 전자기록 환경에서 기록은 전자기록만이 생성되는 것은 아니며 종이 및 기타 매체의 기록 역시 생성·활용된다. 따라서 전자기록관리와 종이 및 기타 매체의 기록관리가 공존하게 된다. 하지만 그 주류를 차지하는 것은 전자기록인 관계로 인해, 종래의 기록관리 체제 및 방식, 논리 면에서 예전의 종이기록 환경과는 크게 다른 면모를 지니게 된다. 이러한 점에서 본고에서 언급한 전자기록 환경은 전자기록관리만을 의미하는 것 아닌 포괄적 개념이라 할 수 있으며, 종이 등 기타 매체의 기록 역시 생성되어 관리되게 된다. 하지만 기록관리 체제 및 방식, 논리상의 근간은 전자기록을 대상으로 하게 되며, 이러한 연유로 인해 이전의 종이기록 환경과는 다른 패러다임을 형성하게 된다.

[6] David Bearman, "Diplomatics, Weberian Bureaucracy, and the Management of Electronic Records in Europe and America", *Electronic Evidence: Strategies for Managing Records in Contemporary Organizations*, Pittsburgh: Archives & Museum Informatics, 1994, pp. 256~261.

다.[7] 바로 여기서 전자기록은 조직 행위의 내역으로서 기록의 본성과 증거로서의 속성에 대한 근본적인 재해석을 필요하게 하며, 조직 운영 메커니즘과 업무 패턴의 변화 속에 기록 및 기록관리의 의미와 역할을 근원으로부터 재고려케 하고 있다.[8]

이와 관련하여 현재 전 세계 기록학계의 연구 사조는 크게 두 방향으로 모아지고 있다. 첫 번째는 현용기록관리 단계의 역할 강화 동향이다. 이는 그동안 종이기록 환경에서 고착된, 라이프사이클에 입각한 단절적 기록관리체제에 대한 거부에서 출발한다. Schellenberg가 체계화시킨 기록의 가치 구분과 연동된 현용기록관리와 아카이브관리 단계 간의 엄격한 분리는, 전자기록 관리에 원론적으로 적용할 수 없다는 이유에서이다. 여기서 레코드(Record)와 아카이브(Archive)의 구분 없는 컨티뉴엄의 기록에 대한 새로운 정의가 도출되며, 현용기록관리와 아카이브관리 간의 경계가 사라진 통합 기록관리체제의 발상이 도출되었다.[9]

이러한 통합 기록관리체제의 발상은 곧 현용기록관리 단계의 역할 강화로 이어진다. 그동안 라이프사이클 체제에 기반을 둔 종이기록 환경에서는 기록관리의 중점이 아카이브관리 영역에 놓여 왔

---

[7] Bruno Delmas, "Archival Science Facing the Information Society", *Archival Science* 1(1), 2001, pp. 25~30; Fernada Ribeiro, "Archival Science and Changes in the Paradigm", *Archival Science* 1(3), 2001, p. 295.

[8] Sue McKemmish, "Are Records Ever Actual?", *The Records Continuum: Ian Maclean and Australian Archives First Fifty Years*, Sue McKemmish & Michael Piggott ed., Clayton: Ancora Press in association with Australian Archives, 1994, pp. 200~201; Sue McKemmish, "The Smoking Gun: Recordkeeping and Accountability", *Records Continuum Research Group Publications*, 1998.
〈http://www.sims.monash.edu.au/research/rcrg/publications/recordscontinuum/smoking.html〉

[9] Sarah J. A. Flynn, "The Records Continuum Model in Context and Its Implecations for Archival Practice", *Journal of the Society of Archivists* 22(1), 2001, pp. 81~84.

다.[10] 이는 기록의 가치가 시간의 흐름과 함께 변한다는 논리 하에 전개된 양분된 가치 개념에 기인한 결과로, 역사 내지 연구 상의 목적과 관계없는 기록들이 시의적절 하게 폐기된다면 기록은 효율적으로 관리될 수 있다[11]는 발상이 이를 단적으로 대변한다고 볼 수 있다. 바로 이러한 이유로 인해 수많은 기록물 중 항구적 보존가치를 지닌 대상을 선별하는 것이 기록관리기관의 궁극적 사명으로 여겨져 왔다.[12] 아울러 이러한 입장에서 볼 때 현용기록관리는 영구보존 대상으로 선별되기 이전까지의 관리를 담당하는 단순 요소 중 하나로 인식되었으며,[13] 이러한 사고는 근래의 정보화 시대에서도 변함없이 유지되고 있다.[14]

하지만 전자기록 환경에서는 전체 기록관리 프로세스에서 현용단계가 차지하는 비중이 대폭 강화된다. 논리적 객체의 통제단위를 수립하고 맥락을 파악하며 또한 기록품질을 확보하기 위해서는 필연적으로 사전적인 기록관리 조치가 취해져야 하며, 이러한 조치 없이는 이후의 기록관리 역시 무의미하기 때문이다. 바로 이러한 연유에서 조직구조와 연동한 사후적인 분류는 생산이전 단계의 업무분석을 통한 기능분류로 변모되고, 생산맥락 파악 역시 사후적인 기술에서 사전적인 메타

---

10 Sue McKemmish, "Understanding Electronic Recordkeeping Systems: Understanding Ourselves", *Records Continuum Research Group Publications*, 1994.
⟨http://www.sims.monash.edu.au/research/rcrg/publications/smckeram.html⟩

11 Theodore R. Schellenberg, 『현대 기록학개론』, 이원영 역, 진리탐구, 서울, 2002, p. 43.

12 David B. Gracy II, "Is There a Future in the Use of Archives?", *Archivaria* 24, 1987, p. 3.

13 J. J. Hammitt, "Government Archivists and Records Management", *American Archivist* 28(April), 1965, p. 219(Jay Atherton, "From Life Cycle to Continuum: Some Thoughts on the Records Management-Archives Relationship", *Archivaria* 21, 1985~1986, p. 44로부터 재인용).

14 Richard J. Cox, *Managing Records as Evidence and Information*, Westport, Connecticut: Quorum Books, 2001, p. 18.

데이터 포착을 통해 수행되며, 과거 업무의 결과로 주어진 물리적 기록
을 관리하는 차원에서 기록품질을 지닌 디지털 객체를 기록으로 획득
하는 등의 현용기록관리 조치가 강화되게 된다. 이를 반영하듯 최근 전
자기록 관리에 관한 연구는 업무분석에 기반을 둔 기록분류체계의 수
립 및 지적 통제 방안, 전자기록 메타데이터의 유형 및 요소 도출, 기록
품질 유지 및 접근·보안 방안, 전자기록관리시스템 기능규격 및 표준
화 등 현용기록관리 단계의 기록관리 방법론 측면에 대부분 집중되고
있다.[15]

현용기록관리의 역할 강화와 더불어 또 하나의 사조를 형성하는 연
구동향은 기록을 지식정보 자원으로 인식하려는 경향이라 할 수 있다.
기록은 조직 운영 및 업무 과정의 산물이라는 점에서, 조직구조 및 업
무 프로세스의 변화는 곧 전자기록의 의미 및 목적, 활용도 등의 변화
를 수반하게 된다.[16] 따라서 최근 지식정보가 조직의 운영에 필수적인
자원으로 요구되는 상황에서 또한 상당수의 지식정보는 기록으로 남겨
진다는 전제에서, 기록은 예전과 같은 '관리' 대상으로서의 의미 이상
을 지니게 된다. 이러한 점에서 전자기록의 의미 및 역할 역시 지식정
보화 사회의 제반 요구에 대응하며 재정립될 필요가 있게 된다. 따라서
전자기록 환경에서 기록은 더 이상 업무의 '결과'로서가 아니라, 현행

---

15 이에 대한 연구 성과들을 여기서 일일이 나열할 수는 없다. 전자기록 관리의 전체적인 연구 동향에 대
해서는 김명훈, 서석제, 김자경, 『전자기록관리의 이해』, 한국국가기록연구원, 서울, 2004의 〈부록 : 전
자기록관리 관련 참고자료〉를 참조.

16 AIIM International Europe, DLM-Forum, *Education, Training & Operation: From the Traditional
Archivist to the Information Manager*, AIIM Industry White Paper on Records, Document and Enterprise
Content Management for the Public Sector, AIIM International Europe, DLM-Forum, 2002, p. 8.

조직의 영위 및 업무 수행에 필수적인 지식정보 자산으로 인식되어야 한다는 것이다.[17]

이와 같은 연구 동향들은 종이기록 환경에서 전자기록 환경으로 변화되는 패러다임 전환기에 현용기록관리 단계의 관리 조치가 강화된 새로운 전자기록 관리 방안을 제시해 줄 뿐만 아니라, 외부 환경의 변화에 부응하여 기록을 지식정보 자원으로 인식한다는 점에서 의미를 지닌다. 하지만 전자기록 환경에서 현용기록관리 단계의 역할 강화는 비단 전체 기록관리 프로세스에서 현용단계에 필수적인 기록관리 조치들이 새롭게 부여되었다는 측면만으로 국한시킬 수 없다. 전자기록의 특성을 감안할 때, 기록품질 및 맥락 확보를 위해 현용단계의 기록관리 업무가 중요해지는 것은 필연적인 귀결이기 때문이다.

최근 들어 현용기록관리의 위상 정립 및 독자적 이론화를 위한 연구가 시작되고 있지만, 아직 시론적 수준에 머물고 있다는 실정이다.[18] 이와 더불어 전자기록 환경에서 기록을 지식정보 자원으로 인식하려는 연구 성과들 역시 일정 한계를 지닌다. 주로 현상적 측면에 주목하여 기록과 정보, 지식을 단순 비교하거나 기록을 지식정보 자원으로 활용해야 한다는 선언적 주장 수준에 그칠 뿐, 기록학적 원리에 입각한 구

---

[17] Paul Sutcliffe, "Building the Corporate Memory in the E-environment", *Records Management Journal* 13(2), 2003, p. 53.

[18] 이러한 연구로는 Zawiyah M. Yusof & Rebert W. Chell, "Towards a Theoretical Construct for Records Management", *Records Management Journal* 12(2), 2002; Mike Marsh, "The Nexus & Praxis of Records Management and Archives: Is There a Difference? The Changing Role and Status of Records Managers in the Context of International (Global) Business Environment", 15th International Congress on Archives, 2004. 〈http://www.wien2004.ica.org/imagesUpload/pres_171_MARSH_B-ARMA%2001.pdf〉; Richard J. Cox, "7 Paths to Developing or Sustaining RIM Programs", *Information Management Journal* 2006(3-4), 2006을 참조.

체적인 논리 및 방안에 대해서는 제시치 못하고 있다.[19]

　이러한 측면에서 볼 때 최근의 전자기록 환경에서 기록관리 패러다임 변화를 조망함과 아울러 새로운 지식정보화 사회에 부응하는 전자기록 및 전자기록 관리의 의미와 역할을 정립하기 위해서는, 현용기록 관리의 의미 및 방향성에 대한 연구와 더불어 지식정보화 사회에 대응하는 기록의 현용적 가치에 대한 본격적인 연구가 요청된다고 할 수 있다. 본고는 이를 위한 하나의 방편으로 전자기록 환경 하의 평가 문제를 분석코자 한다. 그동안 기록의 평가에 관한 연구는 주로 생산 본래의 목적과는 상관없는 비현용단계의 영구보존 대상 선별에 국한되어 수행되어 왔다. 현대 기록의 평가 이론을 체계화한 Schellenberg의 논리는 영구보존기록의 선별에 입각해 출발한 것이며, 이후 이를 비판하거나 보완하기 위해 도출된 수많은 평가 이론들 역시 이와 동일한 맥락에 있다.[20] 이는 종이기록 환경에서의 평가체제가 본디 업무부서에서

---

19 이에 대한 연구 성과들로는 Jan Duffy, "Knowledge Management and Its Influence on the Records and Information Manager", *Information Management Journal* 2001(7), 2001; William Saffady, *Knowledge Management: A Manager's Briefing*, Kansas: ARMA, 1998; Susan L. Cisco, Karen V. Strong, "The Value Added Information Chain", *Information Management Journal* 1999(1), 1999; ARMA, "Knowledge Management: An Overview", *Information Management Journal* 2000(6), 2000; 山下貞麿, 「ナレッジマネジメントと記録管理」, 『情報管理』 49(3), 科學技術振興機構, 2006; Michael Pemberton, "KM & RM: Oil & Water?", *Information Management Journal* 2004(5-6), 2004; Catherine E. Hare, "Records Management in the Next Millennium: Conference Report", *Records Management Journal* 8(2), 1998; Kenneth Toms, "Knowledge Management Is Dead: Long Live Records Management", *Records Management Journal* 14(2), 2004; Paul Sutcliffe, "Building the Corporate Memory in the E-environment", *Records Management Journal* 13(2), 2003; Graham Beastall, "Records Management Meets Knowledge Gathering", *Records Management Journal* 8(2), 1998; Martin Sanderson, "Records Management and the Capture of Tacit Knowledge", *Records Management Journal* 11(1), 2001 등을 참조.

20 20세기 이후 기록학 영역 가운데 가장 활발한 논쟁이 이루어져왔던 영구보존기록 선별을 위한 평가 이론의 대체적 흐름은 미시적 평가에서 거시적 평가로의 변이라 할 수 있다. 미국 국립기록청의 Brooks와 Bauer가 토대를 구축한 개별 기록물의 내용에 따른 평가 논리는 Schellenberg에 의해 체계화되었지

생성된 수많은 기록물 가운데 영구보존 대상을 한정시키기 위한 논리에 근저하고 있다는 데에서도 그 이유를 찾을 수 있지만, 무엇보다 업무와는 별개로 수행되는 기록관리 패턴 속에 기록을 사후적인 결과물로 간주해 온 경향에 기인한 바 크다.

하지만 전자기록 환경 하의 평가는 이와 차원을 달리할 필요가 있다. 전자기록이 지닌 논리적 객체로서의 특성으로 인해 업무와 상관없는 사후적 결과물로서가 아닌 업무의 내역을 반영한 사전적 증거로서 기록을 파악하며, 또한 비현용단계에서 기록이 지니게 되는 가치에 우선하여 조직의 영위 및 업무 수행에 필요한 기록으로서의 가치가 앞서기 때문이다. 이는 곧 전자기록 환경 하의 평가 패러다임은 과거와 같은 비현용단계의 미래적 이용가치에서 현용단계의 현재적 활용 가치로 이전함을 의미하는 것이다. 전자기록 환경에서 디지털 객체를 관리하기

만, 1970년대 이후 기록생산 환경의 변화와 맞물려 이론 및 실무상의 적정성 면에서 비판에 직면하게 된다. 한편 독일의 Booms는 개별 기록물이 지닌 절대적 가치는 존재할 수 없다는 전제 하에 당대의 사회상을 표상화 시킬 수 있는 도큐멘테이션 구축을 제안하지만, 이를 위한 구체적 방안은 제시치 못하였다는 점에서 한계를 지닌다. 1980년대 미국에서 제기된 도큐멘테이션전략은 종전까지의 평가가 학문 연구를 지원하는데 한정되어 사회활동 전체상을 전승하는데 소홀해 왔다는 문제의식을 기반으로, 현재 사회에서 지속되는 이슈·주제·기능 등에 관련된 적정 기록군을 확보하는 것에 평가의 목표를 둔다. 따라서 평가는 개별 가치 중심의 선별이 아닌 상호 연관된 다변적 기관에서의 유기적 기능을 지닌 기록물의 생산을 통해 지정되는 방식으로 이루어지며, 전략상의 세부 내용 및 범주는 사회상과 사회 가치의 변화에 조응하게 된다. 하지만 기록을 통해 형성시키는 당대 사회상의 설정은 그 범위가 너무 넓고 주관적이며, 다양한 기관들 간의 협력 역시 현실적으로 어렵다는 점에서 한계를 지닌다. 이외 역사 연구의 변화패턴이나 이용자 분석 등을 평가에 반영해야 한다는 시각, 계량화된 미시평가 기법 등 다양한 각도에서 수많은 평가 이론 및 방법론들이 제시되었지만, 여기서 일일이 소개할 수는 없다. 영구보존기록 선별을 위한 평가 이론의 개괄적인 정리로는 Frank Boles, *Selecting & Appraising Archives & Manuscripts*, Chicago: SAA, 2005, 2장; Richard J. Cox, *Managing Records as Evidence and Information*, Westport, Connecticut: Quorum Books, 2001, 3장; Barbara Craig, *Archival Appraisal: Theory and Practice*, München: K.G. Saur, 2004, 4장을 참조. 또한 ICA에서는 세계 각국 기록학 관련 학술지 상의 평가 연구들에 대한 개요를 정리해주고 있는데, 이 역시 그동안의 평가 이론들에 대한 연구동향을 파악하는데 유용하다. 이에 대해서는 ICA, Committee on Appraisal, "Bibliography on

위한 최우선적 과제는 기술적 내지 관리 방법론적 측면이 아니라, 어떠한 대상을 어떠한 목적을 위해 획득할 것인가라는 전략적인 것임을 염두에 둘 때,[21] 비현용단계의 역사적 · 문화적 가치에 앞서 전자기록의 현용적 가치를 우선시해야 할 이유가 도출되는 것이다. 바로 이러한 점에서 본서에서는 전자기록 환경 하의 평가 패러다임을 현용적 가치의 강화 경향으로 설정하였다. 이러한 평가에 대한 연구는 최근의 사회 환경 속에서 조직의 영위 및 업무 수행에 필요한 기록의 가치에 주목함과 더불어 이를 통해 조직에 실익을 주는 현용기록관리의 방향을 제시한다는 점에서, 지식정보화 시대에 부응하는 전자기록 및 전자기록 관리의 의미와 역할을 정립시켜줄 뿐만 아니라 전자기록 환경 하의 평가 논제에 관한 새로운 시각 역시 제시해줄 것이다. 또한 전자기록 환경에 대응하여 개편된 우리나라의 평가 제도를 원론적 차원에서 점검함과 아울러, 향후 개선 및 발전 방향을 설정하는 데에도 일조할 수 있다.

---

21 Greg O' Shea1, "Research Issues in Australian Approaches to Policy Development", *Archives and Museum Informatics* 11(3-4), 1997, pp. 251~257.

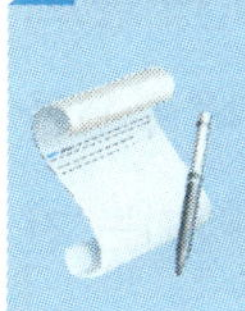

선행연구와 연구방법

　기록의 평가는 일정 가치 내지 중요도를 기반으로 기록을 선별[22]하는 행위라는 점에서, 그간 기록학 영역 중 가장 활발한 논쟁이 전개되어 온 분야라 할 수 있다. 하지만 전자기록 환경 하의 평가 연구는 이러한 가치 논쟁에 앞서 기존 평가 원리 및 방식과의 차이에 주목할 수밖에 없었다. 전자기록의 특성으로 인해 종이기록에 기반을 두고 정형화된 기존의 평가 원리 및 방식을 적용키 어려웠기 때문이다. 이러한 배경에서 전자기록 환경 하의 평가에 관한 연구는 먼저 기존의 종이기록에 기반을 둔 평가방식과의 차이점 분석을 통해, 전자기록 평가에서 나타나는 특성과 함께 전자기록 평가 상의 일반 원리 및 방식을 개괄적으로 제시하는 측면에서 이루어져왔다.

　전자기록 환경 하의 평가 문제에 관한 선행 연구들을 구체적으로 살펴보면, 우선 전자기록의 고유 속성에서 기인하는 평가 상의 특성에 관한 연구들을 들 수 있다. 우선 전자기록의 평가시기에 관한 연구들로, 전체 기록관리 프로세스 가운데 종이기록과는 다른 평가시기에 주목한다. 이러한 연구들의 주요 논지는 복잡한 시스템 구조에서 생성되는 전자기록의 방대한 양으로 인해 비현용단계에서의 중요기록물 선별을 불가능하게 하며, 전자기록이 지닌 매체의 불안정성 및 수정·변조 등의 용이성으로 인해 평가는 가급적 생산단계 초기에 이루어져야 한다는 것이다. 또한 전자기록은 논리적 실체로서 평가에 필요한 맥락 및 구조 정보를 비현용단계에서는 파악이 불가능한 관계상, 생산 이전 내지 생산 단계에서 평가가 수행되어야 한다는 것이다.[23]

---

22 평가(Appraisal)와 선별(Selection)은 가치 있는 기록물을 선정하는 작업이라는 점에서 그동안 유사한 의미로 사용되어 왔으며, 각각에 대한 정의 역시 상이하게 사용되어 왔다. 가령 SAA 용어사전에서 평가는 '보존소로 이관할 충분한 가치를 지니는지 결정하는 절차 또는 고유의 가치를 기반으로 보유되어야 할 시간의 길이를 결정하는 절차'로, 그리고 선별은 '지속적인 가치로 인해 보존할 대상을 식별하는 절차'로 정의하고 있다(Richard Pearce-Moses, *A Glossary of Archival and Records Terminology*(Exposure Draft), Chicago: SAA, 2004, pp. 31~32, 238). InterPARES 프로젝트에서는 평가를 '계속적인 보존 목적을 위해 기록의 가치를 판단하는 행위'로, 그리고 선별을 '기록관리 원리를 기초로 생산자 및 일반 이용자의 계속적인 필요에 따라 기록을 평가·처리하는 행위'로 정의하고 있다(InterPARES Project, "Activity Definitions: A Model of the Selection Function", *The Long-term Preservation of Authentic Electronic Records: Findings of the InterPARES Project*, 2001, p. 1). 한편 IRMT와 ICA가 공동으로 편찬한 용어집에서는 평가를 '미래의 이용을 위해 기록의 가치를 결정하는 절차'로 정의하며 선별 역시 이와 동일한 의미로 정의내리고 있다(ICA, IRMT, *Managing Public Sector Records: A Study Programme-Glossary*, ICA, IRMT, 1999, p. 4). 이에 본고에서는 평가와 선별 개념의 구분을 위해, 평가는 내용이나 기능 등을 기반으로 하여 가치 있는 중요기록물을 확인하는 광의의 개념으로, 그리고 선별은 가치를 통해 기록을 선정하는 행위 자체를 의미하는 협의의 개념으로 사용하였음을 밝힌다.

23 전자기록의 평가시기와 관련된 주요 연구성과에 대해서는 Catherine Bailey, "Archival Theory and Electronic Records", *Archivaria* 29, 1989~1990; Hans Hofman, "Off the Beaten Track: The Archivist Exploring the Outback of Electronic Records", *Playing For Keeps: Proceedings of an Electronic Records Management Conference*, 1994; Alan Kowlowitz, "Appraising in a Vacuum: Electronic Records Appraisal Issues-A View from the Trenches", *Archival Management of Electronic Records*, Archives and Museum Informatics Technical Report 13, 1991; ICA, Committee on Electronic Records, *Guide for Managing Electronic Records from an Archival Perspective*(ICA Studies 8), ICA, 1996; Trudy Huskamp Peterson, "Archival Principles and the New Technology", *American Archivist* 47(Fall), 1997 등을 참조.

전자기록이 지닌 기술의존성 역시 평가 상의 특성 가운데 하나로 상정된다. 전자기록의 경우 전자기록을 생산한 시스템 및 하드웨어·소프트웨어 등에 대한 정보 및 기술력 없이는 항구적 보존대상으로 선별된 전자기록의 보존 및 향후 활용이 불가능하다는 점에서, 관련 경비 및 기술력 분석은 평가 상의 필수 절차로 자리해야 한다는 논리에서이다.[24] 또한 전자적 매체의 기술 발전과 관련하여 전자기록의 구조가 복잡할수록 보존에 소요되는 비용은 기하급수적으로 증가한다는 분석 하에 항구적 보존가치와 보존비용 간의 적정성을 평가 시 측정해야 한다는 논지 역시 제시되었다.[25]

이러한 평가 및 평가 상의 기술력 문제는 평가의 주체 또한 종이기록 환경과는 다른 해석을 도출시켰다. 종래 라이프사이클에 토대를 둔 기록관리체제에서는 이원적인 가치 구분 논리와 연동하여, 역사적 내지 문화적 가치를 선별하는 아키비스트가 평가의 실질적 주체로 자리해왔다.[26] 하지만 컨티뉴엄을 기반으로 한 일원화된 기록관리체제 하에서는 아키비스트와 레코드메니저와의 전통적인 역할 구분을 와해시키게 된다.[27] 전산시스템을 통해 생성되는 모든 정보가 기록은 아니며 업무의 내역을 반영한 비트스트림의 포착이 선행되어야 하는 상황에서, 아키

---

24 Terry Eastwood ed., "Appraisal of Electronic Records: A Review of Literature in English", *The Long-term Preservation of Authentic Electronic Records: Findings of the InterPARES Project*, 2002, pp. 12~13. 〈http://www.interpares.org/book/index.cfm〉

25 Eljas Orrman, "Structural Complexity of Electronic Records as a Factor Guiding Decisions on Permanent Retention", *Principles of Appraisal and Their Application in Electronic Environment: European Models and Concepts*, Arkistolaitos, 2000. 〈http://www.narcfi/dlm/〉

26 Theodore R. Schellenberg, 『현대 기록학개론』, 이원영 역, 진리탐구, 서울, 2002, pp. 17~18.

27 Linda J. Henry, "Schellenberg in Cyberspace", *American Archivist* 61(Fall), 1998, pp. 318~319.

비스트의 역할은 이차적 가치를 지닌 대상을 선별해내는 역할로 한정될 수는 없기 때문이다. 이러한 배경에서 기존의 아키비스트 뿐만 아니라 기록물 생산자 및 보존담당자 역시 전자기록 평가 상의 주요 이해당사자로 부상하며, 시스템설계자 등 전산전문가 역시 평가 업무에서 또 하나의 축을 형성하게 된다.[28]

이상의 연구들에서는 전자기록의 기술적 속성에 기반을 둔 평가 상의 특성들을 제시했다는 점에서 의미를 찾을 수 있다. 기존의 라이프사이클 논리에 입각한 평가 수행이 어려운 상황에서, 전자기록의 평가와 관련된 제반 문제들을 종이기록 평가방식과의 비교를 통해 해결하였다는 점에서 전자기록 평가에 대한 선행 연구로서의 의의 또한 지닌다고 볼 수 있다. 하지만 이러한 연구들은 주로 방법론 내지 기술적 관점에서 기존의 종이기록 평가와의 차이에 근거한 논지 전개에 그칠 뿐, 구체적인 적용 방안에 대한 논의에는 이르지 못한 한계를 지닌다. 무엇보다 전자기록 환경 하의 패러다임 변화와 맞물린 평가의 역할에 대해서는 논의가 이루어지지 않고 있다는 점에서 연구 상의 가장 큰 한계로 지적할 수 있다. 중요기록물을 선별하는 평가는 방법론 내지 기술적 측면만으로 한정지을 수 없기 때문이다.

이와 같은 평가 상의 방법론적 측면 외에, 전자기록 환경 하의 평가에 관한 또 다른 연구 방향은 전자기록이 지닌 기록으로서의 고유 속성 문제를 고려한 것이다. 이러한 전자기록의 고유 속성과 관련하여 진본

---

[28] InterPARES Project, "Appraisal Task Force Report", *The Long-term Preservation of Authentic Electronic Records: Findings of the InterPARES Project*, 2000, pp. 20~21.
〈http://www.interpares.org/book/index.cfm〉

성(Authenticity) 문제는 현재 주목받고 있는 연구 영역 중의 하나이다. 진본성 문제가 전자기록 평가 상의 핵심 영역으로 부상하는 이유는 전자기록이 지닌 기술적 문제와 관련이 있다. 즉 컴퓨터 기술의 급진전에서 기인하는 저장매체·시스템·하드웨어·소프트웨어의 사양화에 따라 전자기록은 마이그레이션(migration) 및 에뮬레이션(emulation) 등과 같은 기술적 조치를 시행해야 하며, 이 과정에서 원본과 동일한 내용-맥락-구조 정보의 확보와 함께 불법적인 수정이나 변조 등으로부터 보호해야 하는 문제가 수반되기 때문이다.[29] 결국 이러한 절차상에서의 진본성 확보 없이는 전자기록의 선별은 물론 나아가 보존 및 향후의 활용은 무의미해지게 되며, 바로 여기서 진본성 문제는 전자기록 평가 상의 필수 영역을 형성하게 되는 것이다.[30]

이와 같은 연구들은 기록으로서 전자기록이 지닌 기본 속성에 대한 고려를 기반으로 평가 상의 문제에 접근했다는 점에서 의미를 지닌다. 전자기록의 경우 기록품질이 확보되지 못한 중요기록물의 선별은 아무런 의미를 지닐 수 없다는 점에서 기존의 가치평가와 함께 전자기록 평가방식 개발상의 원리적 기반을 제공해주며, 아울러 평가를 독립된 업무단계가 아닌 다양한 기능 및 절차들과 연관된 유기적인 프로세스로 통합시켜준다는 측면에서 연구 상의 의의를 찾을 수 있다. 하지만 이러한 연구들 역시 아직 원론적인 모형 제시 수준에 그칠 뿐 구체적인 프로세스 및 적용 방안까지는 도출하지 못하였고, 더불어 중요기록물의

---

29 Laura Millar, *Authenticity of Electronic Records: A Report Prepared for UNESCO and the International Council on Archives*(ICA Study 13-2), ICA, 2004, pp. 8~11.

30 ICA, Committee on Electronic Records, *Guide for Managing Electronic Records from an Archival Perspective*(ICA Studies 8), ICA, 1996, pp. 25~26.

선별 논리에 대해서는 간과한 한계 역시 지닌다.

이상과 같은 기술적 내지 방법론적 연구 경향 외에, 전자기록 환경 하의 평가와 연관된 또 다른 연구 방향은 평가방식과 관련된다. 전자기록 환경 하의 평가는 기능평가(Functional Appraisal)를 통해 수행되어야 함을 그동안의 연구들은 대체로 동의하고 있다.[31] 기능평가를 지지하는 연구들은 우선 평가 상의 경제학적 논리에 근거한다. 수많은 전산시스템들을 통해 통제할 수 없을 정도로 생산·유통되는 전자기록의 경우, 기능상의 중요도를 근거로 선별하는 기능평가가 전자기록의 평가방식으로 가장 절적하다는 것이다.[32] 전자기록 환경에서 라이프사이클을 대

---

[31] 이에 대해서는 Philip C. Bantin, "Strategies for Managing Electronic Records: A New Archival Paradigm? An Affirmation of Our Archival Traditions?", *Archival Issues*, 1999. 〈http://www.indiana.edu/~libarch/ER/macpaper12.pdf〉; ICA, Committee on Electronic Records, *Guide for Managing Electronic Records from an Archival Perspective*(ICA Studies 8), ICA, 1996; Peter Horsman, "Appraisal and Disposal as a Function of Records Management Systems", *Principles of Appraisal and Their Application in Electronic Environment: European Models and Concepts*, Arkistolaitos, 2000. 〈http://www.narcfi/dlm/〉; David Bearman & Margaret Hedstrom, "Reinventing Archives for Electronic Records: Alternative Service Delivery Options", *Electronic Records Management Program Strategies*, Archives and Museum Informatics Technical Report 18, Pittsburgh: Archives and Museum Informatics, 1993; Stephen Twigge, "The Appraisal of Electronic Records", *Manual on Appraisal(Draft): A Practical Guide for the Daily Problems of Appraising and Selecting Documents*, ICA/CAP, 2005; Elizabeth Shepherd & Geoffrey Yeo, *Managing Records: A Handbook of Principles and Practice*, London: Facet Publishing, 2003; ARMA, *Electronic Records Retention: New Strategies for Data Life Cycle Management*, Renexa: ARMA, 2003; TNA, *Management, Appraisal and Preservation of Electronic Records*(Vol. 1, 2), TNA, 1999. 〈http://www.nationalarchives.gov.uk/electronicrecords/advice/guidelines.htm〉; Kathryn Dan, "Acquisition, Appraisal and International Standard ISO 15489", *Comma* 2002(1-2), 2002; Frank Boles, *Selecting & Appraising Archives & Manuscripts*, Chicago: SAA, 2005; Cristina Carvalho, "Appraisal Based on Organic Functional Analysis: A Case Study in an Electronic Records Environment", *Records Management Journal* 11(3), 2001; Montserrat Canela, Isabel Campo, Joan Domingo, Jordi Serra, "The Appraisal Process as a Way to Integrate the Archival Point of View in the Planning, Creation and Use of Electronic Records and Automated Systems: A Case Study", *Proceedings DLM-Forum on electronic Records*, 1996; Elizabeth Man, "A Functional Approach to Appraisal and Retention Scheduling", *Records Management Journal* 15(1), 2005 등을 참조.

[32] Anne-Marie Schwirtlich, "The Functional Approach to Appraisal: The Experience of the National Archives of Australia", *Comma* 2002(1-2), 2002, p. 57; Tom Mills, "Strategic Approaches to Appraisal",

체하는 컨티뉴엄에 관한 연구들에서도 이러한 기능평가의 논리를 지원한다. 기록의 생산에서부터 최종 활용에 이르기까지의 일관되고 통일성 있는 관리체계를 지향하는 컨티뉴엄 사고에서는 업무행위를 정확하게 포착하는 증거의 확보가 최우선적으로 중시되며, 개인 내지 단체의 활동 과정 중에 생성된 문서를 조직적 활동 단위인 기능-활동-처리행위와 연계시켜 레코드키핑시스템으로 획득하는 것을 출발점으로 삼게 된다. 따라서 컨티뉴엄 사고에서는 업무 결과로서의 기록 그 자체를 관리하는 것이 목적이 아닌, 업무 행위와 연계한 활용을 위해 기록이 생산·관리되는 관계상 레코드키핑을 업무 프로세스 및 목적과 통합시키게 된다. 바로 여기서 업무맥락을 반영한 증거의 확보를 위해 업무분류와 기록분류를 일치시키며, 이러한 분류 단위를 평가와 연계시킴으로써 내용을 생성시킨 연원이라 할 수 있는 기능상의 중요도를 기반으로 평가를 수행하게 된다.[33]

　이와 같이 살펴 본 기능평가에 관한 연구들은 평가 상의 핵심이라 할 수 있는 중요 대상의 선별방식에 대한 새로운 시각을 제시한다는 점에

Manual on Appraisal(Draft): A Practical Guide for the Daily Problems of Appraising and Selecting Documents, ICA/CAP, 2005, p. 2; NAA, *Why Records are Kept: Directions in Appraisal*(Revisions), NAA, 2003.〈http://www.naa.gov.au/Images/Why%20records%20are%20kept%5B1%5D_tcm2-4856.pdf〉

[33] 이러한 논지에 대해서는 Greg O' Shea, "The Medium is not the Message: Appraisal of Electronic Records by Australian Archives", *Archives and Manuscripts* 22(1), 1994; Linda J. Henry, "Schellenberg in Cyberspace", *American Archivist* 61(Fall), 1998; Anne-Marie Schwirtlich, "The Functional Approach to Appraisal: The Experience of the National Archives of Australia", *Comma* 2002(1-2), 2002; Sue McKemmish, "The Smoking Gun: Recordkeeping and Accountability", *Records Continuum Research Group Publications*, 1998. 〈http://www.sims.monash.edu.au/research/rcrg/publications/recordscontinuum/smoking.html〉; David Roberts, "The New Australian Records Management Standard", State Records New South Wales, 1998. 〈http://www.records.nsw.gov.au/publicsector/rk/sacramento/sacramento.htm〉을 참조.

서 전자기록 평가 연구 상 중요한 의미를 지닌다고 할 수 있다. 종이기록 환경과 같은 개별적인 내용에 기반을 둔 선별이 현실적으로 어려운 상황에서, 평가를 업무와의 연계 속에 수행할 수 있는 이론적 기반을 제시해 줌으로써 중요 대상의 선별 논리는 물론 현실적 적용방안 역시 제공할 수 있는 토대를 마련해주고 있다. 하지만 이러한 연구들은 대부분 전자기록 환경에서 기능평가의 필요성을 제시하거나 기능평가 방식의 개괄적 소개에 그친 한계를 지닌다. 아울러 기능평가를 수행하는 논리 또한 생산맥락을 지닌 업무행위에 대한 증거로서의 기록 선별에 치중할 뿐, 전자기록 환경에서 기능평가가 지니게 되는 함의에 대한 심도 있는 논의는 아직 본격적으로 수행되지 못하고 있다. 이는 전자기록 환경 하의 평가에 대한 연구가 아직 시작 단계라는 점에서도 그 이유를 찾을 수 있지만, 무엇보다 기록을 업무 행위에 대한 증거로서만 간주하려는 경향에 기인한 결과라 할 수 있다.

이상에서 살핀 바와 같이 그동안 전자기록 환경 하의 평가에 관한 연구는 기술적 내지 방법론적 측면에 집중되어 이루어왔다. 이는 종이기록과는 다른 전자기록이 지닌 기술상의 특성에서도 그 연유를 찾을 수 있지만, 무엇보다 기록의 가치를 선별한다는 점에서 전자기록의 평가 역시 종이기록과 다르지 않을 것이라는 안이한 발상에 기인한 것이라 할 수 있다. 전자기록의 평가방식으로 보편적으로 용인되고 있는 기능평가에 관한 연구들은 기능상의 중요도에 따른 선별 논리를 추구하고는 있지만, 주로 맥락을 함유한 증거로서의 기록 확보 차원에 한정해 연구가 수행되어 왔다. 이는 1990년대 초반부터 본격적으로 진행되기 시작한 전자기록 관리 관련 연구동향을 감안할 때, 업무 행위에 대한 증거로서 기록을 획득해 유지시키는 것이 전자기록 관리상의 가장 기본적인 전제로 설정된 데에서 연유한 귀결이라 할 수 있다.

하지만 전자기록 환경 하의 평가는 업무 행위에 대한 증거를 선별하는 기술적 내지 방법론적 문제에 한정될 수 없다. 기록 및 기록관리의 의미와 역할은 시대 및 환경에 대응하며 부단히 변해왔음을 염두에 둘 때, 전자기록 환경 하의 평가 역시 최근의 환경에 부합하는 역할 및 목표 정립이 필요하다. 아울러 기록의 가치를 선별하는 것이 평가라면 그리고 기록의 가치는 주어진 환경에 따라 변한다면, 전자기록 환경에서 기록의 가치에 관한 논의는 평가 연구 상의 중핵을 이루어야 할 필요가 있다. 최근의 지식정보화 환경은 업무 행위에 대한 증거 이상으로서의 기록 역할을 요구하고 있다. 조직의 운영 및 업무 수행에 지식정보는 필수불가결한 요소로 자리하게 되는 상황에서 또한 상당수의 지식정보는 기록으로 생성되어 활용된다는 점에서, 기록은 더 이상 사실을 수록한 증거나 역사사료로서의 역할에 만족할 수 없기 때문이다.

국내 학계에서도 전자기록 환경 하의 평가에 관한 연구성과들이 서서히 제출되기 시작하였다. 우선 전자기록 평가와 관련된 선구적 논의라 할 수 있는 김익한의 연구[34]에서는 전자기록 라이프사이클의 특성과 연계하여 전자기록의 가치문제를 분석하였다. 즉 전자기록의 특성으로 인해 종래 시간의 흐름 및 이에 따른 물리적 기록의 공간적 이동을 전제로 하였던 라이프사이클과 연계된 가치구분은 와해되며, 일차적 가치와 이차적 가치가 공존하게 됨을 제시하고 있다. 또한 이승억의 연구[35]에서는 전자기록 환경 하의 기록관리 개념 전반에 대한 재검토를 바

---

[34] 김익한, 「EDMS와 기록의 라이프사이클」, 『기록학연구』5, 한국기록학회, 2002.
[35] 이승억, 「전자환경에서의 기록관리 개념에 관한 재검토」, 『기록학연구』6, 한국기록학회, 2002.

탕으로, 전자기록 평가 상의 문제들을 종이기록과의 비교를 통해 개략적으로 제시해주고 있다. 하지만 두 연구 모두 전자기록의 평가를 전체적 논의 가운데 일부분으로써 서설적인 언급만을 하고 있다는 점에서, 전자기록의 평가 문제를 심도 있게 조망하기에는 일정 한계를 지닌다.

전자기록의 평가를 위한 기본적 방식으로 인식되는 기능평가와 직간접적으로 연관된 연구들 역시 제출되었다. 우선 김익한[36]은 호주의 DIRKS 매뉴얼을 전체적으로 분석하는 가운데, 기능평가의 기본적 방법론인 업무분석 방식과 함께 이를 기반으로 도출되는 레코드키핑 요건 파악 절차를 소개하였다. 이소연, 오명진[37]은 DIRKS 매뉴얼의 업무분석 방법론을 보완하기 위해 개발된 호주의 AS 5090을 전체적으로 소개함으로써 기능평가의 전제인 업무분석 절차를 보다 체계적으로 파악할 수 있게 하는 기반을 마련해주고 있다. 그리고 설문원[38]은 기능평가의 최종 산물이라 할 수 있는 처분지침의 작성절차 및 이와 관련된 해외 선진사례를 소개함으로써, 향후 우리나라 기록관리기준표 상의 보존기간 책정방식에 관한 개선점을 제시해주고 있다.

한편 지난 2005년부터 전자기록의 평가 문제를 단일 논제로 한 본격적인 연구들이 등장하였다. 먼저 김익한[39]은 기존의 가치평가 외에 전자기록 평가의 또 다른 영역으로 주목받고 있는 진본성평가 방안에 대

----

36 김익한, 「DIRKS-Manual의 실용적 적용」, 『기록학연구』8, 한국기록학회, 2003.

37 이소연, 오명진, 「기록관리를 위한 업무분석 방법론 연구: 호주표준 AS 5090을 중심으로」, 『기록학연구』12, 한국기록학회, 2005.

38 설문원, 「공공업무의 체계적 기록화를 위한 보유일정표 설계 방안」, 『한국문헌정보학회지』40(4), 한국문헌정보학회, 2006.

39 김익한, 「전자기록의 진본 평가 시스템 모형 연구」, 『기록학연구』14, 한국기록학회, 2006.

한 연구를 수행하였다. 이 연구에서는 전자기록의 진본성 여부 평가가 필요한 이유를 논증하며, OAIS 참조모형에 기반을 두고 프로세스별로 진본성 여부 평가 방안을 제시하고 있다. InterPARES 프로젝트를 비롯한 그동안의 진본성평가에 관한 세계 학계의 연구들이 주로 진본성평가의 필요성을 제기하는 수준에서 논의가 이루어졌음을 감안할 때, 전자기록의 진본성평가 방법을 세부 프로세스 별로 구체적으로 제시한다는 점에서 진본성평가에 관한 논의를 한 단계 진전시킨 측면을 지닌다. 하지만 전자기록의 가치평가 문제에 대해서는 논외로 한다는 점에서 전자기록의 평가 문제를 전체적으로 파악하는 데에는 일정 한계를 지닌다고 볼 수 있다.

전자기록 환경 하의 평가에 관한 전반적 문제를 검토한 연구로는 김명훈의 연구[40]를 들 수 있다. 여기서는 종래의 종이기록 생산 환경과 전자기록 생산 환경과의 비교를 통해 기존의 평가와 상이한 전자기록 평가 상의 특성들을 도출함과 아울러, 전자기록 환경 하의 평가와 관련된 다양한 이슈들을 포괄적으로 제시하였다. 또한 김명훈의 또 다른 연구[41]에서는 전자기록 평가 수행 상에서 나타나는 제반 특성들을 고찰한 다음, 우리나라 전자기록 평가체제 상의 문제점 및 정비 방향을 제시하였다. 이러한 두 연구는 우리나라의 전자기록 평가 방안 및 체제 정비를 모색하는 국내 학계의 시발적 연구라는 점에서 연구사적 의의를 찾을 수 있지만, 전자기록의 평가를 둘러싼 논점들을 제시하는 시론적 수준의 연구라는 점에서 일정 한계를 지닐 수밖에 없다.

---

40 김명훈, 「전자기록 환경에서의 평가에 관한 연구」, 『기록학연구』11, 한국기록학회, 2005.
41 김명훈, 「전자기록물의 평가에 관한 기반 연구」, 『기록보존』18, 국가기록원, 2005.

이에 본서에서는 이상과 같은 선행 연구의 의의 및 한계를 발판으로, 새로운 시대환경에 부합하는 전자기록 환경 하의 평가에 대해 분석할 예정이다. 현재 전 세계적으로 전자기록 환경 하의 평가에 관한 연구는 본격적인 시작단계라 할 수 있다. 종이기록 환경에서 전자기록 환경으로 이동하는 패러다임 전환기에 그동안의 연구들은 디지털 객체를 체계적으로 획득·유지하는 관리 방법론을 정립시켜 왔다면, 이제 이를 기반으로 조직의 영위 및 업무 수행에 필요한 대상을 선별하는 평가에 관한 연구를 본격적으로 수행할 필요가 있다. 전자기록 환경 하의 평가는 업무의 행위 내역을 반영한 필요 기록을 사전적으로 획득하는 것임을 염두에 둘 때 평가 상의 새로운 패러다임 역시 존재한다고 볼 수 있다. 본서에서는 전자기록 환경 하의 평가를 논제로 하여 최근의 전자기록 환경에서 기록관리의 패러다임 변화상을 우선적으로 분석한 다음, 새로운 지식정보화 사회에 대응하는 전자기록 및 전자기록 관리의 의미와 역할 정립을 위한 이론적 기반을 구축할 것이다. 또한 이를 기반으로 전자기록 환경에서 평가가 지닌 기록관리 상의 함의를 도출함과 더불어, 종이기록 환경과는 다른 평가의 새로운 방향성을 제시함으로써 최근의 지식정보화 환경에 대응하기 위한 평가의 역할을 조망하려 한다. 그리고 이러한 분석을 기반으로 전자기록 환경을 맞아 개편된 우리나라 평가 제도의 현황 및 한계를 점검하고 향후의 발전 방향을 제시할 것이다.

본서는 총 일곱 개의 장으로 구성되어 있는데, 이를 크게 범주화시키면 다시 세 영역으로 구분할 수 있다. 우선 첫 번째 영역은 1장과 2장으로, 전자기록 평가 논제의 본격적 분석을 위한 기반 연구이다. 1장에서는 전자기록 평가 연구를 위한 도론 격으로, 전자기록 평가 상의 특성과 함께 기존의 종이기록에 기반을 둔 평가와는 다른 제반 요소 파악을 목표로 하였다. 이를 위해 1절에서는 종이기록 환경에서의 전형적인 평가 논리를 개략적으로 살핀 다음, 이를 바탕으로 전자기록 평가 상의 특수성을 고찰하였다. 이어 2절에서는 전자기록 평가 상의 제반 문제를 도출하기 위한 예비 작업으로 전자기록이 생성되는 환경적 특성을 분석한 다음, 전자기록 평가 상의 딜레마들을 종이기록 환경과 비교하여 제시하였다.

2장에서는 전자기록 환경 하의 평가 함의를 도출하기 위한 기반 연구로, 전자기록 환경 하의 업무친화적 기록관리 방향에 대해 분석하였다. 라이프사이클에 기반을 둔 단절적 기록관리 패턴 속에 아카이브관리 영역에 중점이 놓여왔던 종이기록 환경과 달리, 전자기록 환경에서는 조직의 영위 및 업무 수행에 실익을 주는 현용기록관리의 의미 및 역할이 강화되는 것으로 본고에서는 규정하였다. 이를 뒷받침하는 논리적 근거로 우선 1절에서는 전자기록 환경에서 기록을 정의하는 요소로 새롭게 부상되고 있는 '증거' 개념을 고찰한 다음, 2절에서는 이러한 증거를 원천적으로 확보하기 위해 행해지는 업무와 기록, 기록관리의 연계성 창출 논리를 분석하였다. 이어 3절에서는 전자기록 환경에서 라이프사이클 이론을 대체하는 컨티뉴엄 이론을 통해 업무와 기록, 기록관리 간의 친연관계 강화 논리를 도출한 다음, 업무와의 친연성에 기반을 둔 현용기록관리의 강화 경향이 전자기록 환경 하의 새로운 기록관리 방향임을 입증코자 하였다. 이러한 현용기록관리의 강화 동향은 종국적으로 조직의 영위 및 업무 수행에 필수적인 증거로서의 기록을 획득하는 것으로부터 출발케 한다는 점에서, 전자기록 환경 하의 평가 문제에 관한 새로운 방향성을 제시해준다고 할 수 있다.

　3장부터 5장까지는 본서의 두 번째 영역으로, 전자기록 평가의 기본 논리 및 구체적 평가방식을 분석하였다. 우선 3장에서는 전자기록 환경 하의 기록관리 국제표준으로 전 세계적으로 수용되고 있는 ISO 15489를 기반으로, 전자기록 환경 하의 평가 함의를 실증적으로 분석코자 하였다. 이를 위해 우선 1절에서는 ISO 15489의 제정 과정 및 전자기록 환경 하의 기록관리 표준으로서 지니는 의미를 살펴본 다음, ISO 15489의 실제 조항들을 통해 업무친화적 기록관리 요소들을 도출하였다. 이를 기반으로 2절에서는 전자기록 환경 하의 평가 함의를 분석하기 위해 ISO 15489에 내재된 평가 논리를 고찰하였다. ISO 15489가 지향하는 업무친화적 기록관리 방향은 ISO 15489에서 의도하는 평가 논리에 내재되어, 조직의 영위 및 업무 수행에 실익을 제공하는 기록의 현용적 가치를 파악해주기 때문이다. 이와 더불어 ISO 15489에서 제시하는 평가의 준거를 최근의 조직 운영 환경과 연동하여 분석하였으며, 3절에서는 결론적으로 조직의 영위 및 업무 수행에 필요한 기록품질을 지닌 완전무결한 정보를 선별하는 것이 전자기록 환경 하의 평가 함의임을 입증코자 하였다. 단 ISO 15489는 범용적 국제표준으로 제정된 관계상 각 조항들은 함축적으로 명시되어 있기 때문에, ISO 15489와 관련된 연구 성과 및 전자기록 관련 연구들을 병행하며 논의를 전개하였다. 아울러 ISO 15489의 전신이라 할 수 있는 호주의 AS 4390에 관한 논의 및 AS 4390의 기반이 된 컨티뉴엄 이론 역시 참조하였음은 물론이다.

　ISO 15489를 기반으로 도출한 전자기록 환경 하의 평가 논리에 근거하여 4장에서는 구체적인 평가체제 및 평가방식을 분석하였다. 우선 1절에서는 종이기록 환경과는 다른 전자기록 환경 하의 평가체제 특성을 파악하기 위해 InterPARES 프로젝트 평가팀의 전자기록 평가체제 모형을 토대로, 전자기록 평가체제 구조를 고찰하였다. 이어 2절에서는 전자기록 환경 하의 평가방식을 고찰하기 위해 기능평가에 대해 종합적으로 분석하였다. 컨티뉴엄 이론을 기반으로 전자기록 환경에서 기능이 지닌 함의를 원론적으로 분석한 다음, ISO 15489에 제시된 기능평가의 전형적 모형을 기반으로 그 수행되는 과정을 구체적으로 고찰하였다. 단 앞서 언급한 바대로 ISO 15489는 범용적 국제표준으로 개발된 관계상 기능평가의 구체적인 수행방식 및 상세 프로세스까지는 도출하기 어렵다는 점에서, ISO 15489를 이용자를 위한 맥락에서 정리한 BS ISO 15489 해설집을 함께 이용하였다. 이와 더불어 AS ISO 15489를 기반으로 한 기록관리시스템 설계 및 수행 방법론인 DIRKS(Design and Implementation of Recordkeeping System) 매뉴얼과 함께, 기능평가의 결과는 처분지침(Disposal Authority) 수립으로 귀결된다는 점에서 처분지침 개발과정 역시 병행하여 분석하였다.

5장에서는 기능평가가 지닌 한계와 더불어 이를 보완하기 위한 방향성 설정을 목표로 하였다. 전자기록의 보편적 평가방식으로 용인되고 있는 기능평가의 이면에는 그 한계 역시 존재한다. 기능평가를 주축으로 한 전자기록 환경 하의 평가가 예전과 달리 현용적 가치의 강화 경향을 지닌다면, 역사적 · 문화적 가치 등 기록이 지닌 이차적 가치의 선별에는 일정 한계를 지닐 수밖에 없기 때문이다. 이에 1절에서는 기능평가가 지닌 한계를 논의한 다음, 이를 보완하기 위한 방안으로 영구보존 대상 평가전략의 필요성을 제기하였다. 그리고 2절에서는 이에 대한 구체적인 사례를 고찰하기 위해, 영국 · 캐나다 · 호주 · 독일에서 현재 수행되거나 개발 중에 있는 영구보존 대상 선별을 위한 국가적 차원의 평가전략들을 분석하였다. 이를 토대로 3절에서는 이원적 구도의 평가체계 수립 필요성을 제시하였다. 업무행위에 대한 증거를 기록으로 획득하는 과정과 연동해 수행되는 각 기관 차원의 기능평가를 통해 조직의 영위 및 업무 수행에 필요한 기록의 현용적 가치를 정확히 평가하는 것이 하나의 축이라면, 이와는 별도로 업무분석에 기반을 둔 기능평가의 한계로 지적되는 사회적 내지 문화적 가치의 선별을 위해 국가적 차원의 영구보존 대상을 선별할 수 있는 평가전략 수립이 또 하나의 축을 형성해야 한다는 것이다.

본서의 세 번째 영역인 6장과 7장에서는 이상의 연구 결과를 토대로 한 우리나라 평가제도로의 적용 내지 개선방안과 함께, 전자기록 평가의 향후 과제에 대한 필자의 견해를 제시하였다. 먼저 6장의 1절과 2절에서는 우리나라 평가제도의 현황 및 강약점 분석을 위한 일환으로, 기록물분류기준표 기반 평가제도로부터 최근 전자기록 환경을 맞아 새롭게 개편된 기록관리기준표 기반 평가제도에 이르기까지 각 평가제도의 세부 내역 및 강약점을 면밀히 분석하였다. 이를 기반으로 3절에서는 전자기록 환경 하의 국가 평가체계 혁신 과제를 평가방식 측면과 평가체제 측면으로 양분하여 상세히 제시하였다. 마지막으로 7장에서는 최근의 기록생산 환경에 대응하기 위한 전자기록 평가의 향후 과제를 두 부분으로 상정하여 제안하였다. 첫 번째 부분인 1절에서는 가치평가와 속성평가가 통합된 전자기록의 평가절차 모형 개발을 위해, ISO 15489의 기록관리 프로세스를 기반으로 한 전자기록 평가 프로세스를 설계하였다. 그리고 두 번째 부분인 2절에서는 시대환경의 변화에 따라 기록관리의 역할 역시 여기에 조응해야 한다는 전제 하에, 최근의 지식정보화 사회에 대응하기 위한 전자기록 평가의 발전 방향을 정립코자 하였다.

　본서는 전자기록 환경 하의 평가 논제에 관한 이론적 기반 구축을 주 목적으로 한다. 기록관리는 주어진 대상을 관리하는 방법론으로 한정 지을 수는 없다는 전제 하에, 전자기록 환경 하의 패러다임 변화상과 함께 여기서 지니는 평가의 함의 및 방향성 분석에 초점을 맞추었다. 이 때문에 본서에서는 전자기록 환경 하의 평가 논제 중 주로 가치평가 와 관련된 영역에 한정하여 논의를 전개하였으며, 아울러 가치평가 문 제에 대한 원론적 분석에 주안점을 두었다. 가치평가의 실무적 적용방 안 도출은 다양한 이론적 연구 및 이해당사자들 간의 논의를 필요하며, 장기간에 걸친 실무적 노하우의 축적을 통해서만 실무적 적합성을 담 보할 수 있는 적용방안 도출이 가능하기 때문이다. 이러한 점에서 본서 는 추후 실무적 적용방안을 모색하는데 일조할 하나의 이론서로서 의 미를 찾을 수 있다. 이와 더불어 전자기록의 진본성평가 문제 및 전자 기록 매체별 평가 문제 등 기술적 측면에 대해서는 별도의 심도 있는 연구가 필요하다는 판단 하에 논외로 하였음을 밝힌다.

제1장

전자기록 환경과 기록물 평가

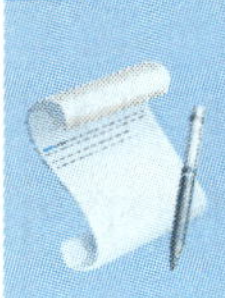

전자기록 평가의 특성

1. 종이기록 환경과 기록물 평가

기록물의 평가(Appraisal)는 특정 기준에 따라 특정 가치를 지닌 기록물을 선별하는 합목적적인 행위라 할 수 있다. 가치 있는 기록물을 선별하는 행위의 시초는 가치 없는 기록물을 폐기하는 관행에서 그 시발점을 찾을 수 있다. 폐기의 관행은 다수의 불필요한 복본 내지 사본의 존재 및 기록정보가 지닌 시효성의 한계에서 그 정당성을 얻는 것으로,[1] 이러한 면에서 평가는 역사와 함께 시작된 인류의 원초적 행위양식 중의 하나로 파악이 가능하다.

---

[1] Frank Boles & Julia Marks Young, *Archival Appraisal*, New York, London: Neal-Schuman Publishers, Inc., 1991, p. 3.

그러나 일정 기준에 따른 특정 기록물만을 선별한다는 현대적 의미의 평가 개념은 기록물의 양적 확대와 그 맥을 함께 하게 된다. 20세기 이후의 역사적 상황을 반영하며 기록물의 양이 급증하는 상황에서, 기록물의 보존 및 이에 수반되는 적정 비용과의 사이에 한계효용법칙이 도입되었으며, 이는 기록물의 본질적 가치에 대한 일반적 기준 및 구체적 방법론 개발로 이어지게 된다. '모든 기록물을 보존하는 것은 모든 기록물을 폐기하는 것이다' 라는 역설이 정설로 받아들여지고 있는 현실에서, 가용 자원의 범위 내에서 보존할 수 있는 기록물을 한정시키는 것이 요구되었기 때문이다. 이러한 배경에서 현대적 의미의 평가란 기록물에 내재한 가치를 분석하고 이를 기반으로 영구보존 내지 기타 기록물 처리에 대한 근거를 제공하는 일련의 활동[2]으로 정의되어 왔다.

20세기 이후 종이기록물 생산량의 급증 과정 속에서 그 정형을 형성한 평가체제 및 방식은 기록물의 가치론 및 라이프사이클(Life-Cycle) 이론과 그 맥을 함께 한다. 기록물의 가치론은 항구적 보존의 근거를 해당 기록물에 내재하는 고유의 가치에서 구하는 것이며, 라이프사이클은 생산 이후 기록물은 현용-준현용-비현용단계를 거치며 비현용단계에서 기록물의 가치가 새롭게 재생산된다는 가치의 순환논리이다. 이러한 두 이론을 근거로 전형적인 기록관리체제는 생산기관-중간기록물관리기관-기록보존소의 세 단계로 구성되며, 생산기관과 중간기록물관리기관 사이에 설정되는 단계에서 1차 평가를 그리고 중간기록물관리

---

2 Lewis Bellardo & Lynn Lady Bellardo, *A Glossary for Archivist, Manuscript Curators, and Records Manager*, Chicago: SAA, 1992, p. 3 ; Peter Walne, *Dictionary of Archival Terminology*(2nd Revised Edition), New York, London, Paries, München: K G Saur Verlag Gmbh & Co., 1988, p. 4.

기관과 기록보존소 사이에 설정되는 단계에서는 2차 평가를 실시하는 두 단계의 평가체제를 구축하게 된다.

일반적으로 1차 평가단계에서는 생산자 측면에서의 활용 및 업무참고 정도를 측정하는 행정적 가치를 중심으로 기록물이 선별되며, 2차 평가단계에서는 생산기관에서의 활용이 종료된 기록물에 대한 연구 및 기타 이용가치를 기준으로 선별이 이루어진다. 이것은 해당 기록물에 대한 생산기관 차원의 활용도를 나타내는 현용, 준현용 및 비현용이라는 명확한 단계구분을 토대로 한 것으로, 여기서 중간기록물관리기관은 각 기관의 생산기록물과 최종기록물관리기관의 영구보존 기록물을 논리적으로 연결시키는 평가의 실질적 주체를 담당하게 된다.

라이프사이클과 결부된 이러한 평가방식은 개별 기록물이 지닌 내용적 가치를 기반으로 한 것으로, 3단계 기록관리체제론과 결부하여 종이기록 환경 하의 전형적인 평가체제를 형성하게 된다. 하지만 20세기 중반 이후 사회의 다원화 및 다변화, 복잡화 양상 속에, 임의적인 가치기준을 바탕으로 개별 기록물이 지닌 내용의 경중을 구분하는 가치론적 평가방식은 많은 비판에 직면하게 되고, 이에 대한 반론 내지 반향으로 다양한 평가 이론들이 등장하게 된다.[3]

종이기록 환경 하에서 형성되어 온 평가는 종합적인 관점에서 파악

---

[3] 종이기록 환경 하에서 형성된 다양한 평가 이론들에 대해서는 ICA, Committee on Appraisal, "Bibliography on Appraisal(Draft)", ICA, 2004. 〈http://www.ica.org/sites/default/files/BibliogCAPdraft.pdf〉를 참조. 아울러 다음의 연구들에서도 평가의 이론적 사조에 대한 개괄적 소개를 제공해 주고 있다. Frank Boles, *Selecting & Appraising Archives & Manuscripts*, Chicago: SAA, 2005, 2장; Frank Boles & Julia Marks Young, *Archival Appraisal*, New York, London: Neal-Schuman Publishers, Inc., 1991, 1장; F. Gerald Ham, 『아카이브와 매뉴스크립트의 선별과 평가』, 강경무, 김상민 역, 진리탐구, 서울, 2002, 2장 및 11장.

할 때 크게 세 가지 측면에서 특징을 도출할 수 있다. 먼저 기록물을 규정짓는 핵심 요소라 할 수 있는 내용과 구조, 맥락이 종이라는 물리적 매체에 모두 반영되어 있기 때문에, 기록물이 생성된 후 오랜 시간이 흐른 뒤에도 평가가 가능하다는 점이다. 이는 원래의 생성 목적이 소멸되고 다시 새로운 가치가 생성된다는 라이프사이클의 논리와 결부되어, 비현용단계에서 새롭게 생성된 가치를 선별하는 독립된 업무로 평가를 고착시켜왔다. 둘째 역사적 문화적 가치 등 비현용단계에서 새롭게 생성된 제2 제3의 이용적 가치에 중점을 둔 관계상, 주로 기록물 속의 내용이나 주제를 기반으로 평가가 수행되어 왔다는 점이다. 마지막으로 종이기록 환경 하의 평가는 무엇보다 영구보존 대상의 선별 논리를 중심으로 전개되어 왔다는 점이다. 물론 업무적 법무적 재무적 가치 등의 명목으로 기록물의 일차적 가치에도 일부 관심을 기울였지만, 지금까지 제시된 평가 이론 및 방법론 대부분은 수많은 기록물 가운데 소위 이차적 가치를 지닌 대상에 한정해 옥석을 가르기 위한 것이었다. 이는 라이프사이클에 기반을 둔 종이기록 환경 하의 양분화 된 세계관에 기인하는 것으로, 기록물을 생성시킨 모태로서의 '업무'와 평가의 관련성은 그다지 주목받지 못하였다.

하지만 전자기록 환경 하의 평가는 종이기록 환경 하의 평가와는 다른 패러다임을 형성한다. 전자기록 역시 종이기록 환경 하에서 형성된 기록으로서의 정의를 공유한다는 점에서 전자기록의 평가 역시 종이기록과 크게 다르지 않은 것으로 간주되어 왔다. 하지만 종이기록과는 다른 전자기록이 지닌 기록으로서의 고유 속성은 다음과 같은 평가 상의 특성들을 지니게 한다.

2. 전자기록 평가 상의 제문제

우선 전자기록물은 그 방대한 생산량으로 인해 개별적인 내용분석을 바탕으로 한 비현용단계에서의 중요기록물 선별을 불가능하게 한다. 아울러 전자기록물은 내용-구조-맥락이 서로 분리되어 존재하는 관계상, 이에 대한 사전적 정보의 파악 없이는 생산이후 단계에서의 평가를 어렵게 한다.[4] 가치의 중첩 역시 전자기록물 평가에서 조응하게 되는 문제 중의 하나이다. 전자기록물은 네트워크화 된 가상의 공간에 존재하는 이유로 인해, 생산자에 대한 현용적 가치와 비현용단계에서의 이용가치가 중첩되어 나타날 수 있다. 즉 전자기록물은 생산과 동시에 네트워크망을 이용한 제3자의 열람 · 활용이 가능한 관계상, 생산자적 가치와 이용자적 가치가 상호 중첩되어 나타나게 된다는 것이다. 이를 감안할 때 시간의 흐름 및 이에 따른 물리적 매체의 공간적 이동을 전제로 한 기존의 라이프사이클은 전자기록물의 평가 시 원론적으로 반영키 어려우며, 이와 연동하여 현용-준현용-비현용이라는 평가 상의 순차적 구분과 함께 가치평가의 주체 역시 모호해지게 된다.[5]

세 번째로 나타나는 문제는 평가 상의 기술 의존성 및 진본성 문제이다. 종이기록물의 경우 종이라는 물리적 매체 위에 육안으로 판독이 가능한 문자 · 숫자 · 표준 기호 등을 사용하여 기재되는 관계상, 물리적 매체의 보존만으로도 향후 판독이 가능하였다. 하지만 전자기록물은

---

4 ICA, Committee on Electronic Records, *Guide for Managing Electronic Records from an Archival Perspective*(ICA Studies 8), 1996, ICA, pp. 25~26.

5 김익한, 「EDMS와 기록의 라이프사이클」, 『기록학연구』5, 한국기록학회, 2002, pp. 13~16.

자기 내지 광매체에 사람이 인지할 수 없는 바이너리코드를 사용하여 기재되기 때문에 컴퓨터 시스템을 통해서만 가독 될 수 있다는 점에서, 평가 상의 특성이 발생하게 된다.[6] 이와 더불어 전자기록물은 쉽게 복사·수정·변조되는 관계상, 진본성(Authenticity)의 확보는 전자기록 평가체제상의 핵심 영역으로 부상되게 된다.

네 번째의 문제는 전산시스템의 거대화 및 통합화 경향이다. 종래의 전산시스템은 단일 기관 내지 부서를 대상으로 단일 기능만을 전담하는 관계상, 생산기록물의 범주 및 유형·내용·생산절차 등의 파악이 용이하며 처리일정표의 작성 또한 용이하였다. 그러나 최근 전산시스템의 통합화 및 거대화, 복잡화, 다기능화 경향으로 인해, 생산기록물의 범주 및 출처정보, 생산맥락 정보 등의 파악이 난해해지고 있으며, 이에 따라 처리일정표의 작성 또한 매우 어려워지게 된다.[7]

다섯 번째는 재평가의 문제이다. 전자기록물이 생산된 조직구조·업무기능·처리절차 등은 수시로 변화할 뿐만 아니라 생산맥락 역시 다원적인 복합성을 지니며, 전자기록을 생산한 전산시스템 및 하드웨어·소프트웨어 등 기술적 조건 역시 급속히 변화하는 특성을 지니고 있다. 또한 전자기록물은 매체적 속성상 수정·변조 등이 용이하다는 특성 역시 지닌다. 이로 인해 평가된 전자기록 자체 및 전자기록에 관련된 세부 정보는 평가 당시의 정황과 크게 상이한 경우가 빈번히 발생하게 된다. 따라서 계속적인 가치를 지닌 전자기록을 장기적으로 보존하기 위해서는 전산상의 기술적 감시와 더불어, 전자기록물 자체의 고유

---

6 김명훈, 「전자기록 환경에서의 평가에 관한 연구」, 『기록학연구』11, 한국기록학회, 2005, p. 101.
7 Catherine Bailey, "Archival Theory and Electronic Records", *Archivaria* 29, 1989~1990, p. 184.

가치 및 진본성 등을 재평가해야 할 필요성이 도출된다고 할 수 있다.[8]

여섯 번째는 저장 공간상에서 연유하는 문제이다. 전자기록은 물리적 실체가 부재하기 때문에 적은 공간에도 방대한 양의 전자기록을 저장할 수 있는 장점을 지닌다. 하지만 이러한 장점을 기화로 전자기록의 평가결정 기준을 이완시키기 쉬우며, 이에 따른 전자기록물 보존량의 대량 누적으로 인해 영구보존 기록물의 가치 및 검색·활용성을 저하시킬 수 있는 가능성이 존재하게 된다. 또한 최소한의 비용으로 최대한의 기록물을 후대에 전승한다는 기존의 경제학적 평가논리 역시 저해할 수 있다.[9]

마지막으로는 데이터베이스의 평가 문제이다. 데이터베이스는 최근에도 각국의 기록보존소에 처리해야 할 대량의 전자기록물 유형 중 하나이지만, 실시간으로 내용이 변화되는 관계로 인해 평가 상의 어려움이 발생하게 된다. 이러한 속성을 감안할 때 데이터베이스와 같은 유형의 평가를 위해서는 업무기능 및 관련 규정 등의 분석을 통해 해당 데이터베이스를 적시에 획득·관리할 수 있도록 전산시스템에 반영시켜야 한다. 또한 데이터베이스의 평가는 시스템 설계단계에서 처리일정표를 통해 행해져야 하며, 데이터베이스 자체와 더불어 데이터베이스의 구조, 데이터베이스를 생산한 컴퓨터 기술정보 및 관련 메타데이터를 함께 묶어 처리일정을 규정해야 한다. 그리고 보존기간은 개별 데이터베이스가 아닌 데이터베이스군별로 책정되어야 하며, 업데이트·수

---

[8] InterPARES Project, "Appraisal Task Force Report", *The Long-term Preservation of Authentic Electronic Records: Findings of the InterPARES Project*, 2000, pp. 18~20.
〈http://www.interpares.org/book/interpares_book_e_part2.pdf〉
[9] Catherine Bailey "Archival Theory and Electronic Records", *Archivaria* 29, 1989~1990, p. 185.

정·삭제 관련 기록 역시 생산맥락 정보로서 함께 관리되어야 한다.[10]

3. 전자기록 평가의 필요조건

평가의 주체

전자기록 평가에서 부상되는 가장 첨예한 문제 중의 하나는 평가의 주체와 관련된 사안이다. 라이프사이클에 토대를 둔 전통적인 기록관리체제에서는 생산자-레코드매니저-아키비스트 사이의 엄격한 역할 구분 및 고유 업무가 존재하였으며, 여기서 아키비스트는 중요 기록물을 선별하는 평가 상의 실질적 주체로 자리해왔다. 하지만 전자기록 평가에서는 아키비스트 단독에 의한 내용 선별로는 감당할 수 없는 수많은 난제들이 존재한다. 네트워크화 된 가상의 공간에서 0과 1의 비트스트림 형태로 유통되는 전자기록을 평가하기 위해서는 아키브스트의 독자적인 결정만으로는 부족하기 때문이다. 나아가 전자기록물을 생산한 시스템 내지 하드웨어·소프트웨어 등과 관련된 기술력 없이는 선별에서 보존에 이르는 전 과정이 무의미해진다고 볼 수 있다. 이러한 점을 감안할 때 전자기록의 평가체제에서는 기존의 아키비스트뿐만 아니라 생산자 및 보존담당자, 그리고 시스템설계자 등 전산전문가 역시 평가 업무상 또 하나의 축을 형성하게 된다.[11]

---

10 ICA, Committee on Electronic Records, *Guide for Managing Electronic Records from an Archival Perspective*(ICA Studies 8), 1996, ICA, pp. 40~42.

11 InterPARES Project, "Appraisal Task Force Report", *The Long-term Preservation of Authentic Electronic Records: Findings of the InterPARES Project*, 2000, pp. 20~21.
〈http://www.interpares.org/book/interpares_book_e_part2.pdf〉

평가의 시기

다음은 전자기록물의 평가시기이다. 물리적 실체의 부재성 및 내용-맥락-구조의 분리성 등으로 인해, 비현용단계에서의 사후적 평가는 전자기록의 경우 수행될 수 없다. Peterson은 쉽게 소실·변조·삭제될 수 있는 전자기록의 물리적 불안정성을 감안할 때, 항구적으로 보존할 중요기록물의 선별을 위해서는 아키비스트와 프로그래머가 동시에 전산시스템의 설계단계부터 협력해야 함을 주장한다.[12] Bailey 역시 전자기록은 비현용단계에 이르는 시간동안 수많은 정보가 변경되거나 사라지게 되며, 평가에 필요한 맥락적 구조적 정보 또한 비현용단계에서는 파악이 불가능한 관계상, 전산시스템의 고안단계에서부터 스케줄화를 통해 전자기록을 평가해야 한다고 제시하였다.[13]

이를 염두에 둘 때 전자기록물의 평가는 전자기록의 생산단계 내지 그 이전단계에서부터 수행되어야 한다. 해당 조직 내지 업무기능·활동에 대한 고차원적인 분석을 통해 전자기록의 가치를 사전적으로 확인함과 동시에 이를 시스템 설계단계 시부터 처리일정표를 통해 반영시켜야 한다.

진본성 확보 방안

세 번째로 고려해야 할 사항은 전자기록 평가 시 진본성 확보 문제이다. 전자기록의 진본성은 원본의 본질적 특성을 재현하여 원본과 동일

---

12 Trudy Huskamp Peterson, "Archival Principles and the New Technology", *American Archivist* 47(Fall), 1997, p. 386.

13 Catherine Bailey, "Archival Theory and Electronic Records", *Archivaria* 29, 1989~1990, p. 183.

한 속성을 지니는 것을 의미하는 것으로, 이는 나아가 원래 생성된 당시 그대로이며 부당하게 수정 내지 변조되는 않음을 말하는 것이다. 전자기록의 진본성이 전자기록 평가 상의 핵심 영역으로 부상하는 이유는 '전자기록물의 라이프사이클은 이를 생산한 시스템의 라이프사이클보다 길다' 라는 단순 명제로 설명할 수 있다.[14] 즉 저장매체 및 시스템, 하드웨어·소프트웨어의 노후화에 따라 전자기록은 마이그레이션 및 에뮬레이션 등과 같은 기술적 조치를 시행해야 하며, 이 과정에서 원본과 동일한 내용-맥락-구조 정보의 확보와 함께 불법적인 수정이나 변조 등으로부터 보호해야 하는 고도의 어려움이 수반되게 된다. 결국 이러한 절차상에서의 진본성 확보 없이는 전자기록의 선별은 물론 나아가 보존 및 향후 활용은 무의미해지게 되며, 바로 여기서 진본성 문제는 전자기록 평가 상의 필수 영역으로 떠오르게 된다.

메타데이터의 포착·관리는 전자기록의 진본성을 유지시키는 필수적인 절차 중 하나이다. 종이기록과 달리 전자기록은 물리적 외형이 부재하며 컴퓨터 소프트웨어상의 전산기호 형태로 그 정보가 유지되는 관계로 인해, 전자기록의 다원적 생산맥락 파악은 진본성의 확보를 위한 근본적인 사안이라 할 수 있다. 이러한 생산맥락의 파악은 업무기능 및 절차, 구조 등에 대한 사전적인 분석을 통해 이루어져야 하며, 여기서 도출된 정보들은 메타데이터로 포착하여 라이프사이클 전 단계에 걸쳐 유지되어야 한다.[15] 그러나 무엇보다 우선시되어야 할 사항은 진

---

14 ICA & IRMT, 『전자기록물 관리』, 김명훈 역, 진리탐구, 서울, 2005, p. 40.
15 Hans Hofman,, "Dealing with Electronic Records: Intellectual Control of Records in the Digital Age", *Janus*, 1998, pp. 156~157.

본성의 확보 및 인증, 그 유지에 관련된 절차가 별도의 분리된 업무영역이 아닌, 생산단계 내지 그 이전단계부터 체계적으로 수행되는 구조화된 절차를 형성해야 한다는 점이다. 아울러 생산된 전자기록의 진본성 인증 및 진본 복제본의 생산에 관련된 명확한 기준 역시 수립되어야 할 필요가 있다.

메타데이터의 포착

네 번째로 고려해야 할 사항은 메타데이터 문제이다. 종이기록과 달리 전자기록은 물리적 외형이 부재하며 컴퓨터 소프트웨어상의 전산기호 형태로 그 정보가 유지되는 관계로 인해, 전자기록의 다원적 생산맥락 및 구조 파악은 진본성(Authenticity) 및 무결성(Integrity), 신뢰성(Reliability), 가용성(Usability) 확보를 위한 근본적인 사안이라 할 수 있다. 전자기록 평가에서 메타데이터의 포착·유지가 중요시되는 이유는 평가의 근본 목적과 관련지어 설명할 수 있다. 전자기록 평가의 궁극적 목적이 진본성을 지닌 중요기록을 선별하여 항구적으로 보존시킴과 아울러 지속적인 이용성 내지 접근성을 제공하는 것이라 한다면, 메타데이터는 이를 가능케 해주는 기본적인 요소이기 때문이다. 전자기록의 평가에 수반되어야 하는 메타데이터는 생산이전 단계에서 포착되어야 하는 전산시스템 및 기록물 포맷 등의 기술정보, 전자기록의 사전적 가치분석 정보와 더불어, 생산이후 단계에서 포착·유지되어야 하는 진본성 판단 정보, 유통 및 활용, 관리상에서의 추적정보 그리고 장기적 보존에 필요한 기술정보 등을 들 수 있다.[16]

최근 관리 연속성의 원리에 바탕을 둔 기록관리 업무가 종래와 같은 분절적이 아닌 연속화 된 일련의 시스템임을 감안할 때, 전자기록의 평가 역시 생산이전 단계란 가상의 설정단계로부터 항구적 보존에 이르는 모든 기록관리 절차들이 구조화된 일련의 시스템을 형성하게 된다. 이와 맞물려 전자기록 평가에 필요한 메타데이터 역시 기록관리 전 단계에 걸쳐 포착·유지됨과 더불어, 평가 상의 각 단계에 요구되는 메타데이터 투입 및 산출이 선순환적으로 이루어지는 체제가 마련되어야 한다.

기술력 및 보존비용

마지막으로 고려해야 할 사항으로는 전자기록과 관련된 기술력 및 보존비용 문제를 들 수 있다. 기록물의 평가는 최소한의 비용으로 최대한의 기록물을 후대에 전승하는 행위로 요약된다. 특히 전자기록의 경우 전자기록을 생산한 시스템 및 하드웨어·소프트웨어 등에 대한 정보 및 기술력 없이는 항구적 보존대상으로 선별된 전자기록의 향후 활용이 불가능하다는 점에서, 관련 경비 및 기술력 분석은 평가 상의 필수 절차로 자리하게 된다.[17]

전자기록 평가 시 기술력 및 비용요소 역시 분석해야 한다는 주장은 일찍이 기계가독형 기록(Machine-Readable Records) 평가방안의 모색단계에서부터 제기되었다. 이들 매체의 가치평가는 종래의 종이기록 환

---

16 InterPARES Project, "Model Diagrams: A Model of the Selection Function", *The Long-term Preservation of Authentic Electronic Records: Findings of the InterPARES Project*, 2001 참조.
〈http://www.interpares.org/book/interpares_book_m_app04i.pdf〉

17 InterPARES Project, "Appraisal of Electronic Records: A Review of Literature in English", *The Long-term Preservation of Authentic Electronic Records: Findings of the InterPARES Project*, 2000, pp. 12~13.
〈http://www.interpares.org/book/interpares_book_l_app03.pdf〉

경과 매한가지라는 전제 하에, 매체의 보존·활용에 필요한 기술력 및 비용문제가 평가 상의 난제였기 때문이다. Dollar는 펀치카드, 마그네틱 디스크 등의 기계가독형 기록물 평가에서는 기록물 가치와 예상되는 보존비용을 비교·검토해야 함을 제시하였다. 지속적으로 발전하고 있는 컴퓨터 기술 환경에서, 이관 및 보존에 소요되는 비용은 항구적 보존대상의 선별에 요구되는 가치의 기준 및 선별되는 기록물의 양에 영향을 미칠 수 있다는 말이다.[18]

전자기록의 보편화 및 이에 따른 폭발적인 생산량 급증 상황은 평가 상의 경제적 논리를 한층 강화시키고 있다. 또한 최근 들어 가속화된 컴퓨터 기술의 급변 상황은 중요 전자기록의 장기적 보존 및 접근성 유지를 위한 기술적 방안을 더욱 절실하게 요구하고 있다. 이러한 정황을 감안할 때 아무리 중요한 가치를 지닌 기록물이라 할지라도 이를 보존·활용시킬 기술력이 부재하다면 그 선별은 별다른 의미를 지니지 못하게 된다. 그리고 마이그레이션, 에뮬레이션 등 장기적 접근성을 유지시킬 재원이 마련되지 못한다면, 기존의 저장매체는 한낱 전시적 가치만을 지닌 박물류에 지나지 않게 된다. 이를 감안할 때 전자기록의 평가체제상 컴퓨터 기술 및 관련 비용에 대한 분석과 판단 절차는 하나의 독립된 영역으로 설정되어야 할 필요가 있다고 할 수 있다.[19]

---

18 Charles M. Dollar, "Appraising Machine-Readable Records", *American Archivist* 41(October), 1978.
19 김명훈, 「전자기록 환경에서의 평가에 관한 연구」, 『기록학연구』11, 한국기록학회, 2005, p. 117.

전자기록 평가 상의 딜레마

1. 전자기록 생산환경과 평가

종이기록 환경과는 다른 전자기록이 지닌 평가 상의 제반 문제를 도출하기 위해서는 우선적으로 기록이 생성되는 모태로서 조직 및 업무 메커니즘을 살펴볼 필요가 있다. 전형적인 조직은 명확한 분업체계를 기반으로 운영된다. 조직은 특정 목표의 추구를 위해 일정 구조 및 구성원을 지닌 사회단위이다. 특정 목표 달성을 위해서는 조직 내 부서들에 일정 권한 및 기능을 부여해 전업화 시키며, 각 부서들은 명령의 통일성 및 업무수행의 효율성을 위해 하나의 정점으로 구조화된다. 이 과정에서 유사 사안에 속하는 모든 기능은 단일 부서에 귀속시킴과 아울러, 부서 간 고유 기능 및 책임에는 엄격한 경계를 부여함으로써 특정 기능의 전업화를 지향케 한다. 또한 피라미드 형태의 계층제를 통해 위계별 권한 및 책임성을 배정하고 명령 및 감독의 상하관계를 수립하게 되며, 조직 내 모든 공식적 업무처리는 문서를 통해 이루어지게 된다.[20]

종이기록에 기반을 둔 기존의 평가체제는 바로 이와 같은 전형적 조직체계의 산물이다. 기능의 분장에 따라 조직구조를 편제함으로써 조직구조와 기능구조가 일치하게 되고 분업화 원리에 따라 부서 간의 경계가 명확히 구분되는 상황에서, 기록이 생산되는 구조 및 맥락은 최근의 전자기록 환경 하에서와 같은 복잡한 양상을 지니지 않는다. 사람이 인지할 수 있는 모노그래픽적인 기록생산 메커니즘 하에서는 업무기능의 명확한 경계로 인해 기록의 내용 속에 일정 정도의 맥락 및 구조 정보가 내재하는 관계상, 개별적 기록물에 대한 사후적 선별은 타당성을 지닐 수 있었다. 또한 비현용단계에서의 출처별 분류를 통해 기록물의 내용을 조직 및 기능 구조에 따라 재조직화 시켜도 기록물이 생산되게 된 연원의 파악은 일정 수준 가능하였다.[21] 바로 이러한 배경 하에 기록물의 라이프사이클과 연동된 전형적인 사후적 평가가 지속되어 왔다.

하지만 Max Weber 스스로 관료제의 발전을 특수한 사회현상의 산물이라고 단언한 바대로, 전자시대에 기록이 생산되는 조직 환경은 전통적인 종이시대와 그 양상이 다르다. 최근 전자정부 드라이브 및 전자정보 혁명의 영향 하에 종래의 계층적 위계질서는 해체되고, 다원적 목표 수행을 위해 조직 및 기능구조를 가변적으로 운영함과 아울러 책임

---

20 유훈, 『행정학원론』(제6정판), 법문사, 서울, 1991, pp. 276~280.

21 Elizabeth Shepherd & Geoffrey Yeo, *Managing Records: A Handbook of Principles and Practice*, London: Facet Publishing, 2003, pp. 72~73.

성을 강조하는 수평적 조직구조로 변모해가고 있다.[22] 이 결과 단일 출처를 기반으로 했던 중층적 분류논리는 원론적 적용이 어렵게 되었으며, 하나의 기록물이 다수의 생산자를 지닐 수 있다는 가상이 현실로 나타남에 따라 영구보존 기록의 최종 선별 이후 조직구조와 기록물의 분류를 연동시켜왔던 출처주의 적용 논리는 설득력을 잃어가고 있다.[23] 또한 기존의 조직에서 나타났던 조직간·부서간의 명확한 경계는 사라지고 다자간의 연계 속에 기능 및 자원, 정보를 공유하는 현상이 보편화됨에 따라, 기록이 생산되는 구조 및 맥락은 예전과 달리 고도의 복잡성을 지니게 되었다. 이러한 상황에서 기록이 생산된 이후 비현용단계에서의 평가는 현실적으로 불가능하게 되며, 아울러 개별 기록의 가치 분별에 따른 평가로는 기록물에 수록된 본질적 의미를 파악치 못하게 된다.

이러한 상황은 수많은 전산시스템의 도입으로 더욱 가중된다. 전산시스템 하의 기록 생산 환경은 이전의 위계화 된 조직구조로는 설명할 수 없는 다원성 및 복잡성을 지닌다. 사람이 인지할 수 없는 가상의 공간에서, 다양한 기능들 간의 유기적 연계구조 속에 통제할 수 없을 정도로 방대한 양의 기록물을 생산해낸다. 아울러 전자기록을 생산하는 전산시스템 및 하드웨어·소프트웨어 등은 고도의 기술력을 필요로 하며 그 기술적 조건 역시 수시로 급변하고 있다. 특히 최근 네트워크로

---

[22] 이하 현대 조직의 특성에 대해서는 박우순, 『현대조직론』, 법문사, 서울, 1998, pp. 112~132; 권기헌, 『전자정부와 행정개혁: 패러다임·모형 그리고 개혁』, 커뮤니케이션북스, 서울, 1999, pp. 85~110을 참조.

[23] 김명훈, 「공공기록물의 분류원리: 출처주의에 대한 이론적 검토」, 『기록보존』 16, 2003, 정부기록보존소, p. 217.

연계된 전산망은 기록에 대한 다자간의 동시적 접근을 가능하게 해 종래의 라이프사이클에 따른 가치구분을 흔들고 있으며, 자의적인 변조나 삭제 등 불법적 행위 또한 용이케 하고 있다. 이로 인해 종래의 평가방식으로는 감당할 수 없는 전자기록 평가 상의 특성들이 떠오르게 된다.

결국 전자기록 환경 하의 평가는 종이기록 환경 하에서와는 다른 특성을 생성시키게 된다. 기록의 내용에 우선하여 생산된 맥락의 파악이 평가의 전제조건으로 부상되며, 평가의 사후적 접근은 사전적 접근으로 변화하게 된다. 또한 전자기록을 생산해 낸 기술 요소가 평가 상의 주요 고려사항으로 떠오르며, 기존의 아키비스트 뿐만 아니라 보존담당자 · 컴퓨터전문가 · 정보기술자 등 다양한 이해당사자들 역시 평가의 주체로 등장하게 된다. 이러한 전자기록 평가 상의 특성들은 다음에서 살필 전자기록의 속성을 통해 더욱 여실히 부각된다.

2. 전자기록의 속성과 평가 상의 딜레마

최근 기록물 생산환경의 대대적인 변화와 함께 기록의 속성 역시 새롭게 정의되고 있다. 전자기록 환경 하의 세계 기록관리 표준으로 각광받고 있는 ISO 15489에서는 기록관리의 궁극적 목적을 '업무의 계속적인 운영을 지원하고 규제 환경의 요구에 부응하며 필요한 설명책임을 완수하기 위해, 필요한 기간 동안 진실 되고 믿을 만하며 이용 가능한 기록물을 생산 · 유지함과 아울러 이들 기록물의 완전성을 보호하는 것'[24]

---

[24] ISO 15489-1, 7.1.

으로 명시한 후, 이를 위한 기록물의 속성을 진본성·신뢰성·무결성·가용성이란 네 가지로 규정하고 있다.

　기록물의 진본성(Authenticity)은 기록물이 그 본래의 취지와 맞는지, 해당 기록을 생산했거나 보낸 것으로 되어 있는 자에 의해 생산되었거나 보내졌는지, 그리고 명시된 시간에 생산되었거나 보내졌는지를 의미하는 것으로, 이러한 진본성 확보를 위해서는 기록물의 생산·수령·전달·유지·처분을 통제하는 정책 및 절차를 수행하고 이를 문서화해야 한다. 신뢰성(Reliability)은 기록의 내용이 업무나 활동, 특정 사실 등에 대한 완전하면서도 정확한 표현으로서 믿을 만한지, 또한 그 내용을 이후의 업무 내지 활동 과정에서 증명하고 이에 의존할 수 있는지 여부를 말한다. 진본성 확보를 위한 전제조건인 무결성(Integrity)은 기록물이 모든 필수적 측면에서 완전하고 변조되지 않음을 의미하는 것으로, 인증 받지 않은 변경으로부터 보호될 때 충족될 수 있게 된다. 마지막으로 가용성(Usability)은 필요로 하는 기록을 찾아내어 이를 가독해 활용할 수 있음을 말하는 것으로, 기록물이 생산된 기능 및 업무활동 관련 정보와의 연계 및 타 기록물과의 유기성 창출을 전제로 하게 된다.[25]

　ISO 15489에서 제시하는 이러한 기록의 속성은 앞서 살핀 조직의 근본적인 성격 변화 및 기능·업무 프로세스의 대대적 변모, 그리고 전산시스템이라는 가상의 기록물 생성공간 창출 정황을 면밀히 반영한 결과이다. 이를 감안한다면 물리적 매체를 기록물의 활용이 끝난 이후,

---

[25] ISO 15489-1, 7.2.2~7.2.5.

내용의 경중에 따라 선택해 매체를 보존시킨다는 평가에 대한 안이한
발상은 전자기록 시대에서는 더 이상 통하지 않는다. 이제 논리적 객체
를 기록물의 생산이전 단계부터 기능이 운용되는 복합적 메커니즘 분
석을 통해 계속적 가치(Continuing Value)를 결정함과 아울러, 레코드키
핑시스템의 전 과정에 걸쳐 진본성 및 무결성·신뢰성·가용성을 유지
시켜야 하는 고도의 어려움이 평가에 수반된다. 이러한 평가 상의 난제
들은 전자기록물이 지닌 다음과 같은 고유의 특성에서 연유한다고 볼
수 있다.

우선 내용-구조-맥락의 분리성이다. 전자기록은 물리적 실체가 부재
한 이유로 인해, 내용-구조-맥락은 각기 별도로 존재하게 된다. 전통적
으로 종이기록물의 경우에는 이들 세 요소가 종이라는 물리적 매체에
반영되어 있는 관계상, 평가 이후 매체의 물리적 보존만으로도 기록물
의 내용과 생산맥락 및 구조의 종합적 파악이 가능하며, 이를 통해 기
록물의 신뢰성 유지가 가능하였다.[26] 이에 반해 전자기록은 이러한 세
요소의 분리로 인해, 구조 및 맥락에 대한 사전적 정보의 파악 없이는
기록물의 본원적 의미 파악을 불가능하게 해 평가를 사실상 불가능하
게 만든다.[27] 이를 감안할 때 전자기록의 평가 시에는 생산 이전 업무기
능 및 활동 그리고 전자기록이 생산되는 시스템에 대한 사전적 분석을
통해 충분한 맥락 및 구조 정보를 포착해야 하며, 아울러 이들 정보를
전자기록의 내용과 병합해 라이프사이클 전 단계에 걸쳐 관리해야만

[26] ICA, Committee on Electronic Records, *Guide for Managing Electronic Records from an Archival Perspective*(ICA Studies 8), ICA, 1996, p. 26.

[27] Catherine Bailey, "Archival Theory and Electronic Records", *Archivaria* 29, 1989-1990, p. 183.

하게 된다. 이래야만 계속적 가치를 지닌 중요 전자기록의 신뢰성은 물론, 나아가 가용성을 원천적으로 확보할 수 있기 때문이다.

전자기록이 지닌 복본성 역시 전자기록의 평가에 영향을 미치게 된다. 예전 종이기록의 경우 유일성은 기록물의 본질을 규정하는 중요 요소였으며, 동일한 매체를 사용하면서도 도서 등의 여타 유형과 구분 짓게 하는 기록물의 고유 속성으로 자리해왔다. 이러한 유일본으로서의 특성은 기록물의 가치에 영향을 미쳤으며, 유일본인 중요기록물을 선별해 물리적으로 영구보존케 하는 평가의 궁극적 목적 또한 이와 같은 유일본으로서의 특성에 뿌리를 두어왔다. 하지만 전자기록의 경우 원본 내지 유일본으로서의 개념은 전통적인 기록물에 비해 희미해진다고 볼 수 있다. 컴퓨터 장치를 통해 수많은 동일 복본의 생성이 가능할 뿐만 아니라, 생산자가 만들어낸 최초의 원본 역시 이후 마이그레이션 등의 일정 변환절차가 불가피하기 때문이다.

이처럼 전자기록 시대에 가치 척도로서의 유일성 개념이 모호해진 상황에서, 평가 상의 준거로서 유일성을 대체하는 것은 다름 아닌 진본성 개념이다. 전자기록의 경우 진본성이 기록의 근원적인 속성으로 부각되는 이유는 물론 수정 내지 변조 등이 용이하다는 특성과 함께, 기술의 사양화 및 저장매체의 노화에 따른 보존상의 매체이전 행위를 피할 수 없다는 데 있다. 하지만 무엇보다 중요한 이유는 기능 내지 활동에 대한 증거로서의 진본성 입증 없이는 전자기록의 가치 판단은 무의미하기 때문이라 할 수 있다.

논리적 객체로서의 전자기록이 지닌 특성 또한 평가 상의 난제 중 하나로 들 수 있다. 기실 현대 평가 이론은 보존 대 비용의 최적화를 추구하는 경제학적 논리에 출발점을 둔 것이다. 20세기 이후 기록물의 양이 대폭적으로 급증하는 상황 속에, 기록물의 평가에는 물리적 매체의 보존 및 이에 수반되는 적정 비용과의 한계효용법칙을 도입해야 했기 때문이다. 이러한 정황을 근저로 하여 중요 내용을 담은 일정량의 기록물을 선정한 다음, 훼손된 부분의 수리·복원이나 매체의 영구보존에 필요한 물리적·화학적 조치를 부여하는 것이 평가와 연관된 주된 업무였다. 영국의 Jenkinson 역시 공신력 있는 기관에 의해 지속적으로 보존되어 왔다는 공식적 보존내력(Official Custody)을 아카이브의 주요 관건으로 규정한 것처럼,[28] 물리적 매체의 보존은 항구적 보존대상으로 선별된 중요기록물의 무결성을 유지하는 원천적 수단이었다.

하지만 전자기록 환경에서는 이와 같은 보존 패러다임이 더 이상 통하지 않는다. 이제 기록물은 정적으로 고정화된 물리적 실체가 아닌, 동적인 절차가 유기적으로 구조화된 논리적 객체로 인식되고 있다. 나아가 이러한 동향은 곧 보관주의 시대(Custodial Era)에서, 비현용단계의 기록물을 단일 보존소에서 물리적으로 관리할 필요가 없다는 탈보관주의 시대(Post-custodial Era)로 패러다임을 전환시켰다.[29] 네트워크화 된 가상의 공간에서 기록물이 생산·유통되는 탈보관주의 시대에는 평가 시 기존의 가치 적용을 어렵게 한다. 시간의 흐름 및 이에 따른 물리적 매체의 공간적 이동을 전제로 한 기존의 라이프사이클은 원론적으로 반영키 어렵게 되며, 이와 연동하여 현용-준현용-비현용이라는 평가 상

---

[28] Hilary Jenkinson, *A Manual of Archive Administration: Including the Problems of War Archives and Archive Making*, Oxford: The Clarendon Press, 1922, pp. 9~11.

[29] Terry Cook, "The Concept of the Archival Fonds in the Post-Custodial Era: Theory, Problems and Solutions", *Archivaria* 35, 1993, p. 24~33.

의 순차적 가치 구분 역시 모호해지기 때문이다.[30] 그러나 탈보관주의 시대에 무엇보다 중요한 사안은 선별된 중요기록물의 무결성을 확보하는 것이 종래처럼 간단치 않다는 사실이다. 수정 내지 변경이 용이하다는 전자기록의 고유 특성과 더불어, 다자적 접근이 가능한 관계상 인가받지 않은 불법적 행위의 위험성이 그만큼 높아졌기 때문이다.

마지막으로 평가에 영향을 미치게 되는 특성으로는 전자기록이 지닌 기술 의존성을 들 수 있다. 종이기록의 경우 종이라는 물리적 매체 위에 육안으로 판독이 가능한 문자·숫자·표준 기호 등을 사용하여 기재되는 관계상, 물리적 매체의 보존만으로도 향후 판독이 가능하였다. 하지만 전자기록은 자기 내지 광매체에 사람이 인지할 수 없는 바이너리코드를 사용하여 기재되기 때문에 컴퓨터 시스템을 통해서만 가독될 수 있다는 점에서 평가 상의 난제들이 발생하게 된다. 전자기록을 생산한 특정 시스템 내지 하드웨어·소프트웨어의 보존 없이는 항구적 보존대상으로 선별된 전자기록의 가용성 확보는 원천적으로 어려워지기 때문이다. 특히 컴퓨터 기술의 급속한 진전에 따른 하드웨어·소프트웨어의 사양화 및 저장매체의 유한 보존성은, 전자기록의 향후 가용성을 한층 더 난해하게 하는 요인으로 작용하고 있다.

가용성과 관련하여 또 하나의 딜레마로 떠오르는 것은 전자기록의 지적 통제 문제이다. 종래 기록물의 분류는 물리적 매체를 일정 기준을 근거로 조직화시키는 물리적 통제로 지칭되어 왔다. 특히 평가를 통해 영구보존 기록물을 선별한 후에는 일반적으로 출처로 등치되는 조직구

---

[30] 김익한, 「EDMS와 기록의 라이프사이클」, 『기록학연구』5, 한국기록학회, 2002, pp. 13~16.

조를 기반으로 물리적 통제를 시행해왔다. 비현용기록의 출처별 분류는 생산연원과의 연계 속에 기록물 실체를 파악케 함으로써, 해당 기록물에 대한 이해성 및 이용성을 극대화시켜줄 뿐만 아니라 검색성 역시 제고시킬 수 있기 때문이다.[31] 하지만 네트워크망을 기반으로 한, 조직구조 경계를 넘나드는 전자기록의 생산 · 유통 구조는 기존의 출처주의 및 원질서원칙을 활용한 지적 통제를 어렵게 하고 있으며, 이로 인해 전자기록의 생산배경 및 구조, 기록물간의 상호유기성 파악 또한 난해해져 이해성 및 이용성을 가로막고 있다.[32]

이상과 같이 살핀 바대로 전자기록 환경 하의 평가는 종이기록 환경과는 다른 다양한 난제들이 발생하게 된다. 무엇보다 기록품질을 확보하지 못한 중요기록물의 선별은 향후의 활용 목적상 아무런 의미를 지니지 못한다는 점에서, 전자기록이 지닌 기록품질 확보는 평가의 목표가 아닌 평가 상의 기본 전제로 새롭게 부상하게 된다. 이러한 기록품질 확보 및 유지를 위해, 전자기록의 평가체제는 시스템의 설계단계로부터 획득 · 등록 · 분류 · 접근 · 추적 · 처분에 이르는 모든 업무절차들과 유기적으로 연계되어야 하며, 나아가 디지털 아카이빙 단계의 세부 절차들과도 상호 통합되는 일련의 메커니즘을 형성해야 할 필요가 있다.

이와 더불어 전자기록 환경 하의 평가에서는 가치의 준거 및 그 적용 방식 역시 일정 수준 변모하게 된다. 종래 시간의 흐름에 따른 가치의 변화를 근거로 했던 일차적 가치와 이차적 가치란 구분은 전자기록 환

---

31 Theodore R. Schellenderg, 『현대 기록학개론』, 이원영 역, 진리탐구, 서울, 2002, pp. 58~71, 204~210.

32 Hans Hofman, "Dealing with Electronic Records: Intellectual Control of Records in the Digital Age", *Janus*, 1998, pp. 153~163.

경에서는 적용키 어렵다. 영구적 가치(Permanent Value)란 개념 역시 전자기록을 생산한 조직적·사회적 환경 및 컴퓨터상의 기술적 조건들이 수시로 급변하는 상황에서 계속적 가치(Continuing Value)란 전략적 개념으로 대체되며, 개별 기록물을 대상으로 삼았던 행정적·법무적·증거적·정보적 가치 등 다양한 분류학적 가치구분 역시 전자기록의 중요도를 판단하는 준거로써 설득력을 지니지 못한다. 대신 조직 및 조직이 영위되는 환경 그리고 조직과 직간접적으로 연관된 다양한 이해당사자란 삼각 구도 속에, 현재 및 미래의 업무적 필요, 법적·규정적 요구, 내외부 이해당사자의 필요 등의 기준으로 기능의 중요도를 평가하는 것이 일반적으로 수용되고 있다. 아울러 비현용단계에서 개별 기록물에 대해 수행되었던 상향식 선별방식은 기관의 기능에 대한 사전적 분석을 토대로 하는 하향식 방식으로 행해지게 되며, 이러한 사전적 분석은 전자기록의 분류체계와 연계되어 레코드키핑 전 과정에 걸친 기록물 통제도구로 활용되게 된다.

하지만 전자기록 환경 하의 평가가 지닌 무엇보다 중요한 특성은 비현용단계에서의 가치뿐만 아니라 현용적 가치 역시 대폭적으로 강화된다는 점이다. 기존의 종이기록 환경에서 평가는 라이프사이클이 지닌 단선적 세계관과 연동하여, 라이프사이클의 최종단계인 비현용단계에서의 영구보존 대상 선별에 궁극적인 주안점을 두어 왔다. 그러나 전자기록 환경 하의 평가는 컨티뉴엄 논리에 입각한 업무와 기록, 기록관리의 연계 속에, 조직의 영위 및 업무 수행에 실익을 제공하는 기록의 선별에 우선적으로 주목하게 된다. 이것은 종국적으로 전자기록 환경 하의 평가는 종이기록 환경 하의 평가와는 다른 새로운 패러다임을 제시하는 것으로 파악할 수 있다.

제2장

전자기록 환경과
업무친화적 기록관리

전자기록의 특성과 증거 확보 문제

　기록 및 기록관리가 지닌 의미와 역할은 시대 및 환경에 대응하며 부단히 변해왔다. 당대 사회의 법·문화·기술·철학 등의 총체적 변혁 및 기록 생산조직의 급격한 변화에 적응하며 기록학의 사조는 끊임없이 진화하며 변해왔으며, 기록 및 기록관리의 의미와 역할 역시 이러한 내적 외적 요소들을 반영하며 변모를 거듭해왔다. 이러한 의미에서 20세기 말 불어 닥친 전자기록 환경은 그동안 실증주의에 뿌리를 둔 기록의 정의를 더 이상 통용될 수 없게 하였으며, 20세기 이후 관료제의 진전 및 기록을 통한 업무처리의 보편화 속에 등장한 기록의 정의 역시 새롭게 재정립시키고 있다.[1]

---

[1] Richard J. Cox, *Managing Records as Evidence and Information*, Westport, Conn.: Quorum Books, 2001, pp. 1~7.

전자기록이 지닌 근본 속성은 기록을 데이터 및 정보와는 다른 개념으로 구분 짓게 하였다. 전자기록 환경 하의 새로운 패러다임 중 하나는 기록을 업무내역을 수록한 내용으로서 보다는 업무행위에 대한 증거(Evidence)로서 파악하는 관점이다.[2] 즉 기록은 업무행위를 반영한 증거를 제공함과 아울러, 생산 연원이 되는 기능 및 활동과 부단히 연계되어야 함을 강조하는 것이다. 이러한 증거성 및 행위와의 연계를 통한 맥락성은 기타 유형의 정보자료와 기록을 구분 짓게 하는 핵심으로, 이는 나아가 기록의 관리 및 이용을 위한 요건에 중대한 영향을 미치게 된다. 바로 이러한 점에서 전자기록 환경에서 기록은 업무의 행위내역에 대한 증거로서 누누이 강조되어 왔다.

비단 기록학 영역에서 증거란 개념은 최근의 전자기록 환경에서 새롭게 생성된 것은 아니다. 기록은 업무 및 활동에 대한 사실 내역을 반영하고 있다는 점에서, 기록이 지닌 증거로서의 의미는 예전부터 인식되어 왔다. 우선 Jenkinson이 말하는 증거 개념은 기록의 본질에 대한 르네상스적 회귀에 그 출발점을 둔다. 고대 로마법에 근거한 관념인 '영속적 기억성'(Perpetual Memory)과 '공적 신뢰성'(Public Faith)으로 대표되는 아카이브의 본질은 가치의 중립성을 원칙으로 한다.[3] 일회성 기록 내지 사본 등을 제외한 보존기록물은 위의 두 관념에 기초하여 동등한 가치가 부여되며, 따라서 특정 가치에 귀속된 선별행위는 무의미한 것으로 인식된다. 각각의 기록물에 대한 특정 기준의 가치판단은 내용

---

2 Terry Cook, "Archival Science and Postmodernism: New Formulations for Old Concepts", *Archival Science* 1(1), 2001, p. 19.

3 Luciana Duranti, "The Concept of Appraisal and Archival Theory", *American Archivist* 57(Spring), 1994, pp. 331~334.

적 사실성과 공신력에 손상을 주는 행위로 생산목적 본연의 고유성을 상실케 하기 때문이다.

이러한 사고 위에 Jenkinson은 문서(Document)가 아카이브(Archive)로 전환되는 주요 관건을 공식적 보존내력(Official Custody)으로 규정하면서, 아카이브를 공적 활동으로 생산·수집되어 공신력을 부여받은 기관에 의해 보존되는 문서로 정의한다. 이는 공신력 있는 공공기관에 의해 지속적으로 보존되어 온 것에 기인한 기록물에 대한 신뢰성(Authenticity) 및 불편부당성(Impartiality), 그리고 인위적 수집이 아닌 공적 활동 중 자연적으로 축적된다는 자연성 및 전체 기록물과의 상호연관성이란 아카이브의 본질적 속성을 근저로 하는 것이다.[4] 바로 여기서 생산 당시의 있는 그대로를 강조하는 Jenkinson의 증거 개념이 도출된다.

Schellenberg 역시 기록물의 가치 가운데 하나로 증거 개념을 언급하였지만, Jenkinson의 증거 개념과는 상이하다.[5] Schellenberg는 현용 목적이 소멸된 이후 새롭게 생성되는 가치 준거로 증거적 가치(Evidential Value)란 개념을 사용하면서, 여기에 해당하는 기록의 범주를 크게 정책 기록·업무수행 기록·조직운영 기록·간행홍보 기록이란 네 유형으로 구분하였다. 그의 정의에 의하면 증거적 가치는 '특정 기관의 조직 및 기능에 관한 증거 때문에 부여되는 가치'이다.[6] 즉 여기서 말하는

---

[4] Hilary Jenkinson, *A Manual of Archive Administration: Including the Problems of War Archives and Archive Making*, Oxford: The Clarendon Press, 1922, pp. 4, 8~11, 151~152.

[5] Terry Cook, "What is Past is Prologue: A History of Archival Ideas since 1898, and the Future Paradigm Shift", *Archivaria* 43, 1997, p. 27.

[6] Theodore R. Schellenberg, 「현대 공공기록의 평가」, 오항녕 역, 『기록학의 평가론』, 진리탐구, 서울, 2005, pp. 31~37.

증거는 해당 기관의 조직 및 기능과 관련된 역사적 사실 내역과 함께, 기록물 내용의 중요도 평가 시 전후 맥락의 파악에 일조하게 되는 또 하나의 정보 유형으로 간주할 수 있다. 이는 곧 사안의 종결 후 비현용 단계에서의 개별적 내용 선별에 준거가 되는 가치 기준 중의 하나로, 기록물이 생산된 본원적 목적과는 상관없는, 참고 및 연구 목적을 위한 결과로서의 증거였다.[7]

이에 반해 전자기록 환경 하의 증거 개념은 이와 차원을 달리 한다. 전자기록 환경 하의 증거는 해당 기관의 조직 및 기능 내력에 관한 정보로서 존재하는 것이 아닌, 구조 및 맥락과 상호 연관된 상황에서 그 의미를 지니게 된다. 아울러 생산 본래의 목적과는 관계없는 비현용단계의 결과로서가 아닌, 기록물의 생산이전 단계부터 구조적으로 포착되어야 하는 과정으로서의 의미를 함유하고 있다.[8] 전자기록 환경에서 기록의 본성으로 이러한 증거가 강조되는 이유는 다음과 같은 상황에서 연유한 결과라고 볼 수 있다.

우선 전자기록의 특성 측면이다. 전자기록은 개인 내지 단체의 공식적 업무과정 중에 생산·접수된, 내용-맥락-구조로 이루어져 행위에 대한 증거를 제공하는 기록화 된 정보로 정의할 수 있다. 여기서 맥락(Context)은 전자기록이 생산된 배경을 의미하는 것으로, 전자기록에 내재된 맥락적 정보와 더불어 전자기록이 생산된 활동 내지 업무 내역을

---

7 Jari Lybeck, "Appraisal 2000: A Project of the Finnish National Archives and Its International Context", *Principles of Appraisal and Their Application in Electronic Environment: European Models and Concepts*, Arkistolaitos, 2000, pp. 17~19. 〈http://www.narcfi/dlm/〉

8 David Bearman, "New Models for Management of Electronic Records", *Electronic Evidence: Strategies for Managing Records in Contemporary Organizations*, Pittsburgh: Archives and Museum Informatics, 1994, pp. 284~285.

포함한다.[9] 구조(Structure)는 내용의 외형 및 서식·폰트·표·그래프·차트 등과 같은 배열상태 및 기록물 내용의 생산을 위해 사용된 소프트웨어에 대한 구조적 정보와 함께, 기록물간의 연계관계를 관리하는 플랫폼·하드웨어 등 시스템에 대한 구조적 정보 역시 포함한다.[10]

이러한 전자기록은 고유의 특성으로 인해 내용-구조-맥락이 각기 별도로 존재하게 된다. 예전의 종이기록 환경에서 기록물의 내용과 구조는 종이라는 물리적 매체에 반영되어 있고, 아울러 맥락은 생산 이후의 출처주의 및 원질서원칙 적용을 통해 확보가 가능하였다.[11] 하지만 전자기록의 경우에는 이러한 세 요소의 분리로 인해, 구조 및 맥락에 대한 사전적 정보의 파악 없이는 기록물로서의 본원적 의미 파악이 어렵게 된다.[12] 이러한 점에서 전자기록은 생산연원이 되는 배경의 파악이 필수적 과제로 부상되며, 업무정보시스템을 통해 생성·유통되는 수많은 정보객체들 가운데 '맥락을 함유한 정보'로서 그 개념을 정립해왔다.[13]

전자기록 실체를 파악하는 또 하나의 시각은 전자기록을 논리적 객체(Logical Object)로 인식하는 관점이다. 전자기록은 가상공간에서 존재하고 활용되는 관계상, 물리적 통제의 필요성은 종이기록에 비해 그리 중요한 사안은 아니다. 또한 네트워크망에서 조직구조를 가로지르는

9 ICA, Committee on Electronic Records, *Guide for Managing Electronic Records from an Archival Perspective*(ICA Studies 8), ICA, 1996, p. 25.

10 IRMT & ICA, 『전자기록물 관리』, 김명훈 역, 진리탐구, 서울, 2005, pp. 24~25.

11 김익한, 「EDMS와 기록의 라이프사이클」, 『기록학연구』5, 한국기록학회, 2002, p. 18.

12 Catherine Bailey, "Archival Theory and Electronic Records", *Archivaria* 29, 1989~1990, p. 183.

13 Richard J. Cox, *Managing Records as Evidence and Information*, Westport, Conn.: Quorum Books, 2001, pp. 4~5.

생산·유통·활용은 전자기록의 통제를 더욱 어렵게 한다. 이러한 상황에서 전자기록은 물리적 실체로서 보다는 논리적 실체로 파악되어야 하며, 이를 기반으로 전자기록의 내적 체계를 정립하기 위한 지적 통제가 관리상의 핵심 과제로 부상하게 된다.[14] 이와 더불어 전자기록의 물리적 보존은 더 이상 보존전략상의 근본 요소가 아니며, 업무 및 사회에 계속적인 가치를 지니는 한 식별·통제·접근할 수 있게 보장하는 것이 관건이 된다. 이와 같은 전자기록이 지닌 논리적 객체로서의 성격은 조직 행위의 결과로서 기록이 지닌 증거로서의 속성에 대한 근본적인 재해석을 필요케 하였다.[15]

전자기록이 생성되는 메커니즘 역시 증거의 획득을 강조케 하는 요인 중의 하나이다. 전자정보 혁명 및 이를 기반으로 한 전자정부 드라이브 속에 관료제에 기반을 두어왔던 종래의 계층적 위계질서는 해체되고, 다원적 목표 수행을 위해 조직 및 기능 구조를 가변적으로 운영하는 수평적 구조로 변모해 가고 있다.[16] 또한 기존의 조직에서 나타났던 조직간, 부서간의 명확한 경계는 사라지고 다자간의 연계 속에 기능 및 자원, 정보를 공유하는 현상이 보편화됨에 따라, 기록물이 생산되는 구조 및 맥락은 예전과 달리 고도의 복잡성을 지니게 되었다.[17] 특히 부

---

[14] Hans Hofman, "Dealing with Electronic Records: Intellectual Control of Records in the Digital Age", *Janus*, 1998.

[15] Sue McKemmish, "Are Records Ever Actual?", *The Records Continuum: Ian Maclean and Australian Archives First Fifty Years*, Sue McKemmish & Michael Piggott ed., Clayton: Ancora Press in association with Australian Archives, 1994, pp. 200~201.

[16] 권기헌, 『전자정부와 행정개혁: 퍼러다임·모형 그리고 개혁』, 커뮤니케이션북스, 서울, 1999, pp. 85~110.

[17] 김명훈, 「공공기록물의 분류 원리: 출처주의에 대한 이론적 검토」, 『기록보존』16, 정부기록보존소, 2003, p. 217.

서별로 특정 기능만을 전담케 했던 분업화 방식에서 팀제식의 과정중심적 업무패턴으로의 변모는 기록물 자체와 기록물이 생성된 연원을 서로 이탈시켰다.

이러한 상황 하에서는 단일 생산자를 정점으로 한 종래 기록물의 계층적 구조가 와해되며, 단일 출처를 기반으로 했던 기록물의 통합성 및 기록물간의 상호연계성 역시 그 의미가 축소된다. 아울러 기록물과 출처 간의 일대 일 함수관계가 더 이상 유지될 수 없는 관계로 인해 기록물의 생산맥락 파악은 더욱 더 난해해지고 있다.[18] 기실 종이기록 환경에 토대를 둔 기록생성 메커니즘은 베버식 관료제로부터 기원하는 다음의 가정에 바탕을 둔 것이라 할 수 있다. 즉 조직의 구조적 메커니즘을 통한 업무기능 및 처리절차의 유기적 관계가 안정화된 상황 속에, 문서화되어야 할 모든 행위들은 적절히 문서화되고 또한 기록으로 생산되지 않은 것은 실제 현실에서도 발생되지 않는다는 전제가 그것이다.[19] 그러나 전자기록 환경에서는 수많은 행위들이 시공을 넘나드는 처리과정 중 모두 기록으로 남는 것은 아니며, 향후 기록의 이해에 필수적인 구조적, 맥락적 정보 역시 충분히 포착키 어려운 경우가 발생하게 된다. 아울러 전자기록은 복잡하고 다원적인 업무 프로세스 하에서 생성되는 관계상, 이러한 생산맥락의 포착 없이는 해당 기록물이 지닌 본원적 의미 파악이 어렵게 되며, 따라서 법령·규정·업무기능 및 처

---

[18] 김명훈, 「공공기록물의 분류 원리: 출처주의에 대한 이론적 검토」, 『기록보존』16, 정부기록보존소, 2003, pp. 217~218.

[19] Peter Horsman, "Appraisal and Disposal as a Function of Records Management Systems", *Principles of Appraisal and Their Application in Electronic Environment: European Models and Concepts*, Arkistolaitos, 2000, p. 60. 〈http://www.narcfi/dlm/〉

리절차 등 기록물 생산과 관련된 환경적 배경정보를 포괄적으로 확보할 필요가 생기게 된다.[20] 결국 이와 같은 조류 속에 업무행위를 정확히 포착한 증거의 획득은 기록관리 상의 필수불가결한 선결과제로 자리하게 되었다.[21]

이상과 같은 이유로 인해 업무의 행위내역을 반영한 증거로서의 기록 확보가 전자기록 환경에서 기록관리 상의 근본 전제로 자리하게 되었다. 아울러 전자기록 환경에서 생성되는 수많은 정보 객체들 가운데 맥락을 지닌 정보로서 독립된 영역을 구분지어 왔다. 과거에 대한 실제로서의 증거 그 자체만을 주목하는 법률 내지 역사 영역과 달리, 기록학 영역에서는 증거의 확보와 함께 이를 지속적으로 유지·보존하는 측면에 초점을 맞추어왔다.[22] 이러한 증거의 확보 및 유지·보존을 위해 전자기록 환경에서 새로이 부상된 전략은 업무와 기록, 기록관리의 친연성의 강화라 할 수 있다.

---

20 Angelika Menne-Haritz, "Appraisal or Documentation: Can We Appraise Archives by Selecting Content?", *American Archivist* 57(Summer), 1994, pp. 534~536.
21 David Bearman, "Archival Strategies", *American Archivist* 58(Fall), 1995, pp. 391~406.
22 Brien Brothman, "Afterglow: Conceptions of Records and Evidence in Archival Discourse", *Archival Science* 2(3-4), 2002, pp. 311~342.

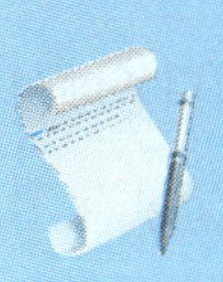

전자기록 환경과 업무·기록·기록관리의 친연성

1. 종이기록 환경 하의 업무와 기록 간의 관계

기록은 업무 내지 활동의 산물이라는 점에서, 기록과 업무와의 관계는 전통적으로 중시되어 왔다. 그동안 기록에 대한 다양한 정의들이 조직이나 개인의 특정 활동과정에서 생산되어 해당 활동에 대한 증거로서의 의미를 공통적으로 포함하는 것에서도 알 수 있듯이, 업무와 기록은 서로 불가분의 관계를 형성해왔다.[23] 이러한 업무와 기록의 관계는 도서 및 기타 정보와 기록을 구분 짓게 하는 '맥락'을 형성하여, 기록 간의 연계관계는 물론 해당 기록의 이해에 가장 핵심적인 요소로 자리

---

23 김익한, 「업무과정에 기축한 기록정보시스템 시론」, 『기록보존』18, 국가기록원, 2005, pp. 7~8.

해왔다.[24]

업무와 기록을 연계시키는 것은 근대 이후 조직 운영 메커니즘에서 연유된 필연적 귀결이라 할 수 있다. 조직은 특정 목표를 추구하기 위해 일정 구조 및 구성원을 지닌 사회단위로, 공동 목표의 달성을 위해 조직 내 부서들에 일정 권한 및 업무를 부여해 전업화 시키며, 이러한 부서들은 명령의 통일성 및 업무수행의 효율성을 위해 하나의 정점으로 구조화된다. 이와 같은 조직의 속성에서 업무와 기록을 연계시키는 전형적 발상이 도출된다. 우선 기록의 정의로, '특정 조직의 공적 업무 활동 과정 중에 생산·접수' 된다는 점에서 그 범위가 명료하게 한정된다. 기록물은 생산자의 활동 과정 중에 자연적으로 생산·축적되어 하나의 유기체를 형성함과 아울러 특정 행위자의 활동 내역을 대표하게 된다는 점에서, 생산된 기록물 역시 단일 생산자를 중심으로 한 통합성 및 유기성이 형성된다. 또한 조직 내의 위계화 된 계층구조는 기록물의 계층적 질서를 창출시킴과 아울러, 특정 업무기능의 전업화에 따른 부서간의 명확한 역할 구분은 생산자와 기록물간의 일대 일 연계관계를 형성시키게 된다.[25]

이러한 업무와 기록 간의 연계관계는 기록학 이론에도 그대로 반영되어 왔다. 기록물은 행위의 결과라는 점에서 기록물의 생산자는 곧 출처로 등치되었고, 또한 기록물은 특정 활동과정 중에 생산·축적되어 하나의 유기체를 형성한다는 점에서 업무맥락을 반영한 출처는 기록물

---

24 Luciana Duranti, Terry Eastwood, Heather MacNeil, "The Concept of Electronic Record", *Preservation of the Integrity of Electronic Records*, Dordrecht: Kluwer Academic Publishers, 2002, pp. 18~19.

25 Wang Rong-sheng & Wang Yu-sheng, "Archives are Purposive Action of the Subject-of-act: On the Double Quality of Archives", *Janus*, 1996, pp. 23~24.

의 통합성, 유기성 창출 및 생산연원의 근원으로 인식되어 왔다.[26] 그리고 업무 과정 중에 축적된 기록물의 파일링 질서는 시리즈 내 기능적 관련성을 기반으로 있는 그대로 유지되어야 한다는 원질서 존중의 원칙으로 발전하였다.[27]

하지만 종이기록 환경에서 업무와 기록 간의 관계는 전자기록 환경 하의 관계와는 질적 차이를 지닌다. 업무와 기록 간의 연계를 통해 기록물의 생산맥락 및 상호 유기성을 확보한다는 점에서는 양자가 동일하다고 볼 수 있지만, 그 적용 시점 및 연계의 궁극적 목적 면에서는 근원적인 차이를 지닌다. 전자가 비현용단계에서 분류 논리로 적용되어 이차적 가치를 지닌 기록물의 이용을 위해 맥락을 사후적으로 복원시키는 것이라면, 후자는 생산이전 단계에서 분류의 기반이 되어 사전적으로 맥락을 확보함과 더불어 기록이 지닌 일차적 가치를 강화시킨다는 점이다.

종이기록 환경 하의 전형적인 기록관리 모형에서는 기록물 라이프사이클의 최종 단계에 주안점을 두어 왔다. 즉 기록이 더 이상 현재의 업무와 관련 없을 시 기록보존소에 이관하게 되면, 본래적 가치가 소멸된 '생명이 다한' 기록물을 대상으로 평가·분류·기술·보존하는 것이 기록관리의 궁극적 목적으로 인식되었다.[28] 20세기 초반 미국 국립기록청에서 정교화 한 라이프사이클 및 이와 연동한 기록물의 가치 구분은 이러한 경향의 전형이라 할 수 있다. 라이프사이클은 시간의 흐름에 따

---

26 김명훈, 『출처주의와 현대 기록관리』, 한국국가기록연구원, 서울, 2003, pp. 6~7.

27 Theodore R. Schellenberg, *The Management of Archives*, New York: Columbia Univ. Press, 1965, pp. 100~105.

28 Sue McKemmish, "Understanding Electronic Recordkeeping Systems: Understanding Ourselves", *Records Continuum Research Group Publications*, 1994.
〈http://www.sims.monash.edu.au/research/rcrg/publications/smckeram.html〉

른 기록물의 가치 변화 그리고 이에 따른 기록관리 단계의 이동 속에, 기록물의 생산 본래적 목적이 소멸된 후 새로운 가치가 생성된다는 논리이다.[29] 하지만 이러한 논리에 토대를 둔 실제 3단계 기록관리체제의 궁극적 목표는 비현용단계에서의 새로운 가치, 즉 Schellenberg가 개념화한 증거적·정보적 가치를 지닌 아카이브의 선별이며, 이러한 의미에서 출처주의 및 원질서원칙은 역사적·연구적 내지 기타 제3의 목적으로 한 기록물의 활용 시 그 본래적 생산맥락을 남기도록 하기 위한 방편이었다.[30]

이처럼 라이프사이클이 내포하는 기록의 '탄생'으로부터 '폐기 내지 재탄생'에 이르는 단선형의 아날로그식 사고는 당시 미국 국립기록청이 처한 상황에서 비롯된 것으로 이해할 수 있다. 20세기 이후 국가행정규모의 비대화 및 세계대전에 따른 기록물의 양적 증가, 그리고 대공황 이후 뉴딜정책에 따른 권력 집중의 시류 속에 국립기록청을 형성시켰으며[31], 소규모의 분산적 형태로 이루어져왔던 이전의 관행으로는 불가능했던 대량의 기록물을 처리하기 위한 방안이 필요하였다. 바로 이러한 상황에서 미국의 가치평가 방식은 평가를 통해 영구보존 대상을 우선적으로 선별한 다음, 나머지를 제거하려는 당시 미국 국립기록청의 행정적 필요에 의해 생성된 것이다.[32] 이와 같은 국립기록청의 입

---

29 김익한, 「EDMS와 기록의 라이프사이클」, 『기록학연구』5, 한국기록학회, 2002, pp. 8~9.

30 출처주의 및 원질서원칙에 대한 Schellenberg의 이러한 논리에 대해서는 Theodore R. Schellenberg, 『현대 기록학개론』, 이원영 역, 진리탐구, 서울, 2002, pp. 204~210을 참조.

31 20세기 초반 미국 기록관리의 역사적 상황에 대해서는 배영수, 「역사와 정치의 교차로-미국 문서관 제도의 위치」, 『세계 각국의 역사기록 보존, 어떻게 할 것인가-세계 각국의 사례와 비교하여』, 한국역사연구회 1996년 하반기 학술심포지엄자료집, 1996, pp. 1~8을 참조.

32 Frank B. Evans, "Archivists and Records Managers: Variations on a Theme", *American Archivist* 30(January), 1967, p. 46.

장에서 볼 때 업무 중인 현용단계에서의 기록관리는 그 자체로 목적을
지니지 않으며, 영구기록의 보존이라는 국립기록청이 지닌 궁극적 사
명 달성을 위한 하나의 과정에 지니지 않게 된다.[33]

이러한 점에서 라이프사이클에 토대를 둔 기록관리체제는 업무 부서
에서의 현용기록관리와 보존단계에서의 아카이브관리를 양분시켜 왔
다. 여기서 연유하여 기록물 중 영구적으로 보존할 가치를 지닌 대상은
'아카이브'(Archive)로 별도 규정되며, 이러한 아카이브를 선별하여 항
구적으로 보존하고 활용시키는 것이 기록관리전문직의 주요 책무로 자
리해왔다.[34] 또한 업무의 결과로서 산출된 수많은 기록물 중 역사적으
로 가치 있는 기록물이 기록보존소에 보존되도록 하는 것이 기록관리
의 주요 주안점이었다. 그동안 라이프사이클 가운데 현용단계의 생
산 · 유지 및 활용 영역 보다는 비현용단계의 평가 · 기술 · 보존 · 활용
등에 연구가 집중된 것도, 또한 기록물의 평가 역시 이차적 가치의 선
별에 치중된 점도 위와 같은 경향의 귀결이라 할 수 있다.

이상과 같은 관점에서 볼 때 현용기록관리는 아카이브관리를 위한
요소 중의 하나가 된다. 기록관리의 궁극적 목적은 '역사적 가치'를 지
닌 대상을 아카이브에 항구적으로 보존하는 것이 되며, 이러한 점을 감
안할 때 현용기록관리는 상대적으로 사소한 것으로 인식되었다.[35] 현용
기록관리의 목적은 현재의 업무에 용도가 있는 동안 공간과 관리에 최

---

33 Jay Atherton, "From Life Cycle to Continuum: Some Thoughts on the Records Management-Archives Relationship", *Archivaria* 21, 1985~1986, pp. 45~46.

34 Theodore. R. Schellenberg, 『현대 기록학개론』, 이원영 역, 진리탐구, 서울, 2002, pp. 17~18.

35 Jay Atherton, "From Life Cycle to Continuum: Some Thoughts on the Records Management-Archives Relationship", *Archivaria* 21, 1985~1986, p. 44.

소한의 부담으로 보관하는 수준에서 인식되었으며, 아울러 영구보존 대상을 선별하고 기술하는 아카이브관리 영역이 아키비스트의 고유 사명이자 전문 영역으로 책정되어 왔다.[36] 따라서 업무와 기록 간의 관계는 업무의 결과로 주어진 기록을 향후의 이용을 위해 기록물이 생산된 맥락을 복원시키는데 주안점을 두었으며, 이는 비현용단계에서의 출처주의 및 원질서원칙을 통한 분류를 통해 구현되었다.[37] 또한 라이프사이클 하의 단절적인 기록관리체제에서, 행정부서에서의 현용 목적과 관련된 업무와 기록관리 간의 관계 역시 주목받지 못하였다.[38]

2. 전자기록 환경 하의 업무 · 기록 · 기록관리의 친연관계

전자기록 환경에서 업무와 기록, 기록관리 간의 관계는 이와 차원을 달리한다. 우선 기록의 생산연원이라 할 수 있는 행위는 매체나 유형에 관계없이 모든 기록의 핵심 요소라 할 수 있다. 모든 공식적 업무처리는 문서를 통해 수행된다는 근대 관료제의 정착 이후, 기록은 행위의 수행 과정에서 행위와 밀접한 연계관계를 형성하며 생성되어 왔다.[39] 이러한 배경에서 행위는 기록물이 생성된 맥락을 밝혀주는 근원으로 자리해왔고, 생산맥락의 확보를 위해 전통적으로 조직구조에 기반을 둔 출처주의 및 원질서 존중의 원칙을 통해 기록과 행위를 연계시켜 왔다. 하지만

---

36 Theodore R. Schellenberg, 『현대 기록학개론』, 이원영 역, 진리탐구, 서울, 2002, pp. 132~139.

37 Theodore R. Schellenberg, 『현대 기록학개론』, 이원영 역, 진리탐구, 서울, 2002, pp. 43, 204~210.

38 Hugh A. Taylor, "Information Ecology and the Archives of the 1980s", *Archivaria* 18, 1984, p. 189.

39 Luciana Duranti, Terry Eastwood, Heather MacNeil, *Preservation of the Integrity of Electronic Records*, Dordrecht: Kluwer Academic Publishers, 2002, p. 17.

전자기록의 경우 특정 전산시스템의 프로그램화된 기능 및 절차에 따라 생산되는 상황에서, 행위 중에 생산된 기록물을 해당 행위와 연계시키는 것이 필요하게 된다.[40] 바로 이러한 점에서 전자기록의 경우 업무와 기록의 친연관계 형성이 필수적 사항이 된다고 할 수 있다.

한편 전산시스템을 통해 수많은 디지털 정보들이 생성되는 상황에서, 기록은 행위의 내역을 반영한 맥락을 지닌 정보로서 여타 정보들과 구분된다. 전산시스템을 통해 생성된 모든 데이터 및 정보, 문서들이 모두 기록은 아니라는 점에서[41] 기록은 생산·접수되고 활용된 업무상의 맥락이 명백히 드러나야 하며, 아울러 기록의 구조 및 형식 그리고 해당 기록을 구성하는 요소들 사이의 관계가 원래대로 남아 있어야 한다.[42] 수없이 생성·유통되는 디지털 객체 가운데 바로 위와 같은 속성을 지닌 대상이 업무의 내역을 반영한 증거로서 기록으로 기록관리시스템에 획득되게 된다.

단 이러한 획득에는 사전적인 전제가 놓여 있다. 즉 업무의 행위 내역을 반영하는 증거를 어떠한 목적으로 기록관리시스템으로 획득할 것인가라는 점이다. 기록관리시스템으로 획득된 기록은 업무의 행위 내역에 대한 증거라는 점에서, 업무 자체는 물론 업무를 수행한 개인 및 조직의 설명책임(Accountability)에 대한 근거가 되며, 또한 업무는 조직을 둘러싼 내외부 법규 환경에 기반을 두고 수행된다는 점에서 증거로

---

[40] 김익한, 「기록관리를 기반으로 한 통합형 지식관리시스템 구축 방향 연구」, 『기업의 지식정보 관리와 유통』, 명지대학교 금융지식연구소, 2004, p. 151.

[41] Luciana Duranti, Terry Eastwood, Heather MacNeil, *Preservation of the Integrity of Electronic Records*, Dordrecht: Kluwer Academic Publishers, 2002, pp. 2~3.

[42] ISO 15489-1, 7.2.1.

서의 기록은 법규 환경에 대한 컴플라이언스(Compliance)의 근거로서 기능하게 된다.[43] 바로 이러한 점에서 전자기록 환경 하의 기록관리시스템은 조직의 업무수행에 필수적인 설명책임 및 컴플라이언스에 필요한 증거에 주안점을 두고 기록으로 획득한다는 면에서 업무와 필연적인 친연관계를 형성하게 된다.

〈도표 2-1〉 업무-기록-기록관리 관계 1

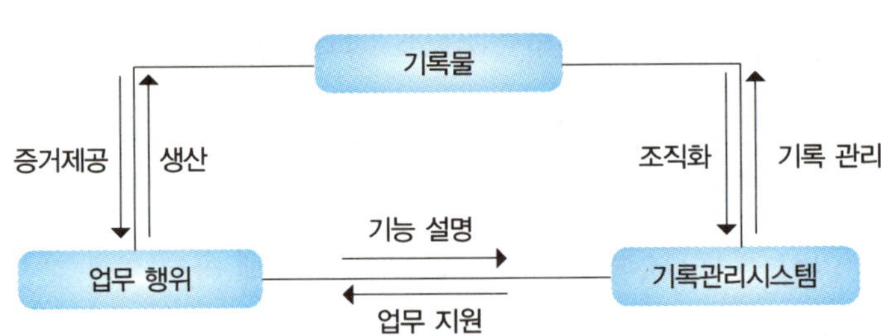

〈출처〉David Bearman, "Recordkeeping Systems", *Electronic Evidence: Strategies for Managing Records in Contemporary Organizations*, Pittsburgh: Archives & Museum Informatics, 1994, p. 37.

업무와 기록의 친연관계가 위와 같은 논리에 따라 형성되었다면, 기록관리는 이러한 친연관계를 기반으로 업무 행위를 반영한 증거의 획득을 담당하는 책무를 지니게 된다. 일반적으로 종이기록 환경에서는 원질서원칙을 통해 업무적 맥락을 함유한 기록물의 확보가 가능하였다.[44] 기록물은 업무 수행 과정 중 자연적으로 축적된다는 논리 하에,

---

[43] David Bearman, "Recordkeeping Systems", *Electronic Evidence: Strategies for Managing Records in Contemporary Organizations*, Pittsburgh: Archives & Museum Informatics, 1994, pp. 57~61.

[44] David Bearman, "Recordkeeping Systems", *Electronic Evidence: Strategies for Managing Records in Contemporary Organizations*, Pittsburgh: Archives & Museum Informatics, 1994, p. 37.

업무가 실제 처리된 질서를 반영하여 물리적으로 정리함으로써 업무와 기록 간의 본연적 관계를 확보할 수 있었다. 하지만 가상의 공간에서 개별적 객체로 존재하는 전자기록의 경우, 업무 자체 및 전산시스템의 복잡한 프로세스로 인해 업무와 기록 간의 관계 파악이 용이하지 않게 된다. 따라서 전자기록은 어떠한 업무 맥락에서 생산·활용되었는지를 파악하는 즉 증거를 확보하는 것이 필수적 과제가 되며, 업무 행위를 반영하는 증거를 확보하기 위해 업무 행위와 기록관리를 연계시켜야 하는 당위성이 도출되게 된다.[45] 이러한 맥락에서 전자기록 환경 하의 업무와 기록, 기록관리 간의 관계는 〈도표 2-Ⅰ〉과 같은 상호연관성을 지니게 된다고 할 수 있다.

　업무와 기록관리 간의 친연관계는 기록관리를 정점으로 한 엔티티들을 모형화 시킨 〈도표 2-Ⅱ〉를 통해 보다 설득력 있는 설명이 가능하다. 〈도표 2-Ⅱ〉에서는 전자기록 환경에서 기록관리를 둘러쌓고 법규·조직·기록·업무가 상호 연계관계를 형성하고 있다. 우선 법규는 외부 법규와 내부 법규로 양분할 수 있다. 외부 법규는 법·규정·표준·직업윤리·기록관리 법령·사회적 관습 등이며, 내부 법규는 조직의 정책·행정규칙·내부 규정·기록관리 매뉴얼·조직문화 등이라 할 수 있다. 이러한 법규는 조직의 운영 및 업무가 수행되는 맥락과 함께 대내외의 사회적, 환경적 맥락을 제공함과 아울러, 기록관리가 수행되는 방식 역시 관장하게 된다.[46]

---

[45] David Bearman, "Recordkeeping Systems", *Electronic Evidence: Strategies for Managing Records in Contemporary Organizations*, Pittsburgh: Archives & Museum Informatics, 1994, pp. 35~37.

[46] Sue McKemmish, Glenda Acland, Nigel Ward, Barbara Reed, "Describing Records in Context in the Continuum: The Australian Recordkeeping Metadata Schema", *Archivaria* 48, 1999, p. 13.

조직은 업무와 관련된 각종 법령 내지 규정·표준·최선의 실무관행·직업윤리 등의 사회적·조직적 맥락 속에서 업무를 수행하게 되며, 여기서 업무는 목표 달성을 위해 조직이 영위되는 구체적 행위의 절차로서 의미를 지니게 된다.[47] 그리고 이러한 업무 수행 시 법규를 통해 부여받은 권한에 상응하는 일정한 범위 내의 업무에 대한 설명책임을 아울러 부여받게 되며, 여기서 설명책임은 기록을 통해 구현되게 된다. 따라서 조직 및 업무자는 설명책임 확보를 위해 업무의 수행과정을 정확히 반영하는 기록을 생산해야 할 책무를 지니게 된다. 기록은 조직 및 업무자에게 이양된 권한의 수행내역을 설명할 수 있는 기본 도구이자, 업무의 실제 처리내역에 대한 신뢰성 있는 구체적인 증거로서의 역할을 담당하게 된다. 또한 해당 업무상의 기능 및 활동에 대한 진본성·신뢰성·무결성·가용성을 지닌 증거이자 집단기억으로서의 역할을 지니며, 아울러 조직 및 업무자가 실제 업무 수행을 위해 필요한 정보를 제공하게 된다.[48]

---

[47] Sue McKemmish, Glenda Acland, Nigel Ward, Barbara Reed, "Describing Records in Context in the Continuum: The Australian Recordkeeping Metadata Schema", *Archivaria* 48, 1999, p. 14.

[48] ISO 15489-1, 7.2.

〈도표 2-11〉 업무-기록-기록관리 관계 2

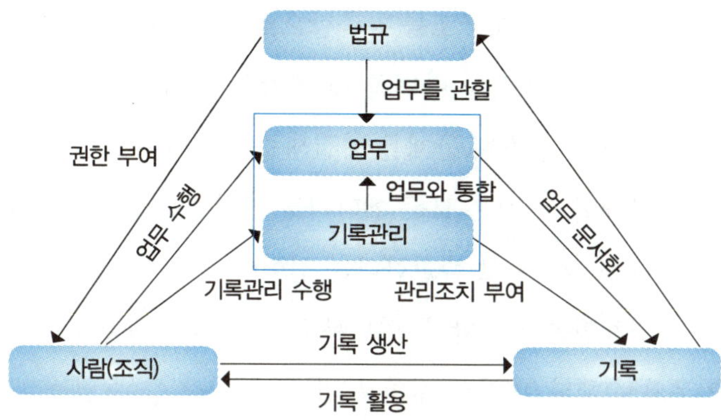

<출처> Sue McKemmish, Glenda Acland, Nigel Ward, Barbara Reed, "Describing Records in Context in the Continuum: The Australian Recordkeeping Metadata Schema", *Archivaria* 48, 1999, pp. 12~13 표 2, 3을 재구성.

위의 도표에 제시된 엔티티들은 자체 내의 연계구조 및 상호간의 연계관계를 지니게 된다. 우선 업무 엔티티는 처리행위-활동-기능으로, 조직 엔티티는 업무자-업무단위-조직으로 그리고 기록 엔티티는 개별 기록-기록물 집합-기록물 전체로 자체 내의 위계구조와 함께 위계에 따른 자체 내의 연계관계를 함유하고 있다.[49] 또한 이러한 각각의 엔티티들은 상호간의 연계관계 역시 형성한다. 조직과 업무, 업무와 기록 그리고 기록과 조직은 위의 도표에 제시된 바와 같은 상호 연계관계를 형성하며, 아울러 업무와 기록관리의 통합관계를 기반으로 조직-업무-기록은 다원적인 연계관계를 창출하며 기록의 생산맥락을 제공해준

---

[49] Sue McKemmish, Glenda Acland, Nigel Ward, Barbara Reed, "Describing Records in Context in the Continuum: The Australian Recordkeeping Metadata Schema", *Archivaria* 48, 1999, p. 15 표 4를 참조.

다.[50] 그리고 나아가 업무와 기록물 간의 일대 일 관계를 넘어 조직-업무-기록 간의 다원적 연계구조를 창출함으로써, 현재 원론적 출처주의의 한계로 지적되는 조직의 다변화 및 복잡화 문제, 생산자와 기록물 간의 다대 일, 다대 다 관계 문제를 해결해주게 된다.[51]

여기서 주목해야 할 점은 모든 엔티티들 간의 연계관계는 업무와 기록관리의 통합을 정점으로 출발한다는 점이다. 기록은 조직 및 조직의 업무자가 설명책임을 완수할 수 있도록 하는 증거를 제공하고, 또한 조직 및 업무의 수행과 관련된 내외부 법규 및 지침 등에 컴플라이언스할 수 있는 증거가 된다. 하지만 앞서 설명한 바대로 전자기록의 고유 속성 및 복잡한 전자기록의 생성 메커니즘 속에 증거의 확보는 용이하지 않게 된다. 그런데 증거는 업무 내역을 반영한 기록이며, 기록관리는 업무 행위에 대한 정확하면서도 신뢰할 수 있는 증거를 기록화 된 정보 형태로 획득·유지[52]할 책무를 부여받게 된다. 이와 같은 논지에서 업무와 기록관리는 직접적 관계를 형성하게 되며, 바로 이러한 연유에서 업무와 기록관리를 통합시킬 필요성이 도출되게 된다.

50 Sue McKemmish, Glenda Acland, Nigel Ward, Barbara Reed, "Describing Records in Context in the Continuum: The Australian Recordkeeping Metadata Schema", *Archivaria* 48, 1999, pp. 15~17.
51 김명훈, 『출처주의와 현대 기록관리』, 한국국가기록연구원, 서울, 2003, p. 67.
52 ISO 15489-1, 7.1~7.2.

컨티뉴엄 사고와 업무친화적 기록관리 방향

　기본적으로 전자기록 환경에서 기록물을 생산하는 업무정보시스템은 역사자료의 보존 및 후대 전승을 위해서가 아닌, 업무에 필요한 정보를 제공함과 더불어 업무의 효율화를 위해 설계되어 가동된다. 이러한 업무정보시스템에서 생산된 전자기록을 획득해 관리하는 기록관리시스템 역시, 증거로서의 기록을 생산·저장·접근·활용케 하는 특정 기능을 달성하기 위한 하나의 특화된 시스템이라 할 수 있다. 따라서 업무정보시스템 및 기록관리시스템은 업무상에 필요한 증거 및 정보 목적을 위해 기록물을 생산·저장함과 아울러 검색·활용할 수 있도록 하는, 기본적으로 아키비스트나 기타 연구자를 위한 것이 아닌 기록 생산자를 위한 것이라는 발상이 도출되게 된다. 이러한 점에서 업무정보시스템 및 기록관리시스템은 생산 조직의 업무 처리 및 프로세스를 우선적으로 지원하기 위해 최적화된 하나의 시스템이라는 사고의 전환이

필요하다.[53]

　전자기록 환경 하의 이러한 사고 전환은 기록의 개념을 재정립함과 더불어 기록관리가 수행해 온 전형적인 역할을 재조명시킨다. 이러한 면에서 기존의 라이프사이클을 대체한 '컨티뉴엄'(Continuum) 이론은 업무와 기록, 기록관리의 친연관계를 강화시키는 논리를 제공한다고 볼 수 있다. 호주 컨티뉴엄 이론의 기반이 된 Atherton의 컨티뉴엄 사고에서는 기록의 생산자 및 이용자에 대한 활용성에 우선적으로 초점을 맞춘다. 즉 라이프사이클에 기반을 둔 현용단계의 기록관리와 아카이브단계의 기록관리 간의 단절적 체제를 탈피하고, 기록의 활용을 중심으로 모든 기록관리 프로세스가 유기적인 관련을 맺는 통합적 기록관리체제를 구축해야 한다는 것이다. 기록은 미래의 연구자를 위해 생산되는 것이 아닌, 행정 과정에서 행정적 목적을 위해 생산된다. 따라서 기록의 가치는 본디 행정상의 활용과 관련된 것임을 염두에 둘 때, Atherton이 제시한 컨티뉴엄의 핵심은 '행정적 효율성'에서 기록관리의 출발점을 찾게 된다.[54]

　1990년대 들어 호주에서 정립된 컨티뉴엄 이론은 전자기록 환경에 대응한 전략적 사고라 할 수 있다.[55] 호주 기록관리 표준인 AS 4390에서는 컨티뉴엄을 '기록의 생산 시점부터(기록관리시스템의 설계에서는 그 이전부터), 아카이브로서의 보존 및 활용에 이르기까지의 일관되고 통

---

53 David Bearman, "Recordkeeping Systems", *Electronic Evidence: Strategies for Managing Records in Contemporary Organizations*, Pittsburgh: Archives & Museum Informatics, 1994, p. 36.

54 Jay Atherton, "From Life Cycle to Continuum: Some Thoughts on the Records Management-Archives Relationship", *Archivaria* 21, 1985~1986, pp. 49~51.

55 Sue McKemmish, "Placing Records Continuum Theory and Practice", *Archival Science* 1(4), 2001, p. 333.

일성 있는 관리체계'로 정의한다.[56] 여기서 '일관되고 통일성 있는 관리체계'란 말은 라이프사이클의 현용단계와 아카이브단계의 구분 및 각 관리 단계가 각기 분리된 것과는 엄격한 차이가 있다. 아울러 라이프사이클은 기록의 생성 시점을 출발점으로 하지만 컨티뉴엄은 기록관리시스템의 설계, 즉 기록의 생산이전 시점부터 기록관리의 출발점을 두게 된다. 이러한 컨티뉴엄 이론은 전자기록 환경과 더불어 기록의 생산 연원이라 할 수 있는 조직의 운영 메커니즘 및 업무 수행방식의 변화 속에, 기존의 기록관리 이론 및 방법론을 근원적으로 재고려하는 데에서 비롯된 것으로,[57] 기록이 개인 및 조직·사회에 가치를 지니는 한 이를 식별·통제·접근·활용할 수 있게 하는 것을 지향한다.[58]

컨티뉴엄에서는 〈도표 2-Ⅲ〉에 제시된 바와 같이, 4개 축선 및 4개 차원을 통해 기록의 의미 및 기록관리의 역할을 도해화 시킨다.[59] 우선 증거 축(Evidential Axis)은 행위를 표현한 흔적·증거·개인 내지 단체의 기억 및 집단기억으로서 기록이 지니는 역할을 나타낸다. 이 축은 행위·관계 및 이와 연관된 개인·단체에 대한 가치추가(value-added) 정보의

---

56 Sarah J. A. Flynn, "The Records Continuum Model in Context and Its Implications for Archival Practice", *Journal of the Society of Archivists* 22(1), 2001, p. 80에서 재인용.

57 Sue McKemmish, "The Smoking Gun: Recordkeeping and Accountability", *Records Continuum Research Group Publications*, 1998.
〈http://www.sims.monash.edu.au/research/rcrg/publications/recordscontinuum/smoking.html〉

58 컨티뉴엄이 지닌 이러한 사상적 기반에 대한 종합적인 정리로는 원종관, 「레코드 컨티뉴엄의 속성을 통해 본 증거와 기억의 조화에 관한 연구」, 한국외국어대학교 대학원 정보기록관리학과 석사학위논문, 2007, pp. 35~64를 참조.

59 이하의 내용은 Frank Upward, "Structuring the Records Continuum-Part 1: Postcustodial Principles and Properties", *Records Continuum Research Group Publications*, 1996. 〈http://www.sims.monash.edu.au/research/rcrg/publications/recordscontinuum/fupp1.html〉 및 Sarah J. A. Flynn, "The Records Continuum Model in Context and Its Implications for Archival Practice", *Journal of the Society of Archivists* 22(1), 2001을 종합하여 정리한 것임.

근원으로서, 업무 및 사회적 행위에 대한 증거로서, 집단적·사회적·
문화적 기억으로서 그리고 개인·단체·사회·문화적 정체성의 근저
로서 총체적 사회에서 갖게 되는 기록이 지닌 활용 의미를 나타낸다.

<도표 2-Ⅲ> 레코드 컨티뉴엄 도해

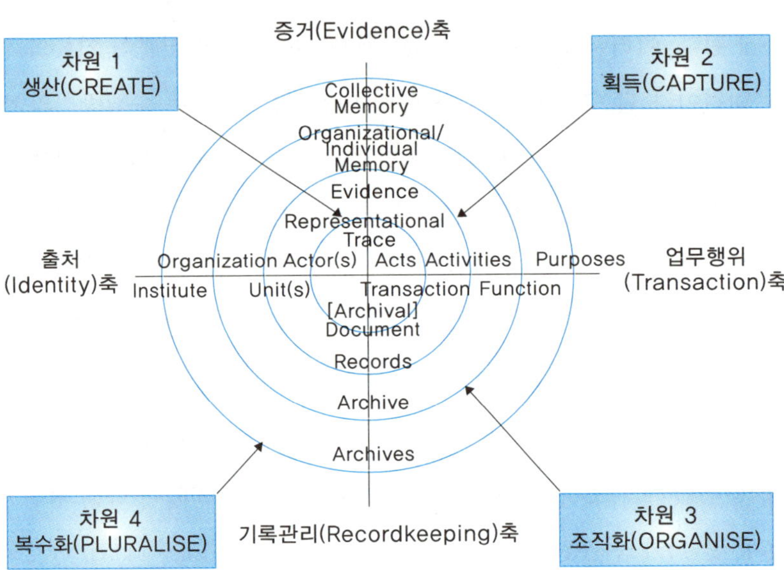

<출처> Frank Upward, "Structuring the Records Continuum-Part 1: Postcustodial Principles and Properties", *Records Continuum Research Group Publications*, 1996.
<http://www.sims.monash.edu.au/research/rcrg/publications/recordscontinuum/fupp1.html>

업무행위 축(Transaction Axis)은 기록을 생산하게 한 업무 기능과 관련
된 축으로, 기록을 행위와 연계시키는 기능적 출처 역할을 담당한다.
행위(Act)는 업무 내지 사회적 활동(Activity)을 형성하게 되고 활동은 업
무 내지 사회적 기능(Function)을 형성하게 되며, 나아가 기능은 보다 높
은 수준의 사회적 목적(Purpose)으로 통합된다. 이를 통해 기록물에 기

록관리 상의 '활동 기반'(activity based) 맥락을 부여해 줌과 아울러, 이러한 행위의 층위와 연계하여 기록관리 프로세스가 자리하게 된다.

일정 서식을 통해 생성된 문서 및 증거로서 획득된 기록 그리고 개인 내지 단체의 아카이브 및 사회 전체로 복수화 된 아카이브즈로 구성되는 기록관리 축(Recordkeeping Axis)은, 인간의 행위 내역을 기록화한 매개수단 영역이라 할 수 있다. 이 축은 문서가 생성되는 서식, 이러한 문서가 기록으로 획득되는 시스템 및 시공간에 기초한 일정 맥락을 기록물에 부여하게 되는 개인 내지 단체와 같은 권위체를 기반으로 하게 된다.

마지막으로 출처 축(Identity Axis)은 기록을 생산한 행위의 주체를 나타낸다. 이 축은 행위자(Actor), 단체 내지 사회적으로 권한이 용인된 권위체 내의 개인 내지 그룹인 단위(Unit), 특정 기능 수행을 목적으로 한 단체 내지 법인체인 조직(Organisation) 및 단체 내지 법인체가 활동하게 되는 보다 넓은 사회적 범위인 제도(Institution)로 구성되어, 출처의 소재를 표현함과 더불어 기록관리 상의 구조적 맥락을 부여해 주게 된다. 나아가 업무행위 축과 출처 축은 최근 날로 복잡해지는 기록의 맥락을 해명해주는 역할을 담당하게 된다.

이와 더불어 컨티뉴엄에서는 4개의 차원을 통해 축선에서 표현된 기록 및 기록관리를 둘러싼 엔티티들 간의 관계를 제시한다. 우선 차원 1에서는 개인 내지 단체의 행위를 통해 그 행위를 표현하는 혼적(Representational Trace)으로서 문서를 생성시킨다. 이를 통해 차원 1에서는 업무행위와 연관된 문서를 획득함으로써 설명책임성 있는 행위를 확인함과 더불어, 이러한 행위에 대한 신뢰할 수 있는 증거를 생산한다. 차원 2는 개인 내지 단체의 행위 결과인 문서가 조직적 활동 단위로 편입되는 단계로, 조직의 필요를 충족시키게 되는 기록물이 기능-활동-처리행위로 이어지는 조직 활동의 위계와 연동하여 기록관리시스템으로 획득되게 된다. 아울러 이 과정 속에서 메타데이터 및 타 기록과의 연계관계 창출을 통해 기록의 맥락 및 증거성이 확보된다.

그리고 차원 3에서 기록관리시스템은 처리행위-활동-기능-목적으로 이어지는 일련의 업무행위와 업무행위를 문서화시킨 기록을 연계시켜 관리하게 되며, 업무의 직접적 이용 범위를 넘어 기록을 조직 전체의 기억으로 확대시키게 된다. 그리고 차원 4에서 기록은 조직 차원을 넘어 총체적 사회제도 차원에서 집단적·사회적 기억으로서의 역할을 담당하게 되며, 국가적 범주의 기록관리시스템은 총체적 사회 및 사회 기능의 필요를 위해 활용되게 된다.

이와 같이 컨티뉴엄은 아이템 단위를 생성 시부터 행위의 맥락 내에 위치시킴과 아울러, 이를 확대하여 전체로서의 사회적 맥락 내에 자리하게 하는 구도를 제공한다. 즉 컨티뉴엄에서는 '문서의 생성-기록의 획득-아카이브의 조직화-아카이브즈의 복수화'로 확대되는 4개의 차원에 따라 맥락의 의미를 확대해 가게 된다. 생산 차원에서는 행위자나 처리행위 등 문서가 생성된 직접적인 맥락을, 획득 차원에서는 조직의 각 업무 단위 내에서 수행된 행위의 맥락을, 조직화 차원에서는 조직 자체 내지 조직 내의 기능들이 행해진 맥락을, 그리고 복수화 차원에서는 모든 행위에 대한 광범위한 사회적 차원의 목적을 기록과 연계시키게 된다. 이러한 차원은 단절적인 경계의 표현이 아니다. 하나의 축선 상에 존재하는 네 개의 엔티티가 각각 확장되는 특성을 지닌 것처럼, 차원 또한 확장되는 프로세스를 개념화한 것으로 볼 수 있다.

이러한 도해를 기반으로 한 컨티뉴엄의 논점은 우선 기록의 개념에서부터 시작한다. 전자기록이 지닌 고유 특성은 조직 행위의 결과로서 기록의 본성 및 증거로서의 속성에 대한 근본적인 재해석을 필요케 한다. 기록의 내용 및 정보적 가치에 초점을 둔 전통적인 기록의 정의를 거부하고, 기록화 된 정보에 대한 다차원적(pluralist) 견해를 채택하여 기록을 목적 및 기능성의 관점에서 파악한다.[60] 이러한 맥락에서 기록의 개념은 업무처리적, 증거적 목적을 위한 활용 측면이 강조되며, 기록이 생성되는 복합적 현실 속에서 기록이 지닌 다원적 목적에 초점을 맞추게 된다.[61] 따라서 기록의 생산자인 조직을 둘러싼 내외부 환경과 더불어, 조직 및 현재의 업무에서 기록이 지닌 의미로부터 출발하게 된다. 이러한 점에서 컨티뉴엄 사고에서는 업무 행위 결과로서의 기록 그 자체를 관리하는 것이 목적이 아닌, 업무 행위 및 업무 프로세스와 연계한 활용을 위해 기록이 생산·관리되며[62], 이를 위해 기록관리를 업무 프로세스 및 목적과 통합시키게 된다.[63]

또한 컨티뉴엄에서 증거로서의 기록이 지닌 속성은 업무와 기록관리 간의 친연성을 강화시킨다. 이분법적 가치 논리에 따라 현용단계의 기록관리와 아카이브 단계의 기록관리가 서로 별개로 존재했던 종래의 라이프사이클 체제에서는, 기록관리의 주목적이 생산 본래의 가치가

---

60 Sue McKemmish, "Placing Records Continuum Theory and Practice", *Archival Science* 1(4), 2001, pp. 335~336.

61 Frank Upward, "Structuring the Records Continuum-Part 1: Postcustodial Principles and Properties", *Records Continuum Research Group Publications*, 1996.
⟨http://www.sims.monash.edu.au/research/rcrg/publications/recordscontinuum/fupp1.html⟩

62 Sarah J. A. Flynn, "The Records Continuum Model in Context and Its Implications for Archival Practice", *Journal of the Society of Archivists* 22(1), 2001, pp. 81~85.

63 Frank Upward, "Structuring the Records Continuum-Part 1: Postcustodial Principles and Properties", *Records Continuum Research Group Publications*, 1996.

소멸된 이후의 이차적 가치를 지닌 대상을 선별하는 것에 주안점을 두어 왔다. 이러한 관계상 현용단계의 기록관리는 업무와의 친연성이 부재한, 생산 이후 아카이브로 이관하기 전까지의 분업화된 수동적인 통제작업으로 이루어져왔다.[64] 하지만 컨티뉴엄에서는 위와 같은 가치의 양분화 된 시각을 거부한다. 기록이 지닌 소위 일차적 가치와 이차적 가치는 서로 분리될 수 없으며, 사실상 이차적 가치는 현용단계에서의 활용 후 생각해 볼 부차적인 문제로 인식된다.[65] 대신 우선적으로 업무행위의 증거가 기록으로 남을 수 있게 하며, 이를 통해 업무에 필요한 증거의 생산을 담보케 한다. 여기서 업무행위를 투영한 증거로서의 기록은 실제 업무 프로세스 과정 속에서 생성되는 관계상, 기록을 획득하는 기록관리를 업무와 통합시키게 된다. 결국 이러한 요인들은 업무 프로세스와 기록관리를 통합시킨 가운데, 업무와의 친연성에 기반을 둔 현용기록관리의 강화를 도출시킨다.

이상에서 살핀 바와 같이 전자기록 환경 하의 기록관리 방향은 종이기록 환경 하의 그것과 양상을 달리한다. Bearman과 Hedstrom은 전자기록 환경 하에 전통적인 기록관리 방식을 그대로 적용할 수 없는 상황에서, 전자기록 환경 하의 기록관리 방향성을 가늠케 해준다. David Osborne과 Ted Gaebler가 제시한 행정학 영역의 '노젓기'(Rowing)와 '방향잡기'(Steering) 이론을 차용하여, 향후 전자기록 환경 하의 기록관

〈http://www.sims.monash.edu.au/research/rcrg/publications/recordscontinuum/fupp1.html〉

64 An Xiaomi, "An Integrated Approach to Records Management", *Information Management Journal* 2003(7-8), 2003, p. 27.

65 Sarah J. A. Flynn, "The Records Continuum Model in Context and Its Implications for Archival Practice", *Journal of the Society of Archivists* 22(1), 2001, p. 84.

리 방향은 후자에 초점을 맞추어야 한다는 견해를 제시하고 있다. 즉 기록이 생산된 이후 주어진 결과를 사후적으로 관리해 이용서비스를 제공하는 노젓기와 같은 직접적인 역할을 담당하기 보다는, 생산자 및 이용자 스스로 업무행위를 정확히 다큐멘테이션하고 이를 실질적인 필요를 통해 적극적으로 활용할 수 있도록 하게 하는 방향잡기의 역할을 담당해야 한다는 것이다.[66] 이러한 기록관리 방향에서는 기록물 자체에 초점을 맞추는 것이 아닌, 조직의 업무행위 및 설명책임 · 컴플라이언 스 · 정보적 필요 등 업무 수행에 필요로 되는 모든 요구에 대한 대응에 주안점을 두게 된다. 이는 곧 업무와 기록, 기록관리 간의 친연성을 전 제로 하는 것으로, 여겨서 기록관리는 물리적 자료를 관리하는 '테크 닉' 이 아닌, '조직 행위의 관리' 로 자리매김하게 된다.

본장에서 논의한 전자기록 환경 하의 증거성 강조 경향은 종이기록 에서 전자기록 환경으로 변이되는 패러다임 전환에 따른 과도기적 현 상이라 할 수 있다. 업무의 내역을 반영한 기록의 확보가 예전의 종이 기록 환경처럼 용이하지 않은 상황에서, 무엇보다 최우선적으로 증거 의 획득에 주목하지 않을 수 없기 때문이다. 또한 기록에 담긴 내용에 앞서 맥락이 중시되는 기록관리에서, 이러한 증거의 확보 없이는 이후 의 기록관리 자체가 무의미해지기 때문이다.

이와 같은 측면을 고려한다면 전자기록 환경에서 기록관리의 새로운 방향은 바로 기록의 현용적 활용 측면을 강조한 '업무친화적 기록관

---

[66] David Bearman & Margaret Hedstrom, "Reinventing Archives for Electronic Records: Alternative Service Delivery Options", *Electronic Records Management Program Strategies*, Archives and Museum Informatics Technical Report 18, Pittsburgh: Archives and Museum Informatics, 1993, pp. 82~98.

리'라 할 수 있다. 여기서 업무친화적 기록관리란 조직의 영위 및 업무의 수행에 실질적으로 일익을 담당하는 기록관리로 정의하고자 한다. 맥락을 지닌 증거의 원천적 확보를 위해 업무와 기록을 연계시키고 또한 업무행위를 반영한 증거의 획득을 위해 업무와 기록관리를 통합시키는 가운데, 기록관리 영역은 조직의 영위 및 업무 수행에 필요한 기록을 기록관리시스템으로 획득할 책무를 부여받게 된다. 기록관리의 주목적인 업무행위의 정확한 포착은 조직을 둘러싼 내외부 환경의 반영이라 할 수 있기 때문이다. 여기서 환경은 조직이 기능하고 운영되는 외적 내적 조건에 직간접적으로 영향을 미치는 요소로, 조직은 이러한 환경과 상호작용을 하며 조직의 목표 달성을 위해 업무를 수행하게 된다. 따라서 조직을 둘러싼 환경에 대한 분석은 기록물이 생성된 정확한 생산맥락을 파악할 수 있도록 함과 동시에, 환경 순응에 필수적인 기록물의 유형을 확인할 수 있게 해준다.[67] 이는 곧 조직이 내외부 환경에 대응하며 영위되기 위해 또한 직접적인 업무 수행을 위해 요구되는 기록물의 획득을 필요로 하게 한다. 따라서 전자기록 환경 하의 기록관리는 예전처럼 업무의 결과로 주어진 이미 생성된 기록을 관리하는 것이 아닌, 업무에 실질적으로 필요한 대상을 기록관리시스템으로 획득하는 것에서부터 출발하는 방향으로 나아가고 있다고 할 수 있다.

이러한 측면에서 ISO 15489에 함의된 평가 논리에 대한 분석은 의미를 지닌다. 기록관리 국제표준으로 제정된 ISO 15489는 업무친화적 기록관리 방향을 여실히 제시해주고 있다. ISO 15489는 범용적 표준으로

---

[67] Elizabeth Shepherd & Geoffrey Yeo, *Managing Records : A Handbook of Principles and Practice*, London: Facet Publishing, 2003, pp. 35~41; ISO 15489 part 1, 5.

제정된 관계상 외면적으로는 드러나지 않지만, 그 조항들의 행간에는 이러한 전자기록 환경 하의 업무친화적 기록관리 방향이 명확하게 제시되어 있다. 이와 더불어 ISO 15489에서는 기록을 업무행위에 대한 증거로서 뿐만 아니라, AS 4390에서는 논외로 하였던 정보로서 인식하고 있다. 이에 다음 장에서는 전자기록 환경 하에서 현재 전 세계적인 기록관리 표준으로 광범위하게 수용되고 있는 ISO 15489를 통해 이러한 업무친화적 기록관리의 방향을 가늠해 본 다음, ISO 15489에 내재된 평가 논리를 기반으로 그 구체적인 실태를 도출하고자 한다.

제3장

전자기록 환경과 ISO 15489 평가 함의

ISO 15489의 업무친화적 기록관리 요소

1. ISO 15489의 제정과정과 의의

주지하다사피 ISO 15489는 기록관리를 위한 국제 표준으로 ISO에 의해 2001년 제정되었다. 그동안 기록관리 영역의 국제 표준 및 각국 차원의 표준들은 주로 기록관리 상의 특화된 영역에 한정하여 산발적으로 존재할 뿐, 기록관리 전반을 다루는 표준은 부재해왔다.[1] 이러한 상황에서 1996년 2월 호주에서 기록관리 표준으로 제정한 AS 4390은 전 세계적 파장을 일으켰고, 1997년 ARMA 컨퍼런스에서 그 타당성을 승인받은 후 국제표준으로 ISO에 추천된다. ISO 기술위원회 46에서는 산

---

[1] David Roberts, "The New Australian Records Management Standard", State Records New South Wales, 1998. 12. 〈http://www.records.nsw.gov.au/publicsector/rk/sacramento/sacramento.htm〉

하 SC 11에 AS 4390을 주축으로 한 새로운 국제표준의 제정 과업을 부여하였고, SC 11에서는 세계 각국에 보편적으로 적용할 수 있는 표준 및 표준에 수반된 기술리포트 수립이란 두 방향으로 2000년 5월 표준 초안을 제정한 후 2001년 국제표준으로 승인하였다.[2]

ISO 15489의 기반이 된 AS 4390은 호주의 일반적인 기록관리 실무를 반영한 것이 아닌, 지난 수년간의 전 세계 기록학 이론 동향을 기반으로 전자기록 환경 하의 기록관리 방안 마련을 위해 개발된 표준으로서의 의미를 지닌다.[3] 전자기록 환경에서 기록관리를 위한 국제 표준은 물론 각국의 표준 역시 부재한 상황에서 AS 4390은 조직의 레코드키핑 요건 확인 및 충족에 일익이 되는 최선의 실무를 진흥시킬 목적으로 개발된 것으로, 기록의 개념 및 레코드키핑시스템 구축 등에 관한 제반 원리는 컨티뉴엄 이론과 함께 David Bearman의 연구에 기반을 두고 있다.[4]

이러한 AS 4390는 기록을 업무행위에 대한 증거를 제공함과 더불어

---

2 Johanna Gunnlaugsdottir, "An International Standard on Records Management: An Opportunity for Librarians", *Libri* 52, 2002, p. 232. ISO 15489의 구체적인 제정 과정 및 경과에 대해서는 Michael Steemson, "ISO 15489: Set It to Music? You Are Gonna Need It!", 2001. 〈http://www.caldson.com/iso15489.html〉을 참조. 또한 ISO 15489의 구체적인 내용에 대한 설명에 대해서는 Mary M. White-Dollmann, "ISO 15489 Part 1 : What Is It", *The Metro Records Insider: Newsletter of the Metro NYC Chapter of ARMA* XXIX(6), 2004; James C. Connelly, "The New International Records Management Standard: Its Content and How It Can Be Used", *Information Management Journal* 2001(7), 2001; David O. Stephens, "The World's First International Records Management Standard", *Information Management Journal* 2001(7), 2001을 참조.

3 David Roberts, "The New Australian Records Management Standard", State Records New South Wales, 1998. 12. 〈http://www.records.nsw.gov.au/publicsector/rk/sacramento/sacramento.htm〉

4 이에 대해서는 Records Management Office, Archives Authority of New South Wales, "Steering into the Future: Electronic Recordkeeping in NSW", *Electronic Records Research 1997*, Archives & Museum Informatics, 1998. 〈http://www.archimuse.com/erecs97/Steeri~1.rtf〉을 참조.

생산 연원이 되는 기능-활동-처리행위와 부단히 연계되어야 하는 객체로 인식하며, 레코드키핑 상의 기본 개념을 정교화 시키고 있다. 이를 기반으로 AS 4390은 전자기록 환경 하의 기록관리를 위한 기본 골격 및 최선의 실무방식을 제공함과 아울러, 최근의 업무 환경 속에서 기록관리를 업무와 밀접히 연계된 전문 영역으로 자리매김 시키면서 생산 및 획득 · 평가 · 분류 · 레코드키핑시스템 설계 등 ISO 15489의 핵심 사항이 되는 기록관리 원리들을 제시해준다.[5]

이와 같은 AS 4390을 부분적으로 수정[6]하여 제정된 ISO 15489는 ISO 9000 및 14000의 준수와 더불어 기록관리 정책 및 프로세스, 시스템 모형 제시를 기본 목적으로 한 것으로, 기록관리를 수행하기 위한 단순 방법론이 아닌 최선의 실무를 제공하는 세계적 표준으로서 의미를 지닌다.[7] 이러한 국제 표준으로서의 위상은 ISO 15489가 지닌 기본적 속성을 규정짓는다. 우선 ISO 15489가 지닌 범용적 표준으로서의 속성이다. ISO 15489의 제정 시에 가장 논쟁이 되었던 부분은 세계 각국의 기

---

[5] 호주 AS 4390에 대한 구체적인 설명 및 의미에 대해서는 David O. Stephens and David Roberts, "From Australia: The World's First National Standard for Records Management", *Records Management Quarterly* 30(4), 1996 및 David Roberts, "The New Australian Records Management Standard", State Records New South Wales, 1998. 12. 〈http://www.records.nsw.gov.au/publicsector/rk/sacramento/sacramento.htm〉를 참조.

[6] ISO 15489는 AS 4390을 토대로 하기 때문에 기본적인 내용 및 구조는 거의 동일하다고 볼 수 있다. 단 AS 4390은 본디 호주의 기록관리 표준이기 때문에 사용되는 용어에서 부분적으로 상이하나, 그 의미에서는 기본적으로 동일하다. 하지만 ISO 15489의 4장에 제시된 기록관리 이점 부분이라든가 메타데이터의 포착 부분, 그리고 전자레코드키핑과 보다 진전된 통합 부분은 AS 4390에는 없는 ISO 15489에서 새롭게 추가한 사항이다. Australian Society of Archivists, NSW Branch, "Report on Talk Given by Kate Cumming on ISO 15489 and ARMA Conference", 2002. 3.
〈http://www.archivists.org.au/pubs/newsletters/nsw200203.html〉

[7] David O. Stephens, "The World's First International Records Management Standard", *Information Management Journal* 2001(7), 2001, p. 69.

록관리 관행 차이였다.[8] 각국의 궁극적 기록관리 목표는 유사하더라도, 이러한 목표 달성을 위한 실제 기록관리 개념 및 방식에서는 차이가 있기 때문이다. 이러한 점을 감안해 ISO 15489는 Patr 1과 2로 구분하여, 전자에서는 모든 국가에서 보편적으로 수용 가능한 일반적인 표준을 제시하고 후자에서는 표준 수행을 위한 가이드라인을 제시하는 범용성을 지니게 되었다.[9]

아카이브 단계의 기록관리를 포함치 않은 것도 범용성 확보를 위한 측면으로 고려할 수 있다. 제정 당시 호주와 같은 일부 국가에서는 컨티뉴엄 이론을 기반으로 현용단계와 아카이브단계의 구분이 별도로 없는 관계상 모든 단계를 포함하는 표준을 수립하려 하였지만, 또 다른 국가들에서는 아직 양자 간의 경계가 남아 있었다. 아울러 당시 영국에서는 아카이브단계의 표준인 BS 5454를 제정 중에 있는 점을 고려하여, ISO 15489는 우선적으로 아카이브단계를 포함치 않는 현용기록관리 영역의 표준으로 제정하게 되었다.[10]

이상과 같은 과정을 통해 제정된 ISO 15489는 전 세계적으로 적용 가능한 표준으로, 최선의 실무방식으로서 지닌 보편적 적용성에서 의미

---

[8] Johanna Gunnlaugsdottir, "An International Standard on Records Management: An Opportunity for Librarians", *Libri* 52, 2002, p. 232.

[9] Johanna Gunnlaugsdottir, "An International Standard on Records Management: An Opportunity for Librarians", *Libri* 52, 2002, p. 234. 이러한 범용성으로 인해 2002년 1월부터 2003년 3월까지 수행된 영국 내 실제 조사결과에서는 ISO 15489의 영향력이 매우 높게 나타남을 제시하였다. 현재 현용기록관리 영역이 학문적으로나 실무적으로 아카이브관리나 정보관리에 비해 개발이 저조함을 염두에 둘 때, ISO 15489는 현용기록관리 영역에서 최선의 실무방식을 제공한다는 점에서 범용성을 지닌 ISO 15489의 의미를 찾을 수 있다. 이에 대해서는 Julie McLeod, "Assessing the Impact of ISO 15489: A Preliminary Investigation", *Records Management Journal* 13(2), 2003을 참조.

[10] Susan Healy, "ISO 15489 Records Management: Its Development and Significance", *Records Management Journal* 11(3), 2001, p. 135.

를 찾을 수 있다.[11] 또한 조직의 투명 행정 및 책임 행정을 보장하기 위한 기록관리 정책, 절차 및 과정을 가장 상위 수준에서 정하고 있는 모범 실무표준으로, 기록과 기록관리시스템의 품질에 대한 기대치를 한 단계 끌어올림으로써 기록관리 역사상 가장 중요한 성취의 하나라는 평가를 받고 있다.[12] 이와 아울러 이용 가능하고 신뢰할 수 있는 방식으로 기록을 보유함과 더불어 적절한 시기에 처리하는 방안을 제시해주는 등, 조직의 효율적이면서도 체계적인 기록관리 전략을 제시해준다.[13] 2002년 1월부터 2003년 3월까지 수행된 ISO 15489의 영향에 대한 실제 조사연구 결과를 살펴볼 때에도, 대부분의 국가에서 정보관리 및 아카이브 영역에 비해 현용기록관리의 진전이 실무적으로나 학문적으로 저조함에도 불구하고 ISO 15489는 조직의 현용기록관리 방식으로 높은 적용력을 보여주고 있다.[14]

하지만 ISO 15489가 지닌 이러한 의미에도 불구하고 그 한계 역시 지적받고 있다. 최근의 전자기록 환경에서 컨티뉴엄 논리에 기반 한 통합된 레코드키핑 체제 구축을 위해서는 비현용단계의 기록관리 역시 포함시켜야 하며, 전자기록 관리상의 특수 요소들을 보다 구체적으로 명시할 필요가 있다는 점이다.[15] 또한 ISO 15489가 지향하는 국제 표준으

---

11 Mary M. White-Dollmann, "ISO 15489: A Tool for Records Management Mergers", *Information Management Journal* 2004(9-10), 2004, p. 44.

12 국가기록원, 『기록관리 국가표준의 체계적 확산방안』, 국가기록원, 2006, p. 15.

13 Robert J. McLean, "Developing and Maintaining an Effective Records Management Programme", *ISO Bulletin* 2002(2), 2002, pp. 22~23.

14 Julie McLeod, "Assessing the Impact of ISO 15489: A Preliminary Investigation", *Records Management Journal* 13(2), 2003, pp. 71~72.

15 Sharon Alexander-Gooding and Sonia Black, "A National Response to ISO 15489: A Case Study of the Jamaican Experience", *Information Management Journal* 2005(3-4), 2005, pp. 64~65.

로서의 범용성은 역으로 실제 ISO 15489의 적용 과정에서 구체적인 실무지침을 제공치 못하는 것으로 드러나고 있다.[16]

그럼에도 불구하고 ISO 15489는 국제 기록관리 표준으로서 현재 전세계적으로 수용되고 있는 추세이다.[17] 이는 전자기록 환경 하의 기록관리를 위한 토대를 제공하는 ISO 15489가 지닌 논리에서 그 이유를 찾을 수 있다. 물론 ISO 15489에서는 전자기록은 물론 종이기록 및 여타 매체의 기록관리에도 적용 가능하다고 제시하고 있지만, ISO 15489가 의도하는 기록관리 상의 함의는 기본적으로 전자기록의 관리에 근저를 두고 있다. 이는 ISO 15489의 제정에 이르는 과정을 역추적하면 그 함의를 보다 분명히 파악할 수 있다. ISO 15489는 1996년 제정된 호주의 기록관리 표준인 AS 4390을 세계적으로 통용되는 범용 기록관리 표준으로 승화시킨 것이고[18] 호주 AS 4390은 호주 컨티뉴엄 이론에 기반을 둔 것이며,[19] 컨티뉴엄 이론은 Bearman을 비롯한 1980년대 말에서 1990년대 초의 전자기록 관리 원리에 관한 연구들에 기초하여 정립된 것이기 때문이다.[20]

---

16 Julie McLeod, "ISO 15489: Helpful, Hype or Just Not Hot?", *Archives and Manuscript* 32(2), 2004, pp. 90~111; Julie McLeod, "Assessing the Impact of ISO 15489: A Preliminary Investigation", *Records Management Journal* 13(2), 2003, p. 80.

17 호주, 미국, 독일, 프랑스, 중국, 네덜란드 등 ISO 15489 도입을 위한 세계 각국의 동향 소개에 대해서는 Michael Steemson, "RM Standard ISO 15489 Takes the World by Storm", 2002. ⟨http://www.caldeson.com/1548902.html⟩을 참조.

18 Susan Healy, "ISO 15489 Records Management: Its Development and Significance", *Records Management Journal* 11(3), 2001, p. 140.

19 David Roberts, "The New Australian Records Management Standard", State Records New South Wales, 1998. 12. ⟨http://www.records.nsw.gov.au/publicsector/rk/sacramento/sacramento.htm⟩

20 호주 컨티뉴엄 이론의 기반이 된 1990년대 초반까지의 전자기록 관리에 관한 연구동향에 대해서는 ICA, Committee on Electronic Records, *Electronic Records Management: A Literature Review*(ICA

이러한 국제 표준으로서 ISO 15489가 지닌 강점은 범용성을 지닌 세계 표준이라는 점이나 체계적인 기록관리시스템 구축 방법론을 제시한다는 외형적 차원을 넘어, 전자기록 환경에서 갖는 기록관리 상의 함의가 내재해 있다는 점에 있다. 이것은 바로 업무와 기록, 기록관리의 친연성을 기반으로 한 현용기록관리의 강화라 할 수 있다. 여기서 현용기록관리의 강화란 의미는 라이프사이클에서의 현용단계에 필수적인 기록관리 조치들이 집중된 현상만을 말하는 것은 아니다. 전자기록이 지닌 특수성에서 연유하는, 메타데이터 및 기록의 품질을 사전적으로 확보하는 등 생산이전 단계부터의 기록관리 조치들이 과거 라이프사이클에 토대를 둔 기록관리체제에 비해 대폭적으로 강화된 것은 사실이다. 하지만 ISO 15489에서는 이러한 차원을 넘어, 현용기록관리의 의미 및 목적, 조직에서의 역할을 재설정하고 있다는 점에서 하나의 새로운 패러다임을 형성하게 된다. 이것은 결국 앞선 2장에서 제시한 업무친화적 기록관리란 용어로 요약할 수 있다.

2. ISO 15489의 업무친화적 기록관리 요소

전자기록 환경에서 ISO 15489가 지향하는 업무친화적 기록관리의 방향은 우선적으로 기록의 개념에서부터 찾아볼 수 있다. AS 4390[21]에

Studies 10), ICA, 1996을 참조.

21 전자기록 환경에서 ISO 15489가 지닌 기록관리 함의를 도출하기 위해 AS 4390을 병행하여 분석하는 방식을 취하였다. ISO 15489는 범용적인 표준으로 제정된 관계상 표준 상의 조항들에서는 이러한 함의가 겉으로 표출되지 않는다. 이에 ISO 15489는 앞서 살핀 바대로 AS 4390의 내용을 주축으로 수립되었다는 점에서, AS 4390을 역추적 하여 분석하는 것은 ISO 15489의 함의 도출에 의미 있는 작업이 될

서는 기록을 데이터 및 정보자료와는 다른 개념으로 정의 내린다. 즉 기록은 업무행위에 대한 증거를 제공함과 아울러 생산 연원이 되는 기능 및 활동, 처리행위와 부단히 연계되어야 함을 강조한다.[22] 이의 연장선상에서 ISO 15489는 기록을 기관이나 개인이 법적 의무의 수행이나 업무의 처리행위 속에서 증거와 정보로서 생산하고 접수하며 유지한 정보로 정의 내린다.[23] 기록은 의사소통이 이루어지거나 결정되었는지 혹은 무슨 행동이 취해졌는지를 정확하게 반영해야 한다고 보면서, 생산·접수·활용된 맥락이 기록에 명확히 드러나야 함을 강조하고 있다.[24] 바로 이러한 연유에서 앞 장에서 언급한 업무와 기록이 밀접히 연계되어야 하는 업무친화적 기록관리 논리가 시작된다.

업무와 기록을 직접적으로 연계시켜 업무행위에 대한 증거로서 기록을 획득하는 방안은 먼저 업무와 기록의 분류체계를 연동시키는 것이다. 전형적으로 기록물은 행위의 결과라는 점에서 업무의 주체인 생산자는 출처로 등치되어 왔고, 따라서 조직구조는 기록을 생산맥락과 연계시키는 역할을 담당해왔다. 기록물은 생산자의 업무 과정 중에 생성된다는 점에서, 개별적으로는 고유의 정보를 나타낼 수 없는 일정한 생산맥락을 함축하고 있다. 여기서 조직 구조와 기록물 간의 연계는 기록물이 생산된 맥락 내지 일정 연원의 파악을 가능케 한다.[25] 하지만 전자기록 환경에서는 조직구조를 기반으로 하는 전형적인 출처주의 논리를

것이다.

22 David Roberts, "The New Australian Records Management Standard", State Records New South Wales, 1998. 12. 〈http://www.records.nsw.gov.au/publicsector/rk/sacramento/sacramento.htm〉

23 ISO 15489-1, 3.15.

24 ISO 15489-1, 7.2.1.

통한 맥락의 확보가 원론적으로 어렵다. 조직을 둘러싼 급변하는 환경에 대응하기 위해 조직구조를 가변적으로 운영하는 복합적 기록생산 환경을 생성시켰기 때문이다.[26] 특히 전산시스템 하의 기록물 생산 환경은 이전의 위계화 된 조직구조로는 설명할 수 없는 다원성 및 복잡성을 지니게 된다. 이로 인해 인간이 인지할 수 없는 가상공간에서 다양한 기능들 간의 유기적 연계구조 속에 방대한 양의 개별적 디지털 객체들을 생산해내고 있다.

기록이 지닌 통합성 창출의 근원이라 할 수 있는 퐁 존중의 원칙 역시 전자기록 환경에서 개념 변화가 불가피하다. 전형적으로 퐁(Fonds)은 방대한 양의 기록물을 생산 연원에 따라 조직화시키고 모든 기록물을 최소한 하나의 생산자와 연계시켜 생산 연원 상의 계통구분을 생성시킴으로써, 기록물의 논리적 구조를 형성시키는 기록물 통제 상의 최상위 개념으로 자리해왔다. 이러한 퐁은 기록물의 생산 배경 및 조직적 연원을 밝힘과 더불어, 단일 생산자를 근간으로 기록물의 통합성을 창출하는 역할을 담당하였다.[27] 하지만 수평적으로 편제된 조직체계의 다변화 양상은 이러한 퐁 개념의 적용을 난해하게 하며, 더욱이 하나의 기록물을 하나의 생산자와 연계시킨다는 단일 생산자를 중심으로 한 물리적 통합체로서의 퐁 개념은 전자기록 환경에서는 부합되지 않는다.[28]

---

25 김명훈, 『출처주의와 현대 기록관리』, 한국국가기록연구원, 서울, 2003, pp. 3, 6~7.

26 김익한, 「EDMS와 기록의 라이프사이클」, 『기록학연구』 5, 한국기록학회, 2002, pp. 19~20.

27 Michel Duchein, "Theoretical Principles and Practical Problems of Respect des Fonds in Archival Science", *Archivaria* 16, 1983, pp. 72~74.

28 Debra Barr, "The Fonds Concept in the Working Group on Archival Descriptive Standards Report",

이러한 이유로 인해 조직구조에 기반을 둔 출처주의 논리를 탈피하고, '공통의 기능적 기원'(Common Functional Origin)에 기반을 둔 출처주의의 재정립 필요성이 제기된다.[29] 아울러 퐁은 기록물에 대해 물리적으로 그룹화 시키는 종래의 '보관주의 시대'(Custodial Era) 사고를 넘어 '탈보관주의 시대'(Post-custodial Era) 사고를 통해 해결해야 하며, 따라서 전자기록 환경에서 퐁은 기록물이 생산·축적됨과 아울러, 기능·활동이 수행된 유기적 프로세스를 나타내는 전체성 개념으로 변화하게 된다. 이러한 상황 속에 조직의 기능 및 기능이 운용되는 절차에 대한 분석은 기록물의 생산맥락 및 기록물 상호간의 유기성 파악을 위한 핵심 과제로 부상되며, 바로 여기서 기능에 기초한 분류의 필요성이 도출되게 된다.

전자기록 환경 하의 원질서원칙 역시 업무와 기록 간의 친연성을 필요케 한다. 종이기록 환경에서 원질서원칙은 퐁 내 기록물이 생산·축적된 행정적 질서 내지 조직구조에 따라 정리하는 방식을 의미하였다. 이를 통해 업무 수행의 과정과 기록물의 질서를 일치시킴으로써 생산 당시의 본래적 맥락을 보호해 왔다. 하지만 최근 조직의 다변화 및 복잡화, 그리고 전자기록 환경 하에 조직 구조와 기능의 불일치 상황에서 원질서원칙의 개념 역시 일정 변화가 불가피하게 된다. 즉 기록물이 생산·활용되는 동안의 물리적 질서라기보다는, 생산 활동 자체의 자연적 질서를 반영하며 '기록물에 대한 모든 조직적 활동의 증거를 보존하고자 하는 것'이 그 본질적 개념이 되어야 한다는 것이다. 또한 과거

Archivaria 25, 1987~1988, pp. 163~169.

29 Angelika Menne-Haritz, "Appraisal or Selection: Can a Content Oriented Appraisal be Harmonized with the Principle of Provenance?", *The Principle of Provenance: First Stockholm Conference on Archival Theory and the Principle of Provenance 2-3 sept 1993*, Kerstin Abukhanfusa & Jan Sydbeck

등록소원리에 따른 기록물의 축적 방식 내지 질서로서의 개념에 앞서, 기록물이 생산된 기능에 입각하여 자연적으로 축적된 '지적' 질서의 개념으로 파악되어야 할 필요가 있게 된다.[30] 최근 기록 생산 환경이 불변적인 고정체가 아닌 역동적인 변동체인 상황에서, 기록물이 생산된 맥락의 파악은 아카이브 기관에서의 회고적 작업이 아닌 생산단계 내지 그 이전부터 행해지는 연속적 작업이 되어야 한다. 이러한 점을 염두에 둘 때 원질서를 보호하는 것은 시리즈의 구조를 명확히 밝힘과 더불어 조직의 업무와 기록과의 상관관계를 도출해 유지시키는 것이라 할 수 있다. 이러한 점을 감안할 때 전자기록 환경에서 '원질서'의 유지는 생산 맥락과 기록 간의 본래적 관계를 재구축하는, 생산단계 내지 그 이전부터 연속적으로 이루어지는 동적 행위가 된다.[31]

ISO 15489에서 의도하는 분류 논리 역시 위와 같은 변화상을 반영하고 있다. 우선 분류를 업무활동이나 기록을 체계적으로 확인하고 이를 각 범주에 배치하는 것[32]으로 정의하면서, 기록관리시스템은 기록 생산자의 업무활동을 반영할 수 있는 방식으로 기록을 조직화시켜야 한다[33]고 명시하여 업무와 기록의 분류체계를 연동시키고 있다. 또한 조직의 업무활동 분석에 기반을 둔 업무분류체계를 업무와 기록을 연결시키는 기본 수단이자 기록관리 상의 다양한 필수 도구로

ed., Stockholm: Swedish National Archives, 1994, p. 126.

30 Robert Edwards, "With Respect to Original Order: Changing Values in Archival Arrangement", *AABC News Letter* 11(1), 2001. 〈http://aabc.bc.ca/aabc/newsletter/11_1/with_respect_to_original_order.htm〉

31 Peter Horsman, "Taming the Elephant: An Orthodox Approach to the Principle of Provenance", *The Principle of Provenance: First Stockholm Conference on Archival Theory and the Principle of Provenance 2-3 sept 1993*, Kerstin & Jan Sydbeck ed., Stockholm: Swedish National Archives, 1994, pp. 56~58.

32 ISO 15489-1, 3.5.

상정[34]하면서, 기록관리시스템 설계 및 실행 지침인 DIRS(Design and Implementation of Records System)의 A~B단계에서 업무분류체계의 수립 방안을 제시하고 있다.[35]

이처럼 ISO 15489에서 업무분류와 기록분류를 통합시켜 업무와 기록 간의 친연관계를 우선적으로 확보했다면, 이러한 친연관계를 생성·유지시키는 또 하나의 필수 도구는 메타데이터라 할 수 있다. 전자기록 환경에서 메타데이터의 포착 및 유지는 기록관리를 수행하기 위한 필수 요소라 할 수 있다. 전자기록의 내용과 생산·활용·유통된 맥락 및 구조가 별도로 존재하게 되며, 따라서 이에 대한 정보의 획득 없이는 기록으로서의 속성은 물론 향후 전자기록의 내용 이해는 불가능하게 되기 때문이다.[36]

ISO 15489에서는 메타데이터를 기록의 맥락과 내용, 구조 및 기록관리 전 과정을 기술한 데이터[37]로 정의한 후, 기록이 생산·접수·활용된 업무맥락이 메타데이터로 획득되어 기록과 지속적으로 연계되어야 한다고 제시하고 있다.[38] 이러한 메타데이터는 업무행위의 근거가 되는 법규에 관한 정보, 업무행위의 주체에 관한 정보, 업무행위 자체에 관한 정보 등을 창출함과 더불어 이를 기록 자체와 연계시킴으로써 업무

---

33 ISO 15489-1, 8.2.2.

34 ISO 15489-1, 9.5.

35 ISO 15489-2, 3.22~3.23. 기능기반 분류 논리 및 방식에 대한 보다 상세한 논의는 NAA, *Over of Classification Tools for Records Management*, NAA, 2003 및 Stuart Orr, "Functions-based Classification of Records: Is It Functional?", *Archives and Manuscripts* 34(1), 2006을 참조.

36 Hans Hofman, *Metadata and Management of Current Records in Digital Form*, ICA/CER-Committee on Electronic and Other Current Records, 2000, pp. 2~3.〈http://www.ica.org/biblio/metadata_eng.html〉

37 ISO 15489-1, 3.12.

와 기록 간의 유기적 관계를 형성시켜 주게 된다.

업무행위를 반영한 증거로서의 기록이 지닌 속성을 확보·유지시키는 역할 역시 업무와 기록 간의 친연관계를 형성시키는 요소이다. ISO 15489에서는 이를 기록품질(Recordness)로 개념화 한 후 다음과 같은 네 가지 품질 기준을 제시한다. 우선 기록의 진본성(Authenticity)은 기록물이 그 본래의 취지와 맞는지, 해당 기록을 생산했거나 보낸 것으로 되어 있는 자에 의해 생산되었거나 보내졌는지, 그리고 명시된 시간에 생산되었거나 보내졌는지를 의미하는 것이며, 신뢰성(Reliability)은 기록의 내용이 업무나 활동, 특정 사실 등에 대한 완전하면서도 정확한 표현으로서 믿을 만한지, 또한 그 내용을 이후의 업무 내지 활동 과정에서 증명하고 이에 의존할 수 있는지 여부를 말한다. 진본성 확보를 위한 전제조건인 무결성(Integrity)은 기록물이 모든 필수적 측면에서 완전하고 변조되지 않음을 말하며, 마지막으로 가용성(Usability)은 필요로 하는 기록을 찾아내어 이를 가독해 활용할 수 있음을 의미한다.[39]

이러한 기록품질에 관한 기준을 기반으로 ISO 15489에서는 기록관리 정책·절차·실무에서 위와 같은 품질을 충족시키는 기록의 생성 및 유지를 목표로 해야 한다고 명시하고 있다.[40] 이와 아울러 기록품질 보증을 위해서는 기록의 생성·유지·접근·보안·처분 등 기록관리 절차에서 통제책이 마련되어야 하며, 특히 가용성과 관련해서는 기록이 생산된 기능 및 업무활동 관련 정보와의 연계와 함께 타 기록물과의

---

38 ISO 15489-1, 7.2.1.

39 ISO 15489-1, 7.2.2~7.2.5. 기록의 품질 및 그 기준에 대한 상세 연구에 대해서는 설문원, 「기록의 품질기준 분석: 진본성, 신뢰성, 무결성, 가용성을 중심으로」, 『기록학연구』 11, 한국기록학회, 2005를 참조.

유기성 창출이 전제되어야 함을 제시하고 있다. ISO 15489의 기록품질에 관한 조항들은 업무행위의 내역을 정확하게 반영한 증거의 생성·획득 및 지속적인 보호와 함께 이러한 증거의 활용성을 제고시키는 것으로, 이를 통해 종국적으로 업무에 대한 설명책임성을 담보케 해 업무와 기록 간의 친연관계를 강화시켜 주게 된다.

이상과 같은 요소들을 통해 형성된 업무와 기록과의 친연관계는 ISO 15489의 기록관리 프로세스와 함께 유지된다. 먼저 업무행위와 기록 간의 연계성 및 맥락 확보를 위해 기록이 생성되는 기능에 기반을 두고 분류를 수행한 다음, 이러한 분류체계와 연동하여 기록이 조직 및 업무에 필요로 되는 보유기간을 결정하게 된다. 그리고 획득 및 등록 단계에서는 업무행위를 반영한 증거로서 조직의 업무 수행에 필수적인 기록들을 기록관리시스템으로 획득함과 더불어, 메타데이터를 기록과 함께 획득하여 업무와 기록 간의 연계관계 및 기록의 품질 확보에 필요한 정보를 얻게 된다. 저장·처리 단계에서는 기록의 품질을 보장할 수 있는 매체에 저장하면서 마이그레이션·에뮬레이션 등 주기적인 보존조치를 취하게 되며, 최종적으로 업무상의 활용도를 기준으로 폐기 내지 이관을 행하게 된다.

전자기록 환경에서 ISO 15489가 지닌 업무친화적 기록관리 발상은 업무와 기록과의 친연관계를 매개로 한 증거의 확보에만 국한되지 않는다. 업무행위를 반영한 증거의 확보를 위해 업무와 기록을 연계시키는 상황에서, 기록관리는 업무 행위에 대한 정확하면서도 신뢰할 수 있는 증거를 기록화 된 정보 형태로 생성·유지할 책무를 부여받게 되기 때문이다. 여기서 업무와 기록관리는 직접적인 관계를 형성하게 되며, 바로 이러한 연유에서 업무와 기록관리를 연계시킬 필요성이 도출되게 된다. 이를 위해 ISO 15489에서는 우선 기록관리에 대한 정의를 업무활동 및 처리행위에 관한 증거와 정보를 기록 형태로 획득·유지하는 과정으로 내리면서, 기록관리는 조직의 활동에 대한 증거·설명책임·정보에 대한 업무상의 요구를 충족시킬 수 있도록 정책 및 절차, 실무방식을 구축해야 한다고 명시하고 있다.[41] 아울러 기록관리 정책을 수립할 시에는 업무활동에 대한 분석을 기반으로 하면서,[42] 조직에서의 기록관리는 하나의 전문화된 시스템을 형성하며 업무시스템과 하나의 과정으로 통합되어야 한다고 제시하고 있다.[43]

하지만 ISO 15489가 지향하는 업무친화적 기록관리 방향은 궁극적으로 ISO 15489에서 의도하는 평가 논리에 내재되어 있다. 이는 업무의 행위 내역을 반영한 증거의 확보 및 지속적인 유지를 위해 업무와 기록, 기록관리를 연계시키는 차원을 넘어, 조직의 영위 및 업무 수행에 실익을 제공하는 기록의 현용적 가치를 파악해주기 때문이다.

---

40 ISO 15489-1, 7.2.1.
41 ISO 15489-1, 3.16, 6.1.
42 ISO 15489-1, 6.2.

ISO 15489의 평가 논리와 준거

1. ISO 15489의 평가 논리

ISO 15489에는 전자기록 환경 하의 평가와 관련된 고도의 논리가 내재되어 있다. 하지만 ISO 15489의 조항들에서는 평가(Appraisal)란 용어를 찾아볼 수 없다. 이는 각 나라마다 평가방식 및 전통이 다소 상이하기 때문에, 표준 제정 시 평가란 용어를 사용치 않기로 결정한데 따른 결과이다.[44] 그렇다고 ISO 15489에서 평가 논리 및 프로세스 자체가 배제된 것은 물론 아니다. 방대한 양의 기록물 생산을 특징으로 하는 현대 기록관리에서 평가는 기록관리 프로세스상 필수불가결한 핵심 요소

---

43 ISO 15489-1, 4.

44 Susan Healy, "ISO 15489 Records Management: Its Development and Significance", *Records*

이고, 최근의 전자기록 환경에서도 마찬가지이기 때문이다. 이러한 점을 고려해 ISO 15489에서도 평가를 다양한 기록관리 프로세스와 연계된 유기적 절차로 재편시키고 있다.

ISO 15489 제정 당시 평가의 영역과 관련된 주된 의견으로 다음의 두 사항이 논쟁화 되었다. 즉 한편에서는 평가를 영구적으로 보존되어야 할 역사적 · 문화적 연구 목적을 지닌 기록물 내지 기능의 가치를 측정하는 것으로 인식하였으며, 다른 한편에서는 어떠한 기록물이 생산되어야 하며 또 생산 후 얼마나 오래 업무상 및 기타 목적을 위해 유지되어야 하는지를 결정할 목적으로 기록물 내지 기능의 가치를 측정하는 것으로 파악하였다. 이러한 두 의견의 대립 속에 ISO/TC 46 SC11에서는 후자의 견해를 채택해, ISO 15489의 9.1항과 9.2항에 이러한 개념을 반영하였고 아울러 용어는 'Retention' 으로 결정하였다.[45]

ISO 15489에서 의도하는 평가의 논리는 우선 기록관리의 목표와 평가 준거를 일치시키는 데에서 찾을 수 있다. ISO 15489에서는 기록을 중요한 업무 자산인 정보를 포함하고 있는 가치 있는 자원으로 규정하면서, 업무의 계속적인 운영을 지원하기 위해, 규제 환경의 요구에 따르기 위해 그리고 필요한 설명책임을 완수하기 위해 조직은 필요한 기간 동안 진실 되고 믿을 만하며 이용 가능한 기록을 생산하고 유지해야 한다고 명시하고 있다.[46] 아울러 이를 위해서는 아래와 같은 기록관리 프로그램의 원칙을 수립해야 한다고 제시하고 있다.

Management Journal 11(3), 2001, p. 139.

[45] Susan Healy, "ISO 15489 Records Management: Its Development and Significance", *Records Management Journal* 11(3), 2001, p. 139.

- 필요하거나 요구되는 동안 기록물 보유

- 업무처리 과정에서 기록물이 어떠한 내용과 형식, 구조로 생산되어야 하는지 결정

- 기록물이 생산 · 처리되는 과정에서 어떠한 메타데이터와 함께 생산되어야 하는지 결정하고, 또한 이들 메타데이터와 기록물이 끊임없이 연계되도록 함

- 업무적 필요와 공동체의 기대치를 충족시키기 위해 계속적인 접근성 확보

- 법규상의 요건, 적용 가능한 표준 및 조직의 정책 준수

- 필요 기록물의 부재 시 발생할 수 있는 위험평가[47]

이러한 기록관리 프로그램의 원칙은 조직이 영위되는 내외부 환경 대응에 필요한 기록 및 직접적인 업무 수행 상에 필수적인 기록의 획득과 함께, 획득 시 기록의 기본 속성 확보가 현용기록관리의 최소한의 기본 원칙임을 의미하는 것으로, 이는 앞에서도 언급한 ISO 15489가 지향하는 업무친화적 기록관리를 여실히 나타내는 것이라 할 수 있다. 바로 이러한 점에서 ISO 15489를 준수하고자 하는 조직의 경우 평가는 기록관리 프로그램 상의 근본적인 절차로 자리하게 된다.[48]

이와 같은 기록관리 프로그램의 원칙들은 ISO 15489에서 제시하는 평가 상의 준거와 불가분의 관계를 형성하고 있다. 어떠한 문서를 기록관리시스템으로 포착해 기록으로 획득하며 또한 해당 기록을 얼마나

---

46 ISO 15489-1, 7.1.

47 ISO 15489-1, 7.1.

48 Tom Mills, "Strategic Approaches to Appraisal", *Manual on Appraisal(Draft): A Practical Guide for the*

오랫동안 보유해야 하는지를 결정하는 준거로, ISO 15489에서는 조직 내외부를 둘러 싼 규제환경 · 업무적 필요 · 설명책임성 요건 · 위험평가를 들고 있다.[49] 아울러 이를 통해 선별된 기록들은 해당 조직에 다음과 같은 이점을 제공해준다고 명시하고 있다.

- 효율적 업무 수행 및 정책 결정 지원
- 조직이 규제환경을 준수했다는 적합한 증거 제공
- 조직의 활동과 관련된 위기관리
- 고용인, 고객, 현재 및 미래 이해당사자들의 권리와 조직의 이익 보호
- 업무적, 개인적, 문화적 활동의 증거 제공[50]

이는 곧 ISO 15489에서는 기록관리의 궁극적 목적과 기록의 평가가 서로 분리될 수 없음을 보여주는 것이다. 전자기록 환경 하의 기록관리 인프라 중 최상위 정점을 형성하는 것이 정책(Policy)임을 고려할 때,[51] ISO 15489에서는 조직의 활동에 관한 증거 · 설명책임 · 정보에 대한 업무요구를 충족시킬 수 있도록 기록관리 정책 및 절차 · 실무를 수립해야 하며, 아울러 필요한 기간 동안 업무의 기능과 활동을 지원할 수 있는, 신뢰성 있고 이용할 수 있는 진본 기록을 확보하는 것을 기록관리 정책의 목표로 설정한다.[52] 이러한 점을 감안할 때 ISO 15489에서의

Daily Problems of Appraising and Selecting Documents, ICA/CAP, 2005, p. 1.

[49] ISO 15489-1, 9.1~9.2.

[50] ISO 15489-1, 4.

[51] Richard J. Cox, *Managing Records as Evidence and Information*, Westport, Connecticut: Quorum Books, 2001, pp. vii~xi.

평가는 결국 시간의 순차적인 흐름과 함께 생산 목적 본래의 가치가 소멸된 특정 시점에서 임의적인 가치에 따라 행해지는 분리된 업무단계가 아닌, 업무와 기록, 업무와 기록관리의 통합 속에 조직 및 업무 수행에 필수적인 기록들을 사전적으로 획득하여 기록관리의 궁극적 목적을 달성케 하는 핵심적인 절차라 할 수 있다.

단 필수적인 기록물의 사전적인 획득에는 전제가 놓여 있다. 즉 업무의 행위 내역을 반영하는 증거를 어떠한 목적으로 기록관리시스템으로 획득할 것인가라는 점이다. 기록관리시스템으로 획득된 기록은 업무의 행위 내역에 대한 증거라는 점에서, 업무 자체는 물론 업무를 수행하는 개인 및 조직의 설명책임에 대한 근거가 되며, 또한 업무는 조직을 둘러싼 내외부 법규 환경에 기반을 두고 수행된다는 점에서, 증거로서의 기록은 법규 환경에 대한 컴플라이언스의 근거로서 기능하게 된다. 바로 이러한 점에서 전자기록 환경 하의 기록관리시스템은 과거 종이기록 환경에서처럼 업무의 결과물로 주어진 대상을 단순히 관리하는 것이 아닌, 조직의 업무 수행에 필수적인 설명책임 및 컴플라이언스에 필요한 증거에 주안점을 두고 기록으로 획득한다는 점에서 업무와 필연적인 친연관계를 형성하게 된다.

이는 곧 조직이 내외부 환경에 대응하며 영위되기 위해 또한 직접적인 업무 수행상의 활용을 위해 필수적인 기록물의 획득을 필요로 하게 한다. ISO 15489는 예전처럼 업무의 결과로 주어진 이미 생성된 기록을 대상으로 하는 것이 아닌, 기록관리시스템으로 획득할 대상을 결정하는 것으로부터 기록관리의 출발점을 삼는다. 이에 ISO 15489에서는 업무의 계속적인 운영을 지원하기 위해, 규제 환경의 요구를 따르기 위해 그리고 필요한 설명책임을 완수하기 위해 조직에 필요한 기간 동안 기록을 유지해야 한다고 명시하면서,[53] 기록관리시스템으로 획득되어야 할 필수적인 기록의 범주를 다음 절에서 제시하는 바와 같이 네 영역으로 설정한다.

2. ISO 15489의 평가 준거

① 설명책임

ISO 15489에서 제시하는 평가의 준거는 우선 설명책임(Accountability)을 들 수 있다. 설명책임은 개인 및 조직 그리고 사회구성원이 자신들의 활동에 대한 책임을 지고 타자에게 이를 설명해야 한다는 원칙이다.[54] 설명책임은 설명(Account)해야 할 필요성(Requirement) 내지 책임(Responsibility)을 말하는 것으로, 민주주의 사회에서 사회조직의 대리인은 국민 내지 고객과 같은 주인에게 스스로의 행위 내역을 설명해야 할 책무를 지닌다고 볼 수 있다.[55]

어원상 설명책임은 본래 회계학 영역에 한정하여 사용되어 왔지만 최근 사회의 다원화 및 민주주의의 심화와 함께 그 대상 영역이 확대되고 있다. 이러한 설명책임은 국민의 신탁에 부응하고 직무와 권한을 정당하게 행사하였는지 여부에 대한 정치적 설명책임, 다양한 법률 내지 규칙에 따라 적법하게 행동하였는지 여부에 대한 법률적 설명책임, 위탁된 권력이나 재원을 효율적, 계획적으로 사용하였는지 여부에 대한

---

52 ISO 15489-1, 6.1~6.2.
53 ISO 15489-1, 7.1.
54 ISO 15489-1, 3.2.
55 이우택, 「사회의 투명성과 회계의 발전을 위한 연구: 회계의 Accountability 기능을 중심으로」, 『회계저

관리적 설명책임, 위탁된 권력 내지 재원을 행사할 시 환경을 보존하고 보다 나은 환경을 창조하였는지 여부에 대한 환경적 설명책임 등으로 구분된다.[56] 이와 더불어 설명책임은 굿 거버넌스(Good Governance)를 위한 핵심적 요소란 전제 하에 설명책임을 거시적 차원과 미시적 차원으로 구분하기도 한다. 우선 미시적 차원에서의 설명책임은 재원 투자에 대한 경제적 효용성(efficiency) 창출 여부를 말하고, 거시적 차원의 설명책임은 정부의 정책과 그 실제 수행 간의 일치 여부, 공공 재원의 효율적 배분 및 활용 여부 등을 의미한다.[57]

설명책임의 가장 일반적인 수단은 증거로서의 기록이라 할 수 있다.[58] 기록이 행위 내역에 대한 정확하면서도 신뢰할 수 있는 증거라면, 기록은 조직 및 그에 속한 개인이 법적·사회적·도덕적 책무를 준수했는지 보여주는 설명책임 상의 기본 전제가 되기 때문이다.[59] 특히 공공에 대한 책임을 지는 공공의 주권을 위임받은 공공 영역에서 이러한 사항은 더욱 더 중요시된다고 할 수 있다.[60] 일반적으로 공공영역은 기록을 통해 정책결정 및 의사교류와 함께 업무를 수행하게 되며, 따라서 정부의 모든 활동상은 기록물에 투영될 수밖에 없다. 하지만 전형적인

널』8-1, 한국회계학회, 1999, p. 115.

[56] 이우택, 「사회의 투명성과 회계의 발전을 위한 연구: 회계의 Accountability 기능을 중심으로」, 『회계저널』8-1, 한국회계학회, 1999, pp. 115~116.

[57] Marlize Palmer, "Records Management and Accountability Vs. Corruption, Fraud and Maladministration", *Records Management Journal* 10(2), 2000, p. 63.

[58] Heather Briston, "Keeping an Account: The Role of Archives and Archivists in Accountability", 15th International Congress on Archives, 2004.
〈http://www.wien2004.ica.org/imagesUpload/pres_56_BRISTON_BEN06.pdf〉

[59] Australian Council of Archives, "Corporate Memory in the Electronic Age: Statement of a Common Position on Electronic Recordkeeping", 1996. 〈http://www.nla.gov.au/dna/tf2001/padi/policy/html〉

[60] Elizabeth Shepherd, "Why Are Records in the Public Sector Organizational Assets?", *Records*

관료제를 기반으로 한 정부 운영에서 공공권력(Public Power)의 부패와 타락, 남용 등은 일반적 현상으로 나타나며,[61] 이러한 부패와 타락, 남용 등은 정부의 효율성 및 투명성, 설명책임성 확보의 장애로 자리하게 된다. 따라서 최근의 민주사회에서 설명책임성은 과거에 비해 더욱 증대되는 추세로, 신뢰할 수 있는 증거를 제공하는 기록 및 기록관리는 이러한 민주적 설명책임성 확보를 위한 기본 전제로 자리하게 된다.[62]

이와 더불어 전자기록 환경 역시 이러한 설명책임성 확보의 중요성을 더욱 증대시키게 된다. 앞서 언급한 바대로 업무 맥락의 복잡화 및 논리적 객체로서의 전자기록이 지닌 특성을 감안할 때, 업무 수행내역을 반영한 증거를 확보함과 더불어 이를 통해 업무 수행내역을 설명할 필요성이 증가하기 때문이다. 이로 인해 전자기록 환경에서 현용기록관리와 아카이브관리 영역은 공통된 목표를 지니는데, 바로 이것은 기록을 통한 설명책임성의 확보라 할 수 있다. 전형적으로 기록은 역사사료의 보고로서 행정적 도구로서 법적 증거로서 인식되어 왔지만, 최근의 전자기록 환경에서 이러한 세 가지 사고는 민주적 설명책임을 위한 기제로써의 기록으로 통합되고 있다.[63]

기록을 통해 설명책임을 확보하지 못할 경우 조직의 행위 내역을 반영한 증거가 부재할 뿐만 아니라 정책결정에 핵심적인 정보의 활용 역

Management Journal 16(1), 2006, pp. 5~6.

[61] 윤태범, 「관료제 구조의 유형과 관료부패의 관계에 대한 연구」, 『부경대학교 논문집』3-1, 1998, pp. 226~234.

[62] Marlize Palmer, "Records Management and Accountability Vs. Corruption, Fraud and Maladministration", *Records Management Journal* 10(2), 2000, pp. 61~63.

[63] Terence M. Eastwood, "Reflections on the Development Archives in Canada and Australia", *Archival Documents: Providing Accountability Through Recordkeeping*, Sue McKemmish & Frank Upward ed.,

시 불가능하게 되며, 정책·절차의 체계적인 수행 역시 어렵게 된다.[64] 아울러 사회적 견지에서는 정부·조직·기업 등에 대한 사회적 감시능력이 실종되고 진본성을 지닌 신뢰성 있는 핵심 정보가 유실되며, 나아가 집단적·사회적·국가적 정체성 및 기억 역시 유실되게 된다.[65]

물론 설명책임성 확보는 기록관리 영역만의 전유물은 아니다. 하지만 기록관리 영역은 타 기관과의 공조 속에 기록을 통한 설명책임성 확보를 위해 전문적 역할을 수행해야 할 필요성이 있다.[66] 아울러 기록보존소는 먼지로 가득한 과거 역사의 축적물 보관소로서의 역할을 넘어, 한 국가의 민주주의가 의존하는 공적 신뢰성(public trust)의 산파라 할 수 있다. 즉 기록보존소는 소장 기록물을 통해 정부가 스스로의 한 일을 점검하고 국민들에게 설명책임성을 제공함과 더불어 시민은 정부가 무엇을 했는지에 대해 감시할 수 있는, 시민의 권리, 정부의 행위 및 국가적 경험을 문서화한 '본질적 증거'를 끊임없이 제공해야 할 필요성이 있다.[67] 이러한 측면에서 기록보존소 및 기록관리전문직의 최우선 사명은 설명책임성을 확보할 수 있는 기록관리 제도를 설계하고 촉진시키는 것이라 할 수 있다.[68]

Melbourne: Ancora Press, 1993, p. 36.

[64] David Bearman, "Archival Management to Achieve Organisational Accountability for Electronic Records", *Electronic Evidence: Strategies for Managing Records in Contemporary Organizations*, Pittsburgh: Archives and Museum Informatics, 1994, pp. 13, 23~24.

[65] Sue McKemmish, "Evidence of Me…", *Records Continuum Research Group Publications*, 1996. 〈http://www.sims.monash.edu.au/research/rcrg/publications/recordscontinuum/smckp1.html〉

[66] Sue McKemmish, "The Smoking Gun: Recordkeeping and Accountability", *Records Continuum Research Group Publications*, 1998. 〈http://www.sims.monash.edu.au/research/rcrg/publications/recordscontinuum/smoking.html〉

[67] John Carlin, "Ready Access to Essential Evidence: The Strategic Plan of the National Archives and Records Administration 1997-2008", 2003.

이와 같은 설명책임 확보를 위한 기록물 선별을 위해 ISO 15489에서는 우선적으로 기록관리시스템으로 획득할 대상 준거로 설명책임성 요건을 명시하고 있으며,[69] 보유기간 책정의 기준으로 '설명책임 의무를 충족시키기 위해 과거와 현재의 활동에 대한 증거'를 제시하고 있다.[70] 이와 함께 설명책임 완수를 위해 기록관리시스템은 현재 및 미래의 이해당사자들에게 설명책임을 완수할 수 있는 기록을 획득해야 하며, 아울러 설명책임의 목적으로 활용될 수 있도록 필요한 기간 동안 진실 되고 믿을 만하며 이용 가능하게 보유해야 함을 명시하고 있다.[71]

② 컴플라이언스

최근 사회는 기록관리법 · 정보공개법 등 기록관리 영역과 직접적으로 관련된 법 외에, 무수히 많은 법들이 지속적으로 제정되며 운영해 가게 된다. 이러한 법적 기제를 기반으로 정부의 정책 및 업무가 수행되며, 민주 사회에서 총체적 사회가 어떻게 영위되는지에 대한 공동체의 기대치가 형성된다. 또한 모든 조직 및 개인은 이러한 법을 준수해야 하며, 아울러 이러한 법의 테두리 내에서 활동하며 기록을 생성시키게 된다.[72] 바로 여기서 민주주의 사회 속에서 기록 및 기록관리 영역이 직면하게 되는 컴플라이언스(Compliance) 문제가 도출된다고 할 수 있다.

〈http://www.archives.gov/about/plans-reports/strategic-plan/2003〉
[68] Sue McKemmish & Glenda Acland , "Archivists at Risk: Accountability and the Role of the Professional Society", *Records Continuum Research Group Publications*, 1999.
〈http://www.sims.monash.edu.au/research/rcrg/publications/archive1.html〉
[69] ISO 15489-1, 9.1.
[70] ISO 15489-1, 9.2.
[71] ISO 15489-1, 7.1~7.2.

컴플라이언스는 사전적 의미로 법령을 준수하는 것을 말한다. 하지만 법치 국가에서 준수해야 할 법을 지키는 것은 당연한 것으로, 최근의 사회에서 컴플라이언스의 의미는 보다 광의의 의미를 지니게 된다. 즉 다원화되고 복잡화된 최근의 사회 환경에서 기록을 통해 컴플라이언스에 대응해야 할 대상은 공권력에 의한 강제력을 지닌 법령이나 각종 규제만이 아니라, 조직이 운영되기 위해 또한 조직을 운영하는데 필요한 다양한 대상들로 확대되는 추세이다.[73]

최근의 조직운영 환경에서 컴플라이언스가 더욱 중시되는 이유는 우선적으로 현대 법치 사회에서 각종 법규의 급증을 들 수 있으며, 이러한 상황에서 다양한 법규의 컴플라이언스를 위한 기록의 중요성은 날로 증가하는 추세이다.[74] 또한 사회의 다원화 및 복잡화 경향과 함께 조직이 대응해야 할 각종 규정 및 규칙·표준 등이 증가하고 있으며, 특히 최근의 글로벌화 환경에서는 자국의 범위를 넘어 타국의 수많은 법령 및 규정들에 대해서도 기록을 통해 대응해야 하는 필요성이 늘어나게 된다.[75]

최근의 환경에서 컴플라이언스 해야 할 또 다른 대상으로는 '기업의 사회적 책임'(Corporate Social Responsibility)을 들 수 있다. 기업의 사회적 책임은 공기업 및 민간기업이 이해당사자들의 주체성을 존중하기 위해 자발적으로 해야 할 일을 결정하고 그 일을 성실히 수행하는 것을

---

72 Luciana Duranti, "Diplomatics: New Uses for an Old Science(II)", *Archivaria* 29, 1989~1990, p. 5.

73 小谷允志, 「コンプライアンスと記録管理」, 『情報管理』48(7), 科學技術振興機構, 2005, p. 444.

74 Donald S. Skupsky, *Records Retention Procedures: Your Guide to Determine How Long to Keep Your Records and How to Safely Destroy Them!*, Colorado: Information Requirements Clearinghouse, 1990, p. ix.

75 David O. Stephens, "The Why and How of International Records Retention", *Information Management*

의미한다.[76] 1980년대 후반부터의 전 세계적인 규제완화와 시장경쟁의 격화로 기업의 사회적 영향력은 확대되어 왔고, 이에 따라 시민단체 및 소비자, 주주 등 이해당사자들은 이윤 창출 외에 환경·지역사회 등 전 사회 영역에 대한 책임을 요구한데서 비롯된 것이다.[77] 이러한 움직임 속에 기업은 종래의 이윤 창출 범위를 넘어 사회 내의 다양한 이해당사자들과의 조화로운 관계 속에서만 생존이 가능하게 되었고,[78] 따라서 예전과 같은 사후적 방어 형식이 아닌 사전적인 예방 차원으로 기업의 사회적 책임을 적극적으로 수행하게 되었다.[79] 이와 같은 기업의 사회적 책임에 대응하여 공기업은 물론 민간기업 역시 사회적 존재로서 컴플라이언스에 대응하고 있는가를 사회의 이해당사자들에게 설명할 책무를 지니게 된다. 또한 과거처럼 이윤의 일부를 사회에 제공하는 형식을 넘어, 지역사회·소비자·주주·감독기관 등 이해당사자들의 기대에 부응해 적극적으로 사회적 책무 수행을 기록을 통해 설명할 의무를 지니게 된다.[80]

Journal 2005(9-10), 2005, p. 29.

[76] 김창호, 「ISO 26000 시행에 대한 기업의 사회적 책임경영 구축방안」, 『인적자원관리연구』13(2), 한국인적자원관리학회, 2006, p. 38.

[77] 산업자원부 산업정책과, 『지속가능한 국가발전을 위한 "기업의 사회적 책임"(CSR) 확산 추진 기본계획(안)』, 산업자원부, 2005, p. 1.

[78] 기업의 사회적 책임에 대한 대표적 사례는 미국 NIKE사의 제품 불매운동을 들 수 있다. 1990년대 중반 미국 농구스타인 마이클 조던을 광고 모델로 앞세운 운동화로 매출액이 급증하였지만, 1996년 미국 LIFE지에 게재된 12세 파키스탄 소년의 저임금 노동현장 사진으로 인해 기업의 사회적 책임에 대한 시민단체의 비판에 직면하게 되었고, 이에 NIKE사의 매출 및 주가가 폭락하게 되었다. 이에 대해서는 임석준, 「소비자 정치와 기업의 사회적 책임: 나이키의 글로벌 상품사슬을 중심으로」, 『한국정치학회보』 39-2, 한국정치학회, 2005, pp. 237~254를 참조.

[79] 김창호, 「ISO 26000 시행에 대한 기업의 사회적 책임경영 구축방안」, 『인적자원관리연구』13(2), 한국인적자원관리학회, 2006, pp. 34~35.

[80] 기업의 사회적 책임에 대응하여 적극적으로 기록을 획득해 공개해야 할 기본 유형으로는 재무결산정보, 상품의 품질 관련 정보, 환경 관련 정보 등을 들 수 있 수 있다. 이에 대해서는 小谷允志, 「コンプラ

이처럼 최근의 기록관리 환경에서 컴플라이언스는 과거와 같이 법령
에 나와 있는 기록 관련 조항을 따르는 것에 그치지 않는다. 사회의 다
양한 법령들에는 직접적으로 기록 관련 조항을 명문화하지 않은 것이
상당수에 달하며, 기록과 관련된 조항이 명문화되어 있다고 해도 직접
적으로 드러나지 않은 경우도 허다하기 때문이다.[81] 기록을 통한 컴플
라이언스는 Schellenberg가 언급한 법무적 가치처럼 기록의 생산 이후
특정 법적 요건에 부응하는 기간 동안 보관한다는 소극적 대응이 아닌,
각종 법령 및 규정·표준·윤리·사회적 책임 등 조직을 둘러싼 내외
부 환경에 대응할 수 있는 기록을 사전적으로 획득하여 제공한다는 공
격적 기록관리 전략이 내재한 것이라 할 수 있다.

ISO 15489의 평가 준거 역시 이와 같은 적극적 의미의 컴플라이언스
전략이 내재되어 있다. 먼저 모든 조직은 자신들의 활동에 영향을 미치
는 규제환경을 조직의 정책 및 업무처리 절차에 반영해야 하며, 조직은
활동 내역을 담은 기록을 통해 이러한 규제환경을 컴플라이언스 할 수
있는 적절한 증거를 제공해야 한다고 명시하고 있다.[82] 이와 아울러 법
규상의 요건, 적용 가능한 표준 등 각종 규제 환경의 요구에 따르기 위
해, 조직은 필요한 기간 동안 진실 되고 믿을 만하며 이용 가능한 기록
을 생산하고 유지해야 하며 아울러 무결성을 보호할 수 있는 기록관리
프로그램을 수립해야 함을 제시한다.[83]

イアンスと記録管理」, 『情報管理』48(7), 科學技術振興機構, 2005, pp. 447~448을 참조.

[81] Donald S. Skupsky, *Records Retention Procedures: Your Guide to Determine How Long to Keep Your Records and How to Safely Destroy Them!*, Colorado: Information Requirements Clearinghouse, 1990, p. 38.

[82] ISO 15489-1, 5.

기록관리시스템 역시 현행 업무 및 규제환경 등에서 비롯된 모든 요구사항들을 컴플라이언스 하도록 기능해야 함을 제시하면서, 각종 법령·규정·판례·실무표준·자발적 규약 및 사회공동체의 기대치 등 조직이 컴플라이언스 해야 할 대상을 명시해준다.[84] 그리고 보유기간 책정의 기준 중 하나로 규제환경을 설정한 다음, 특정 업무활동에 적용되는 규제환경을 문서화하고 분석함으로써 기록을 통해 컴플라이언스 해야 함을 제시하고 있다.[85] 하지만 무엇보다 중요한 것은 컴플라이언스를 위해 필요한 기록을 ISO 15489에서 제시하는 DIRS의 예비조사 단계 및 업무분석 단계에서 사전적으로 파악함과 아울러, 이러한 대상들이 기록품질을 유지한 채 기록관리시스템으로 획득되도록 하는 것이라 할 수 있다.

③ 업무적 필요

ISO 15489에서 제시하는 세 번째 평가 준거는 업무적 필요(Business Need)이다. 기록은 업무의 과정 속에서 생성된 산물이라는 점에서, 기록에 수록된 내용은 업무에 활용되는 정보로서의 가치 또한 지닌다고 볼 수 있다. 그동안 종이기록 환경에서는 이러한 가치를 행정적 가치 내지 업무참고적 가치로 칭하면서, 단순히 업무상의 참고적 활용 목적으로 얼마나 오래 보관해야 할지를 결정하는 소극적 차원에서 접근해왔다.[86] 아울러 정보적 가치라는 용어 역시 평가의 척도 가운데 하나로

---

83 ISO 15489-1, 7.1.

84 ISO 15489-1, 5, 8.2.4.

85 ISO 15489-1, 9.2.

86 Laurie Fischer, "Condition Critical: Developing Records Retention Schedules", *Information*

사용되어 왔지만, 이는 생산 본래의 목적이 완전히 소멸되어 새로운 가치가 생성된다는 라이프사이클의 비현용단계에서 판단하는 가치로,[87] 실제 업무 중에 필요한 정보와는 거의 관련이 없는 것이었다.

지식정보가 조직 운영의 필수적인 핵심 자산으로 부각된 최근의 사회 환경에서 기록관리는 조직의 핵심 영역으로 자리매김할 필요성이 제기되고 있다.[88] 자본 내지 노동력이 조직의 주축 자산으로 인식되는 시대가 지나가고, 최근의 사회에서는 지식정보가 조직의 성패를 좌우하는 핵심 자산으로 부상되고 있다.[89] 아울러 지식정보를 중심으로 조직의 편제 및 업무 프로세스의 혁신이 이루어지는 상황에서, 조직의 운영 및 업무 수행을 위한 지식정보의 필요성은 더욱 증대되고 있다.[90] 이와 같은 지식정보는 대부분 기록화 된 정보를 근간으로 한다는 점에서,[91] 지식정보화 사회를 맞아 기록관리 영역에 정보관리를 추가시킬 필요가 있게 된다.[92]

특히 최근의 전자기록 환경에서 기록은 더 이상 업무의 결과로서가 아닌 현재의 정보자산으로 간주해야 할 필요성이 있다. 전자기록 환경 하의 기록관리는 기록의 4대 품질을 지닌 증거를 유지·보존하는 것만

Management Journal 2006(1-2), 2006, p. 26.

[87] Theodore R. Schellenberg, 「현대 공공기록의 평가」, 『기록학의 평가론』, 오항녕 역, 진리탐구, 서울, 2005, pp. 37~43.

[88] Catherine E. Hare, "Records Management in the Next Millennium: Conference Report", *Records Management Journal* 8(2), 1998, p. 113.

[89] 염재호, 「지식정보화와 국가 발전」, 『지식정보화와 미래 정부 모형』, 2002년도 한국행정학회 기획심포지엄 발표논집, 2002, p. 1.

[90] 이재규, 『지식경영학 원론』, 박영사, 서울, 2003, pp. 64~72.

[91] NAA, "Information Management, Knowledge Management and Recordkeeping", Archives Advice 56, NAA, 2001. 〈http://www.naa.gov.au/recordkeeping/rkpubs/advices/advice56.html〉

[92] Catherine E. Hare, "Records Management in the Next Millennium: Conference Report", *Records*

을 의미하지 않으며, 기록은 비현용단계의 기록보존소가 아닌 우선적으로 업무 중에 생성되어 업무를 뒷받침하기 위해 만들어지기 때문이다.[93] 하지만 여전히 기록관리 영역에서는 기록의 획득 및 등록·색인화·저장·처리 등과 같은 기술적 관리 측면에만 초점을 맞추며, 기록이 지닌 업무상의 활용적 측면은 상대적으로 소극적으로 대응하고 있다.[94]

이러한 정황에서 ISO 15489에서는 기록이 지닌 정보적 가치를 평가의 준거 중 하나로 책정하고 있다. ISO 15489에서는 우선 기록을 '기관이나 개인이 법적 의무의 수행이나 업무의 처리행위 속에서 증거와 정보로서 생산하고 접수하며 유지한 정보'[95]로 정의 내리고 있다. 최근의 전자기록 환경에서 기록의 증거적 속성이 강조되는 추세 속에 기록이 지닌 정보로서의 의미는 등한시 되어 왔음을 염두에 둘 때,[96] 기록을 과거의 결정사항 및 행위에 대한 '증거'로서 뿐만 아니라 현재 및 미래의 행위를 위한 '정보'(Information)로서의 의미 또한 부여했다는 점에서 의미를 찾을 수 있다.[97]

또한 ISO 15489에서는 기록관리를 '업무활동 및 처리행위에 관한 증

Management Journal 8(2), 1998, p. 114.

[93] Paul Sutcliffe, "Building the Corporate Memory in the E-environment", *Records Management Journal* 13(2), 2003, pp. 53~53.

[94] Larry Eiring, "The Evolving Information World", *Information Management Journal* 2002(1-2), 2002, p. 20.

[95] ISO 15489-1, 3.15.

[96] Mats Burell, "Appraisal and Information Theory", *Principles of Appraisal and Their Application in Electronic Environment: European Models and Concepts*, Arkistolaitos, 2000, pp. 40~47. 〈http://www.narcfi/dlm/〉

[97] Susan Healy, "ISO 15489 Records Management: Its Development and Significance", *Records*

거뿐만 아니라 정보를 기록의 형태로 획득·유지해 가는 과정'으로 파악하면서,[98] 기록관리시스템은 가치 있는 자원이자 중요한 업무자산으로서의 정보인 기록을 관리함으로써 후일의 업무활동 및 정책결정에 도움을 줄 수 있는 정보원을 만들어 준다고 명시하고 있다.[99] 이와 더불어 조직은 정보에 대한 업무적 요구를 충족시킬 수 있도록 기록관리를 위한 정책 및 절차, 실무를 수립해야 한다고 하면서, 기록관리 정책은 필요한 기간 동안 업무 기능 및 활동을 지원할 수 있는 신뢰성 있고 이용 가능한 진본 기록을 생산·관리하는 것을 목표로 해야 한다고 제시하고 있다.[100]

이러한 조항들을 근거로 ISO 15489에서는 평가 결정의 기준으로 업무적 필요를 명시하며, 의사결정 및 업무활동을 위한 정보를 기록관리시스템으로 획득·보유해야 한다고 제시한다.[101] 그러나 무엇보다 중요한 점은 업무와의 통합 속에 평가 및 기록관리를 수행한다는 점이다. 최근의 지식정보화 환경에서는 조직의 성공을 좌우하는 요소 중의 하나로 '업무전략-업무활동-정보'의 일체화를 들고 있다.[102] 앞 절에서 언급한 바대로 ISO 15489 역시 업무와 기록, 업무와 기록관리의 통합을 기반으로 한 기록관리 전략이며, 아울러 기록의 평가 역시 업무분류와의 연계 속에 이루어지게 된다.[103] 이러한 측면에서 볼 때 ISO 15489는

Management Journal 11(3), 2001, p. 140.

[98] ISO 15489-1, 3.16.

[99] ISO 15489-1, 4.

[100] ISO 15489-1, 6.1~6.2.

[101] ISO 15489-1, 9.1~9.2.

[102] Jan Duffy, "Knowledge Management and Its Influence on the Records and Information Manager", *Information Management Journal* 2001(7), 2001, p. 64.

[103] 업무분류와의 연계 속에 수행되는 ISO 15489의 평가방식에 대해서는 4장에서 상세히 살펴볼 예정이

업무 기능 및 활동 분석을 토대로 업무 프로세스에 기반을 둔 정보관리를 수행할 수 있는 방향성을 제공해 준다고 볼수 있다.[104]

④ 위험평가

이와 같은 평가의 준거 외에 ISO 15489에서 제시하는 또 다른 방면의 평가 척도는 위험평가(Risk Assessment)이다. 위기는 의사결정 단위의 최우선 목표가 위협을 받고 있고 반응을 취하는데 소요되는 시간이 제한되어 있으며, 정책 결정자들이 전혀 예기치 못한 상황으로 정의된다.[105] 그리고 위기관리는 이러한 위기를 확인·분석·진단·감시하는 과업에 정책·절차·실무 등을 체계적으로 적용하는 과정으로, 이것은 본질적으로 어떠한 위기가 왜 어떻게 발생하였는지를 예측하는 것을 포함한다. 위기관리는 위기를 완벽하게 방지하거나 피하는 것을 의미하지 않는다. 대신 위기에 따른 영향을 최소화함과 아울러, 위기의 원인을 파악하여 다음 기회에는 동일한 위기를 겪지 않고 예방한다는 전략이 내포되어 있다.

최근 이러한 위기관리 기법은 기능분석을 통해 도출된 기능영역 내에서 무엇이 핵심 기록물인가를 평가하기 위한 또 하나의 방법으로 활용된다.[106] 기록관리 영역에서 위기는 우선, 필요 기록이 생성·획득되지 않을 경우 업무에 대한 증거의 확보가 불가능하게 되며, 정책 결정

다.

[104] NAA, "Information Management, Knowledge Management and Recordkeeping", Archives Advice 56, NAA, 2001. 〈http://www.naa.gov.au/recordkeeping/rkpubs/advices/advice56.html〉

[105] 이종렬, 김옥일, 「국가 위기관리체계 구축 전략에 관한 연구: AHP 분석을 통한 우선순위 결정」, 『정책분석평가학회보』 14(3), 한국정책분석평가학회, 2004, p. 74.

상의 핵심 정보 역시 활용이 어렵게 되는 경우로 나타나게 된다. 또한 기록이 필요한 적정 기간 동안 유지되지 못할 경우, 조직의 법적 권리가 유실되며 법적 소송상의 불이익 역시 발생하게 된다.[107] 바로 이러한 이유로 인해 평가 영역에서 위기관리 기법을 도입하여 위험평가를 시행하고 있으며, 해당 기록이 부재 또는 활용치 못할 경우 발생하는 조직 및 업무상의 위기를 파악함과 더불어 위기관리 수행에 대한 증거 및 설명책임성을 확보하는 역할을 수행하게 된다.[108]

　ISO 15489에서는 기록관리의 이점으로 조직 활동과 관련된 위기 내지 활동 내역에 대한 증거의 부재 시 발생하는 위기를 관리할 수 있게 한다는 점을 들고 있다.[109] 또한 기록관리 프로그램의 원칙 가운데 하나로 활동에 관한 권위 있는 기록의 입수에 실패했을 경우 발생할 수 있는 위험평가를 제시하고 있다.[110] 그리고 기록관리시스템으로 획득할 대상에 대한 준거 중 하나로 기록을 획득하지 않았을 경우 발생할 수 있는 위기분석 결과를 상정하고 있으며, 기록을 생산하고 유지하지 않았을 경우 발생할 위기를 분석하여 기록관리 요건을 도출하라고 명시하고 있다.[111]

---

106 Frank Boles, *Selecting & Appraising Archives & Manuscripts*, Chicago: SAA, 2005, pp. 30~31.

107 Donald S. Skupsky, *Records Retention Procedures: Your Guide to Determine How Long to Keep Your Records and How to Safely Destroy Them!*, Colorado: Information Requirements Clearinghouse, 1990, pp. 167~168.

108 NAA, *DIRKS - A Strategic Approach to Managing Business Information*, Cenberra: NAA, 2001, Appendix 11, p. 3. 기록관리 상의 위험평가와 관련된 세부 기준에 대해서는 김익한, 「DIRKS-Manual의 실용적 적용」, 『기록학연구』8, 한국기록학회, 2003, pp. 249~250을 참조.

109 ISO 15489-1, 4.

110 ISO 15489-1, 7.1.f.

ISO 15489의 평가와
현용적 가치 강화

이상과 같이 살핀 ISO 15489의 평가 준거들은 최근의 사회 및 조직운영 환경에 적극적으로 대응하기 위한 전략적 측면으로 이해할 수 있다. 사회의 다원화 및 복잡화 경향과 함께 조직의 운영 전반을 규정짓고 준수해야 할 법령 및 각종 규제들이 계속해서 제정되고 있으며, 아울러 최근 민주주의의 진전과 함께 국민 및 고객에 대한 설명책임 요구가 증대되고 있다. 이와 더불어 최근의 지식정보화 조류 속에, 조직의 운영을 위한 지식정보의 필요성은 날로 증대되고 있다. 이러한 변화들은 곧 기록물이 생산·관리되는 기록생산 메커니즘을 둘러싼 '환경' (Environment)에 대한 분석을 필수 작업으로 부상시키게 된다. 환경은 조직이 기능하고 운영되는 외적 내적 조건에 직간접적으로 영향을 미치는 요소로, 조직은 이러한 환경과 상호작용을 하며 조직의 목표 달성을 위해 업무를 수행하게 된다.[112] 따라서 조직을 둘러싼 환경에 대한

분석은 기록물이 생성된 정확한 생산맥락을 파악할 수 있도록 함과 동
시에, 환경 순응에 필수적인 기록물의 유형을 확인할 수 있게 해준다.

한편 전자기록 환경에서 기록관리의 근간인 업무행위의 정확한 포착
은 조직을 둘러싼 내외부 환경의 반영이라 할 수 있다. 따라서 예전과
같이 기록을 업무의 결과로 파악하는 시각을 버리고, 전자기록 환경에
서는 업무상의 증거 및 사회적 기억을 포착하기 위해 기록을 둘러싼 환
경적 요인과 함께 기록을 이해해야 할 필요성이 대두된다. 이러한 환경
적 요인의 분석 없이는 가히 매트릭스적인 기록의 생산맥락 확보가 예
전처럼 쉽지 않으며, 아울러 생산맥락의 확보 없이는 기록물로서의 본
성을 얻기 힘들기 때문이다. 이를 감안할 때 과거처럼 기록을 업무의
부산물인 결과로서가 아닌 사회적으로 구조화되고 유지되는 실체로 파
악해야 하며, 따라서 기록 및 기록관리는 사회라는 거대 환경 속에서
본원적 의미를 재발견해야 할 필요성이 도출된다고 할 수 있다.[113]

이러한 논리에서 앞서 살핀 ISO 15489의 평가 준거들이 의미를 지니
게 된다. 이 준거들은 최근의 조직운영 환경에서 조직의 영위 및 업무
수행에 필수적인 기록의 범주를 규정하는 기준들로, 이는 〈도표 3-Ⅰ〉
을 통해 설명이 가능하다.

111 ISO 15489-1, 8.4.c.
112 유훈, 『행정학원론』(제6정판), 법문사, 서울, 1991, p. 279.
113 Ciaran B. Trace, "What is Recorded is Never Simply 'What Happened' : Record Keeping in Modern

〈출처〉 ISO, *Information and Documentation-Records Management Processes - Metadata for Records: Part 1 Principles*, ISO, 2004, 도표 1을 응용하여 재구성.

우선 조직의 운영 및 업무는 법규를 기반으로 수행된다는 점에서, 조직은 법규를 준수해야 할 책무를 지닌다. 이러한 책무의 준수 여부는 업무 행위를 정확히 반영한 기록을 통해 증명된다는 점에서, 기록은 조직 운영 및 업무 수행에 필수적인 컴플라이언스의 매개가 된다. 또한 조직은 당대의 특정 환경 하에서 일정 목표를 달성하기 위해 일정 구조를 지닌 사회적 단위라는 점에서, 조직을 둘러싼 환경과 불가분의 관계를 지니게 된다.[114] 이러한 환경에 대응하며 조직을 영위하는 과정에서 '무엇을 했는지'에 대한 설명을 당대만이 아닌 미래 세대에 제공해야 하며,[115] 바로 여기서 행위의 증거인 기록은 설명책임을 전달하는 역할

Organizational Culture", *Archival Science* 2(1-2), 2002, pp. 137~159.

을 담당하게 된다. 아울러 기록은 조직의 업무수행 과정 중에 생산되어 활용된다는 점에서, 업무행위의 신뢰할 수 있는 반영물로서의 기록은 역으로 업무에 필요한 신뢰할 수 있는 정보가 된다.

　바로 이상과 같은 점에서 ISO 15489의 평가는 실제 업무 수행에 도움이 되는 기록의 현용적 가치를 강화시킨다고 볼 수 있다. 종이기록 환경에 기반을 둔 그동안의 평가 이론 대부분은 비현용단계에서의 영구보존 대상 선별 논리에 치중해왔고, 현용적 가치 측면에 대해서는 거의 논의가 전무하였다. 현대 평가 이론을 정립시킨 Schellenberg의 논리에 따른다면 이를 일차적 가치로 언급하고 있지만, 이러한 가치 개념은 이론적으로 빈약할 뿐만 아니라 실제 적용에서도 매우 모호한 측면을 지니고 있다.[116] 이는 평가란 행정적 시효가 다한 기록 가운데 이차적 가치를 지닌 영구보존 대상을 골라내는 것으로 파악하였던 당시 Schellenberg의 입장에서도 그 이유를 찾을 수 있지만,[117] 무엇보다 그의 가치 논리와 결부된 단절적 기록관리의 패턴 속에 업무의 주어진 결과를 사후적으로 선별해 보존하는 것이 기록관리의 궁극적 목적이라는 인식에서 연유한 귀결이라 할 수 있다. 하지만 ISO 15489의 평가 논리에서는 필요 기록을 업무분석을 통해 획득케 하며, 아울러 최근의 조직 운영 환경에서 조직의 영위 및 업무 수행에 필수적인 기록을 획득케 한

---

114 유훈, 『행정학원론』(제6정판), 법문사, 서울, 1991, p. 279.

115 Heather Briston, "Keeping an Account: The Role of Archives and Archivists in Accountability", 15th International Congress on Archives, 2004.
〈http://www.wien2004.ica.org/imagesUpload/pres_56_BRISTON_BEN06.pdf〉

116 Jay Atherton, "From Life Cycle to Continuum: Some Thoughts on the Records Management-Archives Relationship", *Archivaria* 21, 1985~1986, p. 48.

117 이에 대한 구체적인 설명으로는 김명훈, 『공공기록물의 평가체제에 대한 이론적 검토: 선별 방식 및

다는 점에서 이전과 달리 기록의 현용적 가치가 우선하여 중시된다. 이러한 현용적 가치의 강화는 조직을 둘러싼 내외부 환경에 대응하며 실제 업무에 일익을 주는 기록관리를 지향케 한다는 점에서 업무와 기록관리를 통합시킨 또 다른 측면으로 파악할 수 있다. 기록관리는 업무자들이 기록관리의 실익 및 효용성을 이해할 때 가장 성공적으로 수행된다는 점에서,[118] ISO 15489의 이러한 평가 논리는 업무친화적 기록관리의 실태를 여실히 보여주는 것이라 할 수 있다.

ISO 15489가 제시하는 업무친화적 기록관리의 보다 진전된 방향은 기록을 업무에 필수적인 정보자산으로 간주하는데 있다. 과거 Schellenberg 역시 기록의 가치 범주 중의 하나로 정보적 가치를 언급했지만, 이는 비현용단계에서 새롭게 생성된 업무와는 상관없는 회고적 가치였다.[119] 근래 전자기록 환경에서 증거가 강조되는 추세 속에 기록이 지닌 정보로서의 중요성에 대한 인식이 저하되는 상황임을 감안할 때, ISO 15489는 최근의 지식정보화에서 정보로서 기록이 지닌 가치를 재발견했다는 점에서 큰 의미를 지닌다고 할 수 있다. 컴퓨터 및 네트워크 기술의 진전에 따른 전자적 정보의 엄청난 홍수 속에, 조직에 핵심적인 정보를 생산·획득 및 처리할 수 있는 체계화된 방안을 수립했다는 점에서 ISO 15489는 조직에서의 효율적인 정보관리 전략으로도 파악이 가능하다.[120]

가치 기준을 중심으로」『기록학연구』6, 한국기록학회, 2002, pp. 21~23을 참조.

[118] James C. Connelly, "The New International Records Management Standard: Its Content and How It Can Be Used", *Information Management Journal*, 2001(7), 2001, p. 27.

[119] Theodore R. Schellenberg, 「현대 공공기록의 평가」, 『기록학의 평가론』, 오항녕 역, 진리탐구, 서울, 2005, pp. 37~43.

[120] Robert J. McLean, "Developing and Maintaining an Effective Records Management Programme", *ISO*

이상과 같이 볼 때 전자기록 환경에서 ISO 15489가 제시하는 평가의 함의는 생산맥락과의 연동 속에, 업무에 필요한 정보를, 기록품질을 지닌 완전무결한 상태로 선별한다는 데에서 찾을 수 있다. 즉 사후적인 접근을 지양하고 업무와 기록을 사전적으로 연계시킴으로써, 기록이 지닌 증거성 및 행위와의 연계를 통한 맥락성을 원천적으로 확보한 가운데 행위상의 중요도를 기반으로 평가가 수행될 수 있게 한다. 또한 무수히 많은 디지털 객체들 가운데 업무 행위내역을 반영한 증거로서의 기록을 진본성·무결성·신뢰성·가용성 등의 기록품질을 유지한 채 선별할 수 있게 하며, 이와 더불어 기록관리의 궁극적 목표와 평가를 연동시키는 가운데 조직을 둘러싼 내외부 환경에 대응하며 조직을 운영하고 업무를 수행해 나가는데 필요한 기록의 범주를 선별해 주게 된다. 이러한 측면에서 볼 때 ISO 15489가 지닌 평가 함의는 맥락 및 품질을 확보한 업무상의 필요 정보를 조직에 제공하는 메커니즘을 제시한다는 점에서, 최근의 지식정보화 환경에 기여할 수 있는 강점 또한 지닌다고 볼 수 있다.

ISO 15489가 지닌 전자기록 환경 하의 평가 논리를 이상과 같이 도출하였다면, 다음 장에서는 구체적으로 평가체제 및 평가방식을 고찰할 예정이다. ISO 15489가 의도하는 기능평가에서는 레코드키핑시스템의 설계 및 실행과정 중 평가가 수행되게 된다. 즉 이 과정 중 가치를 지닌 대상을 선별함과 아울러 이에 대한 보유기간이 결정되며, 이후 기록의 신뢰성 및 진본성·무결성·가용성을 보호할 수 있는 레코드키핑시스템 운영을 통해 보존단계에 이르게 된다. 이는 DIRS의 Step A~C에 이르는 과정을 통해 이루어지게 된다. 우선 Step A를 통해 조직이 운영되는 행정적·법적·업무적·사회적 맥락을 파악한 다음, 이를 토대로 기록물의 법률 내지 감사상의 필수 보유기간 및 전체로서의 사회적 가치를 파악한다. 그리고 Step B를 통해 조직의 업무기능 및 활동에 대한 분석을 기반으로 기록물에 대한 현재 및 미래의 필요를 판단한 다음, Step C를 통해 기록물이 지녀야 할 필수 요건들을 확인하게 된다.[121] 물론 ISO 15489에는 그 세부적 절차까지는 제시되어 있지 않지만, 이와 같은 기능평가 모형은 기록물에 대한 논리적 통제단위인 기능분류 체계와 평가를 연동시킴으로써, 레코드키핑시스템상의 모든 업무절차들이 평가와 유기적인 관계를 형성하며 수행될 수 있는 기반을 마련해주게 된다.[122] 그럼 다음 장에서는 구체적 평가체제 및 방식 도출을 위해 우선적으로 전자기록의 특성을 고려한 평가체제 모형을 살펴 본 다음, 기능평가로 귀결되는 전자기록 환경 하의 평가방식에 대해 분석해 보도록 하겠다.

Bulletin 2002(2), 2002, pp. 22~23.

[121] Kathryn Dan, "Acquisition, Appraisal and International Standard ISO 15489", *Comma* 2002(1-2), 2002, pp. 73~74.

[122] ISO 15489-1, 9.2; NAA, "Why Use a Functions-based Approach?", 2003.

제4장

전자기록 평가체제와 평가방식

전자기록의 평가체제 분석

1. InterPARES 프로젝트 평가체제 모형 개요

전자기록의 평가체제와 관련하여 최근 전 세계적으로 주목받고 있는 연구결과는, 미국·영국·캐나다·호주·이탈리아 등 세계 10여 개국이 참여한 국제 연구사업인 InterPARES 프로젝트에서 발표되었다. '진본성을 지닌 중요 전자기록물의 장기적 보존' 이란 대전제를 모토로 삼고 있는 InterPARES 프로젝트 평가팀에서는, 전자기록의 선별기준, 평가 시 진본성 확보·유지방안, 전자기록 평가 상의 다양한 절차구조 및 진본성 벤치마크 요소들과 평가절차와의 연계 등에 주안점을 두고 전자기록을 위한 평가체제 모형을 수립하였다.

InterPARES 프로젝트 평가팀에서는 전자기록의 평가를 '계속적 가치를 지닌 기록물의 장기 보존을 위한 평가' 로 요약한다.[1] 즉 계속적으로 활용할 가치를 지닌 중요 전자기록을 진본성을 유지한 채 선별함과 아울러, 이를 장기적으로 보존·활용할 수 있도록 하는 것이 전자기록 평가 상의 핵심 원리라는 것이다. 이러한 전자기록의 평가체제 모형 수립을 위해 InterPARES 프로젝트 평가팀에서는 두 가지 기본 전제를 상정한다. 첫째 디지털 객체는 디지털 객체 자체 및 이들이 생성된 맥락을 파악할 수 있는 장치를 포함해야 한다는 것이다. 이것이 확보되어야만 디지털 객체를 생산한 시스템에 의존치 않고 지속적으로 관리할 수 있을 뿐만 아니라, 디지털 객체의 위변조 없이 진본성 및 무결성을 보호할 수 있게 되기 때문이다. 둘째 최근 컴퓨터 기술이 발전하는 속도를 감안할 때 디지털 객체의 평가는 현재의 컴퓨터 기술이 더 이상 활용되지 않을 미래에 행해질 수 없다는 점이다.[2] 이러한 전자기록 평가 상의 두 가지 전제를 기반으로 InterPARES 프로젝트 평가팀에서는 〈도표 4-Ⅰ〉과 같은 전자기록 평가체제의 기본 구조를 제시하였다.

1 Terry Eastwood ed., "Appraisal of Electronic Records: A Review of the Literature in English", *The Long-term Preservation of Authentic Electronic Records: Findings of the InterPARES Project*, 2002, p. 14. 〈http://www.interpares.org/book/interpares_book_1_app03.pdf〉

2 Terry Eastwood, "Appraising Digital Records for Long-Term Preservation", *Data Science Journal* 30(3), 2004, p. 203.

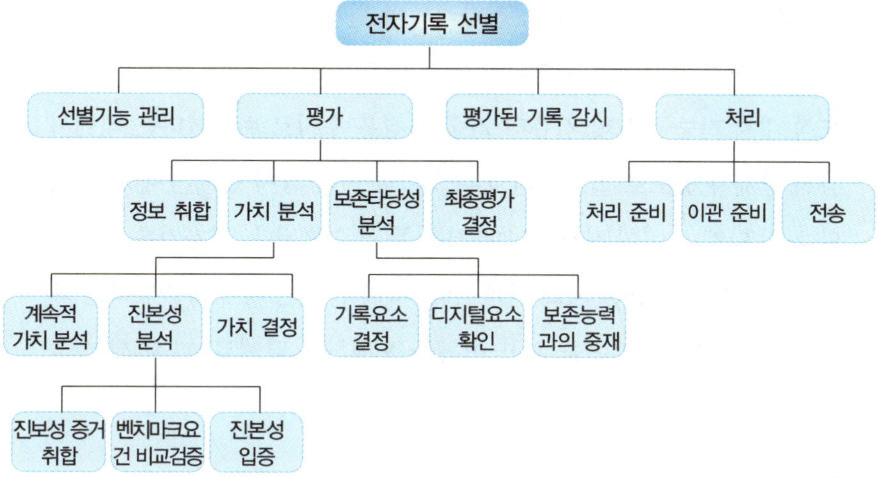

〈출처〉 InterPARES Project, "Model Diagrams: A Model of the Selection Function", *The Long-term Preservation of Authentic Electronic Records: Findings of the InterPARES Project*, 2001, p. 2.〈http://www.interpares.org/book/interpares_book_m_app04i.pdf〉를 재정리.

위의 모형에서 제시하는 바대로 전자기록의 평가체제는 선별기능관리·평가·감시·처리란 네 단계로 구성된다. 우선 선별기능관리는 전자기록 평가 상의 기본 골격을 수립·시행함과 아울러 이를 관리하는 단계이다. 이는 생산자의 효율적인 기록물 처리뿐만 아니라 전자기록이 지닌 광범위한 사회적 필요성의 충족을 위해, 또한 진본성 있는 전자기록의 확보와 더불어 관련 법적 요건의 충족을 위해 사전적으로 전제되어야 하는 필수 단계이다. 평가 단계는 전자기록 평가체제상의 핵심을 이루는 단계이다. 여기서는 진본성을 지닌 중요기록물의 실제 선별이 이루어진다. 이와 아울러 전자기록물에 관련된 각종 정보들이 취합되며, 장기적인 보존에 요구되는 비용 및 기술력 분석이 이루어지게 된다.

감시 단계는 평가결정 이후 전자기록과 관련된 변화상을 추적하고 파악하는 단계라 할 수 있다. 전자기록의 평가는 일반적으로 생산단계 내지 그 이전 단계에서 수행되어 평가 결정이 이루어짐에 반해, 최근의 조직 내지 기능구조 및 컴퓨터 기술 환경은 수시로 변화한다는 데에서 감시 단계가 별도로 필요하게 된다.[3] 이로 인해 감시 단계는 평가 단계와 처리 단계 사이에 시간적인 간격을 두고 수행된다. 전자기록 평가체제상의 마지막 부분은 처리 단계이다. 처리 단계는 평가결정에 따른 폐기 내지 계속적인 보존을 위한 이관을 수행하는 단계로, 다시 세 개의 세부 과정으로 나뉘어지게 된다.

〈도표 4-Ⅱ〉 전자기록물의 선별 체계

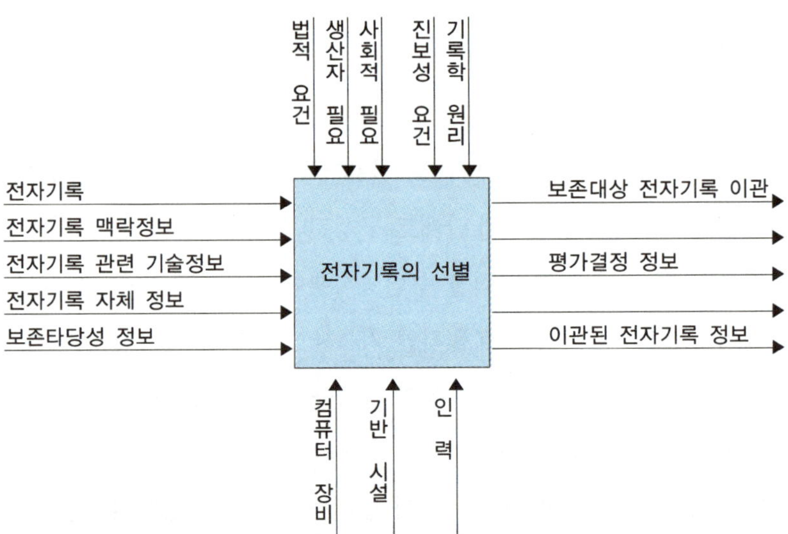

〈출처〉 InterPARES Project, "Model Diagrams: A Model of the Selection Function", *The Long-term Preservation of Authentic Electronic Records: Findings of the InterPARES Project*, 2001, p. 3.〈http://www.interpares.org/book/interpares_book_m_app04i.pdf〉를 재정리.

3 Terry Eastwood, "Appraising Digital Records for Long-Term Preservation", *Data Science Journal* 30(3), 2004, p. 206.

이상과 같은 네 단계의 평가체제는 선별기능(Selection Function)을 중심으로 유기적인 업무를 형성하고 있다. 여기서 선별은 '기록관리의 원리를 기초로, 생산자 및 일반 이용자의 계속적인 필요에 따라 전자기록을 평가하고 처리하는 행위'[4]로 정의하고 있듯이, 전자기록의 선별에는 평가 및 처분 그리고 이에 따른 보존자에게로의 이관을 포함하고 있다. 〈도표 4-II〉에 제시된 바대로 이러한 선별체계에는 전자기록 자체 및 전자기록 관련 맥락 정보, 보존에 필요한 기술정보의 투입이 필요하며, 이를 통해 보존 대상의 선정과 함께 평가결정 정보가 산출된다. 이와 더불어 전자기록 선별을 위해서는 법적·업무적·사회적 필요를 기반으로 한 가치기준 및 진본성평가 기준 역시 필요하며, 아울러 컴퓨터 장비 및 기반 시설, 인력과 함께 기록학의 원리에 입각해야 한다. 이러한 선별을 정점으로 하여 InterPARES 프로젝트 평가팀에서는 생산자의 필요 및 보다 광범위한 사회적 필요에 부응하는 평가정책과 함께 유기적인 평가업무 수립을 목표로, 〈도표 4-I〉에 제시된 바와 같은 전자기록 평가체제 모형을 정립한 것이다.[5] 그럼 다음으로는 각각의 단계를 구체적으로 살펴봄으로써, 전자기록 평가 상의 세부 영역들을 고찰해보도록 하겠다.

---

4 InterPARES Project, "Activity Definitions: A Model of the Selection Function", *The Long-term Preservation of Authentic Electronic Records: Findings of the InterPARES Project*, 2001, p. 1. 〈http://www.interpares.org/book/interpares_book_m_app04ii.pdf〉

5 Terry Eastwood, "Appraising Digital Records for Long-Term Preservation", *Data Science Journal* 30(3), 2004, p. 203.

2. 전자기록 평가체제 구조

① 선별기능관리 단계

InterPARES 프로젝트 평가팀에서는 전자기록 평가체제상의 첫 번째 단계로 선별기능관리를 제시하였다. 선별기능관리는 전자기록의 선별 기능 체제를 수립·시행·관리하는 행위로, 이 단계에서는 아래와 같은 사항[6]들을 기본 전제로 하게 된다.

- 생산자의 효율적인 기록물 처리 필요 충족
- 전자기록 참조·활용상의 광범위한 사회적 필요 충족
- 진본성 요건의 관측 및 확보 필요 충족
- 전자기록 관련 법적 요건의 충족
- 기록학적 원리와의 부합

아울러 선별기능관리를 위해서는 기본적으로 전자기록 관련 맥락 정보, 평가결정 정보, 갱신된 평가결정 정보, 기록물 처리 관련 정보들을 필요로 하게 된다. 이러한 선별기능관리 단계를 통해 전자기록의 평가 전략을 수립하게 됨과 더불어, 향후 전자기록의 이관 및 보존·폐기 등과 관련된 처리전략을 도출하게 된다. 평가전략 수립에서는 평가의 범주와 함께 진본성 요건 적용을 위한 가이드라인이 도출되며, 평가수행

---

6 InterPARES Project, "Appraisal Task Force Report", *The Long-term Preservation of Authentic Electronic Records: Findings of the InterPARES Project*, 2000, p. 7.
〈http://www.interpares.org/book/interpares_book_e_part2.pdf〉

절차 및 평가결과 보고를 위한 가이드라인, 평가행위 보고절차 역시 도출된다. 그리고 처리전략으로는 전자기록의 처리와 관련된 생산자 및 보존담당자의 역할·책임 등 처리수행 절차를 수립하게 되며, 아울러 마이그레이션·리포맷 등 처리규칙과 함께 처리행위 보고절차를 수립하게 된다.[7]

② 평가 단계

전자기록물의 평가 단계는 InterPARES 프로젝트 평가팀에서 제시한 모형 중 핵심적 위치를 차지하는 단계이다. 선별기능관리 및 감시, 처리 단계 역시 평가업무와 직간접적으로 연관되는 유기적 단계이긴 하지만, 평가 단계에서는 진본성을 지닌 중요기록물을 실제 선정하게 되기 때문이다. 〈도표 4-Ⅲ〉에서는 전자기록물 평가 단계를 구성하는 세부 절차들을 제시해 주고 있다. 평가 단계는 전자기록 관련 정보취합, 전자기록물의 가치평가, 진본 전자기록물의 보존타당성 결정 및 최종 평가결정이란 도합 4개의 세부 절차들로 구성되어 있다.

---

7 InterPARES Project, "Appraisal Task Force Report", *The Long-term Preservation of Authentic Electronic Records: Findings of the InterPARES Project*, 2000, pp. 6~8.
〈http://www.interpares.org/book/interpares_book_e_part2.pdf〉

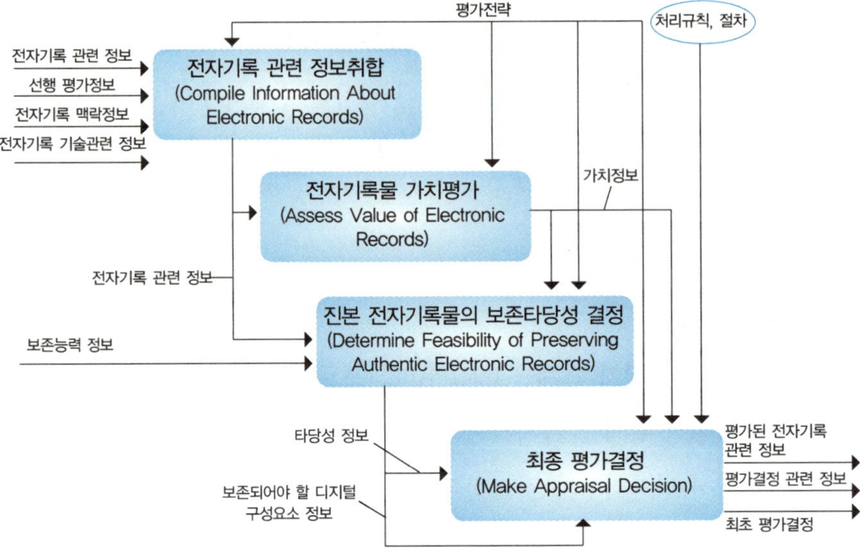

〈출처〉 InterPARES Project, "Model Diagrams: A Model of the Selection Function", *The Long-term Preservation of Authentic Electronic Records: Findings of the InterPARES Project*, 2001, p. 5.〈http://www.interpares.org/book/interpares_book_m_app04i.pdf〉를 재정리.

전자기록 관련 정보취합 절차에서는 전자기록 자체에 대한 정보와 더불어 생산맥락·구조 정보 및 전자기록의 생산과 관련된 전산기술상의 정보들이 취합되며, 아울러 해당 기록물에 대한 선행의 평가 정보 역시 필수 메타데이터로 활용되게 된다. 전자기록 평가에서 이러한 정보들이 사전적으로 확보되어야 하는 이유는 전자기록 자체만으로는 단독으로 아무런 의미를 지닐 수 없다는 점에서 연유한다.[8]

InterPARES 프로젝트 평가팀에서는 평가에 필요한 전자기록의 맥락

---

8 Terry Eastwood, "Appraising Digital Records for Long-Term Preservation", *Data Science Journal* 30(3), 2004, p. 204.

을 다섯 가지로 설정한다. 첫째 법적 행정적 맥락(Juridical-administrative Context)이다. 이는 생산자가 활동하고 있는 총체적 사회 속의 법령 및 행정 체계를 의미하는 것으로, 전자기록이 생성된 보다 넓은 사회적 맥락으로 파악이 가능하다. 둘째 출처 맥락(Provenancial Context)은 생산조직 자체 및 생산조직의 각종 규정, 구조 및 기능을 의미하는 것으로, 개인의 경우에는 기록을 생성하게 된 다양한 행위 및 사건 영역에 해당한다고 볼 수 있다.

셋째 절차 맥락(Procedural Context)은 기록이 생성된 실제 업무 절차를 의미하며, 넷째 문서 맥락(Documentary Context)은 조직에서 생성된 기록 전체의 구조 및 기록 간의 상호관계를 의미한다. 최근의 평가는 개별적인 기록의 내용을 기반으로 수행하기 어렵다는 점에서 이러한 문서 맥락은 평가 상의 필수불가결한 요소가 된다. 마지막은 기술 맥락(Technological Context)으로 전자기록을 생성시킨 시스템 · 하드웨어 · 소프트웨어 관련 정보들로 구성된다.[9] 이러한 맥락 정보들은 전자기록의 가치평가는 물론, 진본성 측정 및 선별된 전자기록의 장기적 보존성 및 접근성을 확보하기 위한 기초 정보로 활용된다.[10] 이러한 관련정보 취합 절차를 시작으로 매 절차마다 필요 정보의 투입 및 처리결과의 산출이 선순환적으로 행해지며 최종 평가결정에 이르게 된다.

전자기록물의 가치평가 절차는 〈도표 4-IV〉에 제시된 바와 같이, 전자

---

9 Terry Eastwood, "Appraising Digital Records for Long-Term Preservation", *Data Science Journal* 30(3), 2004, p. 204.

10 InterPARES Project, "Appraisal Task Force Report", *The Long-term Preservation of Authentic Electronic Records: Findings of the InterPARES Project*, 2000, p. 8.
  〈http://www.interpares.org/book/interpares_book_e_part2.pdf〉

기록의 가치 및 진본성 여부를 판단하는 이원적 단계로 구성되어 있다.

〈도표 4-Ⅳ〉 전자기록물 가치 분석 절차

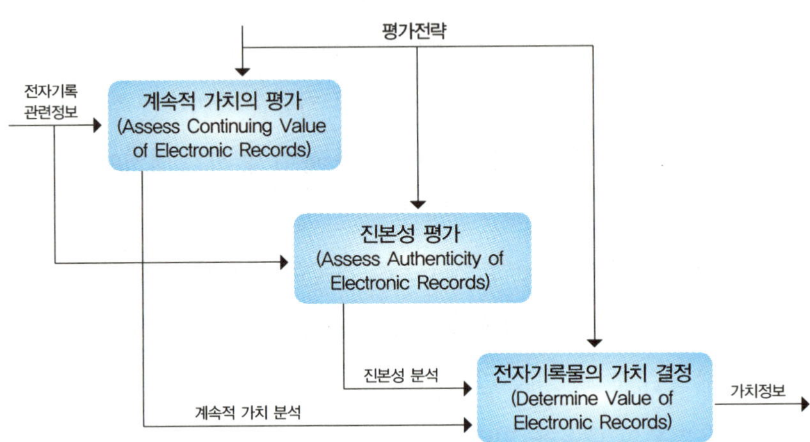

〈출처〉 InterPARES Project, "Model Diagrams: A Model of the Selection Function", *The Long-term Preservation of Authentic Electronic Records: Findings of the InterPARES Project*, 2001, p. 6.〈http://www.interpares.org/book/interpares_book_m_app04i.pdf〉를 재정리.

우선 계속적 가치평가는 전자기록에 내재된 생산자 및 사회에 대한 계속적 가치를 분석하는 절차이다. 이러한 계속적 가치의 판단 기준은 국가 및 사회에 따라 또한 평가의 기준 및 가치범주 등에 따라 상이할 수 있으며, 아울러 전자기록의 양이 방대하고 생산맥락이 복잡하며 기록물간의 상호연관성이 큰 경우에는 기록물 자체가 아닌 기능에 근거한 가치 분석을 InterPARES 프로젝트 평가팀에서는 권고하고 있다.[11]

---

11 InterPARES Project, "Appraisal Task Force Report", *The Long-term Preservation of Authentic Electronic Records: Findings of the InterPARES Project*, 2000, p. 9.
〈http://www.interpares.org/book/interpares_book_e_part2.pdf〉

　가치평가 절차의 또 다른 단계는 전자기록물의 진본성 평가이다. 전자기록이 지닌 계속적 가치의 평가는 평가체제 상에서 가장 핵심적인 부분이라 할 수 있지만, 진본성 여부의 판단 없이는 무의미하게 된다.[12] 바로 이러한 이유에서 계속적 가치평가의 후속 절차로 진본성평가 절차가 의미를 지니게 된다. 여기서는 해당 전자기록물의 진본성을 입증할 수 있는 근거를 분석·판단하게 되는데, 이 절차는 다시 아래와 같은 세 부분의 하위절차들로 나뉘어진다.

〈도표 4-V〉 전자기록물의 진본성 분석 절차

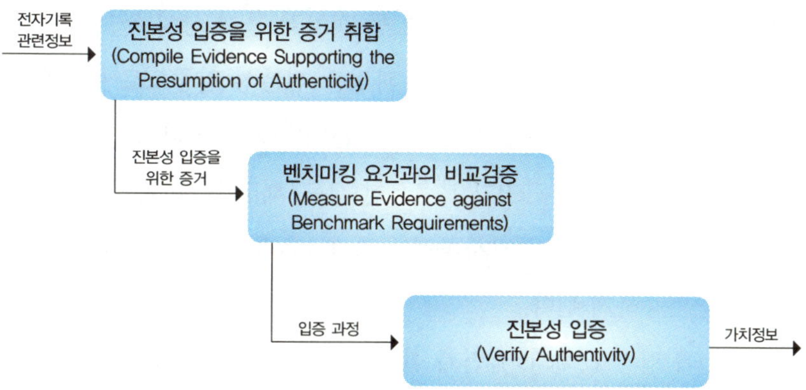

〈출처〉 InterPARES Project, "Model Diagrams: A Model of the Selection Function", *The Long-term Preservation of Authentic Electronic Records: Findings of the InterPARES Project*, 2001, p. 7.〈http://www.interpares.org/book/interpares_book_m_app04i.pdf〉를 재정리.

---

[12] Terry Eastwood, "Appraising Digital Records for Long-Term Preservation", *Data Science Journal* 30(3), 2004, p. 205.

첫 번째 과정은 진본성 입증을 위한 증거 취합으로, 진본성 입증에 근거가 되는 전자기록의 무결성 및 생산 절차상의 적절성에 관한 증거를 수집·문서화시키게 된다.

다음은 진본성 입증을 위한 벤치마크 요건과의 비교·검증으로, 위의 과정을 통해 얻은 진본성 입증을 위한 증거들을 InterPARES 프로젝트 진본성팀에서 제시한 벤치마크 요건에 기초하여 확인하도록 권고하고 있다.[13] 전자기록의 진본성 추정을 위한 벤치마크 요건은 기록물의 속성·접근권한·보호절차 등 도합 8개의 영역으로 구성되는데, 정체성(Identity)의 확립과 무결성(Integrity)의 입증을 기본으로 전자기록 자체 및 맥락정보, 기타 처리 및 유지 등 절차적 통제 상의 정보들을 비교·검증토록 하고 있다.[14] 마지막 과정은 진본성 입증으로 여기서는 전자기록의 진본성 입증에 필요한 근거를 수립하게 된다. 그리고 벤치마크 요건에 부합하는 근거가 불충분한 경우, 해당 전자기록을 사본 내지 백업본과 비교하거나 감사증적(Audit Trails) 확인 등의 방법을 통해 진본성을 입증하게 된다.

전자기록 평가 단계의 세 번째 절차는 현행 보존능력 및 예상 보존능력을 감안해 진본성을 입증하고 가치를 구체화 시켜주는, 보존되어야 할 전자기록의 기록요소(Record Elements)를 결정하는 진본 전자기록물의 보존타당성 결정이다. 타당성(Feasibility)이란 전자기록의 계속적인

---

13 InterPARES Project, "Appraisal Task Force Report", *The Long-term Preservation of Authentic Electronic Records: Findings of the InterPARES Project*, 2000, p. 10.
〈http://www.interpares.org/book/interpares_book_e_part2.pdf〉
14 이에 대해서는 김명훈, 서석제, 김자경, 『전자기록관리의 이해』, 한국국가기록연구원, 서울, 2004, pp. 100~109를 참조.

보존에 요구되는 비용 및 기술력 판단을 의미한다.[15] 따라서 이 절차에서는 앞선 전자기록의 가치평가 단계를 통해 전자기록의 계속적 가치와 진본성 분석이 완료되면, 이를 바탕으로 계속적인 보존에 필요한 기술력, 비용 및 보존역량을 진단하게 된다. 이는 앞선 관련 정보취합과 가치평가 단계를 통해 수집된 전자기록 자체 및 기록물 관련 제반 정보와 더불어, 전자기록을 보존할 수 있는 기술력 · 비용 · 보존역량 등에 대한 정보를 바탕으로 결정하게 되는 것으로, 컴퓨터 기술상의 인프라 환경 · 직원의 전문성 및 기술능력 그리고 재원이란 세 가지를 보존타당성 분석상의 기본 요소로 삼게 된다.[16]

〈도표 4-VI〉 전자기록물의 보존타당성 결정 절차

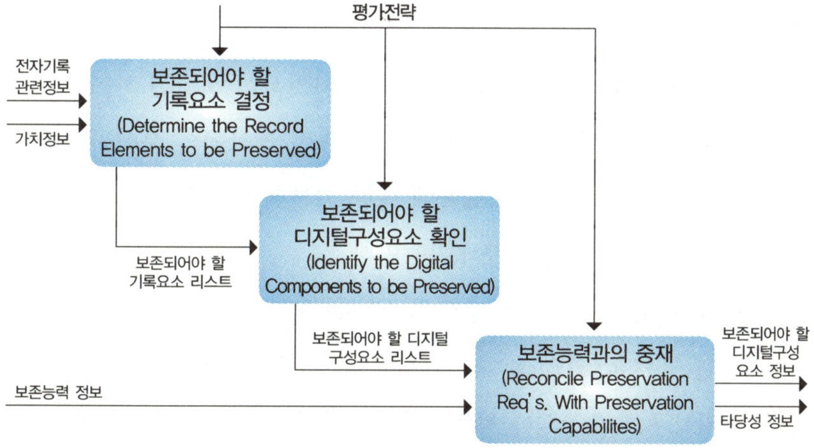

〈출처〉 InterPARES Project, "Model Diagrams: A Model of the Selection Function", *The Long-term Preservation of Authentic Electronic Records: Findings of the InterPARES Project*, 2001, p. 8.〈http://www.interpares.org/book/interpares_book_m_app04i.pdf〉를 재정리.

15 InterPARES Project, "Activity Definitions: A Model of the Selection Function", *The Long-term Preservation of Authentic Electronic Records: Findings of the InterPARES Project*, 2001, p. 2. 〈http://www.interpares.org/book/interpares_book_m_app04ii.pdf〉

보존타당성 결정 절차는 위의 도표에 제시된 바대로 모두 세 과정으로 구성되어 있다. 평가된 전자기록의 보존타당성을 결정하는 첫 번째 활동은, 진본성 벤치마크요건에 따른 필수적인 보존 요소 및 장기적 보존에 필요한 내용·형식상의 본질적 요소들을 확인·결정하는, 전자기록의 진본성 확보를 위해 보존되어야 할 기록요소를 결정하는 것이다. 이는 다시 진본성 벤치마크요건에서 규정한 전자기록 형태상의 내재적(intrinsic) 및 외재적(extrinsic) 요소를 확인함과 더불어, 시간의 경과에 따른 진본성 유지를 위해 보존되어야 할 전자기록의 내용요소를 확인하는 작업으로 구성된다. 이러한 요소들은 전자기록의 외형 및 기술적 맥락에 관련된 정보들과 더불어, 생산자가 속하게 되는 법적·조직적 체계, 생산자의 책무·구조·기능, 기록물이 생산된 업무절차 등에서 확인이 가능하다. 아울러 위의 요소들에 더해 기술적 맥락 관련 정보 역시 확인이 필요하다. 전자기록 자체 및 전자기록이 생산된 하드웨어·소프트웨어·운영체계·파일 유형 등에 관한 정보들의 분석·취합이 필요하게 되는데, 이러한 정보들에 대한 기본적인 사항들은 전자기록 관련정보 취합단계에서 수집이 가능하다.[17]

두 번째 단계는 이러한 본질적 요소들을 전자적 형태로 구현하고 있는 디지털 구성요소(Digital Components)를 확인하는 것이다. 이러한 작업은 장기보존에 요구되는 컴퓨터상의 기술을 분석·확인하는 것으로,

<hr>

16 InterPARES Project, "Appraisal Task Force Report", *The Long-term Preservation of Authentic Electronic Records: Findings of the InterPARES Project*, 2000, p. 11
⟨http://www.interpares.org/book/interpares_book_e_part2.pdf⟩
17 InterPARES Project, "Appraisal Task Force Report", *The Long-term Preservation of Authentic Electronic Records: Findings of the InterPARES Project*, 2000, p. 12.
⟨http://www.interpares.org/book/interpares_book_e_part2.pdf⟩

이를 통해 해당 전자기록의 장기보존에 필요한 기술력 및 비용 판단의 근거를 제시하게 된다. 아날로그 환경에서 기록물의 내재적·외재적 요소들은 본질적으로 '매체'에 담겨있지만, 전자기록의 경우에는 바이너리코드와 같은 디지털부호 형태로 존재하게 된다. 이러한 관계상 이들 구성요소에 관한 정보 역시 전자기록 관련정보 취합단계에서 수집하도록 해야 한다. 마지막 단계는 보존에 수반되는 기술력 및 비용을 현행 또는 예상 보존능력과 중재하는 것으로, 이러한 중재는 보존기관의 하드웨어·소프트웨어 등 컴퓨터 인프라 수준 및 소속 직원들의 전산기술 전문도 그리고 보존기관의 가용 재원에 따라 결정되게 된다.[18]

이상과 같은 전자기록 평가 단계는 전자기록의 이관·폐기 등의 처리여부 및 보존기간·보존조건 등 전자기록 평가 상의 최종 결정을 내리는 최종 평가결정으로 귀결된다. 이 단계에서는 기존의 아키비스트뿐만 아니라 보존자 담당자 역시 평가 상의 주요 이해당사자로 등장하게 된다. 전자기록의 평가에서는 보존 이전단계에서 아키비스트에 의해 수행되는 계속적 가치의 평가와 더불어, 이를 통해 선별된 기록물의 보존에 수반되는 기술적·경제적 보존역량과 관련된 보존담당자자의 결정이 상호 균형을 맞추어야 하기 때문이다.[19] 이러한 최종 평가결정 단계를 통해 계속적 가치를 지닌 진본 전자기록물이 보존담당자에게로 처리대상 기록물 목록과 함께 이관되며, 기타 처리방식 및 시기, 감시

---

18 InterPARES Project, "Appraisal Task Force Report", *The Long-term Preservation of Authentic Electronic Records: Findings of the InterPARES Project*, 2000, pp. 12~13.
〈http://www.interpares.org/book/interpares_book_e_part2.pdf〉

19 InterPARES Project, "Appraisal Task Force Report", *The Long-term Preservation of Authentic Electronic Records: Findings of the InterPARES Project*, 2000, pp. 20~21.
〈http://www.interpares.org/book/interpares_book_e_part2.pdf〉

일정(monitoring schedule) 등을 확정하게 된다. 아울러 장기보존을 위한 이관의 경우 앞선 모든 단계에서의 정보와 함께, 최종 평가결정상의 정보를 종합화하여 문서화시킨 후 전자기록물과 함께 이관하도록 해야 한다.

③ 감시 단계

평가된 전자기록 감시 단계는 평가결정 이후 전자기록 자체의 변화상 및 재평가가 필요하다고 판단되는 맥락상의 변화를 추적하고 감시하는 절차이다.[20] 이는 선별된 진본 전자기록의 장기적인 보존을 담보하기 위한 필수적 작업으로, 평가 단계와 처리 단계 사이에 시간적인 간격을 두고 수행된다. 여기서는 평가된 전자기록에 관한 정보가 아직 유효한지, 전자기록 자체 및 맥락상의 변화는 진본성 및 무결성에 영향을 미치는지, 그리고 전자기록의 보존 내지 기타 처리절차는 컴퓨터 기술상으로 여전히 수행가능한지에 대한 분석을 주목적으로 하게 된다.

전자기록 평가에서 감시 단계가 새롭게 설정되는 이유는 전자기록이 지닌 고유의 속성에서 연유한다. 전자기록이 생산된 조직구조·업무기능·처리절차 등은 수시로 변화할 뿐만 아니라 생산맥락 역시 다원적인 복합성을 지니게 되며, 또한 전자기록을 생산한 전산시스템 및 하드웨어·소프트웨어 등 기술적 조건들 역시 급속히 변화된다. 이로 인해 평가결정 사항 및 평가된 전자기록에 관련된 세부 정보들은 평가 당시

---

20 InterPARES Project, "Activity Definitions: A Model of the Selection Function", *The Long-term Preservation of Authentic Electronic Records: Findings of the InterPARES Project*, 2001, p. 2. 〈http://www.interpares.org/book/interpares_book_m_app04iii.pdf〉

의 정황과 크게 상이한 경우가 빈번히 발생하게 된다.[21] 따라서 계속적인 가치를 지닌 전자기록을 장기적으로 보존하기 위해서는 전산상의 기술적 감시와 더불어, 전자기록 자체의 고유 가치 및 진본성 등이 재평가되어야 할 필요성이 발생한다고 할 수 있다.[22]

여기서의 재평가는 종이기록물의 재평가 개념과는 다르다. 종이기록물의 재평가는 생산 환경 내지 생산맥락상의 변화상보다는 가치의 변화에 중점을 두는 것임에 반해, 전자기록의 재평가는 기록물 자체와 함께 생산맥락·진본성·보존환경·컴퓨터 기술 등에 대한 종합적 분석이 수행되는 것으로, 새로운 정황에 맞추어 주기적으로 수행하는 행위로서의 의미를 지니게 된다.[23] 이러한 전자기록 감시 단계를 위해서는 장기보존을 위해 선별된 전자기록에 대한 정보와 더불어, 전산시스템 및 디지털 구성요소 등의 기술적 정보, 그리고 복사·마이그레이션 등에 대한 스케줄 정보 등이 기본적으로 필요하게 된다.

④ 처리 단계

전자기록 평가체제 모형상의 최종 단계는 전자기록의 처리이다. 전자기록의 처리 단계는 최종 평가결정에 따른 폐기 내지 계속적 보존을 위한 디지털 아카이브로의 이관을 수행하는 과정으로, 다음의 도표와

---

21 Catherine Bailey, "Archival Theory and Electronic Records", *Archivaria* 29, 1989~1990, pp. 182~183.

22 InterPARES Project, "Appraisal Task Force Report", *The Long-term Preservation of Authentic Electronic Records: Findings of the InterPARES Project*, 2000, pp. 18~20.
〈http://www.interpares.org/book/interpares_book_e_part2.pdf〉

23 InterPARES Project, "Appraisal Task Force Report", *The Long-term Preservation of Authentic Electronic Records: Findings of the InterPARES Project*, 2000, p. 21.
〈http://www.interpares.org/book/interpares_book_e_part2.pdf〉

같이 모두 3단계로 구성되어 있다.

<도표 4-Ⅶ> 전자기록물의 처리 절차

1단계	2단계	3단계
전자기록 처리 준비 (Prepare Electronic Records for Disposition)	전자기록 이관 준비 (Prepare Electronic Records for Transfer)	전자기록 전송 (Transmit Electronic Records)

<출처> InterPARES Project, "Model Diagrams: A Model of the Selection Function", *The Long-term Preservation of Authentic Electronic Records: Findings of the InterPARES Project*, 2001, p. 9.<http://www.interpares.org/book/interpares_book_m_app04i.pdf>를 재정리.

먼저 전자기록의 처리준비 단계는 장기보존을 위해 선별된 전자기록의 물리적인 이관을 위한 포맷 내지 복제와 더불어 폐기 내지 기타 처리를 위한 준비과정으로, 감시 과정을 통해 수집되는 평가된 전자기록 자체 및 해당 전자기록에 대한 업데이트된 정보를 필요로 하게 된다. 아울러 이러한 투입요소를 통해 산출된 결과물은 다음과 같다.[24]

- 보존을 위한 전자기록물

- 보존이 필요 없는 전자기록물

- 위의 두 사항에 기초한, 폐기 및 보존되어야 할 전자기록물의 양과 질

- 전자기록물의 처리에 소요되는 비용

---

[24] InterPARES Project, "Appraisal Task Force Report", *The Long-term Preservation of Authentic Electronic Records: Findings of the InterPARES Project*, 2000, p. 16.
<http://www.interpares.org/book/interpares_book_e_part2.pdf>

처리준비에 이어지는 다음 단계는 전자기록의 이관준비이다. 이관준비는 평가된 전자기록과 함께, 전자기록 자체 및 해당 전자기록의 계속적 가치 · 진본성 · 전산시스템 · 디지털 구성요소 · 생산맥락 등 전자기록과 관련된 총체적 정보를 종합화 하는 것으로, 이를 통해 이관 준비된 전자기록 자체와 함께 해당 전자기록 관련 정보가 산출되게 된다. 전자기록 처리 단계의 마지막 요소는 전자기록의 전송이다. 여기서는 전자기록의 이관준비 단계에서 산출된 두 가지 요소를 해당 전자기록의 보존책임을 지닌 담당자에게 송부하는 것으로, 이를 통해 이관된 전자기록 관련 정보와 함께 이관 수행 내역에 관한 정보가 산출되게 된다.[25]

이상과 같이 살핀 InterPARES 프로젝트 평가팀에서 구축한 전자기록 평가체제 모형은 가치 있는 기록물을 선별한다는 종래의 평가 차원을 넘어, 전자기록의 평가와 관련된 다양한 기능들을 유기적으로 통합시키고 있다. 전자기록 환경 하의 평가는 진본성을 지닌 중요 전자기록의 장기보존을 위한 첫 번째 단계로서의 의미를 지닌다고 볼 때, 이러한 평가체제는 가치 및 진본성평가와 더불어 디지털 아카이빙 단계로 이관되기까지의 전 과정을 구조화시킨다는 측면에서 의미를 지닌다고 볼 수 있다. 이러한 점에서 전자기록의 평가는 생산 본래의 목적이 소멸된 기록을 대상으로 비현용단계에서 선별하는 독립된 업무가 아닌, 기록 품질을 원천적으로 확보함과 더불어 사전적으로 중요기록물을 획득해

---

25 InterPARES Project, "Appraisal Task Force Report", *The Long-term Preservation of Authentic Electronic Records: Findings of the InterPARES Project*, 2000, p. 17.
〈http://www.interpares.org/book/interpares_book_e_part2.pdf〉

유지할 수 있도록 하는 복합적 업무를 형성한다고 할 수 있다.

하지만 InterPARES 프로젝트 평가팀의 전자기록 평가체제 모형에서는 중요기록의 평가방식에 대해서는 분석치 않은 한계를 지닌다. 다만 InterPARES 프로젝트 평가팀에서는 전자기록의 계속적 가치 범주 내지 기준까지는 제시하지 않았지만, 전자기록의 양이 방대하고 생산맥락이 복잡한 경우에는 기록물 자체가 아닌 기능에 기반 한 평가를 수행해야 한다고 권고하고 있다. 앞선 3장에서 살핀 바대로 전자기록 환경 하의 평가 방향은 업무와 기록의 통합을 기반으로 기록품질을 지닌 증거의 확보와 함께, 조직의 영위 및 업무 수행에 필요한 정보의 선별이라 할 수 있다. 이러한 점을 염두에 둘 때 후자의 측면에 대한 별도의 분석이 요구된다. 이에 다음 절에서는 전자기록의 평가 논리 및 방식에 대해 세부적으로 살펴보도록 하겠다.

전자기록의 평가방식 분석

1. 전자기록과 내용평가

그동안 기록물 평가에서 가치 있는 대상 발굴을 위한 세밀한 내용분석은 평가 방법론상의 근간으로 자리해왔다. 이러한 점에서 전자기록의 평가방식으로 우선적으로 고려해 볼 수 있는 것은 내용평가이다. 전자기록 역시 공식적 활동과정 중에 생성된다는 점에서 활동내역을 수록한 내용을 지니기 때문이다. 이러한 내용에 기반을 둔 평가의 전형적인 방식은 Schellenberg가 체계화한 가치평가 방식이다. 시간의 흐름에 따라 내용적 가치가 변한다는 기록의 고유 속성을 기반으로 일차적 가치와 이차적 가치로 나누었고, 다시 이차적 가치는 증거적 가치와 정보적 가치로 양분하였다. 이와 같은 가치 구분을 기반으로 현용과 준현용단계 사이에 또한 준현용과 비현용단계 사이에 평가 주체를 달리하며,

평가자의 내용에 대한 독해를 기반으로 개별 기록물을 선별해 왔다.[26]

전자기록 역시 이러한 Schellenberg의 평가방식을 적용할 수는 있다. 양이 얼마 되지 않고 또한 내용 판독에 필요한 가독성이 용이하게 확보될 수 있는 상황에서이다. 하지만 일반적으로 이러한 전자기록의 내용평가에는 몇 가지 문제가 떠오른다. 우선 증거적 가치이건 정보적 가치이건 그것을 규정하는 보다 근원적인 관점의 문제가 존재한다는 것이다. 즉 특정 과거의 사실과 그 사실을 담은 기록이 존재한다고 했을 때 해당 사실을 보는 관점에 따라 현격한 차이가 나타날 수밖에 없다는 점이다.[27] 다음은 평가 상의 경제학적 논리로, 최근 조직의 거대화·복잡화 및 이에 따른 기록 생산량의 폭증 속에 개별 기록물의 가치를 기반으로 한 평가방식은 현실적으로 불가능하게 된다는 점이다.[28] 세 번째는 다원화되고 복잡화된 사회 환경에서 그리고 이러한 환경 속에서 조직이 운영되는 메커니즘의 복잡화 속에, 개별적인 기록물의 내용만으로는 가치 파악이 무의미하다는 점이다.

그럼에도 불구하고 내용평가는 전자기록의 평가방식으로서 의미를 지닌다. 먼저 개별적으로 지닐 수 있는 연구 및 기타 이용적 가치의 선별을 위해서이다.[29] 이것은 업무행위의 중요도를 기반으로 평가를 수행하는 기능평가의 단점을 보완하는 측면에서 의미를 지닌다고 볼 수 있

---

26 이에 대한 구체적인 내용에 대해서는 Theodore R. Schellenberg, 「현대 공공기록의 평가」, 『기록학의 평가론』, 오항녕 역, 진리탐구, 서울, 2005를 참조.

27 김익한, 「불균형 잔존 행정기록의 평가방법 시론-조선총독부 공문서의 평가절차론 수립을 위하여」, 『기록학연구』13, 한국기록학회, 2006, p. 186.

28 Sally McInnes, "Electronic Records: The New Archival Frontier?", *Journal of the Society of Archivists* 19(2), 1998, p. 214.

29 Stephen Twigge, "The Appraisal of Electronic Records", *Manual on Appraisal(Draft): A Practical Guide for the Daily Problems of Appraising and Selecting Documents*, ICA/CAP, 2005, p. 2.

다. 동일한 맥락에서 Schellenberg가 언급한 내용의 희소성이나 정확성, 집중도, 그리고 타 기록의 이해에 필수적인 전자기록의 선별에도 내용평가는 유용한 평가방식으로 활용될 수 있다.

하지만 무엇보다 중요한 점은 정보로서의 의미를 지닌 전자기록의 선별을 위해서라 할 수 있다. 최근 조직이 운영되는 환경은 지식정보화 사회로 접어들고 있다. 컴퓨터 및 네트워크 기술의 발전과 함께 가속화된 지식정보화 환경에서, 지식정보는 조직의 영위 및 업무 수행에 필수적인 조직의 핵심 자산으로 인식되고 있다. 정보통신 기술의 발전은 업무 수행 방식을 변모시켜, 업무 중 지식정보의 필요성을 증대시킴과 아울러 지식정보의 활용 및 접근을 용이하게 해주고 있다. 아울러 리엔지니어링 및 프로세스 재설계 등을 통해 업무를 재편하는 과정에서, 업무 수행에 필요한 적재적소의 지식정보 투입이 요구되고 있다. 특히 지식정보는 주로 개별적인 내용으로 존재한다는 점에서 또한 기록은 지식정보로 변환할 수 있는 핵심적인 자원이라는 점에서, 내용평가는 전자기록의 평가방식으로서 일정 정도 의미를 지닌다고 볼 수 있다.[30]

그러나 최근의 전자기록 평가 방식으로 보편적으로 용인되는 것은 기능평가라 할 수 있다. 다음 절에서는 전자기록의 고유 특성과 연계하여 평가 상의 기능적 접근 논리에 대해 고찰하도록 하겠다.

---

[30] 이에 대해서는 본서의 논지 전개상 7장 2절에서 보다 구체적으로 논의할 예정이다.

2. 평가 상의 기능적 접근 논리

전자기록이 지닌 논리적 객체로서의 특성은 평가 상의 가치 적용방식을 종래와 상이하게 만든다. 0과 1의 비트스트림으로 구성된 내용-구조-맥락이 각기 분리되어 존재하는 논리적 객체로서, 이들 세 요소의 확보 없이는 기록으로 성립될 수 없으며 또한 이를 선별하여 장기적으로 보존한다는 평가 역시 무의미하기 때문이다. 이러한 배경에서 예전 기록 속에 내재된 내용의 중요도를 임의적인 기준에 따라 평가하던 방식과 달리, 최근 전자기록 환경에서는 이들 세 요소를 사전적으로 포착하는 것이 평가의 근저로 인식되고 있다. 바로 여기서 평가의 핵심은 생산된 기록물의 '내용' 에서 기록물을 생산시킨 '기능' 으로 이전하고 있다.

기실 기록물은 개인이건 단체건 상관없이 기능의 수행과정에서 생성된 산물이라는 점에서 기능은 예전부터 주목받아 왔다. 미국의 Schellenberg 역시 기록에 대한 정의를 "........ 법적 의무의 수행과정에서 또는 그 본래의 업무조치와 관련해서 작성되거나 접수되고, 기능 · 정책 · 절차 내지 활동에 대한 증거로서 .... 보존된 대상"[31]으로 정의하고 있듯이, 문서주의를 특징으로 하는 관료제적 조직 하에 모든 업무 처리를 문서를 통해 수행하는 현대 조직 환경에서, 기록과 기능을 연계시키는 발상은 예전부터 중시되어 왔다. 단 이러한 기록과 기능 간의 연계는 조직구조와 기능구조가 일치한다는 전제에 근거한 것이다. 특정 목표 달성을 위해 형성된 조직은 분업화 및 전문화에 기반을 둔 기

---

31 Theodore R. Schellenberg, 『현대 기록학개론』, 이원영 역, 진리탐구, 서울, 2002, p. 18.

능의 편제와 연동하여 조직 구조를 구축하였기 때문이다.[32]

이처럼 기록을 기능과 직접적으로 연계시키는 의도는 기록의 핵심적인 속성이라 할 수 있는 맥락을 확보하기 위함이다. 기록은 생산자의 활동과정 중 생산된다는 점에서 개별적으로는 고유의 정보를 의미할 수 없는 일정한 맥락을 함유하고 있다. 기록은 조직의 업무 중 자연적으로 생성·축적된 산물로 전체적으로 하나의 유기체를 형성하면서 특정 행위에 대한 고유성 및 대표성을 지니게 된다는 점에서, 기록의 생산맥락은 해당 기록의 이해를 위한 필수 정보가 된다. 이러한 맥락은 출처주의 적용을 통한 기록물의 통합성 및 기록물간의 상호유기성 창출을 통해, 그리고 원질서 존중의 원칙을 통한 생산 당시의 본연적 관계 보호를 통해 확보되어 왔다.[33]

이러한 맥락 확보를 위해 그동안 기록학 영역에서는 기록물과 생산자를 연계시키는 방식을 취해왔다. 즉 기록물은 행위의 결과라는 점에서 기록물 생산자는 곧 출처로 등치되었고, 이러한 생산자는 기록관리 영역에서 다음과 같은 역할을 수행해왔다. 우선 기록물의 외적 통합성을 창출하는 구심점 역할이다. 기록물은 생산자의 활동과정 중에 자연적으로 생산·축적된 산물로 하나의 유기체를 형성하게 되며, 바로 여기서 생산자를 중심으로 기록물을 통합하게 되는 논리가 생성되게 된다.[34] 다음은 생산 맥락과의 연계이다. 기록물은 생산자의 활동과정 중

---

[32] 이에 대한 보다 상세한 설명은 김명훈, 「공공기록물의 분류 원리: 출처주의에 대한 이론적 검토」, 『기록보존』16, 정부기록보존소, 2003, pp. 216~217을 참조.

[33] 김명훈, 『출처주의와 현대 기록관리』, 한국국가기록연구원, 서울, 2003, pp. 1~3, 31~33.

[34] Wang Rongsheng & Wang Yusheng, "Archives Are Purposive Action of the Subject-of-act: On the Double Quality of Archives", *Janus*, 1996, pp. 23~24.

에 생산된다는 점에서 개별적으로는 고유의 정보를 나타낼 수 없는 일정한 생산맥락을 함축하며, 여기서 생산자와 기록물간의 연계는 기록물이 생산된 맥락 내지 일정 연원의 파악을 가능케 한다.[35]

그러나 최근 조직의 다원적 · 다변적 속성 및 전자기록 환경 하에서는 기록물 생산맥락의 근원으로서 생산자가 지녀왔던 역할이 축소된다. 네트워크구조 · 매트릭스구조 · 팀제 등을 기반으로 하는 최근의 조직체계에서는 조직간 및 조직 내 부서간의 명확한 경계가 모호할 뿐만 아니라, 조직의 구조와 기능이 일치하지 않는 양상을 지닌다. 이러한 상황에서 기록물과 생산자간의 일대 일 함수관계는 사라지고, 조직 간의 경계 와해 및 기능의 공동 수행 등 현대 조직의 속성 변화와 맞물려 기록물과 생산자간의 다원적 관계가 형성됨으로 인해, 과거와 같은 조직구조와 기록물간의 연계만으로는 기록물이 생산된 맥락의 파악이 어렵게 된다.[36] 특히 전자기록의 보편화 경향은 이러한 문제를 더욱 가중시킨다. 전자기록은 물리적 형태가 존재치 않은 시공을 초월하여 활용되는 속성을 지니며, 아울러 조직간, 부서 간 경계를 가로질러 생산 · 활용 · 공유되는 관계상 기록 생산과 관련된 생산자의 의미를 축소시키게 된다. 또한 전자기록의 생산방식상 기록 자체의 정보와 출처 정보가 분리되어 존재하게 되는데, 이는 곧 기록물의 구조와 내용, 생산맥락이 별도로 존재하는 추상체로서의 성격을 지니게 한다.[37]

결국 이와 같은 정황 하에서는 기록물의 생산맥락 파악이 기록관리

---

35 김명훈, 『출처주의와 현대 기록관리』, 한국국가기록연구원, 서울, 2003, p. 3.
36 김명훈, 『출처주의와 현대 기록관리』, 한국국가기록연구원, 서울, 2003, pp. 87~88.
37 김명훈, 서석제, 김자경, 『전자기록 관리의 이해』, 한국국가기록연구원, 서울, 2004, pp. 19~28.

상의 핵심 관건으로 부상하게 된다. 최근 기록관리전문직의 핵심 사명 중 하나는 총체적인 사회적 환경 속에서 해당 기록물이 생성된 맥락을 파악하는 것이라 할 수 있다.[38] 이러한 점에서 기록물의 맥락 확보를 위한 출처 개념은 기능적 출처(Functional Provenance)로 변모하게 된다. 이는 기능 내지 업무과정에 대한 분석을 통해 기록물이 생산된 연원을 구하는 것으로, 여기서 '출처'는 조직적 위계를 반영하는 단순 생산자의 의미를 넘어 탈조직적 속성을 지닌 생산맥락 상의 기능을 의미하는 것이 된다.[39] 이와 같은 상황 속에 조직의 기능 및 기능이 운용되는 절차에 대한 분석은 기록물의 생산맥락 및 기록물 상호간의 유기성 파악을 위한 핵심 과제로 부상된다. 기능 및 기능이 운용되는 절차에 대한 분석은 기록물이 생성·활용되는 직접적인 단계의 포착을 가능하게 하며, 아울러 기능 산하의 활동 및 처리행위에 대한 구체적 내역 및 상관관계를 파악할 수 있게 해주기 때문이다.

이는 전자기록 환경에서의 평가 문제에서도 마찬가지로 적용된다. 0과 1로 구성된 객체로서 맥락이 별도로 존재하는 관계상, 이러한 맥락의 확보 없이는 기록의 가치는 물론 기록으로서의 본질적 속성조차 확보할 수 없기 때문이다. 전자기록 환경에서 평가 시 기능적 접근을 채택하는 이유는 크게 다음과 같은 논리에 근거한다고 볼 수 있다.

우선 평가 상의 경제학적 논리이다. 평가의 근본 목적이 가치 있는 기록물을 선별하는 것이라면, 가치 있는 기록물 발굴을 위한 세밀한 내

---

[38] Hugh Taylor, "Canadian Archival Literature Revisited", *Archivaria* 18, 1984, p. 11.

[39] David Bearman, "Diplomatics, Weberian Bureaucracy, and the Management of Electronic Records in Europe and America", *Electronic Evidence: Strategies for Managing Records in Contemporary Organizations*, Pittsburgh: Archives & Museum Informatics, 1994, pp. 261~263.

용분석은 평가 방법론상의 근간이라 할 수 있다.[40] 하지만 최근 조직의 거대화·복잡화 및 이에 따른 기록물 생산량의 폭증 속에, 개별 기록물의 가치를 기반으로 한 평가방식은 현실적으로 불가능하게 된다.[41] 단지 3~5% 정도의 영구보존 기록물 선별을 위해 모든 개별 기록물의 가치를 일일이 살펴보는 것 역시 비효율적인 자원의 투입이기 때문이다. 아울러 통제할 수 없을 정도의 양이 가상의 공간에서 생산·유통·활용되는 전자기록의 특성을 감안할 때, 모든 기록물의 내용적 가치를 세밀히 분석하는 방식은 거의 불가능하게 된다. 따라서 기록물의 개별적 내용 가치보다는 기록물 간의 상호유기성에 바탕을 둔 선별의 필요성이 제기되며, 이를 감안할 때 조직의 기능 분석을 기반으로 하는 기능 평가가 전자기록의 평가방식으로 가장 바람직하다는 것이다.[42]

두 번째는 내용 중심적 접근에 대한 비판이다. 이는 다원화되고 복잡화된 사회 환경에서 그리고 이러한 환경 속에서 조직이 운영되는 메커니즘의 복잡화 속에, 개별적인 기록물의 내용만으로는 그 고유의 가치 파악이 무의미하다는 논리에 근거한 것이다. 먼저 Duranti는 기록물의 내용에 따라 임의적인 가치척도를 도입하는 것은 기록물의 본성을 파

---

40 August Wiemann Eriksen, "The Debate on Appraisal-Recurrencies and Traps", *The Principle of Provenance: First Stockholm Conference on Archival Theory and the Principle of Provenance 2-3 sept 1993*, Kerstin Abukhanfusa & Jan Sydbeck ed., Stockholm: Swedish National Archives, 1994, pp. 133~138.

41 Sally McInnes, "Electronic Records: The New Archival Frontier?", *Journal of the Society of Archivists* 19(2), 1998, p. 214.

42 David Bearman & Margaret Hedstrom, "Reinventing Archives for Electronic Records: Alternative Service Delivery Options", *Electronic Records Management Program Strategies,* Archives and Museum Informatics Technical Report 18, Pittsburgh: Archives and Museum Informatics, 1993, p. 86; Anne-Marie Schwirtlich, "The Functional Approach to Appraisal: The Experience of the National Archives of Australia", *Comma* 2002(1-2), 2002, p. 57.

괴하는 행위로 파악한다. 생산 당시의 배경 및 목적·기능·구조 등과는 무관한 자의적인 가치 위주로 특정 대상을 선별하는 것은 기록물의 본원적 의미를 축소시키게 되며, 따라서 평가는 개별 기록물에 인위적 가치를 부여하거나 이를 통해 특정 기록물을 선별해 내는 행위만으로 한정될 수 없다는 것이다. 또한 생산 목적과 분리된 개별적 가치를 기준으로 선별하는 것은 생산 기록물의 전체성을 훼손시키는 행위로 간주된다. 특정 조직의 업무수행 중 자연적으로 축적된 기록물은 상호 유기적 구조를 형성하며 특정 조직의 행위에 대한 근거 및 사실 그 자체로서 의미를 지닌다고 볼 때, 인위적인 가치 위주의 선별은 이러한 유기성을 약화시키는 결과를 초래할 뿐만 아니라 생산기관 내 기록물의 유기적 연관성을 강조한 출처주의 및 원질서원칙에도 배치된다는 것이다.[43]

독일의 Menne-Haritz 역시 내용지향적 평가방식의 한계를 지적한다. 내용지향적 평가는 인간이 만든 인위적인 이론을 필요로 하며, 이러한 이론은 평가(Appraisal)가 아닌 선별(Selecting) 행위만을 양산시키게 된다. 기록물은 '지식'이 아닌 '행위'의 반영물임을 염두에 둘 때 기록물이 지닌 정보적 가치를 기준으로는 총체적 사회상을 형성시키기 어려우며, 또한 기록물은 미래를 위해 생산되는 것이 아니라는 점을 염두에 둘 때 기록물이 지닌 증거성은 평가의 목적이 될 필요가 있다. 이러한 점에서 아키비스트는 기록물의 내용을 책임지는 것이 아닌 내용을 뒷받침하는 맥락을 복원시키는 것이 본원적 임무라 할 수 있으며, 평가는

---

[43] Luciana Duranti, "The Concept of Appraisal and Archival Theory", *American Archivist* 57(Spring), 1994, pp. 343~344, 338~341.

조직의 의사결정 및 활동 내역을 명확하게 포착하는 행위로 재정의할 필요가 있게 된다.[44]

개별 기록물의 내용적 접근에 대한 회의는 내용을 형성시킨 생산연원을 강조하는 논리로 귀결된다. Schellenberg가 체계화시킨 내용 가치를 기준으로 한 평가는 역사학의 풍향계에 따라 움직이는 바람개비에 불과하며, 평가자가 지닌 현재의 가치관에 의존할 수밖에 없게 된다.[45] 이러한 의미에서 개별적으로 존재하는 기록물 각각의 절대적 가치는 있을 수 없으며, 이러한 가치는 당대 사회 가치관의 투영에 지나지 않게 된다. 따라서 기록물의 모든 가치는 상대적인 것이며 이러한 상대적 가치는 당대 사회현상의 구조화를 통해 실현될 수 있다는 논리가 설득력을 지니게 된다. 이와 같이 유동적이며 다원화된 조직 및 기능구조를 특징으로 하는 최근의 환경에서 내용만으로는 기록물이 지는 본원적 의미를 파악할 수 없다는 점에서, 기록 자체가 아닌 기록을 생성시킨 맥락에 평가 상의 강조점이 놓이게 된다.[46] 과거 라이프사이클에 기반을 둔 전통적인 평가는 라이프사이클의 최종 단계에서 개별 기록물의 내용 분석을 통해 수행되는 '기록 중심적' 접근방식을 취해 왔다. 하지만 최근의 환경에서 이러한 기록 중심적 접근으로는 누가 무엇을 위해

---

44 Angelika Menne-Haritz, "Appraisal or Selection: Can a Content Oriented Appraisal be Harmonized with the Principle of Provenance?", *The Principle of Provenance: First Stockholm Conference on Archival Theory and the Principle of Provenance 2-3 sept 1993*, Kerstin Abukhanfusa & Jan Sydbeck ed., Stockholm: Swedish National Archives, 1994, pp. 115~126.

45 F. Gerald Ham, "The Archival Edge", *A Modern Archives Reader: Basic Readings on Archival Theory and Practice*, Maygene F. Daniels & Timothy Walch ed., Washington: NARA, 1984, pp. 329~330.

46 Philip C. Bantin, "Strategies for Managing Electronic Records: A New Archival Paradigm? An Affirmation of Our Archival Traditions?", *Archival Issues*, 1999, pp. 11~12. ⟨http://www.indiana.edu/~libarch/ER/macpaper12.pdf⟩

기록을 생성하였는지에 대한 파악이 어려우며, 따라서 맥락의 파악 없이는 내용의 이해 역시 원천적으로 불가능한 관계로 인해, 조직의 기능 및 활동, 처리행위를 분석하는 것이 평가의 전제가 되어야 한다.[47]

세 번째는 전자기록이 지닌 고유의 특성과 관련된다. 전자기록의 방대한 생산량은 비현용단계에서의 중요기록물 선별을 현실적으로 불가능하게 하며, 아울러 전자기록은 내용-구조-맥락이 서로 분리되어 존재하는 관계상 이에 대한 사전적 정보의 파악 없이는 생산이후 단계에서의 평가를 사실상 어렵게 한다.[48] 특히 전자기록은 그 특성상 증거성 및 진본성, 신뢰성의 파악이 용이치 않으며, 전산프로그램을 통해 생산되는 관계로 인해 생산맥락 및 구조, 상호연계성의 파악 또한 난해하다. 따라서 전자기록의 증거적 가치를 보호하고 그 신뢰성 및 법적 효력을 유지하기 위해서는 기능의 중요도를 척도로 평가되어야 하며, 아울러 생산단계 내지 그 이전부터 중요도의 파악이 수행되어야 한다.[49]

이처럼 수많은 전산시스템들을 통해 생성되는 전자기록의 방대한 양 및 최근의 다원화된 사회 속에서 기록이 지닌 맥락의 복잡화는, 종전과 같은 개개 기록물의 내용 검토를 통한 평가를 어렵게 하고 있다. 또한 전자기록이 지닌 고유의 특성으로 인해 전자기록 환경에서의 평가는 라이프사이클의 가치 논리와 결부된 사후적인 내용적 접근에서 사전적

---

47 Sue McKemmish, "Understanding Electronic Recordkeeping Systems: Understanding Ourselves", *Records Continuum Research Group Publications*, 1994.
⟨http://www.sims.monash.edu.au/research/rcrg/publications/smckeram.html⟩

48 ICA, Committee on Electronic Records, *Guide for Managing Electronic Records from an Archival Perspective*(ICA Studies 8), ICA, 1996, pp. 25~26.

49 Sally McInnes, "Electronic Records: The New Archival Frontier?", *Journal of the Society of Archivists* 19(2), 1998, pp. 213~214.

인 기능적 접근으로 변모케 되며, 바로 여기서 기능평가는 전자기록 환경에서의 주된 평가방식으로 부상되고 있다. 하지만 전자기록 환경에서 기능평가가 지닌 보다 깊은 함의를 도출하기 위해서는 컨티뉴엄 이론에 내재되어 있는 기능평가의 논리를 도출할 필요가 있다.

3. 컨티뉴엄 이론과 기능평가

종래 Schellenberg가 체계화했던 개별적인 기록물에 대한 사후적 방식의 평가와 달리, 기능평가는 업무분석에 바탕을 둔 평가방식이다. 기능평가의 논리는 기록이란 기능이 작용한 결과이므로 기능의 평가를 통해 기록의 평가에 대한 적절한 척도를 제시할 수 있다는 점에 근거한다.[50] 이러한 기능평가는 기록물의 양 문제나 가치선별 방식 등 다양한 관점에서 논리적 근거를 찾을 수 있지만, 무엇보다 컨티뉴엄 이론에 근원적 논리를 두고 있다.

관리되어야 할 사후적인 결과물이 아닌, 총체적 사회의 필요에 부응하는 사전적인 획득 대상으로 기록을 인식하는 컨티뉴엄 이론에서는 평가 역시 새롭게 해석된다. 우선 컨티뉴엄 이론을 구축한 Upward의 관점에서 볼 때 전자기록 환경에서 평가는 기록의 개념에서부터 종래의 라이프사이클과 상이한 입장을 견지한다. Upward는 기록의 개념을 업무처리적(transactional), 증거적 목적을 위한 기록의 활용 측면이 강조되어야 한다고 제시하면서, 기록이 단기간 유지되든 또는 항구적으로

---

50 김익한, 「불균형 잔존 행정기록의 평가방법 시론-조선총독부 공문서의 평가절차론 수립을 위하여」, 『기록학연구』13, 한국기록학회, 2006, p. 188.

유지되든 관계없이 아카이브관리와 기록관리의 통합적 접근 필요성을 주장하였다.[51] 이는 종이기록 환경에 토대를 둔 라이프사이클 논리가 전자기록 환경에서는 원론적으로 적용될 수 없다는 점에 기인한 것이다. 시간의 흐름에 따른 가치의 변화 및 이와 연동된 기록관리 단계의 변화 속에 탄생으로부터 죽음에 이르는 아날로그식 기록관리 방식이 정착되어 왔고, 따라서 기록관리는 기록이 생성된 이후의 현용 가치보다는 비현용 가치에 주목하여 단절적 패턴으로 수행되어 왔다.[52]

하지만 컨티뉴엄 논리에서는 이러한 기록의 양분된 가치를 상정치 않는다. 컨티뉴엄 논리에서 이러한 두 개의 가치는 서로 분리될 수 없는 동전의 양면이다. 기실 시간의 흐름에 따라 기록의 가치가 변한다는 것은 인간 및 사회가 시간의 흐름과 함께 변하는 것과 같은 자연의 진리일 수 있지만, 이러한 논리에 바탕을 둔 가치의 구분은 항시 타당한 것만은 아니다. 기록의 가치 변화는 반드시 시간의 흐름에 얽매인 것만은 아니기 때문이다.[53] 이러한 점에서 컨티뉴엄에서는 기록의 내용 및 정보적 가치에 초점을 둔 전통적인 기록의 정의를 거부하고, 기록에 대

---

[51] Frank Upward, "Structuring the Records Continuum-Part 1: Postcustodial Principles and Properties", *Records Continuum Research Group Publications*, 1996.
⟨http://www.sims.monash.edu.au/research/rcrg/publications/recordscontinuum/fupp1.html⟩

[52] Sue McKemmish, "Understanding Electronic Recordkeeping Systems: Understanding Ourselves", *Records Continuum Research Group Publications*, 1994.
⟨http://www.sims.monash.edu.au/research/rcrg/publications/smckeram.html⟩

[53] Livelton은 생산자가 행정적 활용을 위해 선별하는 기록과 아키비스트가 연구적, 문화적 목적을 위해 선별하는 기록 사이에는 어떠한 절대적인 시간적 차이가 없다는 점을 근거로, 라이프사이클에 기반을 둔 Schellenberg의 가치 구분을 비판한다. 즉 언제까지 기록물이 일차적 가치를 지니고 또 언제부터 이차적 가치를 지는지에 대한 아무런 시한을 설정할 수 없다는 것이다. 바로 이러한 점에서 일차적 가치를 다한 기록물에 한해 이차적 가치를 평가한다는 Schellenberg의 가치 평가론은 이러한 시한을 단절적으로 확정해버렸다는 점에서 한계를 지니게 된다. 이에 대해서는 Trever Livelton, *Archival Theory, Records, and the Public*, Lanham, Md.: Scarecrow Press, 1996, pp. 63~83을 참조.

한 다차원적(pluralistic) 견해를 채택하며 기록을 목적 및 기능성 관점에서 파악한다.[54]

여기서 기록 생산자인 조직을 둘러싼 내외부 환경과 더불어 현재의 업무 및 조직에서 기록이 지니는 의미로부터 출발한다는 컨티뉴엄의 사고가 도출된다. 앞서 제시한 〈도표 2-Ⅲ〉에서 볼 수 있듯이 기록은 처리행위-활동-기능-목적으로 이어지는 일련의 업무행위와 연계되어 의미를 지니게 되고, 행위를 표현하는 흔적이자 업무 및 사회적 행위에 대한 증거로서, 그리고 집단적·사회적·문화적 기억이자 총체적 사회의 집단기억으로 전화되는 동시적 가치를 지니게 된다. 이러한 점에서 현용기록과 아카이브란 양분 없이 처리행위적·증거적·기억 목적을 지닌 하나의 기록으로 파악되며, 현용단계와 아카이브단계의 구분이 없는 '일관성 있고 통일성 있는 유기적 관리 프로세스'를 형성하게 된다.[55]

바로 이와 같은 논리에서 컨티뉴엄에서는 기록관리를 업무 프로세스 및 사회 프로세스와 통합시킨다. 시간의 흐름을 근거로 현용기록관리 영역과 아카이브관리 영역이 엄격히 단절되어 온 종이기록 환경과 달리, 전자기록 환경에서 양 영역은 공통된 목표를 지닌다. Bearman은 현행 조직의 의사결정에 필요한 핵심적인 정보 및 조직의 행위 내역을 반영한 증거로서의 전자기록을 통한 설명책임성 확보를 공동된 목표로 상정하였으며,[56] Cook은 종래의 역사적·행정적·법적 가치 등과 같은 구분은 민주적 설명책임성을 위한 기제로서의 기록물 가치로 통합

---

[54] Sue McKemmish, "Placing Records Continuum Theory and Practice", *Archival Science* 1(4), 2001, p. 335.

[55] Sarah J. A. Flynn, "The Records Continuum Model in Context and Its Implications for Archival Practice", *Journal of the Society of Archivists* 22(1), 2001, pp. 80~81.

된다고 언급하면서, 기록관리전문직은 현 사회에서 민주적 설명책임성을 위한 기록관리의 역할을 촉진시켜야 한다고 제시한다.[57] 이처럼 기록물의 현용적 목적과 이차적 이용 목적의 구분을 지양하는 전자기록 환경에서, 컨티뉴엄은 차원을 달리하며 기록이 생산되는 복합적 현실 속에서의 다원적 목적에 주안점을 두게 되며, 사회의 복잡화 및 다원화 속에 기록물의 의미 및 활용가치를 확장시키는 역할을 담당하게 된다.[58] 이러한 면에서 컨티뉴엄은 사회적·조직적 활동의 맥락 속에 생산된 문서를 고정(fix)시켜 해당 행위에 대한 증거로서 획득함과 동시에, 이를 통해 1초이건 몇 천 년이건 개인·조직·사회에 대한 가치를 지니는 동안 접근 가능토록 하는 유기적인 프로세스를 구성케 한다.[59]

이와 같은 컨티뉴엄 논리에서 평가는 업무행위를 정확하게 포착하는 증거의 확보가 최우선적으로 중시된다. 즉 '흔적-증거-기억-집단기억'으로 확대되는 기록물 가치의 전화 과정에서, 행위를 표현한 흔적이 행위에 대한 신뢰할 수 있는 증거로 획득되는 것이 평가의 출발점을 형성하게 된다는 말이다. 이는 생산 당시 있는 그대로의 업무 내역을 반영한 증거가 우선적으로 확보되어야만 기록의 가치에 대한 평가가 전제

---

56 David Bearman, "Archival Management to Achieve Organisational Accountability for Electronic Records", *Electronic Evidence: Strategies for Managing Records in Contemporary Organisations*, Pittsburgh: Archives & Museum Informatics, 1994, p. 23~24.

57 Terence M. Eastwood, "Reflections on the Development Archives in Canada and Australia", *Archival Documents: Providing Accountability Through Recordkeeping*, Sue McKemmish & Frank Upward ed., Melbourne: Ancora Press, 1993, p. 36.

58 Sarah J. A. Flynn, "The Records Continuum Model in Context and Its Implications for Archival Practice", *Journal of the Society of Archivists* 22(1), 2001, pp. 80~90.

59 Sue McKemmish, "Placing Records Continuum Theory and Practice", *Archival Science* 1(4), 2001, pp. 335~336.

될 수 있으며, 기억 및 집단기억의 형성 역시 현재 업무가 수행되고 인간이 활동하는 현재에 대한 정확한 포착으로부터 담보해야 하기 때문이다.

이러한 측면에서 컨티뉴엄을 기반으로 한 평가에서는 업무 행위의 정확한 포착을 위해 기록관리를 업무와 연동시키는 발상이 도출된다.[60] 업무행위를 투영한 증거로서의 기록은 실제 업무 프로세스 과정 속에서 생성되는 관계상 업무와 기록, 업무와 기록관리를 통합시키게 되며, 아울러 업무 행위 결과로서의 기록 그 자체를 관리하는 것이 목적이 아닌, 업무 행위와 연계한 활용을 위해 기록이 생산·관리되는 관계상 레코드키핑을 업무 프로세스 및 목적과 통합시키게 된다.[61]

기록관리를 업무와 통합시키는 발상은 평가를 어떠한 기록이 획득되어야 하는지, 또한 조직의 영위 및 업무 수행을 위해 얼마나 오래 유지해야 하는지를 결정하는 반복적(iterative) 프로세스로 인식케 한다.[62] 즉 종전의 라이프사이클에서처럼 이미 생성된 기록을 대상으로 가치를 선별하는 것이 아닌, 해당 기능을 위해 어떠한 기록이 생성되어야 하며 또한 얼마만큼의 필요한 기간 동안 보유되어야 하는지를 우선적으로 결정하게 된다.[63] 이러한 의미에서 볼 때 컨티뉴엄 사고에서의 평가는

---

60 Frank Upward, "Structuring the Records Continuum-Part 1: Postcustodial Principles and Properties", *Records Continuum Research Group Publications*, 1996.
〈http://www.sims.monash.edu.au/research/rcrg/publications/recordscontinuum/fupp1.html〉

61 김명훈, 「전자기록 환경에서의 '업무친화적' 기록관리 방향성 분석」, 『정보관리연구』38(4), 한국과학기술정보연구원, 2007, p. 163.

62 Sue McKemmish, "The Smoking Gun: Recordkeeping and Accountability", *Records Continuum Research Group Publications*, 1998.
〈http://www.sims.monash.edu.au/research/rcrg/publications/recordscontinuum/smoking.html〉

63 Linda J. Henry, "Schellenberg in Cyberspace", *American Archivist* 61(Fall), 1998, pp. 318~319.

어떠한 기록물이 획득될 필요가 있으며, 업무적 필요 및 조직의 설명책임성 그리고 공동체의 기대를 충족시키기 위해 얼마나 오래 보존할지를 결정하는, 업무활동에 대한 가치를 분석하는 절차라 할 수 있다.[64]

이상과 같이 컨티뉴엄 이론에서는 업무행위를 정확하게 반영하는 증거의 확보가 평가의 최우선적 선결 조건으로 상정된다. 이를 위해 개인 내지 단체의 활동 과정 중에 생성된 문서를 조직적 활동 단위인 기능-활동-처리행위와 연계시킴과 아울러, 조직의 필요를 충족시키는 기록물이 증거-기억-집단기억으로 전화되며 레코드키핑시스템으로 획득 가능하도록 한다. 이를 기반으로 과거와 같은 생산 기록물에 대한 사후적 접근이 아닌, 생산 이전의 업무분석에 기반 한 기능평가를 통해 기관이 영위되는 행정적·법적·사회적 환경에 대한 완벽한 이해 속에 평가가 수행될 수 있도록 하며,[65] 이러한 업무분석과 맞물려 조직에서 필요로 하는 기록물 대상 범주를 파악해 획득함과 더불어 총체적인 기록관리 체계 내로 평가를 편입시켜 유기적인 프로세스로 자리하게 한다.[66]

전자기록 환경에서 기능평가를 수행하게 되는 논리를 이와 같이 도출하였다면, 그 구체적인 수행 방식의 파악을 위해 기능평가가 행해지는 상세 프로세스를 살펴 볼 필요가 있다. 이에 다음 절에서는 ISO 15489를 기반으로 기능평가의 구체적인 방식을 분석할 예정이다. ISO

---

[64] NAA, *Appraisal*, NAA, 2003.
〈http://www.naa.gov.au/recordkeeping/disposal/appraisal/intro.html〉
[65] NAA, *Why Records are Kept: Directions in Appraisal*(Revisions), NAA, 2003.
〈http://www.naa.gov.au/Images/Why%20records%20are%20kept%5B1%5D_tcm2-4856.pdf〉
[66] Anne-Marie Schwirtlich, "The Functional Approach to Appraisal: The Experience of the National Archives of Australia", *Comma* 2002(1-2), 2002, p. 58.

15489에서 제시하는 기록관리시스템 설계 및 수행 방법론이라 할 수 있는 DIRS의 Step A~C는 기능평가 방식의 전형적인 모형을 제공해주기 때문이다. 물론 ISO 15489에는 그 세부적 방식이 제시되어 있지 않지만, 이러한 기능평가 모형은 기록이 생산·활용된 본원적 맥락과 평가를 연계시키는 고도의 전략이 내재되어 있다. 아울러 기록물에 대한 논리적 통제단위인 기능분류 체계와 평가를 연동시킴으로써 기록관리시스템 상의 모든 업무절차들이 평가와 유기적인 관계를 형성하며 수행될 수 있는 기반을 마련해주게 된다.

단 앞서 언급한 바대로 ISO 15489는 범용적 국제표준으로 개발된 관계로 인해 기능평가의 구체적인 수행방식 및 상세 프로세스까지는 도출하기 어렵다는 점에서, ISO 15489를 이용자를 위한 맥락에서 정리한 BS ISO 15489 해설집[67]을 함께 활용하였다. 이와 더불어 AS ISO 15489를 기반으로 한 기록관리시스템 설계 및 수행 방법론인 DIRKS 매뉴얼과 함께, 기능평가의 결과는 처분지침(Disposal Authority) 수립으로 귀결된다는 점에서 호주 NAA의 처분지침 개발과정 역시 병행하여 분석하였다. 기능평가는 전자기록 환경 하의 평가방식으로 현재 개발 중인 방법론이라 할 수 있다. 이러한 점에서 볼 때 지난 2000년부터 기능평가 방식을 개발해 온 호주 NAA의 방법론은 ISO 15489의 모태인 AS 4390의 논리를 기반으로 한다는 점에서, 현재까지 개발된 기능평가의 가장

---

67 British Standard Institute, *Effective Records Management - Part 1: A Management Guide to the Value of BS ISO 15489-1*(BIP 0025-1), British Standard Institute, 2003(국가기록원, 『기록관리 국제표준 자료집』, 국가기록원, 2006); British Standard Institute, *Effective Records Management - Part 2: Practical Implementation of BS ISO 15489-1*(BIP 0025-2), British Standard Institute, 2003(국가기록원, 『기록관리 국제표준 자료집』, 국가기록원, 2006). 이하 BIP 0025-1 및 BIP 0025-2로 약칭.

전형적인 방식을 벤치마킹할 수 있는 사례를 제공해준다고 할 수 있다.

4. 기능평가 프로세스 분석

전자기록 환경 하의 전형적인 평가방식으로 부상되고 있는 기능평가는 그 기반 논리 및 방식 상에서 예전과 엄격한 차이를 지닌다. 업무행위를 반영하는 증거의 확보가 평가의 최우선적 선결 조건으로 상정되며, 아울러 업무의 결과물을 사후적으로 선별하는 방식이 아닌 업무의 필요 대상을 획득하는 것에서부터 평가가 출발하게 된다. 이를 위해 기능평가 방식에서는 예비조사 단계에서 조직이 영위되는 제반 환경 및 맥락을 사전적으로 파악해 행정적 · 법적 · 사회적 환경에 대한 완벽한 이해 속에 평가가 수행될 수 있는 기반을 마련하며, 업무활동 분석 단계에서 구체적인 업무분석에 기반을 두고 업무와 기록을 연계시킨 가운데 평가를 제반 기록관리 프로세스와 통합시키게 된다. 그리고 레코드키핑요건 확인 단계를 통해 조직의 영위 및 업무 수행에 필요한 레코드키핑요건을 확인하게 되며, 종국적으로 이러한 결과를 처분지침 개발로 마무리하게 된다.

① 예비조사 단계

기능평가 수행 상의 첫 번째 절차는 예비조사(Preliminary Investigation) 단계이다. 예비조사에서는 조직의 기능 및 구조, 역할과 더불어 조직이 영위되는 사회 · 정치적 환경 및 규제 환경을 파악하며, 이를 통해 조직이 영위되는 행정적 · 법적 · 사회적 맥락에 대한 이해를 확보하게 된다. 이와 더불어 예비조사는 기록관리시스템으로 획득할 기록 및 보유

기간을 결정하는, 업무분류체계 개발을 위한 중요한 기초단계가 된다.[68]

예비조사는 기능기반 처분지침 수립 상의 필수적 선행단계라 할 수 있다. 조직이 영위되는 행정적 · 법적 · 업무적 · 사회적 맥락에 대한 이해를 제공함으로써, 기록을 생산하고 유지하는데 필요한 주요 요인을 파악할 수 있게 해주기 때문이다.[69] 이 과정 속에서 기록물을 생산 · 획득 · 유지할 조직 및 업무상의 필요를 확인케 하며, 또한 조직 내 기록관리 상의 강점 및 취약점에 대한 포괄적 이해 역시 제공해준다.[70]

<도표 4-Ⅷ> 예비조사 단계 절차

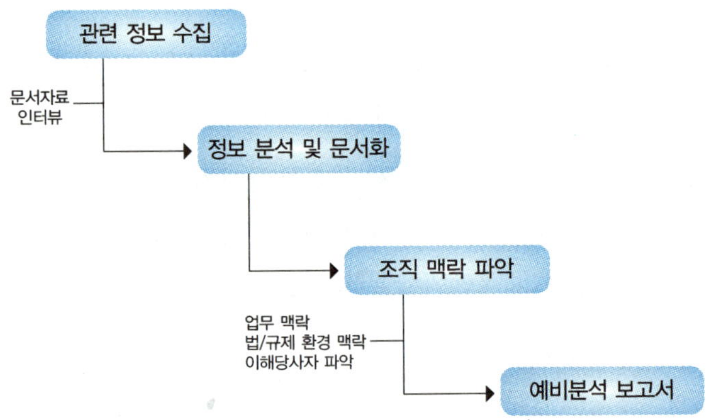

<출처> DIRKS Step A 및 BIP 0025-2 Step A를 기반으로 재구성.

---

[68] Kathryn Dan, "Acquisition, Appraisal and International Standard ISO 15489", *Comma* 2002(1-2), 2002, p. 74.

[69] ISO 15489-2, 3.2.2.

[70] DIRKS Step A, A1.

<도표 4-Ⅷ>은 예비조사 절차를 도식화한 것이다. 예비조사의 첫 번째 절차는 관련 정보 수집단계로, 웹사이트·연차보고서·조직업무 분담표·사업계획서 등 관련 문서를 참조하여 수행된다.[71] 이러한 문서자료 대부분은 조직 내부에서 입수가 가능하지만, 조직이 영위되는 법규적·사회적 맥락 파악을 위해서는 감사보고서 및 각종 표준 등과 같은 외부 자료 역시 수집해야 한다. 아울러 이전의 업무 프로세스분석 및 위험분석과 같은 정보자료가 존재할 경우 이 역시 활용토록 해야 한다. 이러한 문서자료 수집과 함께 인터뷰 역시 필수적으로 수행되어야 하는데, 이는 문서자료로부터 얻은 정보를 확인하기 위해서 뿐만 아니라 문서자료로부터 얻을 수 없는 정보의 획득을 위함이라 할 수 있다.[72]

이러한 과정을 통해 수집된 관련 정보들에 대한 분석 과정을 거쳐 조직맥락 파악 절차를 수행하게 된다. 예비분석 단계에서 조직을 둘러싼 다양한 맥락을 파악하는 이유는 최근 조직이 영위되는 환경의 다원화 및 복잡화와 관련이 있다. 유동적이며 다변적인 조직 및 기능구조를 특징으로 하는 최근의 기록생산 환경, 특히 전산시스템을 통해 수행되는 전자기록 환경 하의 업무체계는 다원적, 다변적 성격을 지니며, 아울러 여기서 생산되는 기록에는 복합적인 조직적, 기능적 맥락이 내재하게 된다. 이러한 상황에서 조직의 기능 및 기능이 운용되는 절차에 대한 분석은 기록의 생산배경 및 상호간의 유기성 창출을 위한 핵심 과제로

---

[71] 이 단계에서 활용할 수 있는 상세한 문서자료 유형 및 파악 가능 정보, 그리고 활용처에 대해서는 김익한, 「DIRKS-Manual의 실용적 적용」, 『기록학연구』8, 한국기록학회, 2003, p. 228을 참조.

[72] 구체적인 인터뷰 방식에 대해서는 DIRKS Appendix 2~3을 참조. 아울러 인터뷰 대상자 및 질문 항목에 관한 구체적인 내역에 대해서는 김익한, 「DIRKS-Manual의 실용적 적용」, 『기록학연구』8, 한국기록학회, 2003, pp. 234~236을 참조.

자리하게 된다.[73]

　또한 조직의 영위 및 업무 수행은 조직을 둘러싼 다양한 법적, 규정적 맥락 속에 이루어지게 되는 점 역시 그 이유 중 하나이다. 최근의 다원화된 사회에서는 무수히 많은 법적, 규정적 기제들이 지속적으로 생성되어 조직의 영위 및 업무 수행 상의 근거를 제공하며, 아울러 이러한 법적, 규정적 기제 테두리 내에서의 업무활동 과정 중 기록을 생성시키게 되기 때문이다.[74] 이해당사자 역시 예비분석 과정에서 파악해야 하는 조직맥락 요소라 할 수 있다. 조직의 운영 및 활동에 영향을 미치거나 영향을 받게 되는 개인 및 조직인 이해당사자는 각 부서 내지 직원 등 내부는 물론, 고객 · 이익단체 · 시민 · 업무 파트너 · 입법자 등 조직 외부에도 다양하게 존재하게 된다.[75] 이러한 이해당사자는 조직이 영위되고 업무가 수행되는 맥락상의 핵심 부분이자, 특히 설명책임 · 컴플라이언스 · 업무적 필요 · 사회적 가치 등 기록의 평가 및 처분 상에서 중요한 요소로 자리하게 된다.[76]

　바로 이와 같은 이유들로 인해 조직이 영위되고 업무가 수행되는 기록과 관련된 복합적인 맥락 파악이 필요하며, 아울러 이러한 다원화된 환경에 적응하며 조직을 영위하고 업무를 수행하는데 필수적인 기록의

---

[73] Angelika Menne-Haritz, "Appraisal and Disposal of Electronic Records and the Principle of Provenance: Appraisal for Access-Not for Oblivion", *Principles of Appraisal and Their Application in Electronic Environment: European Models and Concepts*, Arkistolaitos, 2000, pp. 74~81. 〈http://www.narcfi/dlm〉

[74] Luciana Duranti, "Diplomatics: New Uses for an Old Science(II)", Archivaria 29, 1989~1990, p. 5.

[75] 전자기록 환경에서 조직의 기록관리를 둘러싼 다양한 이해당사자 유형 및 역할에 대해서는 ICA, IRMT, 『전자기록물 관리』, 김명훈 역, 진리탐구, 서울, 2005, pp. 69~77을 참조.

[76] DIRKS Step A, A4.1.1.

업무적 필요·설명책임·컴플라이언스·공동체의 기대 요건 파악이 핵심 과제가 된다. 그러므로 예비조사 단계를 통해 조직 자체 및 조직을 둘러싼 제반 환경적 요소에 대한 사전적인 파악이 수행되어야 하며, 이를 위해 다양한 정보 수집 및 분석 작업이 이루어지게 되는 것이라 할 수 있다.

② 업무활동 분석 단계

앞선 예비조사 단계를 통해 기록 생성을 둘러싼 제반 환경적 요소들을 파악하였다면, 업무활동 분석(Analysis of Business Activity) 단계는 평가 관점에서 볼 때 업무행위의 상세 분석을 통한 필요 기록군의 범주를 파악하는 과정이라 할 수 있다. 업무활동 분석은 업무행위 및 프로세스 조사를 통해 조직이 수행하는 업무와 그 수행방식에 관한 개념적 모델을 개발하는 절차로, 전자기록 환경에서 기록관리 수행 상의 가장 기본적인 절차라 할 수 있다.[77] 또한 업무활동 분석은 조직의 업무와 기록 간의 관계에 대한 이해와 더불어, 분류·처분지침·시소러스 개발 등 기록관리 상의 제반 통제를 위한 근간을 제공해 주게 된다.[78]

전자기록 환경 하의 평가에서 업무활동 분석이 사전적으로 수행되어야 하는 이유는 업무행위를 정확하게 반영하는 증거의 확보가 평가의 최우선적 선결 조건으로 상정되기 때문이다. 앞서 언급한 바대로 전자기록의 특성으로 인해 업무행위의 내역 전부가 기록으로 남겨지지 않는다는 점에서, 업무행위를 반영한 증거로서 기록을 획득하는 것이 우

---

[77] DIRKS Step B, B1.
[78] DIRKS Step B, B2.

선적 과제로 부상된다. 여기서 기록을 예전처럼 생산 이후의 결과로서가 아닌 생산 이전부터 구조적으로 포착되어야 하는 대상으로 인식하게 되며, 이를 위해서는 업무에 대한 세부적인 이해 속에 업무와 기록을 연계시켜야 할 필요성이 생겨나게 된다. 바로 이러한 연유에서 업무활동 분석이 기록의 생산이전 단계에서 행해지게 된다. 업무활동 분석은 〈도표 4-IX〉과 같은 프로세스를 통해 이루어진다.

<도표 4-IX> 업무활동 분석 단계 절차

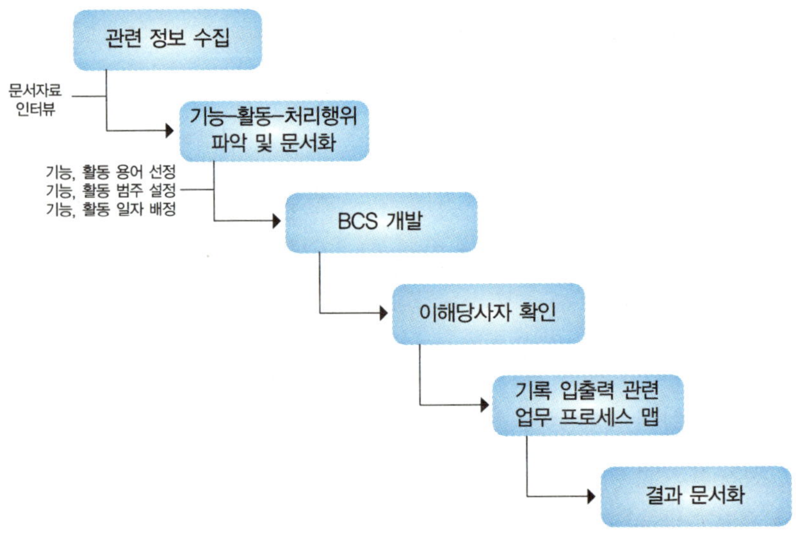

<출처> DIRKS Step B 및 BIP 0025-2 Step B를 기반으로 재구성.

우선 관련정보 수집에서는 예비조사 과정에서 얻어진 정보를 취합하게 된다. 법률·규정·지침 등과 같은 조직의 영위를 위해 필요한 외부자료, 사명문·연차보고서·업무매뉴얼 등과 같은 내부자료 및 직원 내지 고위 관리층과의 인터뷰 자료 등이 취합되어 분석되는데, 조직의

구체적인 업무내역 도출을 위해서는 조직 및 업무에 전문적 지식을 지
닌 직원 투입 역시 필요하게 된다.[79]

관련정보 수집 절차를 통해 정보가 분석·정리되면, 이를 기반으로
조직의 업무를 파악하게 된다. 이 절차는 조직이 수행하는 업무 및 그
과정을 구체적으로 도출하는 단계로, 이를 위해서는 조직의 목표 및 이
를 달성하기 위한 전략, 목표와 전략을 지원하기 위해 조직이 수행하는
기능, 조직의 기능을 완수하기 위해 필요한 활동 및 이러한 활동을 구
성하는 반복적인 처리행위와 프로세스의 파악이 필요하게 된다.[80] 기
능-활동-처리행위로 이어지는 일련의 업무내역 파악은 두 가지 방식으
로 수행된다. 먼저 계층분석(Hierarchical Analysis)은 하향식 방식으로 수
행되는 것으로, 주로 예비조사 단계에서 수집된 문서자료를 중심으로
분석이 이루어진다. 그리고 프로세스 분석(Process Analysis)은 상향식 방
식으로 수행되는 것으로, 인터뷰 자료를 활용하여 조직이 업무를 수행
하는 방식에 대해 보다 상세한 분석이 이루어지게 된다.[81]

업무활동 분석은 업무분류체계(Business Classification Scheme, 이하 BCS
로 약칭) 개발로 귀결된다. BCS는 기능-활동-처리행위 간의 관계를 나타
내는 계층적 모델로, 여기에는 동일 엔티티 간의 관계는 물론 엔티티
계층 간의 관계 역시 표현된다. 이러한 업무분류표는 기능에 기반을 둔
레코드키핑시스템의 핵심 장치이자 특정 기관의 기능 및 활동 전체상

---

79 DIRKS Step B, B4.1.

80 DIRKS Step B, B4.

81 DIRKS Step B, B4. 이러한 업무분석의 구체적 수행방식에 대해서는 김익한, 「DIRKS-Manual의 실용적
적용」, 『기록학연구』8, 한국기록학회, 2003, pp. 239~247 및 호주 AS 5090을 소개한 이소연, 오명진,
「기록관리를 위한 업무분석 방법론 연구: 호주표준 AS 5090을 중심으로」, 『기록학연구』12, 한국기록
학회, 2005를 참조.

을 파악케 하는 수단이며, 아울러 계층성 및 상호연계성을 부여하는 지적 통제수단으로서의 역할을 담당하게 된다.[82]

업무분석 및 BCS의 개발은 곧 조직의 업무구조와 여기서 생성된 기록구조를 일치시키는 과정이라 할 수 있다. 즉 이러한 과정은 조직이 무엇을 어떻게 하는가에 관한 개념적 모형을 개발하는 것으로, 기록이 조직의 업무 및 업무과정에 관계되는 방식을 제공해주게 된다.[83] 이러한 절차를 통해 업무의 행위내역을 반영한 증거로서의 기록 확보와 함께, 조직의 영위 및 업무 운영상에 필수적인 기록 포착을 가능하게 해준다.[84] 아울러 업무활동 분석을 통해 도출된 BCS는 '완벽하고 정확한' 기록의 생성 및 획득 상의 필수요소로, 레코드키핑요건과 결합되어 기록관리 전체 통제 상의 기초를 제공해주게 된다.[85]

BCS의 개발 이후에는 예비조사 단계에서 확인된 조직을 둘러싼 이해당사자들을 조직의 기능-활동-처리행위와 구체적으로 연계시킨다. 이를 토대로 레코드키핑요건 확인 단계에서는 실제 기록에 관계되는 이해당사자를 파악함으로써 보다 구체적인 기록의 가치를 도출하게 된다. 업무활동 분석의 마지막 절차는 기록 입출력 관련 업무 프로세스 맵을 작성하는 것이다. 앞의 업무분석 과정에서 행해진 프로세스 분석을 기반으로, 업무가 구체적으로 수행되는 세부 프로세스별로 투입 기록물 및 산출 기록물을 파악할 필요가 있다.[86] 이는 실제 구체적인 업무

---

82 DIRKS Step B, B4.3.

83 ISO 15489-2, 3.2.3.

84 김명훈, 「전자기록 환경에서의 '업무친화적' 기록관리 방향성 분석」, 『정보관리연구』38(4), 한국과학기술정보연구원, 2007, pp. 164~165.

85 DIRKS Step B, B2.

프로세스는 업무에 필요한 기록물의 투입을 통해 이루어지며 아울러 업무의 결과 역시 기록물로 생성되는데 따른 귀결로, 이를 통해 각 프로세스 별로 필수적으로 획득해야 할 기록물을 구체적으로 파악할 수 있게 해준다.[87] 종국적으로 이러한 과정 속에서 레코드키핑요건 중 상당수가 도출된다.[88] 이는 업무의 구체적인 실체를 파악·분석하는 과정 속에서, 조직의 영위 및 업무상에 필수적으로 요구되는 기록의 유형 파악이 가능한데서 비롯된 결과라 할 수 있다.

이상과 같이 업무활동 분석은 기능평가 방식 상의 핵심적 절차이다. 기록이 생성되는 기능을 사전적으로 분석함으로써, 기록을 업무와 연계시켜 의미 있는 맥락정보를 창출시킴과 더불어 이를 통해 기록물에 대한 이해를 증진시켜 주게 된다.[89] 하지만 무엇보다 중요한 점은 기록의 현용적 가치를 보다 구체적으로 파악할 수 있게 한다는데 있다. 즉 기능기반 접근에서 취해지는 연구 및 분석은 조직에 대한 보다 완벽한 이해를 촉진시키며, 이를 기반으로 어떠한 기록이 생성되며 어떠한 기록이 조직 영위 및 업무 수행을 위해 생성·획득되어야 하는지를 파악할 수 있게 해준다.[90]

---

[86] 이소연, 오명진, 「기록관리를 위한 업무분석 방법론 연구: 호주표준 AS 5090을 중심으로」, 『기록학연구』12, 2005, pp. 20~23.

[87] 업무 프로세스별 투입 기록물 및 산출 기록물 파악 사례에 대해서는 IRMT & ICA, 『재무기록물 관리』, 김명훈 역, 진리탐구, 서울, 2003, pp. 55~70을 참조.

[88] DIRKS Step C, C3.

[89] Stuart Orr, "Functions-based Classification of Records: Is It Functional?", *Archives and Manuscripts* 34(1), 2006, p. 60.

[90] LAC, "BASCS Guidance", LAC, 2003.
〈http://www.collectionscanada.ca/information-management/002/007002-2089-e.html〉

③ 레코드키핑요건 확인 단계

레코드키핑요건 확인(Identification of Recordkeeping Requirement) 절차는 업무활동에 관한 증거를 기록으로 생성·유지·처리하기 위한 요건을 파악하는 절차이다. 업무상·법규상 그리고 공동체에 대한 책무의 광범위한 분석을 통해, 생산 및 획득·유지상 기록물이 지녀야 할 필수 요건을 확인[91]함과 더불어, 기록의 부재 시 발생하게 되는 조직의 위기 수준을 평가하게 된다.[92] 이러한 과정을 통해 업무적 필요·법적 규정적 요건·광범위한 공동체의 기대 등에 대한 기록물이 지닌 가치가 파악되며, 따라서 처분 행위상의 토대를 제공하는 핵심 절차라 할 수 있다.[93]

〈도표 4-X〉 레코드키핑요건 확인 단계 절차

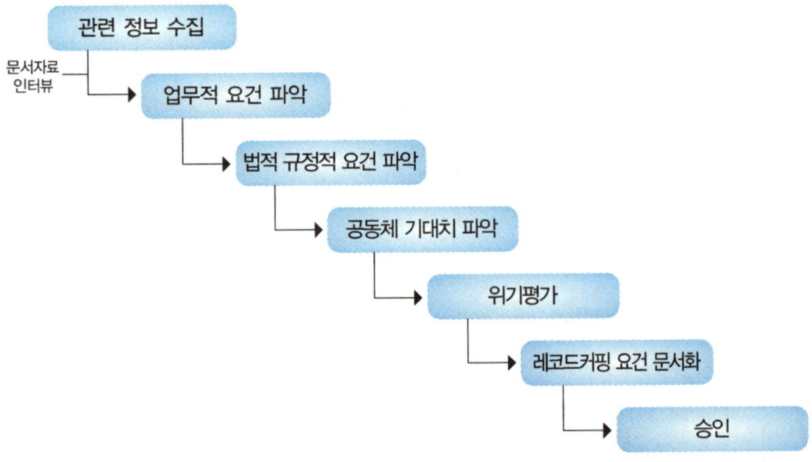

〈출처〉 DIRKS Step C 및 BIP 0025-2 Step C를 기반으로 재구성.

---

[91] Kathryn Dan, "Acquisition, Appraisal and International Standard ISO 15489", *Comma* 2002(1-2), 2002, p. 74.
[92] DIRKS Step C, C1.
[93] DIRKS Step C, C2; ISO 15489-2, 3.2.4.

〈도표 4-X〉에 제시된 바대로 레코드키핑요건 확인의 첫 번째 절차는 관련 정보 분석이다. 기록물이 조직 및 업무상에서 지니게 되는 레코드키핑요건 파악을 위해 예비조사 단계 및 업무활동 분석 단계를 통해 취합된 정보들을 활용하여 분석하게 된다. 레코드키핑요건 도출시 내외부 이해당사자들의 기록물에 대한 필요 파악이 필수사항이 된다. 인터뷰 역시 이해당사자들의 기록물에 대한 필요 파악에 일익을 담당하게 되는데, 특히 인터뷰는 조직 영위 및 업무 수행 상에서 어떠한 기록물이 필요한지를 파악하는데 유용하다.[94]

관련 정보 분석을 통해 레코드키핑요건을 파악하는 데에는 하향식 기능기반 접근방식 및 상향식 프로세스 기반 접근방식 양자의 활용이 필요하다.[95] 관련 정보 분석에 필요한 내부 분석 자료로는 우선 이전의 레코드키핑요건 분석 자료 및 기존의 처분지침이 있다. 전자는 현재의 업무 정황에 맞게 수정하여 재활용이 가능하며, 기타 정보시스템 설계 관련 자료 역시 특정 기능 영역 상의 레코드키핑요건을 파악할 수 있게 해준다. 후자는 이전에 확인된 레코드키핑요건을 파악할 수 있게 하며, 아울러 처분지침 개발 과정을 문서화한 기록들은 기록의 필요성에 대한 추가적인 정보 파악을 가능케 해준다. 정책문·조직 가이드라인·업무매뉴얼 등의 내부 자료를 통해서도 구체적인 업무내역 및 프로세스에 요구되는 기록에 대한 구체적인 요건을 파악할 수 있다.[96] 조직과 관련된 다양한 법령·규정·표준 등의 외부 자료에서는 법적 규정적

---

94 DIRKS Step C, C4.1.3.
95 DIRKS Step C, C4.2.
96 DIRKS Step C, C4.1.1.

요건 및 설명책임성 요건, 공동체의 기대치 등과 같은 레코드키핑요건을 파악할 수 있게 해주며,[97] 조직 내 담당 직원과의 인터뷰는 업무내역 및 프로세스를 상세히 파악하게 해줌과 아울러 업무자의 기록에 대한 실제 필요 역시 가늠할 수 있게 한다.[98]

레코드키핑요건 확인의 두 번째 절차는 위의 관련 정보 분석을 통해 도출된 내용을 바탕으로 기록의 실제 가치를 파악하는 것이다. 우선 업무적 필요는 업무 수행에 특정 기록이 얼마나 필요로 되는지를 말한다.[99] 즉 조직의 운영 및 기능 수행의 효율성을 지원하는데 있어 해당 기록이 필요로 되는 정도를 의미하는 것으로, 여기에는 조직의 생존 및 전략적 방향성에 요구되는 기록에 대한 고려 역시 포함된다고 할 수 있다.[100] 기록은 업무 수행 중에 생성된 산물이라는 점에서, 기록에 수록된 내용은 업무에 활용되는 정보로서의 가치 또한 지니게 되는 것에서 업무적 필요가 연유하게 된다.[101] 이러한 업무적 필요는 조직의 활동 내역이나 조직 내 문화, 조직이 처한 외부 환경 등에 따라 다양하게 나타나며, 시간의 흐름과 함께 변화하게 된다. 특히 최근 정보시스템의 급속한 발전은 이를 더욱 가속화시키는 관계상 지속적으로 재확인되어야 할 필요가 있다.[102]

법적 규정적 요건은 관련 법령 및 규정, 표준 등에서 요구하는 기록

---

97 DIRKS Step C, C4.1.2.

98 DIRKS Step C, C4.1.3.

99 Kathryn Dan, "Acquisition, Appraisal and International Standard ISO 15489", *Comma* 2002(1-2), 2002, p. 74.

100 NAA, *Why Records are Kept: Directions in Appraisal*(version), NAA, 2003.
〈http://www.naa.gov.au/Images/Why%20records%20are%20kept%5B1%5D_tcm2-4856.pdf〉

101 DIRKS Step C, C4.2.2.

102 DIRKS Step C, C4.2.1.

의 의무 보유기간 및 감사상의 필요한 보유기간을 의미한다.[103] 하지만 최근의 전자기록 환경에서는 이러한 의무 보유기간 내지 감사상의 보유기간을 준수하는 소극적 대응 차원을 넘어, 각종 법령 및 규정·표준·윤리 등 조직을 둘러싼 내외부 환경에 대응하는 기록을 사전적으로 획득해 제공한다는 적극적 전략이 내포되어 있다. 이러한 법적 규정적 요건을 구체적으로 파악하기 위해서는 조직의 영위 및 업무 수행과 관련된 다양한 법령·규정·지침·표준·매뉴얼 등에서 명시하는 요건들을 상세히 분석할 필요가 있다. 이러한 법적 규정적 기제들에서는 직접적으로 기록과 관련된 요건을 제시하는 경우도 있지만, 직접적으로 제시하지 않은 경우도 많기 때문에 관련 전문가의 협조 및 자문이 필요하다.[104]

세 번째 공동체의 기대치는 조직 자체보다 조직 외부를 위한 기록의 필요성과 관련된 것으로, 기록의 가치 파악에서 제일 난해한 부분이다.[105] 공동체의 기대치는 조직을 둘러싼 이해당사자들과 관련된 가치로, 기록과 관련하여 이해당사자들이 행사할 수 있는 합법적인 이해관계를 확인하거나 연구 및 사회 전반의 관심사를 충족시키는 기록을 파악하는 것이라 할 수 있다.[106] 이러한 공동체의 기대치는 DIRKS 매뉴얼에서는 언급치 않았지만, 넓은 의미에서 볼 때 ISO 15489에서 제시하는 설명책임성 요건 역시 포함한다고 볼 수 있다. ISO 15489에서는 보유기

---

103 Kathryn Dan, "Acquisition, Appraisal and International Standard ISO 15489", *Comma* 2002(1-2), 2002, p. 74.

104 DIRKS Step C, C4.2.1.

105 Kathryn Dan, "Acquisition, Appraisal and International Standard ISO 15489", *Comma* 2002(1-2), 2002, p. 74.

106 ISO 15489-1, 9.2.

간 책정의 기준으로 설명책임 의무를 충족시키기 위해 과거와 현재의 활동에 대한 증거를 제시하고 있다.[107] 이와 함께 설명책임 완수를 위해 기록관리시스템은 현재 및 미래의 이해당사자들에게 설명책임을 완수할 수 있는 기록을 획득해야 하며, 아울러 설명책임의 목적으로 활용될 수 있도록 필요한 기간 동안 진실 되고 믿을 만하며 이용 가능하게 보유해야 함을 명시하고 있다.[108] 이러한 환경에 대응하며 조직을 영위하는 과정에서 '무엇을 했는지'에 대한 설명을 당대만이 아닌 미래 세대에 제공해야 하며, 바로 여기서 행위의 증거인 기록은 설명책임을 전달하는 역할을 담당하게 되는 것이다.

네 번째 위험평가는 조직 내 위험요소는 무엇이며, 해당 기록이 폐기될 경우 조직에 어떠한 잠재적 비용이 발생하는지를 측정하는 것이라 할 수 있다.[109] 위기는 최근 기록관리 상에서도 매우 중요한 요소로 간주된다. 기록관리시스템으로 필요 기록이 획득·관리되지 못할 경우, 필요 기록이 폐기되었을 경우 또한 기록의 가용성이 확보되지 못하여 필요한 기록을 접근하거나 활용치 못하는 경우 등과 같은 위기는 조직의 영위 및 업무 수행에 막대한 지장을 주게 되기 때문이다. 이를 위해 예비조사 및 업무활동 분석 단계에서는 업무활동과 관련된 위기를 확인하며, 이를 기반으로 레코드키핑요건 확인 단계에서는 레코드키핑 상에서의 실제 위기를 평가하게 된다. 여기서 말하는 레코드키핑 상의

---

107 ISO 15489-1, 9.2a.

108 ISO 15489-1, 7.1~7.2.

109 Thomas Mills, "Appraisal Manual Chapter: Strategic Approaches to Appraisal", 15th International Congress on Archives, 2004.
⟨http://www.wien2004.ica.org/imagesUpload/pres_183_MILLS_CAP%2002E.pdf⟩

위기는 위에서 언급한 레코드키핑요건이 충족되지 않을시 발생하는, 즉 업무에 필요하거나 유지되어야 하는 기록의 부재 내지 활용 불가능한 상황에서 연유하는 위기를 의미한다.[110]

이상과 같은 과정을 통해 파악된 레코드키핑요건은 문서화될 필요가 있다. 레코드키핑요건 문서화시 필요한 요소는 조직의 규모 및 활동의 복잡화 수준에 따라 다양하지만, 일반적으로 생산기관명·관련 법령명 및 세부 조항·효력일자·기능 및 활동명·레코드키핑요건·관련 이해당사자 등을 들 수 있다.[111] 레코드키핑요건이 문서화되면 최종적으로 승인과정을 거치게 된다. 승인절차에서는 레코드키핑요건의 적절성을 점검하게 되는데, 승인이 이루어지면 레코드키핑요건은 레코드키핑 시스템에 반영되며 최종적으로는 처분지침 수립으로 귀결되게 된다.

④ 처분지침 개발 단계

기능평가의 최종 단계는 처분지침(Disposal Authority) 개발로 귀결된다. 처분지침은 기록의 처리를 승인하는 법적 구속력을 지닌 도구로, 기록이 보존되어야 하는 최소한의 기간을 규정해준다. 이러한 처분지침은 예비조사 단계에서 수행된 조직 내외부를 둘러싼 업무적·법적·사회적 맥락 파악, 업무활동 분석 단계에서 행해진 조직이 수행하는 구체적인 업무내역 분석 그리고 레코드키핑요건 확인 단계에서 수행된 업무적 필요·법적 규정적 요건·공동체 기대치 및 설명책임 요건 등

---

[110] 위험평가의 판단기준 및 구체적인 수행방식에 대해서는 김익한, 「DIRKS-Manual의 실용적 적용」, 『기록학연구』8, 한국기록학회, 2003, pp. 249~250을 참조.

[111] 이에 대한 샘플은 DIRKS Step C, C4.3.4. Table 1을 참조.

기록의 구체적인 레코드키핑요건 파악을 통해 개발되는 것으로, BCS
와 연동하여 해당 기록에 대한 구체적인 통제도구로서의 역할을 담당
하게 된다.[112]

<도표 4-XI> 처분지침 개발 절차

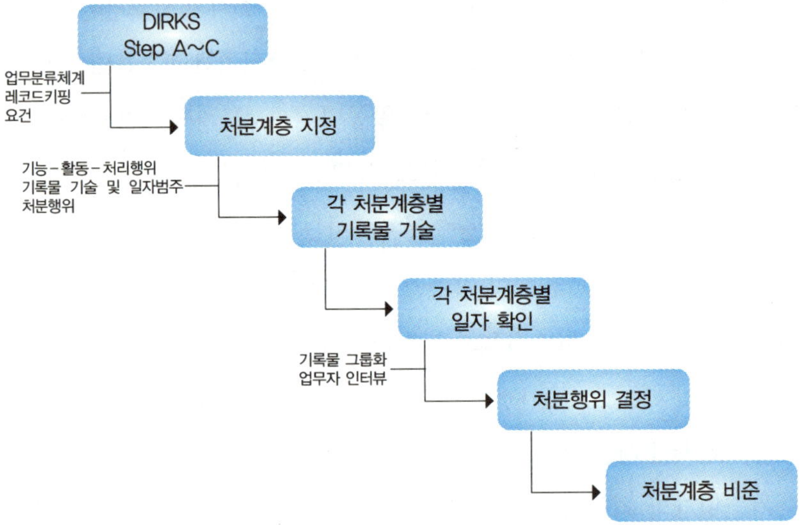

<출처> DIRKS Appendix 8을 기반으로 작성.

<도표 4-XI>는 기록물 처분지침 개발 절차를 나타낸 것으로, 처분지
침을 개발하는 첫 번째 단계는 처분계층을 지정하는 것이다. 위의 도표
에 제시된 바와 같이 처분계층 모형은 기능-활동-처리행위란 세 단계의
계층구조를 지니게 되는데, 이는 업무활동 분석을 통해 도출된 BCS를

---

112 김익한, 「DIRKS-Manual의 실용적 적용」, 『기록학연구』8, 한국기록학회, 2003, p. 251.

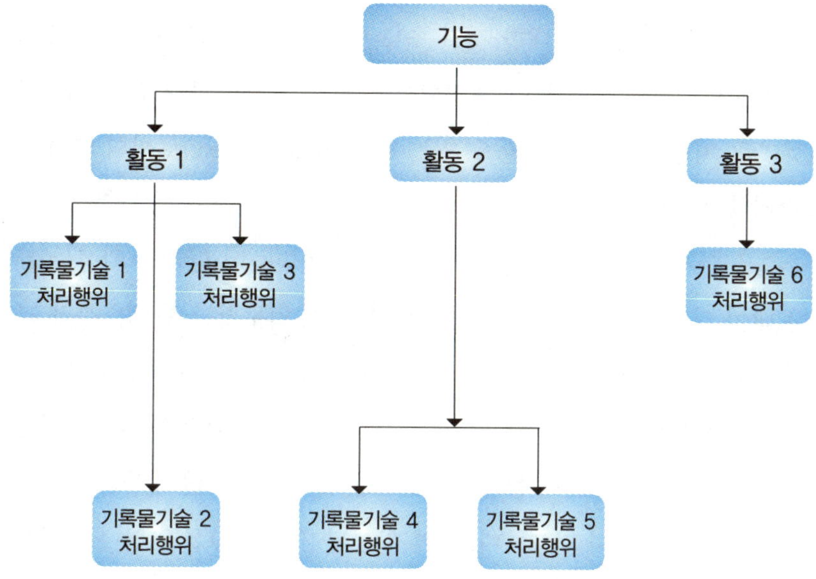

〈출처〉 NAA, *Administrative Functions Disposal Authority: A Disposal Authority for Administrative Functions Linked to Keyword AAA Modified for Commonwealth Use*, NAA, 2000, p. 12 Diagram 2.

준용하게 된다. 하나의 기능 내지 활동에는 한 개 내지 그 이상의 처리행위 및 이와 연관된 기록물 기술이 포함되며, 이를 통해 형성된 하나의 처분계층은 기능·기능 산하의 활동 및 처리행위·기록물 유형 기술·기록물 일자범주·처분행위란 다섯 가지 요소로 구성된다.

　BCS상의 최상위 계층을 형성하는 기능은 포괄적 범주의 업무기능을 나타내는 것으로, 기능 영역에는 각 기능에 대한 간략한 정의와 함께 산하의 고유한 업무활동들이 제시된다. BCS상의 두 번째 계층인 활동은 기능을 구성하는 절차이며, 활동 아래에는 해당 활동과 관련하여 수행되는 구체적인 처리행위들이 나열된다. 기록물 유형 기술은 처리행위 과정에서 생성된 기록물 유형 및 기록물 자체에 대한 설명으로, 이는 하나의 기록물에 대한 것일 수도 또한 일련의 처리행위들을 문서화시킨 집합적 기록물에 대한 것일 수도 있다. 그리고 맨 마지막 요소인 처분행위는 해당 기록물이 유지되어야 하는 최소한의 기간을 지정한 것으로, 처분 일자를 환산할 수 있는 기산일(trigger event)로서의 의미 또한 지니고 있다.[113]

다음 단계는 각 처분 계층별 기록물 기술이다. 이 단계는 각 처분계층 내의 기록물들에 대해 기술하는 과정으로, 업무활동 분석을 통해 파악된 활동 산하의 처리행위 및 레코드키핑요건 확인 단계에서 확인된 레코드키핑요건을 기반으로 수행하게 된다. 처리행위 속에서 생성된 일련의 기록물들에 대해 동일한 레코드키핑요건을 지닌 대상은 하나의 단위로 그룹화 시켜 기술하며, 함께 기술된 기록물 그룹은 하나의 처분 단위로 동일한 보유기간이 부여되게 된다. 아울러 기록물 기술은 가급적 많은 수의 관련 기록물을 포괄하며, 이해하기 쉽고도 명확한 경계를 지닐 수 있도록 기술되어야 한다.[114] 기술 이후의 단계인 처분 계층별 일자확인은 각 처분계층에 포함된 기록물들의 최초 일자와 최종 일자를 표기하는 것으로, 이를 통해 이 일자범주에 포함된 관련 기록물들에 대해 동일한 처분행위가 취해지게 된다.[115]

처분지침 개발의 최종 단계는 기록에 대한 처분행위 결정으로, 이는 레코드키핑요건 확인 단계에서 파악된 레코드키핑요건을 처분행위로 구체화시키는 단계이다. 일반적으로 기록의 보유기간 및 처분행위는

---

113 NAA, *Administrative Functions Disposal Authority: A Disposal Authority for Administrative Functions Linked to Keyword AAA Modified for Commonwealth Use*, NAA, 2000, p. 13.
114 DARKS Appendix 8, p. 4.
115 DARKS Appendix 8, p. 5.

법 내지 규정이나 기타 관련 자료에 구체적으로 제시되어 있지 않는 관계상, 관련 업무자와의 인터뷰는 이를 파악하는 주요 수단이 된다. 처분행위 결정 시에는 업무상 정보로서의 활용 내지 참고 가치, 관련 법·규정 등의 준수 필요성, 감사상의 요건 및 기타 내외부 이해당사자와의 면담을 통해 확인된 요건 등 '조직의 필요'를 기반으로 결정하게 된다.[116] 이러한 과정을 거쳐 기록에 대한 처분행위가 결정되면 처분지침 초안을 실제 기록 샘플과의 점검을 통해 실제 적용 가능성을 확인하게 된다.[117]

이상과 같은 절차를 통해 처분지침이 수립되면 처분 판정(Sentencing)을 수행하게 된다. 처분 판정은 최종 승인된 처분지침을 근거로 각 처분계층에 부합하는 기록물에 처분지침 상의 보유기간 및 처분행위를 실제 적용시키는 절차로, 사실상 평가 상의 결정을 내리는 단계가 된다.[118] 처분 판정은 종래 라이프사이클의 최종단계에서 내려지는 것이 아닌, 컨티뉴엄 논리에 입각한 평가로서의 의미를 지니고 있다. 즉 기록물이 지닌 조직 영위 및 업무 수행 상의 필요를 근거로 최종 승인된 처분결정 사항을 실제 기록물에 적용하는 과정으로, 기록의 생산 시점부터 행해지는 전체 레코드키핑과의 통합된 절차라 할 수 있다.

---

[116] DARKS Appendix 8, pp. 5~6.
[117] DARKS Appendix 8, p. 6.
[118] NAA, *Sentencing*, NAA, 2007.
〈http://www.naa.gov.au/Images/Sentencing%20-%20final%20for%20editing_tcm2-6108.pdf〉

〈도표 4-XIII〉 처분 판정 절차

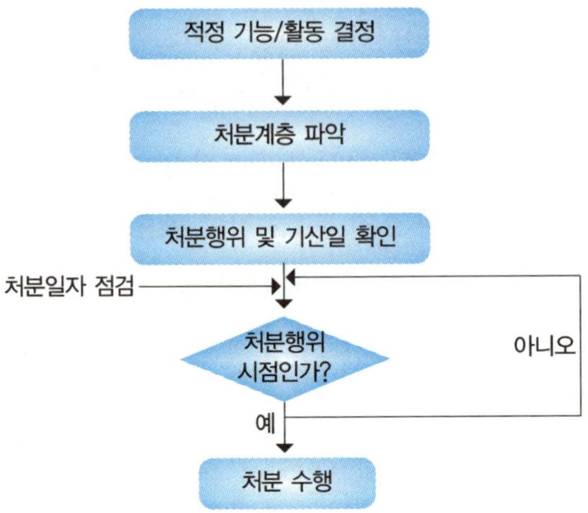

〈출처〉 NAA, *Administrative Functions Disposal Authority: A Disposal Authority for Administrative Functions Linked to Keyword AAA Modified for Commonwealth Use*, NAA, 2000, p. 15 Diagram 3을 일부 수정하여 작성.

이러한 처분 판정은 최종적으로 승인된 처분지침에 따라 합법적으로 기록물이 처리됨을 의미하게 된다. 처분 판정은 위의 도표와 같은 절차를 통해 이루어진다. 먼저 해당 기록물의 기능 및 활동을 결정한 다음, 처분지침 상에서 해당 처분계층을 파악하게 된다. 그리고 해당 처분계층에 부여된 처분행위 및 기산일을 확인한 후, 처분행위 시점이 도달하였을 경우 이관 내지 폐기 등의 실제 처분을 수행하게 된다.[119] 그리고 아직 처분행위 시점이 도달하지 않았을 경우에는 처분일자를 점검함과 더불어 기록물 및 통제시스템에 명시된 일자를 변경하게 된다.[120]

---

[119] NAA, *Sentencing*, NAA, 2007.
〈http://www.naa.gov.au/Images/Sentencing%20-%20final%20for%20editing_tcm2-6108.pdf〉
[120] NAA, *Administrative Functions Disposal Authority: A Disposal Authority for Administrative Functions Linked to Keyword AAA Modified for Commonwealth Use*, NAA, 2000. p. 18.

이상과 같이 살펴 바대로 전자기록 환경에서는 업무에 대한 상세 분석을 기반으로 하는 기능평가를 통해 평가가 수행되며, 최종적으로 처분지침 수립 및 적용을 통해 평가를 마무리하게 된다. 전자기록 환경에서 기능평가가 지닌 강점은 바로 업무 맥락과의 연계 속에 이루어진다는 데에서 찾을 수 있다. 즉 업무의 맥락 속에서 평가를 수행함으로써 기록의 생산 목적 본래의 가치 파악이 용이하며,[121] 업무의 행위내역에 대해 기록이 지닌 증거로서의 가치 역시 파악할 수 있다는 점이다.[122] 아울러 처분지침을 수립하는 실무상의 관점에서 볼 때에도 수많은 기록들을 일일이 내용을 검토해 부여하는 전통적 방식에 비해 처분지침 개발이 신속하면서도 용이한 측면을 지니며,[123] 생산기관과의 파트너십 강화 속에 평가를 기록관리 전 영역에 걸친 유기적 과정으로 자리할 수 있게 해준다.[124]

하지만 기능평가가 지닌 무엇보다 중요한 점은 기록이 지닌 현용적 가치를 강화시킨다는 측면에 있다. 철저한 업무분석을 통해 평가가 이루어짐으로써 왜 이 기록이 업무에 중요한지를 파악할 수 있게 해준다. 그리고 이러한 업무분석은 조직을 둘러싼 법규 · 관련 조직 · 내외부 이해당사자 등의 제반 환경을 파악케 함으로써, 환경에 대응하며 조직을

121 Elizabeth Man, "A Functional Approach to Appraisal and Retention Scheduling", *Records Management Journal* 15(1), 2005, p. 32.

122 Cristina Carvalho, "Appraisal Based on Organic Functional Analysis: A Case Study in an Electronic Records Environment", *Records Management Journal* 11(3), 2001, pp. 193~194.

123 Donald S. Skupsky, *Records Retention Procedures: Your Guide to Determine How Long to Keep Your Records and How to Safely Destroy Them!*, Colorado: Information Requirements Clearinghouse, 1990, pp. 63~66.

124 Anne-Marie Schwirtlich, "The Functional Approach to Appraisal: The Experience of the National Archives of Australia", *Comma* 2002(1-2), 2002, pp. 58~59.

영위하고 업무를 수행하는데 필요한 기록의 범주를 구체적으로 한정시킬 수 있게 해준다. 바로 이러한 면에서 기능평가는 전자기록 환경 하의 업무친화적 기록관리 패러다임 속에, 업무에 실익을 주는 현용적 가치를 강화시킨다고 할 수 있다.

이러한 점을 종합할 때 전자기록 환경 하의 기능평가는 기록의 생성 이전부터 유기적으로 수행되는 연속적 과정으로 파악할 수 있다. 업무분석을 통해 기록의 생산맥락을 확보할 뿐만 아니라 업무분석 과정에서 파악된 기록의 필요성을 기반으로 가치를 도출하며, 아울러 진본성을 필두로 한 기록품질 역시 평가 상의 기본적인 준거로 설정케 한다. 이를 통해 생산맥락과 함께 기록품질을 지닌 업무상의 필요를 충족시키는 기록을 선별할 수 있게 하며, 선별된 기록은 맥락 및 기록품질을 유지하며 필요한 기간에 걸쳐 활용·보존되게 된다. 이러한 평가체제 및 방식은 과거와 같이 단절적인 기록관리 흐름 속에 영구보존 대상을 선별하는 분리된 단계가 아닌, 기록의 생산 이전부터 기록관리의 전 과정 속에서 유기적으로 수행되는 프로세스를 구축하게 된다.

그럼에도 불구하고 기능평가는 그 한계 역시 지닌다. 이는 다름 아닌 기능평가가 지닌 위와 같은 강점이 역으로 약점으로 작용하는 데에서 연유된 결과이다. 이에 다음 장에서는 기능평가가 지닌 한계를 살펴본 다음 이를 극복하기 위한 벤치마킹의 일환으로, 현재 세계 각국에서 진행되고 있는 영구보존 대상 선별을 위한 평가전략들을 분석하도록 하겠다.

제 **5** 장

전자기록 환경과
영구보존 대상 평가전략

영구보존 대상 평가전략의 필요성

내용과 구조, 맥락이 분리되어 존재하는 논리적 객체를 업무행위를 반영한 증거로서 기록으로 획득하기 위해, 전자기록 환경에서는 업무를 분석하고 이를 구조화시켜 기록분류체계와 연동시키게 된다. 또한 업무 행위를 반영한 기록의 획득은 기록의 생산연원이라 할 수 있는 기능을 둘러싼 내외부 환경의 반영이라는 전제 하에, 조직의 영위 및 업무 수행에 필수적인 기록을 대상으로 행해지게 된다. 이러한 논리 하에 전자기록 환경에서 기능평가가 주된 평가방식으로 자리하게 되며, 바로 여기서 종전과는 다른 기록이 지닌 현용적 가치의 강화 경향이 나타나게 된다.

하지만 전자기록 환경에서 기능평가가 지닌 자체적인 한계 역시 존재한다. 이것은 다름 아닌 역사적 가치 · 문화적 가치 · 사회적 가치 등 소위 Schellenberg가 개념화한 이차적 가치에 대해 등한시하기 쉽다는 점이다.[1] 기실 기록의 평가는 모든 기록을 보존할 수는 없다는 논리에 근거한 것이며, 또한 자연의 진리처럼 기록은 시간의 흐름과 함께 새로운 가치가 새롭게 생성되게 된다. 바로 이러한 면에서 영구보존 대상을 한정하여 보존하는 평가방식 역시 현실적으로 필요로 하게 된다. 그러나 기능평가는 주로 조직 내지 업무상의 현용적 필요에 초점을 둔 것이기 때문에, 영구보존 대상의 선별을 위한 평가방식으로는 일정 한계를 지닐 수밖에 없다.[2] 기능평가는 업무기능 분석에 토대를 두었기 때문에 업무상의 필요나 설명책임 요건·법적 규정적 요건·위험평가 등과 같은 현용적 가치는 구체적으로 정확히 파악 가능하며, 또한 업무상의 맥락 속에 평가를 수행할 수 있게 한다. 하지만 그 주안점은 현행 조직 운영 및 업무 수행상의 가치에 놓여있는 관계상 역사나 기타 이용자들의 필요를 간과하거나, 체계적인 조직의 활동 결과로 생성되지 않은 기록물의 평가 방법론으로는 적절치 않게 된다.[3]

이러한 점을 감안할 때 전자기록 환경에서 국가적 차원의 기록 평가 체제를 수립하기 위해서는 영구보존 대상 선별을 위한 별도의 평가방식 마련이 필요하다. 기능평가가 전자기록 평가의 주된 방식으로 자리하게 되며 또한 각 기관의 업무분석을 기반으로 각 기관의 현용적 필요를 충족시키는 기록의 선별 방식으로서 역할을 담당한다면, 국가적 차원의 영구보존 대상을 선별하기 위한 방안 마련이 별도로 요구되기

---

1 Tom Mills, "Strategic Approaches to Appraisal", *Manual on Appraisal(Draft): A Practical Guide for the Daily Problems of Appraising and Selecting Documents*, ICA/CAP, 2005, p. 2.

2 Stephen Twigge, "The Appraisal of Electronic Records", *Manual on Appraisal(Draft): A Practical Guide for the Daily Problems of Appraising and Selecting Documents*, ICA/CAP, 2005, p. 21.

3 Elizabeth Man, "A Functional Approach to Appraisal and Retention Scheduling", *Records Management Journal* 15(1), 2005, p. 31.

때문이다.

　최근의 전자기록 환경에서 국가 및 사회는 더욱 다원화되고 복잡한 메커니즘 하에 영위되고 있다. 문서주의를 특징으로 하는 관료제의 보편화와 함께 인간의 사회적인 활동상은 대부분 기록으로 남겨진다는 점에서, 개별적인 기록의 선별로는 다원화되고 복잡화된 사회 속에 기록의 맥락 파악이 어려우며 아울러 파편화된 내용 전달로 인해 전체적인 사회상의 재구축이 불가능하게 된다.[4] 따라서 방대한 양의 기록 가운데 국가적 차원에서 중요한 영구보존 대상을 선별하기 위해서는, 평가의 목표를 정립함과 아울러 평가에 대한 체계적·계획적인 접근이 필요하다고 볼 수 있다. 기록보존소는 증거적 내지 정보적 가치를 지닌 기록을 선별하여 보관하는 차원을 넘어, 기록의 평가를 통해 사회에서 성취하고자 하는 명확한 지향점을 지녀야 하기 때문이다.[5]

　이를 반영하듯 현재 세계 각국에서는 당대의 국가 및 사회상을 투영한 영구보존 대상을 선별할 수 있는 평가방안을 수립하여 운영 중에 있다. 이에 다음 절에서는 국가적 차원의 영구보존 대상 선별을 위한 각국의 실제 평가전략들을 분석하고, 이를 통해 전자기록 환경에서 국가적 차원의 평가체계 구축 방향을 제시코자 한다.

---

4 Philip C. Bantin, "Strategies for Managing Electronic Records: A New Archival Paradigm? An Affirmation of Our Archival Traditions?", *Archival Issues*, 1999, pp. 11~12.
〈http://www.indiana.edu/~libarch/ER/macpaper12.pdf〉

5 Danielle Laberge, "Information, Knowledge, and Rights: The Preservation of Archives as a Political and Social Issue", *Archivaria* 25, 1987, pp. 44~49.

영구보존 대상 평가전략 분석 : 세계 각국 사례

1. 호주의 범정부 기능분석

2000년 4월 호주 NAA는 e-permanence의 수립과 함께 평가에 대한 기능적 접근을 채택하게 된다. 이는 1980년대까지의 개별 기록에 대한 내용중심적 접근이 1990년대 들어 평가 상의 딜레마로 작용한데서 비롯된다.[6] 평가에 대한 기능적 접근은 기록이 생성된 기능적 맥락상의 중요도를 근거로 평가하는 방식이다. 평가 상의 기능적 접근을 도입하게 된 이유는 기록물 처리에 대한 현실적 문제에서 출발한다. 기존의 내용 검토를 통한 선별은 전자기록 환경에서 대량의 기록물을 처리하

---

6 Barbara Reed, "Diverse Influence: An Exploration of Australian Appraisal Practice-Part I", *Archives and Manuscripts* 31(1), 2003, p. 76.

기 위한 방법론으로는 부적절할 뿐만 아니라 합리적이고 정확한 선별이 어렵기 때문이다.[7] 또한 다원화되고 복잡화된 최근의 기록생산 환경에서 내용중심적 접근은 파편화된 내용만을 양산하게 되며, 따라서 맥락을 반영한 선별을 위해서는 업무기능 및 프로세스 상의 중요도를 기반으로 평가해야 할 필요성이 있기 때문이다.[8]

평가에 대한 기능적 접근은 호주 기록관리 표준인 AS 4390에 논리적 기반을 두고 있다. AS 4390은 전자기록 환경에서 최선의 레코드키핑 실무를 촉진시킬 수 있도록 수립한 표준으로, 컨티뉴엄을 토대로 생산 시부터 최종 보존 및 활용에 이르는 일관성 있는 기록관리체제를 편제시킨다.[9] AS 4390에서는 기록 자체가 아닌 업무행위(business activity)에 기반을 둔 기능에 대한 평가를 제시한다. 즉 조직의 업무적 필요, 설명책임성 요건 및 공동체의 기대를 충족시키기 위해, 어떠한 기록물이 획득되어야 하며 아울러 얼마나 오래 이들 기록이 유지되어야 하는지를 결정하도록 업무행위를 판단하는 절차로 새롭게 평가를 재정의하고 있다.[10] AS 4390에서 구상하는 레코드키핑 체제는 업무와 기록의 대응을

---

[7] Anne-Marie Schwirtlich, "The Functional Approach to Appraisal: The Experience of the National Archives of Australia", *Comma* 2002(1-2), 2002, p. 57.

[8] NAA, *Why Records are Kept: Directions in Appraisal*(Revisions), NAA, 2003, p. 6.
⟨http://www.naa.gov.au/Images/Why%20records%20are%20kept%5B1%5D_tcm2-4856.pdf⟩

[9] David O. Stephens and David Roberts, "From Australia: The World's First National Standard for Records Management", *Records Management Quarterly* 30(4), 1996. 호주 AS 4390에 대한 세부적인 설명에 대해서는 David Roberts, "The New Australian Records Management Standard", State Records New South Wales, 1998. 12를 참조.
⟨http://www.records.nsw.gov.au/publicsector/rk/sacramento/sacramento.htm⟩

[10] David Roberts, "The New Australian Records Management Standard", State Records New South Wales, 1998. 12, p. 9에서 재인용.
⟨http://www.records.nsw.gov.au/publicsector/rk/sacramento/sacramento.htm⟩

위한 기능분석을 근간으로 하며, 이를 통해 도출된 기능분류 체계를 주축으로 기록의 통제단위 및 생산맥락 확보는 물론 기능상의 중요도를 판단하는 평가와 연계시키게 된다. 이러한 면에서 기능 기반 평가는 과거와 같은 분리된 업무단계가 아닌, 레코드키핑 전 과정에 걸친 유기적 절차로 자리하게 된다.[11]

전자기록 환경에서 새롭게 정비한 위와 같은 기능 기반 평가는 레코드키핑시스템 구축 방법론인 DIRKS의 A~C단계를 기반으로 수행된다.[12] 아울러 업무적 필요, 설명책임성 및 법적 요건 준수에 필요한 기록물을 생산하고 유지할 책무를 각 기관에 부여하고 있으며, NAA에서는 각 기관의 이러한 책무를 지원하는 역할을 담당케 하고 있다.[13] 하지만 앞서 살펴본 바대로 이러한 기능 기반 평가는 기본적으로 업무기능분석을 근간으로 하기 때문에 업무상의 맥락 속에서 현용적 가치를 구체적으로 파악할 수 있게 하지만, 역사적 가치 · 문화적 가치 · 사회적 가치 등 기록물이 지닌 이차적 가치에 대해서는 세부적인 파악이 어렵다.[14] 호주에서도 기능에 기반을 둔 새로운 평가방식을 도입한 이래, 기관 차원의 기능적 접근으로 기관의 필요 기록 파악 및 기타 기록의 처분에는 실효를 거두었지만 국가적 · 사회적 차원에서의 중요기록물 선

11　Sue McKemmish, "The Smoking Gun: Recordkeeping and Accountability", *Records Continuum Research Group Publications*, 1998.
　　〈http://www.sims.monash.edu.au/research/rcrg/publications/recordscontinuum/smoking.html〉
12　DIRKS A~C단계를 기반으로 한 세부적인 평가 절차에 대해서는 앞의 4장 2절을 참조.
13　NAA, *Appraisal*, NAA, 2003.
　　〈http://www.naa.gov.au/recordkeeping/disposal/appraisal/intro.html〉
14　Tom Mills, "Strategic Approaches to Appraisal", *Manual on Appraisal(Draft): A Practical Guide for the Daily Problems of Appraising and Selecting Documents*, ICA/CAP, 2005, p. 2.

별에는 일정 한계가 노정되어왔다.[15] 바로 이러한 의미에서 레코드키핑 체제와 연계된 기능 기반 평가의 조류 속에 NAA의 고유 사명을 이행하기 위한 별도의 방안 마련이 요구되었으며, 이를 위해 국가적 차원의 중요기록물을 체계적·계획적으로 선별할 수 있는 평가전략이 수립되었다.

이러한 전략의 첫 번째 방안은 국가적으로 중요한 기록물의 범주 설정이다. 국가적으로 가치 있는 기록물을 선별하는 책무는 호주 연방기록법(The Archives Act 1983)에 명시된 NAA의 고유 사명 중 하나이다. 정부기관의 효율적인 레코드키핑을 지원하고 각 기관의 처분지침을 최종적으로 승인하는 역할 외에, 국가 영구보존기록물(National Archives)을 선별하여 후대에 전승하는 사명이 그것이다.[16] 이러한 사명의 수행을 위해 NAA는 기록물 각각의 내용에 따른 협소한 선별논리를 지양하고 다양한 맥락상에서 기록물이 지닌 기능적 중요도를 기준으로 선별한다는 방침을 채택하였다.[17] 이를 위한 방안이 아래와 같은 국가 영구보존기록물 선별을 위한 5대 준거이다.

우선 국가 영구보존기록의 첫 번째 대상은 '호주의 통치에 관한 핵심 기능·프로그램 및 기타 중요 사안과 관련하여, 연방정부 및 산하 기관들에 의해 수행된 협의·정책결정 및 행위내역에 대한 정확한 증

---

15 Adrian Cunningham & Robyn Oswald, "Some Functions are More Equal than Others: The Development of a Macroappraisal Strategy for the National Archives of Australia", *Archival Science* 5(2-4), 2005, pp. 164~165.

16 NAA, *Appraisal*, NAA, 2003.
⟨http://www.naa.gov.au/recordkeeping/disposal/appraisal/intro.html⟩

17 NAA, *Why Records are Kept: Directions in Appraisal*(Revisions), NAA, 2003, p. 7.
⟨http://www.naa.gov.au/Images/Why%20records%20are%20kept%5B1%5D_tcm2-4856.pdf⟩

거'에 해당한다. 이 대상과 관련하여 NAA는 국가 전반에 영향을 미치는 사안과 연관된 정책결정 및 활동에 대한 최선의 증거를 제공하는 기록물에 초점을 맞추게 되며, 선별 대상에는 이러한 정책결정 및 활동의 배경과 아울러 그 결과를 문서화시킨 기록물들을 포함시키게 된다. 보다 구체적으로 이 대상은 신규 정책 내지 정책상의 변화가 수반되거나 대규모 국가예산이 투입되는, 국가적 차원과 관련된 기능 또는 범국가적으로 적용·수행되는 기능상의 주요 결정사항이 해당하게 된다. 여기에는 이와 같은 행위의 배경 및 그 목적을 수록하고 있는 기록물과 함께, 정책·절차·전략의 수립과 관련된 기록 역시 포함된다.[18]

국가 영구보존기록의 선별 시 기능·프로그램·사안 및 이와 연관된 정책결정과 활동의 중요도 판단은, 연방정부 및 연방기관의 운영과 관련하여 얼마나 핵심적인 위치를 차지하고 있는지 여부와 함께, 호주 및 전 세계에 대한 실질적 내지 잠재적 영향 정도를 근거로 이루어지게 된다. 이러한 중요도의 평가 시 고려해야 할 요소들은 경제적 여파·환경적 영향·사회적 파장·국제적 반향·정치적 법률적 파급효과 등으로, 이들 요소의 영향력 여파가 크면 클수록 국가 영구보존기록으로서의 중요도 역시 보다 높아진다고 할 수 있다.

이러한 중요도의 판단은 최종적으로 기록물에 귀속된다. NAA에서는 이와 같은 호주 및 호주 국민에 대한 통치와 관련된 대상은 연방기관의 실제 기능과 관련하여 볼 때, 정책 및 절차의 수립·결정·적용, 상위 정책으로부터의 거부 내지 방향성 전환, 정책 및 절차에 대한 감

---

18 NAA, *Why Records are Kept: Directions in Appraisal*(Revisions), NAA, 2003, p. 8, 15.
〈http://www.naa.gov.au/Images/Why%20records%20are%20kept%5B1%5D_tcm2-4856.pdf〉

시 및 분석, 법령의 검토 및 적용·개발, 협상 및 상위 조약 내지 계약에 대한 위임, 협상 및 주 계약 내지 신규 계약에 대한 위임, 기관 및 기관의 기능에 대한 전략관리 등과 같은 구체적인 활동들을 통해 생성된다고 제시하고 있다.[19]

두 번째 대상은 '연방정부 및 그 산하기관의 권위(authority), 설립근거 및 법령적 기제에 대한 증거'에 해당한다. 이 대상은 연방정부 및 연방기관들의 존립 근거와 더불어 법령적 기제·기능·의무 및 권한의 범위에 근거가 되는 공식적인 법령과 관련된다. 이러한 대상은 법령의 통과 및 공포, 연방기관 내지 그 산하 주요 기구들의 설치 및 기능·조직구조의 승인, 연방기관 및 그 산하 주요 기구들의 기능 내지 조직구조의 변화 또는 해산의 승인, 의무 및 기능의 수행을 위한 법률적 권한의 위임, 권한의 범위 판정 등의 활동들을 통해 생성된 기록물에 상당한다고 볼 수 있다.[20]

세 번째 대상은 '호주 국민 및 그 생활환경의 보호와 더불어 번영을 위해 본질적인 정보를 제공하는 기록물'에 해당된다. 이 대상은 계획 및 정책결정상의 연속성을 보장케 함과 더불어, 국민의 복지·안보·사회적 결속력 및 기타 환경 관리상의 지식을 전수해 주는 유일하면서도 필수적인 정보를 수록한 기록물에 관련된 것으로, 이러한 기록물 및 여기에 포함되어 있는 정보들은 미래 세대에 필수 지식을 전달하는 역할을 담당하게 된다. 이러한 대상은 환경오염 지역 확인 및 감시, 행정

---

19 NAA, *Why Records are Kept: Directions in Appraisal*(Revisions), NAA, 2003, p. 16.
〈http://www.naa.gov.au/Images/Why%20records%20are%20kept%5B1%5D_tcm2-4856.pdf〉
20 NAA, *Why Records are Kept: Directions in Appraisal*(Revisions), NAA, 2003, pp. 8, 16~17.
〈http://www.naa.gov.au/Images/Why%20records%20are%20kept%5B1%5D_tcm2-4856.pdf〉

적 · 사회적 관련성을 지닌 개인의 권리 내지 의무 확보, 질병의 전염 및 통제, 환경 분석 등과 같은 활동들을 통해 생성되게 된다.[21]

네 번째 대상은 '호주 및 호주 국민들의 실상 및 현황, 호주 및 호주 국민에 대한 연방정부 활동의 영향, 그리고 정부와 국민들과의 상호관계를 설명해주는 기록물' 에 해당한다. 이 대상은 연방정부 주요 기능 및 프로그램의 수행내역 및 그 영향을 표상화 시켜주는 기록물과 더불어, 국민의 생활에 대한 연방정부의 관여 및 연방정부와 국민간의 상호작용에 대한 전말을 형상화시켜주는 기록물들이 포함되며, 아울러 개별적 사례와 관련하여 일상적 사례 및 특수한 사례를 제공해 주는 기록물 역시 해당된다. 이와 같은 범주의 기록물은 관련 정부 기능 및 프로그램이 호주의 통치와 개발상에 상당한 중요성을 지닌 경우에 한해 선별되어야 한다고 제시하면서, NAA는 이러한 범주의 기록물이 생성될 활동들을 아래와 같이 명시하고 있다.[22]

- 중요 인프라스트럭처 및 절차의 문서화
- 정책결정 공지 또는 역사적 내지 홍보를 목적으로 한, 생활상 및 생활상태의 문서화
- 각종 이슈 · 정책 및 행위에 대한 검토, 보고 또는 연구
- 민원 내지 각종 항소의 처리
- 정책안 및 변화상에 관심 있는 공동체 내지 이익집단에 대한 여론조사 · 투

---

21 NAA, *Why Records are Kept: Directions in Appraisal*(Revisions), NAA, 2003, p. 9, 17.
〈http://www.naa.gov.au/Images/Why%20records%20are%20kept%5B1%5D_tcm2-4856.pdf〉
22 NAA, *Why Records are Kept: Directions in Appraisal*(Revisions), NAA, 2003, p. 9, 18.
〈http://www.naa.gov.au/Images/Why%20records%20are%20kept%5B1%5D_tcm2-4856.pdf〉

표·협의

- 수행내역 감사

- 홍보캠페인 등을 통해, 행동 및 관습에 영향을 받는 일반대중 내지 공동체
  에 대한 공지 또는 교육

- 정책결정 집행의 전말 및 특성을 파악하는데 필요한 개별적 사례

- 통계분석·보고서·사례집 등 정책결정 및 그 집행내역

마지막 대상은 '호주의 역사·사회·문화 그리고 호주 국민에 관한 지식 및 이해를 풍부하게 하는 기록물'이다. 이 대상은 앞선 범주와는 달리 기록물의 중요성 및 활용성이 생산 본래의 기능적 맥락과는 별다른 상관성을 지니지는 않는다. 기록물이 연방정부의 활동과정에서 생산되어 그 활동 내역을 문서화시킨 것이라 할지라도, 이러한 기능적 맥락 외에 다른 맥락에서도 그 활용도를 찾을 수 있기 때문이다. 이러한 맥락에서 정부 기능 수행상의 중요도와는 별도로, 역사적·사회적·예술적·과학적·연구적·기술적 중요도를 지닌 기록물 역시 국가 영구보존 대상으로 선별하게 되며, 아울러 이러한 중요도를 판단하기 위해 평가자는 물론 다양한 이해당사자와 협력관계를 구축하게 된다.[23]

NAA에서 수립한 이와 같은 국가 영구보존기록물의 범주는 종전 연구적 가치로 단순히 적용되어 온 선별준거를 대체할 목적으로 수립된 것으로,[24] 위의 범주 가운데 상위 4개 영역은 호주 및 호주 국민들을 통

23 NAA, *Why Records are Kept: Directions in Appraisal*(Revisions), NAA, 2003, p. 9, 19.
〈http://www.naa.gov.au/Images/Why%20records%20are%20kept%5B1%5D_tcm2-4856.pdf〉
24 Russell Kelly, "The National Archives of Australia's New Approach to Appraisal", *Archives and Manuscripts* 29(1), 2001, p. 80.

치하는 기능적 맥락과 관련된 것이며, 마지막 영역은 호주의 기타 맥락
상에서 중요성을 지닌 기록물에 관한 것이라 할 수 있다. 이러한 국가
영구보존기록물 대상 모두는 연방기관에 의해 수행된 활동내역 및 그
활동수행의 근거가 되는 법령적 기제들에 대한 적절한 설명을 제공해
야 함과 아울러, 해당 활동의 수행은 어떠한 영향을 미쳤는지, 그 활동
에는 누가 참여하였으며 누구에게 영향을 미쳤는지, 그리고 그 활동의
실상 및 결과는 무엇인지를 기본적으로 밝혀 주어야 한다.[25]

　이상과 같은 국가 영구보존기록물의 범주를 기반으로, 기능 기반 평
가 상의 한계를 극복하고 국가적 차원의 중요기록물을 선별하기 위해
도입한 또 다른 방안은 '범정부 기능분석'(Whole-of-Government
Functional Analysis)이다. 이는 국가적 견지에서의 평가 틀 결여에 그 출
발점을 둔 것으로,[26] 개별 기관별로 수행된 기능 기반 평가 상의 선별방
식을 보완하기 위해 고안된 것이다.[27] 범정부 기능분석은 그동안 개별
기관 수준에서의 기능분석을 확대하여 호주 정부에서 수행되는 가장
중요한 거시적 기능군을 파악한 다음, 이러한 기능군을 실제 수행하는
기관들을 선정함으로써 국가적으로 중요기록물이 생성되는 지점을 확
인하는 방식으로,[28] 국가 영구보존기록물 선별을 위한 범주 파악에도

25 NAA, *Why Records are Kept: Directions in Appraisal*(Revisions), NAA, 2003, p. 8.
　〈http://www.naa.gov.au/Images/Why%20records%20are%20kept%5B1%5D_tcm2-4856.pdf〉
26 Barbara Reed, "Beyond Perceived Boundaries: Imagining the Potential of Pluralised Recordkeeping",
　Archives and Manuscripts 33(1), 2005, p. 186.
27 NAA, "Macro-appraisal Project: Results of Consultation", NAA, 2006. 7.
　〈http://www.naa.gov.au/recordkeeping/disposal/appraisal/Macro-appraisalreport.html〉
28 NAA, *Macro-Appraisal*(Revisions), NAA, 2003.
　〈http://www.naa.gov.au/recordkeeping/disposal/appraisal/macro-appraisal.html〉

일조하게 된다.[29]

    범정부 기능분석은 NAA의 고유 사명을 완수하기 위한 적극적인 의지 표명이라 할 수 있다. 여느 국가의 국립기록청과 마찬가지로, NAA 역시 현재 및 미래의 영구보존기록물을 선별하여 전승해야 할 사명을 지니고 있다.[30] 이와 같은 사명을 기반으로 NAA는 개별 기관 차원에서 마련된 처분지침을 승인하는 역할에 머무르지 않고, 기능 기반 평가의 한계로 지적되어 온 사회적·문화적 가치를 지닌 대상의 선별을 전 정부적 차원에서 접근함으로써 국가 영구보존기록물을 파악해 이관 받게 된다. 이를 위해 NAA는 기능 기반 평가 시 각 기관별로 파악된 해당 기록물에 대한 이해당사자들의 필요 기간을 수렴해 참조하며, 아울러 범정부 기능분석을 기반으로 독자적으로 국가 영구보존기록물 선별을 위해 광범위한 범주의 이해당사자들을 대상으로 컨설테이션을 수행하게 된다.[31]

    범정부 기능분석은 기록물의 생산 이후 사후적으로 행해지는 것이 아닌 생산 이전에 수행되는 것으로, 계획적·체계적·상호 비교적으로 기록물에 대한 사회적 필요성을 분석·파악하는 방식이라 할 수 있다.[32] 여기서는 국가 영구보존기록물 선별방식으로 개별 기록 중심의 접근이 아닌 하향적(top-down) 접근방식을 도입한다. 먼저 총체적 '사회' 활동의 전체적 윤곽을 분석한 다음 여기서 정부가 수행하는 역할을 최상위

---

29 NAA, "Macro-appraisal Project: Results of Consultation", NAA, 2006. 7.
〈http://www.naa.gov.au/recordkeeping/disposal/appraisal/Macro-appraisalreport.html〉

30 NAA, *Why Records are Kept: Directions in Appraisal*(Revisions), NAA, 2003, p. 1.
〈http://www.naa.gov.au/Images/Why%20records%20are%20kept%5B1%5D_tcm2-4856.pdf〉

31 Anne-Marie Schwirtlich, "The Functional Approach to Appraisal: The Experience of the National Archives of Australia", *Comma* 2002(1-2), 2002, p. 60.

32 NAA, *Appraisal*, NAA, 2003.
〈http://www.naa.gov.au/recordkeeping/disposal/appraisal/intro.html〉

기능으로부터 세부적 기능으로 하향적으로 파악하게 되며, 아울러 연구 및 컨설테이션을 통해 시민의 시각을 반영해 가장 중요한 기능을 확정하게 된다. 이를 통해 국가 영구보존기록 대상 범주가 결정되며, 가장 중요한 기능을 수행하는데 책임을 지닌 기관 및 그들의 상대적 중요도를 확인하게 된다. 마지막으로 특정 기능과 연관된 모든 업무기능 및 활동을 평가한 후 특정 기능의 실상을 가장 잘 제시해주는 '최선의 기록' (best records)을 확인함으로써 국가 영구보존기록을 선별하게 된다.[33] 이를 위해 NAA는 중요 기능들을 수행하는 기관들과 국가 영구보존기록의 선별을 위해 또한 호주 정부의 중요 정책 및 정부와 공동체와의 상호작용에 관한 최선의 증거 확보를 위해 긴밀한 협력관계를 맺게 된다.[34]

호주의 범정부 기능분석은 캐나다 및 네덜란드의 거시평가 방법론을 자국의 정황에 맞게 벤치마킹 한 것이지만 제도 자체의 독창성 역시 지니고 있다. 우선 기록물의 중요도를 판단하는 근거로 연구 상의 이용률 역시 고려한다는 점이다.[35] 이는 연구 상의 이용률이 높은 기록물들을 확인한 다음 관련 기능과 연계시킴으로써, 이를 통해 시민의 이용 빈도가 높은 기능 역시 파악하는 방식이다.[36]

---

33 호주 범정부 기능분석의 구체적인 수행방식 및 절차에 대해서는 Adrian Cunningham, "Some Functions Are More Equal than Others: The National Archives' Macro-Appraisal Project", NAA, 2005를 참조. 〈http://www.naa.gov.au/images/cunninghamjul05_tcm2-4903.pdf〉

34 NAA, *Macro-Appraisal*(Revisions), NAA, 2003. 〈http://www.naa.gov.au/recordkeeping/disposal/appraisal/macro-appraisal.html〉

35 NAA, "Macro-appraisal Project: Results of Consultation", NAA, 2006. 7. 〈http://www.naa.gov.au/recordkeeping/disposal/appraisal/Macro-appraisalreport.html〉

36 이에 대한 실제 사례에 대해서는 NAA, "Whole-of-Government Functional Analysis: The Relative Significance of Functions of the Australian Government, 1975-2005", NAA, 2006. 6.을 참조. 〈http://www.naa.gov.au/recordkeeping/disposal/appraisal/Wholeof-government-functional-analysis.html〉

- 연간 예산문서(Annual Budget Papers) : 기능에 대한 정부의 지출 정도를 측정
- 연간 예산연설(Annual Budget Speeches) : 재무성 장관이 행한 연설 가운데 특정 기능에 대한 언급 횟수를 측정
- 의회 핸드북에 명시된 부·처의 위계(Ministerial Hierarchy as Listed in Parliamentary Handbooks) : 정부 내 해당 부·처의 위계 및 장관들의 지위를 측정
- 호주 공공사건 정보서비스(Australian Public Affairs Information Service, APAIS) : 1978년부터 현재까지 호주 내에서 발간된 사회과학 및 인문과학 문헌 자료들에 대한 주제가이드인 APAIS 내에서 해당 기능에 대한 언급 횟수를 측정
- 의회 의사록(Parliamentary Debates) : 하원 및 상원 의사록에 수록된 해당 기능에 대한 언급 횟수를 측정
- 의회 위원회(Parliamentary Committees) : 의회 위원회 내의 의사록에 수록된 해당 기능에 대한 언급 횟수를 측정
- 의회 저널 데이터베이스(Parliamentary Journals Database) : 호주의 저널 기사에 대한 의회 데이터베이스 내에서 해당 기능에 대한 언급 횟수를 측정
- 의회 대중매체 데이터베이스(Parliamentary Media Database) : 신문 및 라디오 텔레비전 속에서의 해당 기능에 대한 언급 횟수를 측정
- 로이 모건 공공여론조사(Roy Morgan Public Opinion Polls) : 호주 정부의 가장 중요한 활동은 무엇인지에 대한 공공여론을 조사하는데 활용

〈출처〉 NAA, *Macro-Appraisal*(Revisions), NAA, 2003.
〈http://www.naa.gov.au/recordkeeping/disposal/appraisal/macro-appraisal.html〉

또한 방대한 연구 수행 역시 범정부 기능분석의 특성으로 볼 수 있다. 최상의 중요도 내지 국민의 관심을 지닌 정부의 기능을 확인하기 위해, 범정부 기능분석에서는 부·처의 위계, 예산 규모 및 여론조사와 같은 지표를 연구함과 아울러 그 결과를 분석하게 된다.[37] 평가를 위해

---

[37] NAA, *Appraisal*, NAA, 2003.
〈http://www.naa.gov.au/recordkeeping/disposal/appraisal/intro.html〉

분석된 이러한 기초데이터를 '중요도 지표'(Indicators of Significance)라고 통칭하는데, NAA에서는 지난 30년간 수많은 기능들의 상대적 중요도 측정을 위해 〈도표 5-I〉과 같은 9개의 기초데이터를 선정하였다. NAA에서 이러한 중요도 지표를 선정한 이유는 호주 정부의 기능 및 정부와 시민 공동체 간의 관계 파악에 명확한 청사진을 제공해 줌과 더불어, 기능의 상대적 중요도 평가에 계량적 데이터를 활용함으로써 객관성을 확보하고자 하기 위함이다.[38] 이와 같은 중요도 지표를 기반으로 실제 NAA에서는 110여 만 건에 달하는 방대한 양의 자료를 분석해 최상위 기능 및 그 하위 기능들을 도출한 다음, 각 데이터 유형의 결과들을 종합화하여 각 기능들의 우선순위를 책정하였다.[39]

국가 영구보존기록을 선별하기 위한 컨설테이션 제도 역시 범정부 기능분석의 특징 중 하나이다. 2005년 NAA는 호주 정부에서 수행되는 가장 중요한 기능 범주 파악을 위해 컨설테이션을 수행하였다.[40] 이러한 컨설테이션에는 정부기관 업무담당자, 역사학자 및 기타 학문분야 학자 등과 같은 이해당사자, 아키비스트 및 레코드키핑 전문가, NAA 평가담당자 등이 참여하여, 정부 기능에 대한 조망 및 상대적 중요도를 판단하게 된다. 공동체 컨설테이션을 활용한 평가방식은 평가 시 호주 국민의 요구 및 기대를 충족시킬 가능성을 제고시켜 줄 뿐만 아니라,

---

38 NAA, *Macro-Appraisal*(Revisions), NAA, 2003.
  〈http://www.naa.gov.au/recordkeeping/disposal/appraisal/macro-appraisal.html〉
39 이러한 분석 결과에 대해서는 Australian Government & NAA, *Provisional Macro-appraisal Rankings of the Functions of the Australian Government*, 1975-2004, NAA, 2005.5를 참조.
  〈http://www.naa.gov.au/recordkeeping/disposal/appraisal/provisional_rankings.pdf〉
40 컨설테이션의 구체적인 내용 및 수행 방식에 대해서는 NAA, "Macro-appraisal Project: Results of Consultation", NAA, 2006. 7을 참조.
  〈http://www.naa.gov.au/recordkeeping/disposal/appraisal/Macro-appraisalreport.html〉

평가 절차상의 투명성을 증진시킴과 더불어 NAA의 사업에 대한 공동체의 인식 및 참여 역시 확대시켜 주는 강점을 지니게 된다.[41]

　이상과 같이 호주 NAA에서 새롭게 추진하는 범정부 기능분석은 개별 기록물 차원의 선별 논리를 넘어, 보다 넓은 전 정부적 시각에서 평가 결정상의 체계성 및 일관성을 제공해주게 된다.[42] 예전 NAA의 평가방식 하에 NAA의 가용자원으로는 감당할 수 없는 막대한 양의 영구보존 기록물만을 양산한 상황에서,[43] 범정부 기능분석에서 채택한 하향식 접근은 짧은 시간에 많은 양의 기록물을 평가할 수 있는 강점을 제공해 주고 있다. 중요성을 지닌 핵심적인 기능들이 여타 기능들과 분리가 가능하다면, 이러한 핵심적인 기능에서 생성된 기록물에 초점을 두어 결과적으로 많은 양의 기록물 처리가 가능하다는 발상이다.[44] 이와 더불어 범정부 기능분석은 평가에 소요되는 재원 활용상의 경제적 효용성을 극대화시킬 뿐만 아니라 국가 영구보존기록물군의 결정을 위한 세부 가이드 역할을 담당하며, 무엇보다 개별 기관 차원의 협소한 시각을 벗어나 국가적 견지에서 중요한 기록물을 체계적·계획적으로 선별할

41　NAA, *Appraisal*, NAA, 2003.
　　〈http://www.naa.gov.au/recordkeeping/disposal/appraisal/intro.html〉

42　Adrian Cunningham, "Some Functions Are More Equal than Others: The National Archives' Macro-Appraisal Project", NAA, 2005, p. 2.
　　〈http://www.naa.gov.au/images/cunninghamjul05_tcm2-4903.pdf〉

43　기존의 평가방식을 수행해온 결과, 1998년 11월 현재 NAA는 250km에 이르는 영구보존기록을 보유하였는데, 당시 미국 NARA에서는 577km를 그리고 영국 PRO에서는 167km의 영구보존기록을 보유하였다. 단순 수치로는 미국 NARA에 비해 NAA의 영구보존기록물의 양은 절반 수준에도 못미치지만, 이를 국가 규모를 파악할 수 있는 인구 1인당 보유량으로 환산하면, NAA는 NARA의 약 5.5배, PRO의 약 5배에 달하는 것이다. 이에 대해서는 Anne-Marie Schwirtlich, "The Functional Approach to Appraisal: The Experience of the National Archives of Australia", *Comma* 2002(1-2), 2002, pp. 57~58을 참조.

44　Michael Piggott, "Appraisal: The State of the Art", ASA South Australia Branch Workshop Paper, 2001.
　　〈http://www.archivists.org.au/sem/misc/piggott.html〉

수 있는 메커니즘을 제공해준다.[45]

2. 영국의 평가정책과 수집정책

영국의 전형적인 평가체제는 Jenkinson의 이론을 기반으로 수립된 그리그시스템에 토대를 둔다. James Grigg를 위원장으로 하는 Royal Commission on Departmental Records에서 제출한 보고서는 공공기록물의 보존 및 폐기에 관한 법률적 근거를 제공하는 1958년 영국의 공공기록법(Public Records Act)의 기초가 되었는데, 여기서는 30년 후 역사적 가치를 지닌 기록물을 TNA로 이관토록 하는 근거와 함께 50년 후 모든 공공기록물에 대한 공개열람권을 제공하도록 하는 근거를 마련하였다.[46]

기록의 증거성 및 불편부당성을 강조하는 Jenkinson의 생산자 중심 선별 논리와 함께 미국 Schellenberg의 가치 개념은 그리그시스템 하의 평가체제를 형성하게 된다. 영국 공공기록법에 명시된 당시 PRO의 본원적 사명 중 하나는 레코드센터의 2차 점검(review) 시 '역사적 가치'의 파악을 안내하는 역할이었다. 이를 위해 전 세계적으로 일반적으로 수용된 Schellenberg의 이차적 가치 개념을 도입하여 2차 점검 시 영구

---

45 Adrian Cunningham, "Some Functions Are More Equal than Others: The National Archives' Macro-Appraisal Project", NAA, 2005, p. 2.
〈http://www.naa.gov.au/images/cunninghamjul05_tcm2-4903.pdf〉

46 TNA, Appraisal Project Board, *The National Archives Appraisal Policy Background Paper - The 'Grigg System' and beyond*, TNA, 2004, pp. 1~2.
〈http://www.nationalarchives.gov.uk/recordsmanagement/selection/pdf/background_appraisal.pdf〉 영국의 평가체제 형성과정에 대해서는 유혜림, 「전자기록 환경의 도래와 영국 평가·수집제도 개편에 관한 연구」, 한국외국어대학교 대학원 정보기록관리학과 석사학위논문, 2007, pp. 10~20을 참조.

보존 대상의 선별을 명료화시켰다.[47] 이를 기반으로 그리그시스템 하의 기본적인 평가체제는 두 단계의 절차로 구성되었다.

우선 1차 점검 단계에서는 5년 후 각 부처의 행정적 목적을 위한 기록물의 가치 판단을 수행하게 된다. 여기에는 두 가지 단서가 전제되는데, 이러한 가치 판단은 업무 종결 후 바로 실시할 필요가 있다는 것과 함께, 절차 내지 지침 등 지속적으로 반복되는 기능 중심으로 선별해야 한다는 것이다. 1차 점검 25년 후에는 PRO의 감독 하에 2차 점검을 실시하는데, 각 부처의 기능 및 활동상의 중요도와 더불어 기록물 내용상의 증거적 · 정보적 중요도를 평가 시 투영시키게 된다. 기록물 내용상의 증거적 · 정보적 중요도 판단은 부처의 역사, 정책 및 법령의 수립 · 수행 · 해석, 유명 사건 내지 인물, 정치 · 경제 · 법률 · 사회적 역사 내에서의 주요 사건 내지 동향, 과학 · 기술 · 의학적 연구 및 개발 등의 기준을 통해 이루어진다.[48]

그러나 그리그시스템에 기반을 둔 평가체제는 최근의 기록생산 환경, 특히 전자기록 환경에 직면하여 그 한계를 드러낸다. 우선 기록물 생산량의 급증에 따른 문제점이다. 평가해야 할 기록물의 양이 급증한 상황에서, 개별 파일 단위로 수행되는 내용 검토를 통한 선별은 현실적인 가용자원의 한계상 이를 불가능하게 만든다. 다음은 개별 기록물에 대한 내용평가의 한계이다. 1차 및 2차 점검 과정을 통해 수행되는 개

---

[47] Duncan Simpson & Susan Graham, "Appraisal and Selection of Records: A New Approach", *Comma* 2002(1-2), 2002, p. 52.

[48] TNA, Appraisal Project Board, *The National Archives Appraisal Policy Background Paper - The 'Grigg System' and beyond*, TNA, 2004, pp. 2~3.
〈http://www.nationalarchives.gov.uk/recordsmanagement/selection/pdf/background_appraisal.pdf〉

별 파일 단위의 상향식 선별방식으로는, 최근의 다원화되고 복잡화된 사회에서 전체 기록물에 대한 선별구조, 기록물 간의 연계관계 및 통합성을 형성시키기 어렵다. 따라서 전체적인 선별 전략 적용이 난해해지며, 아울러 타 조직 간의 유기적인 평가체제 수립 역시 용이하지 않게 된다.[49]

하지만 무엇보다 전자기록의 보편화는 그리그시스템을 토대로 한 평가체제 동요의 핵심적 요인이라 할 수 있다.전자기록이 지닌 특성은 시간의 흐름에 따른 가치의 변화를 전제로 수행되는, 그리그시스템 평가상의 시간적 격차를 허용치 않는다. 전자기록의 물리적 속성 및 보존 문제상, 행정적 가치평가를 위해 5년을 그리고 역사적 가치평가를 위해 25년을 기다릴 수 없기 때문이다. 이와 더불어 전자기록이 생성 · 유지되는 급속한 기술적 변화 및 폐기 · 변조 · 수정 등이 용이한 속성으로 인해 보다 빠른 시기의 평가가 요구된다.[50]

전자기록의 내용 점검 상에도 딜레마가 발생하게 된다. 전자기록은 사람의 눈으로는 인지할 수 없는 바이너리코드로 기재된 관계상 하드웨어 및 해당 소프트웨어 없이는 내용 가독이 불가능하며, 통제할 수 없을 정도로 방대한 양의 전자기록을 가독하기 위해서는 수많은 소프트웨어 및 하드웨어가 필요하게 된다. 특히 전자기록의 방대한 양을 감안할 때 특정한 기한을 두고 개별 파일 별로 기록물의 내용을 검토하는

---

49 Duncan Simpson & Susan Graham, "Appraisal and Selection of Records: A New Approach", Comma 2002(1-2), 2002, pp. 52~53.

50 TNA, Appraisal Project Board, *The National Archives Appraisal Policy Background Paper - The 'Grigg System' and beyond*, TNA, 2004, p. 4.
〈http://www.nationalarchives.gov.uk/recordsmanagement/selection/pdf/background_appraisal.pdf〉

그리그시스템의 평가방식은 전자기록 환경에서는 불가능하게 된다.[51]

이러한 배경에서 1998년부터 기록관리체제를 정비하게 되며, 이 과정에서 그리그시스템을 기반으로 한 평가체제 역시 재구축된다. 이는 TNA의 고유 사명인 국가적으로 중요한 영구보존 대상 선별을 강화하기 위한 것으로, 수집정책(Acquisition Policy) 개편 및 하향적 평가방식 도입이란 두 방향으로 진행되었다.[52]

먼저 수집정책의 대대적인 개편은 사회 환경의 변모에 부응한 기록물이 지닌 연구적 가치의 변화와 관련된다. 영국에서는 본디 강력한 지방자치적 특성으로 인해 상당수의 영구보존 기록물들이 전국 각지의 공공기록보존소에 분산 보존되어 왔지만, 1958년 공공기록법 제정을 기점으로 TNA는 정부 부처의 중요기록물을 선별하는 핵심적 권한을 부여받게 된다. 이는 1954년 그리그위원회의 입안사항으로, 국가 자체 특히 정부 최상위 부처의 행정적·정책적 과정을 반영하는 기록물을 TNA에서 선별해야 한다는 1950년대 영국 역사학계의 관점을 반영시킨 결과였다.[53]

하지만 사회 환경의 변화와 보조를 맞추어 기록물의 연구적 가치를 판단하는 시각 역시 변하였다. 즉 그동안 학계의 연구 동향 및 기록물에 대한 일반 이용자들의 관심은 크게 변화되어 왔는데, 우선 과거와 달리 역사학 이외에 보다 광범위한 학문 분야에서 기록물을 연구에 활

---

[51] Helen Mercer, *Appraisal Policy*(version 1), TNA, 2004. 8, p. 4.
  〈http://www.nationalarchives.gov.uk/recordsmanagement/selection/pdf/appraisal_policy.pdf〉
[52] Duncan Simpson & Susan Graham, "Appraisal and Selection of Records: A New Approach", *Comma* 2002(1-2), 2002, pp. 53~54.
[53] TNA, "The National Archives and the Selection of Records for Permanent Preservation".[cite 2007. 10]
  〈http://www.nationalarchives.gov.uk/recordsmanagement/selection/acquisition.htm〉

용하게 되었다. 또한 역사학 자체에서도 사회사 · 미시사 · 족보학 등 연구범위가 크게 확대되었다. 결국 이전처럼 정부 부처의 행정적 · 정책적 과정을 제시하는 기록물만으로는 기록물에 대한 다양한 수요를 감당하기 어려워졌으며, 국가와 개인 내지 공동체와의 관계를 반영하는 기록물 역시 선별되어야 할 필요성이 부상하게 되었다.[54]

이에 1997년 TNA는 위와 같은 변화상을 반영시킨 수집정책 가안을 수립하였다. 1998년 1월 대학의 역사학 교수, 지방기록보존소 및 기타 다양한 학문분야의 연구자들에게 수집정책 가안을 발송하여 대규모 컨설테이션을 수행함과 더불어 가안을 웹상에 공개하여 일반 대중의 의견 역시 수렴하였다. 1998년 6월 30일 이러한 컨설테이션을 종결한 후, 여기서 수렴된 의견들을 가안에 반영하여 최종 수집정책을 수립하였는데, 여기서 결정된 수집정책의 골자가 바로 '운용선별정책'(Operational Selection Policies, 이하 OSPs로 약칭)이다.

OSPs는 국가 상에서 중요한 특정 사안 및 이슈와 관련된 기록물의 수집 · 처분에 적용하는 세부적인 정책이라 할 수 있다.[55] OSPs는 영구보존기록 선별 상의 지침 내지 가이드 역할을 수행하는 것으로, 이를 통해 수집정책에 제시된 선별범주에 해당되는 기록의 확보를 가능케 해준다.[56] 각각의 OSPs가 완성되면 모든 정부기관에 배포한 다음 그리

---

54 TNA, "Acquisition Policy".[cite 2005. 9. 30]
⟨http://www.nationalarchives.gov.uk/recordsmanagement/selection/acquisition.htm⟩

55 Duncan Simpson & Susan Graham, "Appraisal and Selection of Records: A New Approach", *Comma* 2002(1-2), 2002, pp. 54~55.

56 Howard Davies, "Selection Policies for All: The Advent of Generic Operational Selection Policies for Use across Government", *Record Keeping* 8, TNA, 2006, p. 7.
⟨http://www.nationalarchives.gov.uk/documents/spring2006.pdf⟩

그 시스템을 기반으로 하는 1차 점검과 2차 점검 시 지침으로 삼게 함으로써 TNA의 수집 의지를 실제 기록물의 선별에 반영하게 된다. 즉 1차 점검에서는 기록물의 행정적 가치를 판단할 시, 점검자가 역사적 가치에 대한 판단을 간과하지 않도록 당해 기관의 연혁 및 주요 업무기능에 대해 OSPs에서 제시해주게 된다. 그리고 2차 점검 시에는 수집정책에서 제시한 8개의 대범주를 바탕으로 사회적·역사적·문화적으로 보존될 필요가 있는지 판단하게 된다. 이때 OSPs는 해당 기록이 수집정책의 어느 영역에 포함되는지를 명시하여 점검자로 하여금 수집정책에서 제시하는 범주에 맞게 기록물을 선별케 한다. 이러한 OSPs는 10년 주기로 학계의 연구동향 및 사회적 관심사를 반영해 변경하게 되며, 아울러 현재 영국 정부의 투명성을 강조하는 정책에 보조를 맞추어 수집 및 선별 업무의 공개 및 참여 범위를 확대시킬 예정이다.[57]

이러한 OSPs를 기반으로 하는 TNA의 수집정책은 주제 내지 내용에 기반을 둔 개별 기록물의 파편화된 수집을 지양한다. TNA는 수집정책의 전략적 목표를 '영국 중앙정부의 주요 정책 및 행위를 기록함과 더불어, 국가와 시민사회와의 상호작용 및 그 영향을 문서화시키는 것이다. 이를 통해 현 세대 및 미래 세대를 위한 연구 자원을 제공함을 목표로 삼는다'[58]라고 명시하면서, 세부적인 수집 범주를 〈도표 5-II〉와 같이 제시하고 있다. 이러한 8개 영역의 수집 범주는 다시 두 그룹으로 구

---

57 영국 TNA의 OSPs에 대한 상세 설명 및 구체적인 수행 방식에 대해서는 유혜림, 「전자기록 환경의 도래와 영국 평가·수집제도 개편에 관한 연구」, 한국외국어대학교 대학원 정보기록관리학과 석사학위 논문, 2007, pp. 45~64를 참조.

58 TNA, *Acquisition and Disposition strategy*, TNA, 2007. 3, p. 2.
〈http://www.nationalarchives.gov.uk/documents/acquisition_strategy.pdf〉

분이 가능한데, 상위의 여섯 개 영역은 국가 자체의 행정적·정책적 과
정, 정책의 형성 및 수행과 관련된 범주이며, 나머지 두 개의 영역은 국
가와 개인·공동체·기타 민간단체와의 상호작용 및 그 영향에 관한
범주이다.

〈도표 5-II〉 영국 TNA 수집정책의 기록 수집범주

1-1) 정부의 세입 세출 관리

1-2) 대외관계 및 국가방위 정책

1-3) 사법행정 및 치안유지

1-4) 정부의 경제지원 정책 및 관계 규정

1-5) 사회 문화정책의 수립 및 확산

1-6) 정부의 조직구조 개편

2-1) 개인·공동체·기타 민간단체를 통치하는, 국가에 의해 문서화된 영국의 경
　　제적·사회적·인구 상황

2-2) 이러한 환경에 대한 국가의 영향

<출처> TNA, *Acquisition and Disposition strategy*, TNA, 2007. 3, pp. 5~6.
　　〈http://www.nationalarchives.gov.uk/documents/acquisition_strategy.pdf〉

평가체제 개편의 두 번째 방향인 하향적 평가방식 도입은 전자기록
환경에 대비한 것이라 할 수 있다. 영국에서는 2004년까지 전자기록의
생산·유통체계를 완료할 계획인데, 여기에 보조를 맞추어 기록의 평
가체제 역시 대대적인 변화가 불가피하게 되었다.[59] 가장 먼저 떠오르
는 문제는 전자기록의 평가 시기이다. 기존의 종이기록물에 비해 볼 때

---

[59] Duncan Simpson & Susan Graham, "Appraisal and Selection of Records: A New Approach", *Comma*
2002(1-2), 2002, p. 53.

전자기록이 지닌 저장매체의 불안정성 및 기술의 급속한 사양화 문제 그리고 무엇보다 전자기록의 진본성 및 신뢰성 유지 문제 관계상, 전자기록의 평가 시기는 그리그시스템 하의 평가 기간을 따르기 어렵게 된다. 또한 전자기록이 지닌 기술적 특성 및 내용-구조-맥락의 분리성 관점에서 볼 때, 영구보존 대상을 생산된 지 30년 후에 선별하는 것은 현실적으로 불가능하게 된다.[60]

이와 같은 전자기록 환경 하의 평가에 대비해, TNA에서는 평가정책(Appraisal Policy)을 수립하였다. 평가정책은 기록관리 환경의 변화 특히 전자기록 환경에 적용하기 위해 개발된 것으로, 2004년 5월부터 평가정책 가안에 대해 공공 컨설테이션을 시행한 후 동년 8월 최종 평가정책을 확정하였다. 평가정책은 전자적 형태로 생성된 기록물의 평가 범주를 제공함과 아울러 평가에 소요되는 재원 활용상의 효용성을 극대화시키기 위해 개발된 것으로, 전자기록 환경에 부합하는 신규 평가방식 고안, 가장 높은 보존가치를 지닌 기록물의 선별 보장, 하이브리드 환경 하의 통합된 평가방안 제공 등을 핵심 목표로 한다.[61]

평가정책에서는 평가의 목적을 기록의 체계적 처분을 통한 기록관리 시스템의 효율성 담보와 함께, 영구보존 대상의 선별 및 보존으로 정의 내린다.[62] 이러한 정의와 연동하여 전자기록 환경 하의 평가에 대한 대

---

60 TNA, *Management, Appraisal and Preservation of Electronic Records*(Vol. 2: Procedures), TNA, 1999, pp. 73~74. 〈http://www.nationalarchives.gov.uk/electronicrecords/advice/guidelines.htm〉

61 Helen Mercer, *Appraisal Policy*(version 1), TNA, 2004. 8, pp. 3~4.
〈http://www.nationalarchives.gov.uk/recordsmanagement/selection/pdf/appraisal_policy.pdf〉

62 Helen Mercer, *Appraisal Policy*(version 1), TNA, 2004. 8, p. 3.
〈http://www.nationalarchives.gov.uk/recordsmanagement/selection/pdf/appraisal_policy.pdf〉

응 역시 두 방향으로 나타난다. 하나는 현용 상태의 전자기록에 대한 체계적 처분 강화이다. 이는 평가를 바탕으로 현용적 가치를 지닌 대상을 한정시켜 관리 및 보존에 소요되는 자원을 집중시킨다는 전략적 측면에서 이루어진다.[63] 이와 더불어 업무 내지 프로세스 지향적 접근을 채택해 업무 및 조직 운영상의 필요를 기반으로 기록의 가치를 평가하는 측면 역시 동일한 맥락으로 볼 수 있다.[64]

다른 하나는 거시평가(Macro-appraisal) 방식의 도입을 통한 영구보존 대상 선별의 강화라 할 수 있다. 주지하다시피 거시평가는 기록물의 가치를 개별 문서 내지 파일 단위가 아닌 정부 차원·부처 수준 내지 기관 수준에서 평가하는 방식으로, 기록물의 가치 분석에 앞서 정부 전체 범주에서의 거시적 기능분석을 우선적으로 수행하게 된다. 기록은 업무과정의 산물로, 해당 기록이 왜 생산되었으며 어떠한 기능을 충족시키는가의 측면보다 더 중요한 본원적인 가치는 존재할 수 없다. 이러한 연유에서 정부가 어떻게 업무를 수행하였으며 정부 사업 및 서비스를 어떻게 전달하였는지를 정확히 문서화하는 것이 평가의 본질이 되며, 아울러 기록의 선별 이전 조직 자체 및 조직이 지닌 전 정부에서의 역할에 대한 연구가 필수적으로 전제된다.[65]

1990년대 캐나다에서 체계화된 거시평가를 영국에서 수용하는 데에

---

63 TNA, *Evaluating Information Assets: Appraising the Inventory of Electronic Records*, TNA, 2002, pp. 3~10. 〈http://www.nationalarchives.gov.uk/documents/appraisal_toolkit.pdf〉

64 TNA, *Management, Appraisal and Preservation of Electronic Records*, TNA, 1999, Vol. 1, p. 45, Vol. 2, pp. 74~75. 〈http://www.nationalarchives.gov.uk/electronicrecords/advice/guidelines.htm〉

65 Helen Mercer, TNA Inspection and Client Manager Unit, *How to Compile an Appraisal Report*(version 2), TNA, 2006, p. 4. 〈http://www.nationalarchives.gov.uk/documents/appraisal_report_v2.pdf〉

는 몇 가지 딜레마가 존재한다. 먼저 거시평가의 전제가 되는 거시적 기능분석에는 심도 있는 연구 작업이 필수적인 반면, 각 부처에서 평가를 담당하는 점검자(reviewer)들은 그리그시스템의 오랜 관행 속에 여전히 개별적인 내용의 선별에 익숙해 있다는 점이다. 또한 영국의 현 수집정책 및 처분정책 등에 반영되어 있는 역사학계 및 기타 학문 분야에서의 요구는 거시평가에서의 기능적 중요도 평가 이상의 것을 원한다는 점이다. 아울러 거시평가는 정부 기록 중 상당량을 차지하는 케이스파일 평가에 적용키 어렵다는 점 역시 딜레마로 작용한다. 케이스파일은 기록 속의 내용을 기반으로 한 역사적 가치가 매우 큰 기록 유형인 관계상, 사례별로 개별적인 내용 검토가 필수적이기 때문이다.[66]

하지만 이러한 딜레마에도 불구하고 영국 TNA에서는 전자기록 환경하의 영구보존기록 선별을 위한 '기법'으로 거시평가 방식을 도입한다. 거시평가의 적용 가능한 요소들을 벤치마킹하여 도입한 이유는, 우선 내용-구조-맥락이 분리된 채 존재하는 방대한 양의 전자기록물 평가에 적합하다는 이유에서이다. 파일 단위에 대한 개별적 내용 검토 없이 가장 중요한 기능에서 생산된 기록물에 평가결정을 부여할 수 있을 뿐만 아니라, 기능 분석을 통해 평가결정이 가능하기 때문이다.[67] 이와 함께 기록물의 내용 분석에 소요되는 방대한 인력 및 시간의 투입 없이, 정부 전 영역에 걸쳐 수행되는 기능의 상대적 중요도 판단을 통해 중요

---

[66] TNA, Appraisal Project Board, *The National Archives Appraisal Policy Background Paper - The 'Grigg System' and beyond*, TNA, 2004, p. 6.
〈http://www.nationalarchives.gov.uk/recordsmanagement/selection/pdf/background_appraisal.pdf〉

[67] Helen Mercer, *Appraisal Policy*(version 1), TNA, 2004. 8, p. 5.
〈http://www.nationalarchives.gov.uk/recordsmanagement/selection/pdf/appraisal_policy.pdf〉

기록물이 생성될 대강의 범주 파악을 가능케 함과 더불어, 다원화되고 복잡화된 사회에서 모든 기록물의 가치를 전체 정부의 맥락에서 판단할 수 있게 해주기 때문이다.[68]

이러한 연유에서 TNA에서는 과거 개별적 내용에 기반을 둔 파일 단위의 평가를 지양하고 기능 파악을 통해 평가를 수행할 계획에 있다. 이러한 거시평가는 그리그시스템 하의 2차 점검 시 영구보존 대상으로서의 잠재성이 가장 높은 기록물들에, 평가에 소요되는 인적·물적 자원을 집중시키기 위한 방안으로 활용되게 된다.[69] 하지만 TNA의 거시평가 전략에는 평가 시 출처주의 원리를 중시하는 영국의 전통적인 관점 역시 반영되어 있다. 독일의 Sante와 Rohr가 제시한 조직의 위계가 높을수록 기록의 가치 역시 높다는 입장과 마찬가지로, 전체 정부 내 차지하는 기관의 중요도에 따라 기관에서 생산된 기록물 역시 가치가 다를 수 있다는 입장이다. 이를 토대로 한 기관에서 선별될 기록의 양을 정부 내에서 해당 기관이 차지하는 역할 및 총체적 사회에 대한 영향력에 기반을 두고 결정하게 된다.[70]

이상과 같은 평가 및 수집제도 개편 방안은 전자기록 환경 하에 영국 공공기록법에 명시된 TNA의 고유 사명을 강화시키려는 적극적인 의지

---

68 TNA, Appraisal Project Board, *The National Archives Appraisal Policy Background Paper - The 'Grigg System' and beyond*, TNA, 2004, p. 7.
　〈http://www.nationalarchives.gov.uk/recordsmanagement/selection/pdf/background_appraisal.pdf〉

69 Helen Mercer, TNA Inspection and Client Manager Unit, *Preparation for Undertaking Review of Paper Records*(version 2), TNA, 2006, p. 4.
　〈http://www.nationalarchives.gov.uk/documents/preparation_paper_review.pdf〉

70 Helen Mercer, TNA Inspection and Client Manager Unit, *How to Compile an Appraisal Report*(version 2), TNA, 2006, pp. 4~5.
　〈http://www.nationalarchives.gov.uk/documents/appraisal_report_v2.pdf〉

로 해석할 수 있다. 수집정책 개편을 통해 내용에 기반을 둔 개별 기록물의 파편화된 수집을 지양하고 국가적 견지의 중요기록물 범주를 설정함으로써, 당대 사회상을 제시하는 기록을 선별할 수 있는 토대를 구축하였다. 또한 수집 대상의 설정을 위해 역사학의 연구동향 및 기록물에 대한 일반 이용자의 관심 변화상을 반영하였으며, 역사학자·각급 기록관리기관 및 이해당사자들과의 컨설테이션을 통해 당대 사회상을 제시하는 주제를 공동으로 개발하였다.[71] 이와 더불어 전자기록의 평가에 대비해 영구보존 대상 선별 상의 하향적 접근방식을 도입함으로써 국가적으로 중요한 기록물을 체계적·계획적으로 선별할 수 있는 기반을 마련하고 있다. 이러한 점에서 볼 때 전자기록 환경에서 영국의 평가제도는, 과거 Jenkinson의 논지에 토대를 둔 평가에 대한 비관여주의에서 적극적 관여주의로 이동하고 있다고 해석할 수 있다.[72]

3. 독일의 다기관협력 평가전략

독일의 경우 개별적 내용 선별이 아닌 총체적 사회에서의 평가가 지닌 역할은 1970년대 Booms에 의해 논리적으로 제기된다. 현대 사회의 다원화 및 복잡화 경향 속에 독일의 연방기록청장인 Booms는 당대 사회에서의 평가 역할을 재조명한다. 그의 논의는 우선 사회와 기록 간의 상관관계에서 출발한다. 사회란 개념은 시간과 공간 속에서만 구체적

---

71 유혜림, 「전자기록 환경의 도래와 영국 평가·수집제도 개편에 관한 연구」, 한국외국어대학교 대학원 정보기록관리학과 석사학위논문, 2007, p. 70.
72 Duncan Simpson & Susan Graham, "Appraisal and Selection of Records: A New Approach", *Comma* 2002(1-2), 2002, p. 51.

인 실체를 지니게 되며, 인간의 모든 활동 역시 이러한 실체 내에서 특정의 가치를 지니게 된다. 이의 연장선상에서 개별적으로 존재하는 기록물 각각의 절대적 가치는 존재할 수 없으며, 이러한 가치는 당대 사회 가치관의 투영일 뿐이다. 따라서 개별 기록물의 모든 가치는 상대적인 것이며, 이러한 상대적 가치는 당대 사회현상의 구조화를 통해 실현될 수 있다고 파악하다. 또한 기록이 향후 어떠한 가치를 지닐 것인지는 현재에서는 파악할 수 없는 관계상, 현재의 기록을 미래에 전달하기 위해서는 당대 정보세계를 규정하고 있는 가치체계 속에서 개관적인 평가방법론을 찾아내야 한다. 이러한 논리에서 당대의 주요 사회상을 정식화하는 다큐멘테이션(Documentation)의 구축이 제시되며, 이를 통해 다원적인 구조를 지닌 현대사회에서 인간의 다양한 삶의 측면을 총체적으로 미래에 전달하는 것이 평가의 궁극적 목적이라 할 수 있다.[73]

하지만 Booms의 논의는 이론적 차원에 머무를 뿐 구체적인 방법론으로까지는 개발되지 못하였다는 점에서 한계를 지닌다.[74] Booms 역시 1990년대 초반 부분적으로 방향을 전환하여 사회상에 대한 구체적 준거를 제시하였다. 즉 기록물의 가치가 발현되는 사회적 가치는 초기의 주장대로 역동적인 사회상 및 여론을 통해서라기보다는, 그 사회 내부적으로 결정되는 기록물 생산자가 지닌 기능에 대한 분석을 통해 간접적으로 확인 가능하며, 따라서 아키비스트는 기록물과 다큐멘테이션을 연계시킬 수 있는 기록물을 생산케 한 기능을 분석해야 한다는 것이

---

[73] Hans Booms, "Society and the Formation of a Documentary Heritage: Issues in the Appraisal of Archival Sources", *Archivaria* 24, 1987, pp. 69-107.
[74] 김익한, 「기록물 관리체제론 및 평가분류의 새로운 흐름」, 『기록보존』11, 정부기록보존소, 1998, p. 70.

다.[75] 이러한 Booms의 평가론은 개별적인 기록의 내용에 따른 선별을 지양하고 다원화된 사회 속에서 기록이 지닌 의미 및 중요한 사회적 과정을 평가의 근저로 삼고 있으며,[76] 이를 통해 포괄적이고 합리적으로 계획된 평가의 단서를 제공한다는 점에서 의미를 찾을 수 있다.

Booms의 사고 이후 1990년대 중반 독일 기록학계에서는 전자기록 환경에 직면하여 평가의 목적을 둘러싸고 광범위한 논쟁이 전개되었다. 이것은 평가에서 기록의 내용을 중시해야 하는가 아니면 기능-활동-처리행위에 대한 기능분석에 중점을 둔 기록의 증거성에 초점을 맞추어야 하는가라는 점이다.[77] 평가에서 기록의 증거성을 중시하는 입장은 전자기록 환경과 관련이 있다. 전자기록이 생산되는 다원적 업무 프로세스 하에서는 개별 기록의 내용만으로는 해당 기록물에 대한 이해성 확보가 불가능하다. 전자기록에는 다원적인 생산맥락 및 구조가 반영되어 있는 관계상 이 속에서만 해당 기록물의 본원적 의미 파악이 가능하다. 이 때문에 법령·규정·업무기능 및 처리절차 등 기록물 생산과 관련된 증거들을 포괄적으로 확보하는 것이 기록물 평가의 기본 전제로 자리하게 된다.[78] 이러한 의미에서 평가는 조직의 의사결정 및 활동과정을 명확하게 포착하는 행위로 새롭게 정의된다. 아키비스트는 기록물의 내용을 책임지는 것이 아닌 내용을 뒷받침 하는 맥락을 복원

---

[75] Hans Booms, "Überlieferungsbildung : Keeping Archives as a Social and Political Activity", *Archivaria* 33, 1991~1992, pp. 25~33.

[76] Ole Kolsrud, "The Evolution of Basic Appraisal Principles-Some Comparative Observations", *American Archivist* 55(Winter), 1992, p. 33.

[77] Robert Kretzschmar, "Archival Appraisal in Germany: A Decade of Theory, Strategies, and Practices", *Archival Science* 5(2-4), 2005, p. 219.

[78] Angelika Menne-Haritz, "Appraisal or Documentation: Can We Appraise Archives by Selecting Content?", *American Archivist* 57(Summer), 1994, pp. 534~536.

시키는 것이 본원적인 임무임을 염두에 둘 때, 기록의 증거성은 평가의 수단이 아닌 평가의 궁극적 목적이 되어야 한다는 것이다.[79] 특히 전자 환경 하의 업무체계는 다원적·다변적·수평적 성격을 지니며, 아울러 여기서 생산되는 전자기록물에는 복합적인 조직적, 기능적 맥락 및 절차 정보가 내재하게 된다. 이러한 상황에서 조직의 기능 및 기능이 운용되는 절차에 대한 분석은 전자기록물의 생산배경 및 상호간의 유기성 창출을 위한 핵심 과제로 부상되며, 여기서 기능 및 절차에 대한 사전적 분석작업은 평가의 근간을 형성해야 한다는 것이다.[80]

전자기록 환경에서 평가를 둘러싼 이러한 사조 속에, 1990년대 말 독일에서는 '다기관협력 평가'(Cooperative Cross-Archives Appraisal)가 평가 상의 조류를 형성하게 된다.[81] 이는 독일의 여러 주립기록보존소에서 이론 및 방법론 측면 상 그 효율성이 입증된 것으로, 위와 같은 논쟁의 절충점으로 내용지향적 평가와 평가 상의 기능적 접근을 동시에 접목한 결과로 볼 수 있다. 다기관협력 평가는 종이기록 및 전자기록의 구분 없이, 유사 기능에서 생산된 기록은 다양한 아카이브 간의 협력 및 공조체제 위에 평가되어야 한다는 방식이다. 다기관협력 평가는 기본적으로 세 단계의 절차를 통해 수행되는데, 먼저 기관 간의 협의를 진

---

79 Angelika Menne-Haritz, "Appraisal or Selection: Can a Content Oriented Appraisal be Harmonized with the Principle of Provenance?", *The Principle of Provenance: First Stockholm Conference on Archival Theory and the Principle of Provenance 2-3 sept 1993*, Kerstin Abukhanfusa & Jan Sydbeck ed., Stockholm: Swedish National Archives, 1994, pp. 115~126.

80 Angelika Menne-Haritz, "Appraisal and Disposal of Electronic Records and the Principle of Provenance: Appraisal for Access-Not for Oblivion", *Principles of Appraisal and Their Application in Electronic Environment: European Models and Concepts*, Arkistolaitos, 2000, pp. 74~81. 〈http://www.narcfi/dlm〉

81 Robert Kretzschmar, "Archival Appraisal in Germany: A Decade of Theory, Strategies, and Practices", *Archival Science* 5(2-4), 2005, p. 222.

행한 후 체계적인 실제 기록조사 과정을 거치며, 최종적으로 협의체 구성을 통해 평가를 위해 협력한다는 발상이다. 여기에는 공공영역 뿐만 아니라 개인 및 민간단체도 적극적으로 참여하게 되며, 결국 이를 통해 범국가적인 '집합적 평가체제'를 형성하게 된다.

여기에는 독일의 전통적인 출처주의 관념이 내재되어 있다. 독일 평가 담론에서 출처주의는 영구보존 대상의 선별 논리와 함께 생성 당시의 맥락 확보 차원에서 중시되어 왔다.[82] 기록은 미래를 위해 생산된 것이 아니라는 점에서 기록이 지닌 증거성은 평가의 수단이 아닌 목적이 된다고 볼 수 있으며, 이러한 의미에서 출처주의는 기록의 조직화 논리를 넘어 생산 당시의 본원적 목적을 분석·보존시키는 도구로서 평가에 도입할 필요가 있다는 것이다.[83] 다기관협력 평가에서도 모든 평가는 기록이 기원하는 곳에서 출발해야 한다는 출처주의를 강조한다. 평가 수행 시 기록의 목적·역할 및 활용되는 방식과 함께 왜 기록이 생산되었는지 우선적으로 고려하게 되며, 따라서 평가는 기록이 기원하는 기능적 맥락에서 출발하게 되는 것이다. 환언하면 기록이 기원하는 곳에서 평가절차를 개시함으로써 기록의 기능적 기원 즉 맥락을 지닌 증거를 확보한 다음, 이를 사회적 차원으로 확대시켜 내용에 따른 사회의 아카이브를 형성시킨다는 전략이다.[84]

---

82 독일의 평가 담론과 출처주의의 관계에 대해서는 김현진, 「독일 기록관리 담론에서의 평가론」, 『기록학연구』 14, 한국기록학회, 2006, pp. 345~351을 참조.

83 Angelika Menne-Haritz, "Appraisal or Selection: Can a Content Oriented Appraisal be Harmonized with the Principle of Provenance?", *The Principle of Provenance: First Stockholm Conference on Archival Theory and the Principle of Provenance 2-3 sept 1993*, Kerstin Abukhanfusa & Jan Sydbeck ed., Stockholm: Swedish National Archives, 1994, p. 126.

84 Robert Kretzschmar, "Archival Appraisal in Germany: A Decade of Theory, Strategies, and Practices", *Archival Science* 5(2-4), 2005, pp. 222~223.

이러한 사조의 결과는 독일 아키비스트협회에서 제정한 평가정책문 (Position Paper)이라 할 수 있다. 평가정책문은 독일 아키비스트협회의 평가실무그룹에서 제정한 평가 수행 상의 실무지침서로서의 성격을 지니는 것으로, 2004년 10월 국가 차원의 표준으로 채택되었다. 여기서는 기능분석을 통해 사회 내에서의 생산자가 지닌 맥락 및 생산자의 업무 프로세스 그리고 기능이 지닌 생산자 맥락에서의 중요도를 우선적으로 파악한 다음, 이후 다기관협력 평가를 통해 각 아카이브별로 특정 시기의 특정 현상 및 전개 과정을 각기 분담하여 이를 문서화시키는 전략을 채택하고 있다. 아울러 정부 영역 및 비정부 영역의 구분 없이 참여함으로써 다양한 동시대의 사회적 측면을 문서화시킬 수 있게 된다.[85]

이상과 같은 독일의 평가전략은 다양한 평가이론을 최근의 환경에 맞게 전용한 것이라 할 수 있다. 특히 평가에서 사회상의 중요성과 함께 총체적 사회에 영향을 미치는 생산자의 기능상 중요도를 강조한 측면, 그리고 다기관 기능분석에 토대를 둔 하향식 접근법을 채택하는 논리는 캐나다의 거시평가 전략과 유사성을 지닌다고 볼 수 있다.[86] 결국 이러한 평가전략에서는 각 기관의 업무행위에 대한 증거의 확보와 아울러 기관을 가로지르는 사회의 표상을 기록으로 남기는 것이 평가의 궁극적 목표로 설정된다고 할 수 있다.

---

85 Robert Kretzschmar, "Archival Appraisal in Germany: A Decade of Theory, Strategies, and Practices", *Archival Science* 5(2-4), 2005, pp. 224~226.

86 Barbara Craig, *Archival Appraisal: Theory and Practice*, München: K.G. Saur, 2004, p. 87.

4. 캐나다의 거시평가전략

캐나다의 기록관리법에 의거하여 LAC는 평가 상 두 가지 영역의 책임을 지니게 된다. 즉 한시 보존대상에 대한 기록처분지침(Records Diaposition Authority, 이하 RDA로 약칭)을 승인하는 것과 함께 국가적으로 중요한 영구보존 대상을 선별하는 것이 그것이다. 캐나다에서는 1966년 국가재정위원회의 'Public Records Order' 채택과 함께, 각 기관에서 자체적으로 처분지침을 수립한 다음 담당 아키비스트의 검토 후 승인되면 한시기록은 기관 자체에서 폐기하고 영구보존 대상은 국립기록청으로 이관하도록 하는 체제를 마련하였다. 하지만 이러한 평가체제에서는 대량의 케이스파일에 한해 처분지침을 기반으로 한 평가가 이루어졌으며, 아울러 여전히 Schellenberg의 평가모형에 따른 평가가 일반적으로 수행되었다. 더욱이 PC의 보급으로 기록에 대한 기록관리자의 통제권이 약화되었으며, 따라서 모든 공공기록을 아우르는 평가는 수행되지 못하였다. 바로 이러한 상황을 개선시키기 위해 1987년부터 새로운 평가 프로세스 개발이 시작되었으며, 이를 통해 평가는 예전의 행정적 절차에서 중요기록물을 체계적으로 선별하는 '계획된 접근' 으로 변모하게 되었다.[87]

---

[87] Normand Fortier, "Transparency, Compliance, and Accountability: Developing a Knowledge Infrastructure for Macroappraisal at Library and Archives Canada", *Archival Science* 5(2-4), 2005, pp. 344~346. 캐나다 거시평가의 개발 배경 및 과정에 대한 보다 상세한 내용에 대해서는 Terry Cook, "Macroappraisal in Theory and Practice: Origins, Characteristics, and Implementation in Canada, 1950-2000", *Archival Science* 5(2-4), 2005 및 Candace Loewen, "Accounting for Macroappraisal at Library and Archives Canada: From Disposition to Acquisition and Accessibility", *Archival Science* 5(2-4), 2005 를 참조.

이러한 과정 속에 개발된 거시평가(Macro-Appraisal)는 기능을 통해 구체화되는 거시적 생산맥락을 평가의 근간으로 설정한다. 이는 기록물의 평가 시 생산자·사회구조 및 기능·생산과정이 기록물의 내용보다 중요하다는 기본 인식에서 출발한다. 즉 기록물 자체는 가치의 근원이 아니라 사회구조에 따라 결정되는 가치를 담는 그릇일 뿐이며, 생산된 당대의 사회구조 속에서 기록물이 지니게 되는 상징적 의미 및 향후에 나타날 잠재적 가치를 한정하는 것이 평가의 궁극적 목표로 규정된다. 이러한 의미에서 거시평가에서는 평가의 초점을 실제 기록물의 내용에 바탕을 둔 연구적 가치에서, 기록물이 생산된 기능적·구조적 환경으로 전환시키게 된다. 따라서 기록물이 생산된 생산맥락 및 출처정보 파악이 평가의 전제가 되며, 이는 상부구조로서의 조직체에 대한 분석에서 출발한다는 하향식 접근방식을 채택하게 된다. 실제 방법론은 국가를 정점으로 한 조직체를 사회상의 구체적 실체로 설정한 후, 상부구조로서의 조직체에 대한 분석에서 출발한다. 전체 조직의 구조와 임무를 면밀히 검토한 후 사회적 중요도의 견지에서 기관별 서열화를 책정한 다음, 이후 각 기관의 임무와 기능분석을 통해 중요기록물을 선별하게 된다.[88]

거시평가의 위와 같은 사고는 최근의 기록생산 환경에서 기록의 가치는 기록 그 자체에서 찾을 수 없다는데서 출발한다. 대신 당대 사회에서 평가가 지닌 사회적 역할에 대한 Booms의 논지에 영향을 받아 사회적 가치(Societal Values)를 평가의 근간으로 삼는다.[89] 단 이러한 사회

---

[88] Catherine Bailey, "From the Top Down: The Practice of Macro-Appraisal", *Archivaria* 43, 1997, pp. 89~99, 110~121.

[89] Canadace Loewen, "The Evolution, Application, and Future of Macroappraisal", *Archival Science* 5(2-4), 2005, p. 94.

적 가치는 추상적일 수밖에 없는 관계상, 민주주의 사회에서 시민들의 합의로 생성된 정부의 기능 및 프로그램, 특히 정부와 시민간의 상호관계를 사회적 가치의 구체적 실체로 상정한다. 이에 거시평가에서는 기록의 사회적 가치를 결정하는 세 가지 실체를 사회학 이론을 차용하여, 정부기관, 업무자 등의 기록생산자가 시민을 대리하여 수행한 기능·프로그램·활동을 의미하는 사회역사적 프로세스(Social-historical Processes), 그리고 정부 기능 및 구조에 직간접적으로 영향을 미치는 시민·고객·소비자로 설정한다.[90]

거시평가의 일반적인 수행 방식은 다음과 같은 절차를 거치게 된다. 먼저 기능·서브기능·프로그램·활동의 복잡성과 상대적 중요도 등을 파악하기 위해 연구를 수행하는 절차이다. 여기서는 우선 국가적 차원에서 각 기관이 지닌 기능상의 상대적 중요도를 분석한 다음, 각 기관의 세부적인 기능 분석을 통해 OPI(Office of Interest)를 파악하게 된다.[91] OPI는 국가의 중요 정책을 결정·수립하는 등 기관의 고유 사명을 수행하는 핵심 부서를 말하는 것으로, 이러한 OPI는 국가적 차원의 중요기록물이 집중적으로 생성되는 연원으로서의 의미 또한 함축하고 있다. 이어 위의 절차들을 통해 확인된 중요 기능과 시민사회 영역과의 상호관계에 대해 연구를 수행하며, 거시평가의 가설을 설정하고 이를 실제 기록의 가치분석을 통해 입증하는 단계로 마무리된다.[92]

---

90 Terry Cook, "Macro-appraisal and Functional Analysis: Documenting Governance rather than Government", *Journal of Society of Archivists* 25(1), 2004, p. 8.

91 Terry Cook, "Appraisal Methodology: Macro-Appraisal and Functional Analysis - Part B: Guidelines for Performing an Archival Appraisal on Government Records", 2001.
〈http://www.collectionscanada.gc.ca/information-management/007/007007-1041-e.html〉

하지만 여기서 중요한 것은 이와 같은 거시적 기능분석으로 평가가 완료되는 것이 아니라는 점이다. 위의 절차가 완료된 후에도, 상징적 · 심미적 · 정보적 가치를 지닌 요소와 더불어 마이그레이션 · 보존비용 요소 등 미시적 평가 요소 역시 고려하게 된다.[93] 이러한 거시평가 방식은 정부기록처분지침 프로그램(Government Records Authority Disposition Program, 이하 GRAD로 약칭)을 통해 세부적으로 수행되어, 기능상의 중요도에 기반을 둔 실제 평가 및 처분지침 수립이 이루어지게 된다.[94]

이처럼 거시평가에서 기록이 생성된 연원이라 할 수 있는 총체적 사회 내의 기능을 평가의 단서로 설정한 이유는, 방대한 양의 기록물에 직면하여 개별 기록물에 대한 가치 판단은 현실적으로 불가능하다는데 있다. 하지만 무엇보다 중요한 것은 최근 조직의 다원화 및 복잡화 경향 속에 개별 기록물의 내용에 따른 선별은 파편화된 내용만을 남긴다는 점에서 무의미하다는 이유에서이다. 이에 사회상의 가장 구체적인 실체인 정부의 기능에 평가 상의 초점을 두게 되는 것이다. 정부에서 수행하는 기능은 총체적 사회를 구성하는 시민의 합의로 생성된 것일 뿐만 아니라, 시민의 요구 · 사회적 경향 · 사상 · 활동 등의 거울이자 여과장치인 관계상 사회적 가치를 가장 잘 반영하고 있기 때문이다. 이러한 측면에서 기록의 가치를 판단하는 것을 'Appraisal'이라 한다면

---

92 Terry Cook, "Appraisal Methodology: Macro-Appraisal and Functional Analysis - Part A: Concepts and Theory", 2001. 〈http://www.collectionscanada.gc.ca/information-management/007/007007-1035-e.html〉

93 Terry Cook, "Macro-appraisal and Functional Analysis: Documenting Governance rather than Government", *Journal of Society of Archivists* 25(1), 2004, p. 12.

94 GRAD를 통해 수행되는 구체적인 거시평가 절차에 대해서는 나영선, 「캐나다 거시평가 제도의 이론적 배경과 운영현황에 관한 연구」, 한국외국어대학교 대학원 정보기록관리학과 석사학위논문, 2007, 3장을 참조.

보다 넓은 기능 영역의 가치를 판단하는 것을 'Macro-Appraisal' 이라 할 수 있게 된다.[95]

거시평가에서의 기능은 상대적 중요도 상의 우선순위를 책정하는 방식으로 분석된다. 거시적 기능의 상대적 중요도 판단은 먼저 기능 내지 사회적 가치와 관련된 규정 및 정책이 복잡하면 복잡할수록 중요하다는 전제 하에, 기능과 연관된 법률·규정·정책의 수 및 복잡성을 평가하게 된다. 그리고 기능 및 프로그램이 해당 기관·정부·사회에 미치는 영향의 정도를 평가하며, 해당 기능과 관련된 직원 및 부서 단위의 수와 더불어 여기에 할당된 예산규모 역시 기능의 중요도 판단에 활용된다. 이외 기능 수행 상의 독립성 및 자치성의 정도, 시민 영역과의 상호작용 수준 등을 기준으로, 해당 기능의 성격 및 범위, 정부 운영에서 차지하는 위치, 타 기능에 대한 영향 그리고 시민사회와의 상호작용 관계 측면에서의 중요도를 결정하게 된다.[96]

보다 구체적으로 거시평가 프로세스를 살펴보면 크게 기록처분 연구단계와 기록처분 행정단계로 양분할 수 있다. 먼저 기록처분 연구단계에서는 거시적 기능상의 상대적 중요도 분석을 위해 방대한 사전 연구가 수행된다. 이러한 사전 연구는 국가적 차원에서 각 기관이 지닌 기능의 중요도를 분석한 다음, 기관 내의 핵심 기능을 분석하는 하향식으로 이루어진다. 거시평가를 수행하기 위해 행해지는 사전적 연구의 첫

---

[95] Terry Cook, "Macro-appraisal and Functional Analysis: Documenting Governance rather than Government", *Journal of Society of Archivists* 25(1), 2004, pp. 9~10.

[96] 이러한 12가지에 이르는 판단 기준에 대해서는 Terry Cook, "Macro-appraisal and Functional Analysis: Documenting Governance rather than Government", *Journal of Society of Archivists* 25(1), 2004, pp. 13~15를 참조.

번째 단계는 기록처분 범정부계획(Government-Wide Plan for Disposition of Records, 이하 GWP로 약칭)의 수립이다. GWP는 기록처분 승인을 받기 위한 기관의 우선순위를 결정하는 것으로, 환언하면 각 기관의 영구보존 대상을 선별하기 위해 LAC가 교섭하게 되는 기관의 우선순위를 책정한 것이라 할 수 있다.[97] 우선순위의 책정은 총 14가지의 기준에 따라 수행되는데, 각 기준별로 5개의 등급으로 나누어 점수를 부여해 결정하게 된다.[98]

LAC와 각 기관 간에 이루어지는 고유처분지침 수립을 위한 양해각서(Memeorandum of Understanding, 이하 MOU로 약칭) 체결 단계에서도 해당 기관에 대한 사전적인 연구가 수행된다. MOU는 각 기관의 처분지침 개발을 위해 체결되는 사전적인 협정안으로, MOU의 내용은 LAC의 평가정책을 준거로 아키비스트에 의해 수행된 연구에 기반을 두게 된다. 이를 위해 MOU의 개발 전 담당 아키비스트는 해당 기관 담당 실무자의 협조 속에, 기관의 역사·규정·기능·조직구조·정부기관 및 캐나다 사회와 관련하여 해당 기능 및 프로그램이 지닌 중요도 등을 사전적으로 분석하게 된다. 이러한 분석의 결과로 기관 내 향후 평가될 기능의 우선순위가 결정되며, 이에 더해 기관 및 기록의 복합성, 평가 및 이관에 필요한 기술적 조건, 기록의 보존 및 보존처리상의 필요성 등도 우선순위 결정에 영향을 미치게 된다.[99]

---

[97] LAC, "Government-Wide Plan for Disposition of Records, Version 5: 1999", LAC, 2000.
〈http://www.collectionscanada.gc.ca/information-management/0625/0625.html〉
[98] 우선순위 책정 기준 및 점수 부여의 구체적인 방식에 대해서는 나영선, 「캐나다 거시평가 제도의 이론적 배경과 운영현황에 관한 연구」, 한국외국어대학교 대학원 정보기록관리학과 석사학위논문, 2007, pp. 21~27을 참조.

GWP 및 MOU 과정에서의 평가를 위한 방대한 사전연구는 GRAD를 지원하기 위해 제작된 자원 체크리스트(Checklist of Sources)를 통해 뒷받침된다. 이 체크리스트는 크게 정부 행정조직에 관한 정보, 기록처분 지침 수립에 필요한 정보 및 전자기록 등 기타 매체의 기록처분에 필요한 정보 영역으로 구분할 수 있다. 여기에는 각 정보가 위치한 웹사이트뿐만 아니라 소장 위치정보까지 제공되어 있어, 거시평가를 위한 사전 연구 시 유용한 자료로 활용될 수 있도록 하고 있다.[100]

이러한 연구단계가 완료되면 기록처분 행정단계가 시작되는데, 그 첫 번째 과정은 평가보고서의 작성이다. 평가보고서는 GRAD 프로그램 과정에서 발생하는 평가과정을 기록하는 문서로, 이는 정부기록 처분의 결정내역에 대한 감사증적을 제공하기 위해 반드시 생산되어 보존되어야만 하는 문서이다. 여기에는 기록처분 결과가 나오기까지 어떤 이론적 근거를 가지고 처리했는지에 대한 상세한 설명과 함께, 아키비스트가 따라야 할 지시사항을 제시해주어 평가업무 과정을 일관성 있게 지도할 수 있게 해준다. 평가보고서의 작성 후에는 이관보고서 (Terms and Condition, 이하 T&C로 약칭)를 생산한다. T&C는 영구보존기록을 LAC로 이관하기 위해 반드시 작성되는 문서로, T&C 가이드라인을 참고하여 각 기관의 상황에 맞추어 작성된다. 평가보고서가 평가과정을 설명하는 문서라면 T&C는 기록처분을 설명해주는 문서라 할 수 있다. T&C가 작성되고 국립기록청장에 의해 검토 후 승인되면 T&C의

---

99 LAC, "Guide to Research in Support of Developing a Memorandum of Understanding(MOU for the Disposition of Government Records" (미간행자료), 2004. 10, pp. 3~5.

100 자원 체크리스트에 수록된 정보유형에 대해서는 LAC, "Checklist of Sources to Support Research for the GRAD Program" (미간행자료), 2004. 10, pp. 1~20을 참조.

실제 적용을 위해 각 기관에서 적용가이드를 생산한다. T&C는 기능을 기반으로 작성되어 있기 때문에 기관의 실제 기록에 적용하기 어렵다. 따라서 적용가이드를 바탕으로 실제 적용이 이루어짐으로써, 영구보존 기록의 이관을 용이하게 해준다.[101]

이와 같은 방식을 통해 수행되는 거시평가는 실제 기록물의 생산 이전 수행되는 것으로, 궁극적 목표는 당대의 사회상을 기록을 통해 형성시키는 것이라 할 수 있다. LAC는 이러한 캐나다 사회의 역사적 기억을 선별하여 보존하기 위해, 거시평가를 통해 선별해야 할 국가적 중요도를 지닌 기록군의 범주를 선정하였다. 우선 가장 근원적인 목표는 캐나다 정부의 주권 확립 및 행정 수행에 필요한 기록과 더불어, 정부의 정책 수립 및 결정 등에 관련된 기록물을 선별하여 보존하는 것이다. 그리고 정부의 책임성 및 투명성 확보를 위해 정부기관의 정책 · 의사결정 · 프로그램과 관련된 정보를 선별 · 보존하는 것이며, 캐나다 국민과 단체들에 대한 정부 정책의 영향 및 정부와 국민과의 상호작용에 관련된 기록물을 선별 · 보존하는 것 역시 목표로 하게 된다. 이와 더불어 캐나다 국민의 권익 보호 및 이들의 사회문화적 환경을 이해하는데 필수적인 기록을 선별 · 보존하는 것과 함께, 캐나다의 역사 · 사회 · 문화 및 국민 생활상에 대한 이해를 풍부하게 하는 국가적으로 중요한 기록물 또한 국가적 중요도를 지닌 기록군의 범주에 속하게 된다.[102] 거시평가를 통한 국가적으로 중요한 기록군의 선별은 결국 아키비스트를 과

---

101 나영선, 「캐나다 거시평가 제도의 이론적 배경과 운영현황에 관한 연구」, 한국외국어대학교 대학원 정보기록관리학과 석사학위논문, 2007, pp. 51~56.
102 Richard Brown, "Preserving the Archival and Historical Memory of Government", 2001. 〈http://www.collectionscanada.gc.ca/information-management/007/007007-1042-e.html〉

거와 같은 신성한 증거의 수호자 내지 향후의 이용적 필요를 충족시키는 단순 선별자로서의 역할을 넘어, 당대의 사회상을 반영한 기록유산의 구축자로서 자리매김 시킨다.[103]

이상과 같이 살핀 거시평가 전략은 다원화되고 복잡화된 기록생산 환경 하에, 국가적으로 중요한 가치를 지닌 영구보존기록물을 계획적이면서도 체계적으로 선별하려는 캐나다 LAC의 적극적 의지 표명이라 할 수 있다. 이러한 거시평가는 예전과 같은 일정 기준에 근거한 분산화된 임의적 평가를 지양하는 대신, 총체적인 사회 기능에 대한 사전연구를 기반으로 중요 기능에서 국가적 차원의 핵심 기록을 계획적이면서도 체계적으로 선별할 수 있는 메커니즘을 제공해주고 있다. 또한 다원화되고 복잡화된 사회 속에 개별 기록물의 선별이 지닌 한계를 극복하고 기록 생산의 전체적인 전후 맥락에 대한 이해 속에 평가를 수행할 수 있게 해주며,[104] 평가에 대한 계획적 · 체계적 접근은 국가적 차원의 중요 대상을 원천적으로 확보할 수 있는 이점 역시 제공해주게 된다. 이와 더불어 국가 중요기록물을 한정시키기 위한 전문적인 연구와 함께, 평가의 설명책임을 위한 근거를 생성시키는 점 역시 거시평가의 특징적 요소라 할 수 있다.[105] 임의적인 가치 기준에 기반을 둔 개별 기록의 선별은 연구자 및 이용자의 시각에 따라 해당 기록의 가치판단이 천

---

103 Normand Fortier, "Transparency, Compliance, and Accountability: Developing a Knowledge Infrastructure for Macroappraisal at Library and Archives Canada", *Archival Science* 5(2-4), 2005, p. 359.

104 Catherine Bailey, "From the Top Down: The Practice of Macro-Appraisal", *Archivaria* 43, 1997, pp.110~115.

105 나영선, 「캐나다 거시평가 제도의 이론적 배경과 운영현황에 관한 연구」, 한국외국어대학교 대학원 정보기록관리학과 석사학위논문, 2007, pp. 65~66.

차만별할 수 있다는 점에서,[106] 거시평가는 미래의 이용적 가치를 현재의 기준으로 재단하는 위험성을 배제시켜주며, 아울러 이미 생성된 기록을 대상으로 가치를 판별하는 수동적 입장에서 향후 생성되어야 할 기록군의 범주를 설정하는 능동적 입장으로 평가를 전환케 해준다.[107]

　하지만 거시평가의 이러한 강점에도 불구하고 그 한계 역시 존재한다. 무엇보다 거시적인 견지에서 평가를 수행함으로써 기록의 개별적 가치에는 소홀할 수밖에 없다는 점이다. 물론 거시평가는 평가 상의 강조점을 기록물 자체로부터 기록물을 생성시킨 맥락으로 이전시켰지만 최종적으로는 기록물 자체에 대한 점검 절차를 지닌다. 즉 평가 가설을 검증하는 과정에서 실제 기록물의 가치 검토를 통해 거시평가의 전제가 되는 연구 내지 가정의 타당성을 확인하는 절차가 그것이다. 이를 통해 기록물이 지닌 개별적 가치와 함께, 해당 기능을 포괄적으로 문서화시키기 위해서는 어떠한 기록물이 얼마만큼 선별되어야 하는지를 결정하게 된다.[108] 하지만 거시평가 내에서의 미시평가란 무엇이며 구체적으로 어떻게 적용시켜야 하는지에 대해서는 현재로선 아직 불분명한 상태이다.[109] 모든 기록은 어느 누군가에겐 반드시 가치를 지니며, 또한 미래에 나타날 잠재적 가치를 예견할 수는 없다는 전제에서이다. 바로 이러한 점에서 기록이 지닌 미시적 가치 부분은 거시평가에서 가장 난

106 Theodore R. Schellenberg, 「현대 공공기록의 평가」, 『기록학의 평가론』, 오항녕 역, 진리탐구, 서울, 2005, pp. 44~45.

107 Brian P. N. Beaven, "Macro-Appraisal: From Theory to Practice," *Archivaria* 48, 1999, p. 158.

108 Terry Cook, "Appraisal Methodology: Macro-Appraisal and Functional Analysis - Part A: Concepts and Theory", 2001.
〈http://www.collectionscanada.gc.ca/information-management/007/007007-1035-e.html〉

109 Brian P. N. Beaven, "Macro-Appraisal: From Theory to Practice," *Archivaria* 48, 1999, pp. 177~179.

해한 영역으로 자리하며, 현재로선 국가적 중요성이라는 시각 차원에서만 미시적 가치를 한정하여 해석할 수밖에 없는 실정이다.[110]

그럼에도 불구하고 거시평가는 현재 전 세계의 수많은 국가들로부터 주목을 받고 있다.[111] 구체적 운용 및 적용방식에서는 각 국가마다 다소 상이한 양상을 보이지만, 거시평가가 지닌 이론적 적정성은 최근 기록 생산 환경 하의 평가 논리로 설득력을 지니기 때문이다. 이러한 거시평 가를 주축으로 캐나다에서는 두 방향의 평가가 수행되는 것으로 파악 할 수 있다.[112] 우선 각 기관의 책임 하에 자체 내의 운영적 필요를 위한 기록의 현용적 가치를 평가하는 처분지침 수립이다. 이는 기관의 영위 내지 업무 수행과 관련된 업무적 필요 및 법적·규정적 요건의 준수, 그리고 거버넌스 환경에서 정부의 업무수행 내역에 대한 설명책임성 확보 차원에서 필요한 기록은 기관 자체적으로 처분지침 수립 과정에 서 확보해야 한다는 논리이다. 실제 지난 1989년 캐나다 국가재정위원 회에서 제정한 Policy on the Management of Government Information Holdings에서는 정책 결정 및 수행, 업무처리와 관련된 업무적 필요성 을 지닌 기록물과 더불어, 각종 법 및 규정 준수를 위해 필요한 기록물 의 유지책임을 각 기관에 위임하고 있다.[113]

---

110 Terry Cook, "Appraisal Methodology: Macro-Appraisal and Functional Analysis - Part B: Guidelines for Performing an Archival Appraisal on Government Records", 2001.
⟨http://www.collectionscanada.gc.ca/information-management/007/007007-1041-e.html⟩

111 Canadace Loewen, "The Evolution, Application, and Future of Macroappraisal", *Archival Science* 5(2-4), 2005, p. 93.

112 Normand Fortier, "Transparency, Compliance, and Accountability: Developing a Knowledge Infrastructure for Macroappraisal at Library and Archives Canada", *Archival Science* 5(2-4), 2005, p. 344.

한편 국가적으로 중요한 영구보존 대상 기록물의 선별 및 보존은 LAC의 책임이 된다. 거시평가는 바로 이러한 영구보존 대상을 체계적·계획적으로 선별하려는 LAC의 평가전략이라 할 수 있다. 물론 캐나다 기록관리법에서는 각 기관 처분지침을 승인하는 것 역시 LAC의 책임으로 규정하고 있다. 하지만 이는 각 기관에서 부여한 보유기간 전체를 승인하는 것이 아니라, 더 이상 영구보존 대상으로 이관 받을 기록이 없다는 것을 인정하는 의미라 할 수 있다.[114] 왜냐하면 각 기관의 처분지침 수립과는 상관없이 거시평가를 통해 영구보존 대상으로서의 가치를 지닌 기록의 선별은 별도로 이루어지기 때문이다.

---

113 Richard Brown, "Preserving the Archival and Historical Memory of Government", 2001.
〈http://www.collectionscanada.gc.ca/information-management/007/007007-1042-e.html〉
114 LAC, "Multi-Institutional Disposition Authorities", LAC, 2005.
〈http://www.collectionscanada.gc.ca/information-management/007/007007-1008-e.html〉

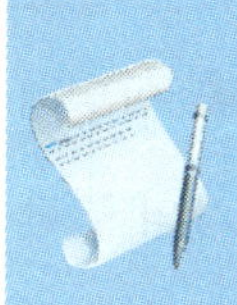

이원적 국가 평가체계 방향

　이상에서 살핀 바와 같이 각국에서는 국가적으로 중요한 가치를 지닌 기록을 선별하기 위해 별도의 평가전략을 수행하고 있다. 호주 NAA에서는 기능평가와는 별도로 범정부 기능분석을 통해 국가적 견지에서 중요한 기록물을 선별할 수 있는 메커니즘을 마련하고 있으며, 영국에서는 전자기록 환경 하에 대비하기 위해 수집정책 및 평가정책을 새롭게 수립함으로써 과거 Jenkinson의 논지에 토대를 둔 평가에 대한 비관여주의에서 적극적 관여주의로 전환하였다. 또한 독일에서는 다기관협력 평가를 통해 당대 사회상을 형성시키기 위한 범국가적인 협력 체제를 구축하였으며, 캐나다에서는 거시평가전략을 통해 다원화되고 복잡화된 기록생산 환경에서 국가적으로 중요한 가치를 지닌 영구보존 기록물을 체계적·계획적으로 선별할 수 있는 기반을 마련하고 있다.

　각국에서 채택하고 있는 이러한 평가전략들은 국립기록청의 고유 사명을 완수하기 위한 것이라 할 수 있다. 국립기록청은 국가적으로 중요한 가치를 지닌 대상을 후대에 전승하는 것이 궁극적 사명임을 염두에 둘 때, 과거와 같은 수동적인 증거의 보관자 역할을 넘어 국가의 집단기억 형성을 위해 보존할 가치가 있는 기록을 적극적으로 선별하는 책임을 담당할 필요가 있다.[115] 최근의 전자기록 환경에서 국가 및 사회는 더욱 다원화되고 복잡한 메커니즘 하에 영위되고 있다. 이러한 상황에서 방대한 양의 기록 가운데 국가적 차원에서 중요한 영구보존 대상을 선별하기 위해서는, 우선적으로 평가의 목표 및 방향을 정립함과 아울러 평가에 대한 체계적 · 계획적인 접근이 필수적이라 할 수 있다. 이러한 연유에서 각국에서는 당대의 사회상을 투영한 영구보존 대상을 선별할 수 있는 별도의 평가전략을 수립하여 운영하는 것이다.

그러나 최근의 기록생성 환경에서 사회상 측면을 더욱 중시하게 되는 또 다른 원인은 포스트모던이즘(Postmodernism) 및 이와 연계된 기억(Memory) 담론에서 찾을 수 있다. 기록학 영역에서 기억 담론은 종전 모던이즘 시대를 넘어 포스트모던이즘 시대를 맞이하여 진행된 사조의 변화와 관계가 있다. 지배적 담론으로서의 역사가 그 지위를 상실하는 동안, 기억 담론이 과거를 파악하는 사조로서 부각된 데에서 비롯된 것이다. 이 과정에서 기록을 단지 역사 사료로서 간주하고 역사가의 주관적 사고에 따라 과거를 재구성하는 차원을 넘어, 기록을 통해 총체적인 사회현상으로서의 집단기억(Collective Memory)을 형성시킨다는 사고의

---

115 Laura Millar, "Evidence, Memory, and Knowledge: The Relationship between Memory and Archives", 15th International Congress on Archives, 2004, pp. 6~7.
〈http://www.wien2004.ica.org/imagesUpload/pres_166_MILLAR_ZMIL01.pdf〉

전환이 이루어지게 된다. 이러한 관점에서 기록에 대한 사고 역시 목적의식적으로 한 사회 및 시대의 기억을 형성하는 적극적 역할을 모색하기 시작하였다.[116]

포스트모던이즘 사고에서 기록은 관리되어야 할 객체 이상의 의미를 지니게 된다. 포스트모던이즘에서는 기록의 내용 이면에 있는 맥락에 중점을 두며, 또한 과거처럼 기록이 지닌 중립성 및 객관성에 의심을 품고 의식적인 산물로 파악한다. 이러한 배경에서 기록을 예전처럼 과거 사회를 있는 그대로 제시해주는 객관적 산물로 파악치 않으며, 평가 역시 중립적이거나 객관적이지 않은 목적의식적 과정으로 인식하게 된다.[117] 또한 포스트모던이즘의 관점에서 기록보존소는 과거처럼 역사 연구를 뒷받침하거나 기타 문화적 활동을 지원하기 위해 기록을 보존하는 역할을 넘어, 집단기억·국가적 진보·민주정치·사회적 필요의 충족에 기여하는 지적 장소(intellectual place)로서의 역할을 부여하게 된다.[118]

이러한 포스트모던이즘과 기억 담론은 영구보존 대상의 선별 사명을 담당하는 기록보존소의 역할을 재설정해준다. 기록은 일정 사회 환경 속에서의 행위 과정을 통해 생성된다는 점에서 단순히 행위의 사실적 증거를 담은 부산물로서의 의미를 넘어, 총체적 사회 환경 속에서 잠재적인 집단기억으로서의 의미를 지닌 대상이라 할 수 있다.[119] 최근의 다

---

116 기록학 영역에서의 기억 담론에 대한 보다 구체적인 분석에 대해서는 원종관, 「레코드 컨티뉴엄의 속성을 통해 본 증거와 기억의 조화에 관한 연구」, 한국외국어대학교 대학원 정보기록관리학과 석사학위논문, 2007, pp. 21~27을 참조.

117 포스터모던이즘 사고와 기록학 이론과의 관계에 대해서는 Terry Cook, "Archival Science and Postmodernism: New Formulations for Old Concepts", *Archival Science* 1(1), 2001, pp. 5~17을 참조.

118 Tom Nesmith, "Seeing Archives: Postmodernism and the Changing Intellectual Place of Archives", *American Archivists* 65(Spring/Summer), 2002, pp. 24~41.

원화된 사회에서 기록은 개인의 사회생활 속에서 남겨진 기억을 사회의 기억으로 구조화시키며 유지하는 매개물임을 염두에 둘 때, 기록보존소의 핵심적 역할은 활동의 결과물을 사후에 선별하여 보관하는 과거의 패러다임을 넘어 집단기억 형성을 위해 보존할 가치가 있는 영구보존 대상을 선별하는 것이 된다.[120]

단 이러한 선별은 기록을 생성시킨 당대의 사회적 문화적 요인에 대한 고려 속에 이루어질 필요가 있게 된다. 이는 Ketelaar가 고안한 'Archivalization' 이란 개념으로 설명이 가능하다. 일반적 의미에서 'Archiving' 은 기록을 기록보존소에 모으는, 기록의 생산 이후 수행되는 활동으로 이해되어 왔지만, 최근의 전자기록 환경에서는 기록의 생산 이후가 아닌 기록을 기록관리시스템으로 획득하는 것으로 파악되고 있다.[121] Archiving에 선행하는 'Archivization' 이란 개념 역시 존재한다. 이는 9세기 프랑스 철학자인 Bernard Stiegler가 최초로 사용한 개념으로 기록의 획득에 앞선 기록의 생산을 둘러싼 다양한 국면을 포함하는 의미이지만, Archivization에 선행하는 또 다른 '사실의 순간'(moment of truth)이 존재하게 된다.[122] 이는 바로 'Archivalization' 으로, Archiving할 가치가 있는 대상이 사회적 문화적 제반 요인들에 의해

---

119 Barbara Reed, "Beyond Perceived Boundaries: Imagining the Potential of Pluralised Recordkeeping", *Archives and Manuscripts* 33(1), 2005, pp. 179~181.

120 Laura Millar, "Evidence, Memory, and Knowledge: The Relationship between Memory and Archives", 15th International Congress on Archives, 2004. 〈http://www.wien2004.ica.org/imagesUpload/pres_166_MILLAR_ZMIL01.pdf〉

121 Eric Ketelaar, "Tacit Narratives: The Meanings of Archives", *Archival Science* 1(2), 2001, pp. 132~133.

122 Steve Stuckey, "Record Creating Event: Commentary", Archives and Museum Informatics 11, 1997, p. 270(Eric Ketelaar, "Tacit Narratives: The Meanings of Archives", *Archival Science* 1(2), 2001, p. 133으로부터 재인용).

결정되는 의식적 내지 무의식적인 선택과정을 말하는 것이다. 즉 모든 기록은 기록에 수록된 내용에 앞서 이러한 내용이 생성되게 된 다양한 맥락을 함유하게 된다. 따라서 이러한 Archivalization은 Archiving에 앞서 기록의 생산 연원이 되는 광범위한 사회적 문화적 요인들을 기록의 선별에서 고려해야 함을 의미하는 것이라 할 수 있다.[123] 이는 곧 기록보존소는 기록을 사후적인 결과물로 파악해 현재 그대로를 보관하는 역사적 자료의 보관소가 아닌, 기록의 생성 연원이 되는 사회적 · 정치적 · 문화적 맥락을 반영한 기억을 창출하는 적극적 역할을 수행해야 함을 강조한 것으로 해석할 수 있다.

이러한 점에서 기록보존소는 현재의 증거를 통해 집단기억을 통제하는 권력의 요새라 할 수 있다.[124] 기록보존소는 과거의 사실을 담은 기록을 선별한다는 점에서 역사적 관점으로 볼 때 한 사회의 정체성 및 헤게모니를 좌우해 온 권력을 행사하게 되며, 이는 곧 기록보존소는 더 이상 사회에서 중립적 · 객관적 보관자가 아니라는 확실한 증거라 할 수 있다. 이를 감안할 때 기록보존소는 종래와 같은 중립적 · 객관적인 보관자로서의 입장을 넘어, 사회의 집단기억 및 정체성을 형성시키는 적극적 선별자로서의 역할을 담당해야 할 필연성이 성립되게 된다.[125] 아울러 기록관리전문직은 윤리(ethics)를 뛰어 넘는 도덕성(morality)을 기반으로, 당대의 사회상을 옳은 지향점을 가지고 후대에 전승함으로

---

123 Eric Ketelaar, "Archivistics Research Saving the Profession", *American Archivist* 63(Fall/Winter), 2000, pp. 328~329.

124 Danielle Laberge, "Information, Knowledge, and Rights: The Preservation of Archives as a Political and Social Issue", *Archivaria* 25, 1987, p. 49.

125 Joan M. Schwartz and Terry Cook, "Archives, Records, and Power: The Making of Modern Memory", *Archival Science* 2(1-2), 2002, pp. 1~19.

써 현재 또는 미래 사회에 기록을 통한 설명책임을 지녀야 할 사명을 부여받게 된다.[126] 바로 이러한 배경에서 각국에서는 국가적 차원에서의 영구보존 대상을 선별하기 위한 평가전략을 수행하고 있으며, 아울러 체계적이면서도 계획적으로 당대의 사회상 및 집단기억을 형성시킬 수 있는 기반을 구축한 것이라 할 수 있다.

국가적 차원의 영구보존 대상을 선별하기 위해 수립된 이와 같은 평가전략들은 각국마다 모두 동일하지는 않지만 유사한 지향점이 존재한다. 이러한 평가전략들은 각 기관 차원에서의 한시기록 평가와는 별도로 국가적 차원에서 중요한 영구보존 대상을 선별하기 위한 것으로, 임의적인 가치 기준이 아닌 당대의 사회상 및 집단기억 구축을 목표로 영구보존 대상을 선별한다는 점이다.

바로 이러한 점에서 전자기록 환경 하의 평가는 이원적 구도를 형성

<도표 5-Ⅲ> 이원적 평가체계 구도

이원적 국가 평가체계

현용적 가치 평가
- 기관 차원의 업무분석 기반 기능평가
- 업무적 필요, 설명책임, 컴플라이언스, 위기평가 등
- 각 기관 차원의 필요기록 선별
- 조직의 영위 및 업무 수행을 위한 현용적 필요 충족

영구보존기록 평가
- 국립기록청 차원의 국가 중요기록 평가전략
- 공동체의 기대, 역사적, 문화적, 사회적 가치 등
- 국가적 차원의 영구보존 대상 선별
- 사회상 및 집단기억의 형성

---

126 James O' Toole, "Archives and Historical Accountability: Toward a Moral Theology of Archives", *Archivaria* 58, 2004, pp. 19~20.

할 필요가 있다. 위의 도표에 제시된 바대로 이원적 국가 평가체계의 기본적 구도는 현용적 가치 평가와 영구보존기록 평가 양자로 구성된다고 할 수 있다. 현용적 가치 평가는 앞선 4장 2절에서 살핀 각 기관 차원의 업무분석과 연동하여 수행되는 기능평가를 통해 이루어지며, 국가적 차원의 영구보존 대상 선별은 국립기록청 차원의 평가전략을 통해 행해지게 된다. 또한 전자에서는 업무분석 과정을 통해 업무적 필요·설명책임·컴플라이언스 등 각 기관 차원의 필요 기록을 선별하게 되며, 후자에서는 이와는 관계없이 공동체의 기대나 역사적·문화적·사회적 가치를 지닌 대상을 선별하게 된다. 종국적으로 위와 같은 이원적 평가체계는 업무행위에 대한 증거를 기록으로 획득하는 과정과 연동하여 수행되는 기능평가를 통해 조직의 영위 및 업무 수행에 필요한 기록의 현용적 가치를 정확히 평가하는 것이 하나의 축이라면, 이와는 별도로 기능평가의 한계로 지적되는 공동체의 기대나 역사적·문화적·사회적 가치의 선별을 위해 국가적 차원의 영구보존 대상을 선별할 수 있는 평가전략 수립이 또 하나의 축을 형성하게 된다.

현용적 가치와 사회문화적 가치가 조화를 이룬 이러한 이원적 평가체계 구도는 Millar가 제시한 '총체적 아카이브즈'(Total Archives) 개념과 연관 지어 파악할 수도 있다. 총체적 아카이브즈 개념은 국가 기록관리가 현용적 측면에서는 최근의 사회 환경 속에 정보화 세계의 일원으로 자리해야 하며, 아울러 비현용 측면에서는 기록문화 유산의 형성과 함께 이를 통해 국민의 정체성 확립에 공헌해야 한다는 것이다. 이러한 의미에서 국가 기록관리는 단지 기록을 관리하고 보존하는 기술적 영역으로서의 위치를 넘어서야 하며, 이를 위해서는 기록 및 기록관리의 역할에 관한 명확한 목표와 철학을 지녀야 한다는 것이다.[127] 바로 이러한 측면에서 이원적 평가체계는 현용적 가치와 사회문화적 가치가 공존하는 총체적 아카이브즈 구현을 위한 방편으로 삼을 수 있게 된다.

이와 같은 전자기록 환경 하의 이원적 평가체계는 컨티뉴엄 이론에서 제시하는 기록의 복수화 측면에 대한 하나의 단서로도 볼 수 있다. 기록이 지닌 현용적 목적과 이차적 이용 목적의 구분을 지양하는 컨티뉴엄은 기록이 생산되는 복합적 현실 속에서의 다원적 목적에 주안점을 두며, 사회의 복잡화 및 다원화 속에 기록의 의미 및 활용가치를 확장해 가는 것으로 파악한다. 이러한 논리 하에 컨티뉴엄에서 기록은 차원을 달리하며 행위 및 이와 연관된 개인·단체에 대한 가치추가(value-added) 정보의 근원으로서, 업무 및 사회적 행위에 대한 증거로서, 그리고 집단적·사회적·문화적 기억이자 개인·단체·사회·문화적 정체성의 근저로서 의미를 확대해 가게 된다. 하지만 컨티뉴엄에서는 이러한 의미의 구체적인 전이방식에 대해서는 아직까지 명확한 해답을 제시치 못하고 있다.[128]

컨티뉴엄 이론에서 제시하는 4차원의 복수화는 가치의 동시성을 전제로 한 이론적 개념이라 할 수 있다. 즉 기록에 담겨진 내역이 사회 전체로 확대되어 공유되는 단계로, 라이프사이클의 논리처럼 시간 및 공간에 의해 제약을 받지 않는다.[129] 이러한 의미에서 기록은 처리행위-활동-기능-목적으로 이어지는 일련의 업무행위와 연계되어 의미를 지니

127 Laura Millar, "The Spirit of Total Archives: Seeking a Sustainable Archival System", *Archivaria* 47, 1999, pp. 46~64.

128 Michael Piggott, "Building Collective Memory Archives", *Archives and Manuscripts* 33(1), 2005, p. 65.

129 Barbara Reed, "Beyond Perceived Boundaries: Imagining the Potential of Pluralised Recordkeeping", *Archives and Manuscripts* 33(1), 2005, pp. 178~179.

게 되고, 행위를 표현하는 흔적이자 업무 및 사회적 행위에 대한 증거로서 그리고 집단적·사회적·문화적 기억이자 총체적 사회의 집단기억으로 전화되는 동시적 가치를 지니게 된다.[130] 바로 여기서 기록은 항시 행위의 흔적으로서 1차원에서 생성되지만 모든 기록은 각 차원에 동시적으로 공존하게 되며, 현재 업무처리 과정 중에 있는 기록이라도 사회 전체에서의 가치를 지닌 복수화 공간에 존재한다고 할 수 있다.[131]

하지만 이러한 논리에서 의미하는 가치의 동시성은 곧 가치의 동시적 평가 논리로까지 치환될 수는 없다. 모든 기록은 행위의 증거임과 동시에 집단기억으로서의 잠재적인 가치를 지닌다는 논리는 이론적으로 성립될 수는 있지만, 이러한 양자의 가치를 동시에 평가하는 행위는 현실적으로 성립될 수 없다. 라이프사이클 이론처럼 시간의 흐름과 함께 기록의 가치를 절대적으로 양분할 수는 없지만, 시간의 경과와 함께 모든 만물이 변화하듯 기록의 가치 역시 변할 수밖에 없기 때문이다. 인간이 앞으로의 미래를 예견할 수 없는 것처럼, 잠재적인 가치를 예견하는 예언자로서의 역할을 수행하는 것이 평가 행위가 아니다. 평가는 기록의 필요를 기반으로 한다는 점에서 그리고 기록의 필요는 시간의 흐름 및 필요 주체에 따라 달라질 수밖에 없다는 점에서, 기록의 가치 선별은 현실적으로 시간의 흐름 및 필요 주체를 고려하며 행해질 필요가 있는 것이다.

바로 이러한 점에서 이원적 평가체계는 컨티뉴엄의 이론적 구상을

---

130 Sarah J. A. Flynn, "The Records Continuum Model in Context and Its Implications for Archival Practice", *Journal of the Society of Archivists* 22(1), 2001, pp. 80~81.

131 Barbara Reed, "Beyond Perceived Boundaries: Imagining the Potential of Pluralised Recordkeeping", *Archives and Manuscripts* 33(1), 2005, p. 180.

현실적 방안으로 치환할 수 있는 하나의 단서를 제공한다고 할 수 있다. ISO 15489에 기반을 둔 기능평가를 통해 업무행위에 대한 증거를 사전적으로 획득케 하고 국가적 차원에서의 영구보존 대상 평가전략을 통해 총체적 사회를 위한 집단기억을 남긴다면, 컨티뉴엄 이론에서 지향하는 다차원적 가치의 선별이 가능해진다. 또한 기능평가에서 의도하는 업무와 기록 간의 연계 속에 업무행위에 대한 증거로서의 기록을 확보함과 동시에, 진본성·무결성·신뢰성·가용성을 지닌 업무에 필요한 대상을 각 기관 자체적으로 선별케 함으로써 기록이 지닌 현재적 의미를 강화시키게 된다. 그리고 사회의 집단기억 형성은 인간이 활동하는 현재의 정확한 포착으로부터 담보되어야 함을 감안할 때, 국가적 차원의 영구보존 대상 평가전략은 기능평가를 통해 확보된 완전무결한 증거로부터 그 의미를 사회적 수준으로 확대시킨 기록의 선별을 가능케 해준다. 결국 이를 통해 업무행위에 대한 증거 및 사회에 대한 집단기억으로서의 의미를 지닌 기록이 공존할 수 있게 되며, 아울러 기록의 현용적 가치와 사회적 가치가 통합된 국가적 단위의 평가체계가 운영될 수 있게 된다.

제6장

한국 공공기록 평가체계의 혁신 과제

평가제도의 원형 : 기록물분류기준표 기반 평가제도

1. 평가체제의 기본 구조

행정부의 거대화 및 이에 따른 기록물 생산량의 폭증 속에, 일정 가치기준을 준거로 중요기록물을 선별하는 평가는 기록관리 상의 핵심 영역으로 자리해왔다. 우리나라의 경우 평가 개념을 본격적으로 도입한 것은 지난 1999년 제정된 『공공기관의기록물관리에관한법률』(이하 법령으로 약칭) 제정 이후라 할 수 있다. 물론 법령 이전 『정부공문서규정』 및 『공문서분류번호및보존기한표』 등의 장치를 통한 중요기록물의 선별논리는 존재하였지만, 일선 업무기관에서 파악한 행정상의 활용기간을 준용하여 행정적 시각 위주로 이루어졌고 또한 개별 건 단위로 보존기간이 책정되는 등 많은 문제점이 노정되어왔다.[1] 이러한 의미에서 볼 때 구체적 가치기준 및 방법론을 명문화함과 더불어 평가를 기록관리체제 상의 유기적 절차로 규정한 법령상의 평가 규정은 이전과 차별화를 지향하는 혁신적 의도로 볼 수 있다.[2]

법령에서 제도화한 평가체제는 크게 두 단계로 구분할 수 있다. 우선 최초의 기록물 평가단계는 생산기관에서 실시하는 보존기간 산정이다. 이는 기록물분류기준표에 제시된 단위업무별 보존기간을 참조하여 처리과의 업무담당자가 부여하는 것으로, 이를 근거로 한시 기록물의 폐기 및 준영구 이상 기록물에 대한 영구기록물관리기관으로의 이관이 결정된다는 면에서 항구적 보존대상을 선별하는 행위로서의 평가를 사실상 의미한다고 볼 수 있다. 영구기록물관리기관에서의 평가는 기본적으로 기록물분류기준표의 보존분류 사항 제시를 통해 이루어진다. 해당 기관의 업무구조 및 기능 등에 대한 사전적인 분석을 통해 단위업무별 보존기간 및 보존장소, 보존매체 등의 기준을 제시함으로써 항구적 보존을 담당하는 영구기록물관리기관 시각의 선별대상을 한정시킬 수 있게 된다. 또한 중요 역사적 사안에 대해서는 모든 관련 기록물을 수집할 수 있는 권한을 부여함과 더불어, 분류기준표상의 보존기간 변경 및 생산의무 부과 등을 통해서도 항구적 보존대상의 선별 기능을 수행하게 된다.

이러한 점을 볼 때 법령상의 영구보존 기록물 선별구조는 그 형태면에서 처리과와 영구기록물관리기관을 주축으로 한 것임을 알 수 있다. 이는 중간기록물관리기관 격으로 볼 수 있는 법령상의 자료관 역할 규

---

1 이원규, 「공공기록물 보존기간 책정론 - 외국 사례의 검토와 더불어」, 『기록보존』11, 정부기록보존소, 1998, p. 78.

2 김명훈, 「공공기록물의 평가체제에 대한 이론적 검토: 선별 방식 및 가치 범주를 중심으로」, 『기록학연구』6, 한국기록학회, 2002, p. 5.

정에서도 여실히 드러난다. 중앙행정기관, 광역·기초단체, 각급 교육
청 및 군기관 등에 의무적으로 설치하도록 규정하는 등 기능적으로 분
산화 된 체제를 특징으로 하는 자료관의 역할은, 보존기간 기산일로부
터 2년 이내에 이관되는 유한보존기록물 및 일부 준영구 이상 기록물
의 수집·보존업무와 보존기간 만료 후의 폐기업무 그리고 당해 공공
기관의 기록물에 대한 정보공개 청구의 접수 등 주로 의무적으로 이관
된 기록물의 유한보존이나 이용창구로서의 업무 등에 집중되어 있다.
물론 자료관의 폐기업무에서도 영구보존 대상의 선별이 부분적으로 이
루어지긴 하지만, 전통적으로 중간기록물관리기관의 핵심 업무였던 영
구보존 대상의 선별기능은 별도로 책정되어 있지 않다. 이와 같은 법령
상의 역할 규정은 해당 기관의 기록물관리 업무를 분담시킴으로써 업
무활용 및 각 기관의 업무 특성을 반영한 생산자 중심의 기록관리 업무
를 도모할 수 있는 강점을 지니지만, 한편으로는 중간기록물관리기관
의 설립에 소요되는 시설, 장비 및 인력 등을 확보하기 힘든 현실적 여
건을 고려하며 가용자원을 효율적으로 활용하기 위한 구상으로도 볼
수 있다.[3]

　양자를 주축으로 한 이러한 평가체제의 구심점은 다름 아닌 기록물
분류기준표이다. 법령상의 평가업무는 기록물분류기준표를 매개로 순
차적으로 이루어지도록 구조화되어 있다. 영구기록물관리기관에서는
해당 처리과에 대한 업무분석을 통해 기록물분류기준표를 제정함으로
써, 생산기록물을 기능적으로 그룹화시킴과 더불어 각각의 기능에 대

---

3 이원규, 「공공기록물의 수집·이관과 아키비스트의 역할」 『기록학연구』 2, 한국국가기록연구원, 2000,
　pp. 9~10.

한 중요도 판단을 자체적으로 제시하고 있으며, 처리과에서는 이러한 기록물분류기준표를 근간으로 보존기간 산정 및 변경신청을 수행할 수 있도록 하였다. 또한 기록물분류기준표에 제시된 보존분류 항목에 따라 처리과의 생산기록물은 공식화된 시기 및 절차에 입각하여 자동적으로 수집·이관이 행해지면서, 최종적으로는 항구적으로 보존할 대상만이 영구기록물관리기관에 이르도록 설계되었다. 이러한 점을 볼 때 기록물분류기준표를 기반으로 한 평가체제는 생산부터 선별·수집·이관·보존에 이르는 전 과정이 유기적으로 연결된 메커니즘을 이룬다고 할 수 있다.

순환적 업무흐름의 이러한 평가체제는 최근의 기록관리 추세와도 부합된다. 행정기구의 복잡화, 다변화 및 이에 따른 기록물의 양적 질적 다원화는 처리일정표 등과 같은 장치를 통해 생산단계부터 기록물의 향후 처리일정을 조율하는 체제로 변화시키고 있다.[4] 특히 기록물에 내재한 유기적 구조 및 상호 연계성을 강조하는 최근의 평가사조는 선별과 관련된 전통적인 중간기록물관리기관의 역할을 희석시킨다. 주지하다시피 Schellenberg의 이론에 기반을 둔 전통적 기록관리체제에서는 현용기록관리 단계와 아카이브관리 단계가 명확히 구분된다. 이는 레코드와 아카이브의 개념을 분리시킨 Schellenberg의 가치이론에서 연유하는 것으로 볼 수 있다. 즉 아카이브는 생산목적과는 별개의 향후 연구·이용가치를 지닌 기록물로 레코드와 구별되며, 따라서 준현용과 비현용단계 사이에서 이러한 성격의 아카이브를 선별하여 한정시키는

---

4 김익한, 「기록물 관리체제론 및 평가분류의 새로운 흐름」, 『기록보존』11, 정부기록보존소, 1998, pp. 67~68.

작업이 중간기록물관리기관의 중요 역할로 규정되어 왔다. 이에 반해 기록물의 유기성 내지 상호연관성을 강조하는 최근의 평가이론에서는 해당 기록물이 지닌 독자적 가치보다는 생산배경이나 기능, 구조 등에 대한 분석이 평가업무의 기저를 형성한다. 이러한 작업은 기록물의 생산 이전 해당 기관 및 특정 사안에 대한 사전분석을 통해 완료되는 것으로, 따라서 전통적 체제하에서 중간기록물관리기관이 지녀왔던 기존의 역할은 축소될 수밖에 없게 된다.

이와 같이 처리과와 영구기록물관리기관을 주축으로 하는 구조 하에서는 현용과 준현용단계 사이에서의 생산자적 가치와, 준현용과 비현용단계 사이에서의 이용자적 가치가 해당 기록물에 동시에 투영되며, 아키비스트의 역할 및 권한으로 인식되어 온 선별작업은 외형상으로나마 처리과의 기록물 생산자에게 위임되는 특징을 지니게 된다. 이러한 평가 구조는 아래에서 기술할 법령상의 중심 요소들에 의해 뒷받침 된다.

2. 평가체제의 핵심 요소

① 기록물분류기준표

중간기록물관리기관의 선별기능을 축소한 평가체제에서 나타나는 특징 중의 하나는 선별의 주체 문제와 관련된다. 기존의 이론에 따르면 영구보존 기록물을 선별하는 평가업무는 아키비스트의 고유권한으로 인식되어왔다. 아키비스트는 행정 분야에 대한 전문지식 및 역사적 훈련, 기타 연계학문에 대한 교육 등을 바탕으로 향후의 연구, 이용 등에 관련된 가치를 분석함으로써, 비현용단계의 기록물에 대해 새로운 생명력을 창출한다는 평가의 실질적 주체로 자리해왔다.[5] 이에 반해 법령에서는 선별행위의 실질적 담당자를 기록물 생산의 주체인 처리과로 설정하고 있다. 앞서 언급한 것처럼 처리과에서 시행하는 보존기간 산정업무가 항구적 보존대상을 선별하는 사실상의 업무단계임을 염두에 둘 때, 처리과는 기록물의 실제 생산자임과 동시에 선별행위자라는 양면성을 지니게 된다. 이러한 양면성은 곧 선별에 반영되는 가치문제로 귀결된다. 생산자의 선별은 물론 행정적 시각을 통한 생산목적 본래의 가치를 투영시킬 수 있는 강점을 지니지만, 역으로 역사적 가치 등 향후 이용적 측면의 이차적 가치를 결여하기 쉬운 측면 또한 지닌다고 볼 수 있다.

이를 보완하는 장치 중 하나는 보존기간의 기준을 제시하는 기록물분류기준표의 제도적 구상 속에 포함되어 있다. 기록물분류기준표는 처리과별 생산기록물에 대한 보존기간 및 보존방식 등의 처리 일체를 조율하는 것을 목적으로 한다. 기록물분류기준표상의 보존기간은 처리과의 의견을 반영하여 영구기록물관리기관이 책정한다는 점에서 기록물의 가치판단에 대한 사전 합의적 성격을 지니며, 또한 해당 처리과 업무에 대한 사전조사 단계를 거쳐 영구기록물관리기관이 제정 및 개정, 변경 권한을 지닌다는 점에서 항구적 보존대상을 담당하는 영구기록물관리기관의 선별 의지를 강하게 반영시킬 수 있는 논리를 지닌다. 따라서 기록물분류기준표상의 기준 제시를 참고해 처리과에서 시행하는 보존기간 산정은, 법령 시행 이전 행정적 시각 위주의 영구문서 선

---

5 Theodore R. Schellenberg, 『현대 기록학개론』, 이원영 역, 진리탐구, 서울, 2002, pp. 143~146.

별 관행을 방지하며, 생산자적 시각과 함께 영구기록물관리기관 시각
을 병행하여 반영시킬 수 있는 평가구조를 이루게 한다.

기록물분류기준표는 평가에 연계된 각종 업무를 조율하는 역할 또한
수행한다. 우선 처리과별 단위업무를 운영상의 기본 단위로 채택함과
동시에 이를 기반으로 기록관리 전 과정을 통합적으로 통제할 수 있게
하며, 출처 및 기능에 따른 기록물 분류를 지속적으로 수행케 한다. 또
한 각 기관의 단위업무별로 고유번호를 부여해 전산등록제를 가능케
함으로써 정리와 더불어 향후 기록관리 각 단계마다 생성되어야 할 목
록으로 전환해 사용할 수 있게 하며, 종래의 보존기간별 편철방식을 지
양하고 단위업무 내의 개별 사안에 따라 업무순서별 편철을 유도함으
로써 원질서원칙에 따른 물리적 유지 또한 가능하게 해준다.

기록물분류기준표를 기반으로 한 이러한 체제에서는 일차적 가치와
이차적 가치가 동시에 평가된다. 현용과 준현용, 준현용과 비현용단계
사이의 기관 역할 및 가치기준에 대한 엄격한 구획선을 긋는 전통적 이
론과 달리, 이러한 평가체제에서는 생산단계 및 생산기관 자체에서 일
차 및 이차적 가치를 모두 투영시킬 수 있으며, 영구보존 대상의 선별
또한 비현용기록을 대상으로 하는 것이 아닌 현용기록에 대해 이루어
지게 된다. 이러한 활용성과 영구보존성의 동시 평가는 기록관리 전 과
정을 유기적으로 연결시킨 관리연속성의 원리를 토대로 한 현대 기록
관리체제에서 나타나는 특징 중의 하나이며, 또한 기록물을 하나의 물
리적 실체로서 보다는 논리적 실체로 파악하는 최근의 이론적 동향에
따른 결과이기도 하다. 결국 현용, 준현용, 비현용 단계가 혼합되는 이
러한 구조는 중간기록물관리기관의 선별기능이 축소된 평가체제에서
도 일차 및 이차적 가치를 모두 반영할 수 있게 하며, 생산 시점부터 기

록물의 생산배경 및 출처, 기능구조를 유지시켜 항구적 보존기록물의 유기성을 증진시키는 효과 또한 유발시킨다.

② 수집제도

선별과 관련하여 기록물분류기준표를 뒷받침하는 제도적 고안은 법령상의 수집조항 속에 내재되어 있다. 중요기록물의 선별과 관련된 수집 역할의 중시 경향은 최근의 기록관리체제에서 나타나는 추세 중 하나이다. '생산-활용-처리' 의 일관된 조직화를 지향하는 현대 기록관리체제에서 수집은 기록물에 대한 선별의 틀을 제공하는 평가의 전단계로서 중요성이 부각되고 있으며, 항구적 보존기록물의 내용적 범주 및 전체 구조를 설계한다는 점에서 그 역할이 강조되고 있는 실정이다.

중간기록물관리기관의 선별기능이 축소된 평가체제에서 항구적 보존기록물을 전담하는 영구기록물관리기관의 수집제도는 보다 적극적인 측면을 지니게 된다. 이러한 점은 우선 수집제도를 총괄하는 제도적 장치인 기록물분류기준표의 운용논리에도 여실히 반영된다. 법령에서는 기록물분류기준표의 제정 권한을 중앙기록물관리기관 및 특수기록물관리기관과 같은 영구기록물관리기관에 위임하고 있다. 이는 기록관리 전반을 조율하는 기록물분류기준표의 통일적 운영을 기획한 의도로 볼 수 있지만, 한편으로는 처리과의 생산자적 시각에서 도외시되기 쉬운 역사 및 향후 이용가치를 보존기간 책정에 반영시킴과 아울러, 중요기록물을 수집하려는 영구기록물관리기관의 정책적 의지를 기록관리의 총괄적 견지에서 투영시키려는 의지 또한 함유하는 것이다.

기록물분류기준표의 효력 역시 수집 역할의 강화요소로 볼 수 있다. 기록물분류기준표상의 보존기간은 표면적으로는 기준제시 성격에 불과하지만, 그 내면적으로는 중요기록물에 대한 영구기록물관리기관의 선별의지를 암시하는 예고성 및 이관의 강제성을 함축하고 있다. 기록물분류기준표상에 준영구 이상으로 분류된 기록물은 비치기록물, 사료적 성격이 미약한 대체보존 기록물 등 자료관에서도 영구보존이 가능한 기록물 및 이관연기 기록물, 비밀기록물 등 일정 사유를 지닌 대상을 제외하고는 모두 영구기록물관리기관으로의 이관대상에 포함되며, 또한 기록물분류기준표상의 보존기간과 처리과에서의 실제 보존기간 산정이 상이한 경우에도 일단 재심사를 위해 영구기록물관리기관으로 이관되는 등, 기록물분류기준표는 영구기록물관리기관의 수집 의지를 관철시키는 제도적 장치로서의 성격을 지닌다.

생산현황보고는 영구기록물관리기관의 수집정책을 조율할 수 있는 장치라는 점에서 수집 역할 강화의 또 다른 축을 형성한다. 기록물등록대장 및 배부대장, 기록물철등록부를 전산파일 형태로 제출받는 생산현황보고를 통해, 영구기록물관리기관에서는 기록물의 생성단계부터 해당 기록물에 대한 상세 정보의 파악이 가능케 되어 고의누락이나 은폐·훼손·멸실 등의 부작용 없이 중요기록물의 원천적 확보를 도모할 수 있으며, 유사시에는 전산관리 자료를 통해 개별기록물에 이르기까지 추적하여 수집할 수 있게 된다.[6] 생산현황보고의 제출시기 또한 전략적 발상이 내재되어 있다. 생산현황보고의 제출시한은 처리과에서 자료관으로는 정리년도 5월 31일까지, 그리고 자료관에서 영구기록물관리기관으로는 정리년도 6월 30일까지로 규정하고 있는데, 이는 곧

---

6 이원규, 『한국 기록물관리제도의 이해』, 진리탐구, 서울, 2002, p. 234.

영구기록물관리기관에서는 기록물 실물이 이관되기 9년 전에 해당 기록물의 구체적 수량 및 매체 종류, 보존처리 방식 등에 대한 파악이 가능해짐을 의미한다. 이를 통해 영구기록물관리기관에서는 전체적 선별 방침 및 보존역량 등을 고려한 치밀한 수집계획을 수립할 수 있게 되며, 결국 항구적 보존대상의 선별에 대한 정책적 판단에 따라 수집대상 및 범위 등 구체적 사항을 결정할 수 있는 효과를 얻게 된다.

수집의 범주 역시 영구기록물관리기관의 적극적 선별의지를 반영한다. 법령의 제·개정 및 중요 정책사안, 기타 역사적으로 중요한 기록물은 의무적으로 생산토록 법령에 명문화시키고 있을 뿐만 아니라, 이들 기록물에 대해서는 처리과의 보존기간 산정 시 영구로 책정토록 규정함으로써 중요기록물을 원천적으로 수집할 수 있는 근거를 마련하고 있다. 또한 역사자료로서의 성격을 지닌 기록물에 대해서는 해당 기관에 생산을 강제시킴과 더불어 기록물분류기준표상의 기준이나 처리과의 보존기간 산정과 상관없이 직접 보존기간을 지정할 수 있고, 심지어는 특정 기록물의 보존기간을 변경하여 수집대상으로 삼을 수도 있다. 이외에도 공공적 성격이 제한적인 중요기록물도 미리 기록물분류기준표에 반영하여 수집대상에 포함시킬 수 있도록 하였으며, 민간인이 보유한 사적소유 기록물조차 국가적으로 보존할 가치가 높다고 판단되는 경우에는 국가기록물관리위원회의 심의를 거쳐 국가기록물로 지정하여 수집하는 등, 항구적 보존가치를 지닌 기록물에 대해서는 그와 관련된 모든 기록물을 망라하여 수집할 수 있는 권한을 부여하고 있다.

③ 평가분류

이처럼 기록물분류기준표 및 수집제도 등의 장치를 통해 선별의 기

능을 대행시키는 가운데, 영구기록물관리기관의 실질적 자원은 중요기
록물의 항구적 보존전략에 집중시킬 수 있도록 설계되어 있다. 이를 실
현시키는 장치는 바로 영구기록물관리기관의 고유 업무로 설정된 평가
분류이다. 기록의 양은 기하급수적으로 증가하고 생산방식이나 보존처
리 방식은 다양하게 변화하는 반면, 중요기록물의 항구적 보존은 이에
수반되는 비용과의 함수논리를 벗어날 수 없다. 또한 평가를 통해 선별
된 영구보존 기록물의 가치를 재창출하기 위해서도 해당 기록물의 상
태 및 내용적 유기성을 구조적으로 보존해야 하는 당위성이 제기된다.
이러한 점을 염두에 둘 때 법령상의 평가분류 조항은 영구기록물관리
기관의 다양한 역할 중 전략적 지위를 보유하는 핵심 업무로 파악할 수
있다.

　법령상 평가와 보존전략과의 연계구상은 기록물의 생산단계부터 행
해질 수 있도록 설계되어 있다. 우선 기록물의 생산단계에서 행해지는
보존기간 산정 시 보존방법과 보존장소를 함께 선정토록 함으로써 기
록물의 중요도에 따른 보존전략을 차별화시키고 있다. 보존기간이 준
영구 및 영구로 책정된 기록물은 원칙적으로 항구적 보존시설을 구비
한 영구기록물관리기관으로 보존장소를 지정함과 함께, 기록물의 중요
도, 활용도 및 매체의 특성 등을 고려하며 매체수록 등 보존방식을 달
리한다. 또한 준영구 이상 기록물에 대해서는 종이·잉크·필기구 등
의 기록재료 사용을 법령상에 직접 명시해 의무화하고 있는데, 이는 중
요기록물의 항구적 보존을 생산 시부터 시도하려는 의지로 파악할 수
있다.

　이와 같은 법령상의 장치들은 기록물분류기준표의 제정과정에서 파
악된 해당 업무 및 기록물의 특성, 가치 등을 근거로 생산단계부터 준

영구 이상의 기록물 보존에 차별적 전략을 기함으로써, 항구적 보존전략을 조기에 실시할 수 있는 강점을 지님과 더불어 현대 기록관리체제의 딜레마 중 하나인 '보존과 비용' 의 함수관계를 생산 시점부터 통제할 수 있는 효율성을 지닌다. 영구기록물관리기관 차원에서는 중요기록물의 분산, 중복 보존이 조기에 실시됨으로써 항구적 보존을 위한 사전적 안전조치를 취하게 되는 효과를 지니게 되며, 나아가 준영구 이상 기록물을 생산 당시의 내용적, 물리적 단위 그대로 관리하여 영구기록물관리기관으로 이관할 수 있는 효과 또한 기대할 수 있다.

이러한 보존전략은 영구기록물관리기관의 평가분류를 통해 구체적으로 심화된다. 영구기록물관리기관의 평가분류 업무는 준영구 이상 기록물에 대한 보존전략을 최종적으로 수립함과 동시에 보존매체 수록 · 수리 · 복원 등의 실질적 보존업무에 대한 지침을 제공하는 단계로, 보존과 관련하여 기록물의 내용 및 형태를 분석하는 이원적 구조를 형성한다. 준영구 이상 기록물의 내용을 분석하는 보존가치 평가분류는 기록물에 내재된 사료적 · 증빙적 · 업무참고적 가치를 1~3등급으로 구분한다. 물론 3개의 가치등급은 해당 기록물의 절대적 가치에 대한 측정기준은 아니며, 보존분류를 통해 선별된 중요기록물에 대한 초보적 이용정보를 대략적으로 구분한 기준으로서의 의미를 지닌다.[7] 여기에는 보존가치의 순위에 따라 보존의 안전성 및 매체수록 · 수리 · 복원 등의 순서에 우열을 기함으로써 향후의 열람 · 활용을 효과적으로 수행한다는 개념이 내재되어 있다. 상태평가분류는 물리적 손상분석과 현

---

7 이원규, 『한국 기록물관리제도의 이해』, 진리탐구, 서울, 2002, p. 299.

상적 손상분석의 이원적 구조를 이룬다. 종이류 및 오디오·비디오류, 사진·필름류 별로 분석하는 이러한 상태평가는 현재의 물리적 상태만이 아니라 기록재료의 물리적 보존성 및 미래의 훼손가능성까지 판단하는 항구적 보존에 대한 적극적 의지의 반영으로 볼 수 있다.[8]

평가와 보존전략과의 연계가 제공하는 '보존과 비용' 의 합리성은 항구적 보존량의 확대란 효과를 유발시킨다. 생산단계에서의 보존분류시 비치기록물, 대체보존 기록물 등과 같은 준영구보존 기록물은 자료관 내지 특수자료관에서 보존할 수 있도록 보존장소를 지정함으로써 중요기록물의 보존을 분담시키고, 또한 증빙자료 내지 업무참고적으로 활용기간이 비교적 짧고 역사적 가치 및 열람빈도가 낮은 기록물은 매체만 보존하는 것으로 보존방법을 지정함으로써, 결국 영구기록물관리기관의 보존부담을 경감시킴과 아울러 보다 보존가치가 높은 기록물의 보존량을 확대시키는 결과를 가져오게 된다.

이상과 같이 기록물분류기준표에 기반을 둔 평가제도는 라이프사이클에 근거한 평가방식을 현실적 가용자원을 활용하여 효율적으로 재구성하면서도, 기본적인 논리를 여타 장치를 통해 체계적으로 실현시킬 수 있도록 설계되어 있다. 이러한 평가방식에서는 기록물의 생산과 동시에 생산자적 시각과 영구기록물관리기관의 시각을 병행하여 반영한 가치의 선별이 이루어지게 되며, 나아가 평가는 생산 본래의 목적이 소멸된 비현용단계에서의 독립적 업무가 아닌, 생산부터 폐기에 이르는

---

8 평가와 보존전략을 연계시킨 평가분류 요소로는 이외에도 상대평가의 개념을 들 수 있다. 이것은 영구기록물관리기관에서 보존되는 기록물 가운데에서의 상대적 중요도를 가늠하는 척도로, 일반적으로 30 : 40 : 30의 비율로 구성되는 상태평가 요소들은 '비용대 보존' 의 합리성을 제고시키는 영구기록물관리기관 자체의 보존전략으로 이해할 수 있다.

기록관리 전 과정에 걸친 유기적 업무로 재편되게 된다.

3. 평가의 준거

① 평가의 가치 범주

법령에서는 평가와 관련된 가치개념을 사료적 가치, 증빙자료적 가치 및 업무참고적 가치라는 세 범주로 구분하고 있다. 사료적 가치는 특정 대상의 연혁 내지 변천사 등 역사연구의 대상이 될 내용적 범주를 말하고, 증빙자료적 가치는 특정인 및 특정 대상과 관련된 사안의 증명에 관련된 내용을 그리고 업무참고적 가치는 업무지침 또는 참고자료로서의 활용도를 그 내용적 범주로 하고 있다. 이러한 가치범주는 생산목적 본래의 기록물 특성을 분석하는 요소와 함께, 생산목적 이외의 확대된 가치를 분석하는 요소 양자를 모두 포괄한다. 즉 업무참고적 가치가 생산자적 시각에 중점을 둔 전자의 범주라면 사료적, 증빙자료적 가치는 향후의 이용자에 초점을 맞춘 후자의 범주라 할 수 있다.

가치개념을 생산자 중심에 둘 것인가 혹 기록의 생산목적과는 무관한 향후의 이용자에 둘 것인가, 또한 기록물의 개별적 내용 가치를 우선시 할 것인가 아니면 상호유기성에 기반을 둔 기록물의 생산맥락을 강조할 것인가는 지금까지 평가이론의 첨예한 논쟁을 주도해온 요소였다. 이러한 논쟁은 영구적으로 보존할 기록물의 대상 및 목적을 가늠케 하는 중요한 잣대이며, 나아가 평가란 무엇인가라는 본원적 문제에까지 확대되는 논쟁을 유발한다. 따라서 법령상에 제시된 가치개념의 적합성을 재숙고하기 위해서는 이러한 논쟁의 양대 조류에 대해 역사적으로 조망할 필요성이 제기된다.

생산목적과는 단절된 향후의 이용적 가치에 주안점을 둔 가치개념은 미국의 Schellenberg에 의해 체계화되었는데, 이는 당시 미국적 상황의 투영으로 볼 수 있다. 유럽에 비해 상대적으로 역사가 짧은 미국의 기록관리 전통 및 소규모의 분산화 된 기록보존체제는 20세기 이후 혁신적 변화에 직면하게 된다. 즉 세계대전에 따른 국가조직의 비대화 및 기록물의 양적 팽창 그리고 대공황 이후 뉴딜정책에 따른 권력 집중의 시류 속에, 이전의 체제와는 단절된 국립기록청을 주축으로 한 대규모의 중앙집권적 기록보존체제를 형성시켰으며, 이전의 관행으로는 전연 불가능한 대량의 기록물을 통제할 수 있는 혁신적인 선별장치의 필요성에 직면하게 된다. 선별범위는 당시의 보존시설 여건을 고려해야 한다는 당위성에서 경제학의 한계효용법칙이 도입되었으며, 선별의 구체적 기준은 생산자의 임의적 판단보다는 정형화 내지 공식화 된 가치에 근거해야 한다는 점에서 대량의 기록물을 효율적으로 평가할 수 있는 일반적 가치기준이 개발되기 시작하였다. 바로 여기서 기록물의 개별적 내용 가치를 측량하는 기준에 근거하여 대량의 기록물을 기계적으로 선별해 관리하는 미국식 평가체제가 수립하게 된 것이다.

이와 같은 배경 하에 성립된 Schellenberg의 가치개념은 기록물을 생산한 본래의 목적을 의미하는 일차적 가치(Primary Value)와, 생산시효가 소멸된 이후 증거 및 역사, 연구 등의 방면에 이용되는 이차적 가치(Secondary Value)로 크게 구분된다. 이러한 양분된 가치구분은 기록물에 대한 양분된 개념 정의로 이어진다. 우선 생산목적 본래의 일차적 가치를 지닌 기록물은 '레코드'(Record)로 그리고 생산목적과는 별개의 이차적 가치를 지닌 기록물은 '아카이브'(Archive)로 정의 내린다. 여기서 의미하는 아카이브는 "참고 및 연구 상의 목적으로, 영구보존의 가치가 있다고 판단되어, 영구보존을 위해 선별된 레코드"를 의미한다.[9] 레코드가 아카이브로 되기 위해서는 생산 혹은 접수된 목적 이외의 가치를 지녀야 하며, 기록물을 생산한 본래의 목적이 소멸된 이후 연구 및 기타 이용 상의 목적으로 장기간 활용성을 지속할 이유를 지녀야 한다는 것이다. 이러한 관점에서 본다면 아카이브는 레코드란 전체집합 안에 포함되는 특정 원소만으로 구성된 부분집합이며, 이러한 부분집합을 규정하는 것이 평가업무의 핵심 관건이 된다.

이러한 아카이브의 개념 및 이를 선별하는 평가논리는 결국 개별적 기록물에 대한, 향후의 유용성에 바탕을 둔 가치의 차등화로 볼 수 있다. 따라서 영구보존 기록물의 선별은 생산목적이 소멸된 비현용단계에서 이루어지게 되며, 생산자적 입장의 일차적 가치와 잠재적 이용자 위주의 이차적 가치는 엄격히 구분된 업무단계에서 별도로 수행된다. 또한 기록물 각각에 대한 고유 가치를 중시함으로써 기록물의 본원적 속성 중의 하나인 기록물간의 상호유기성은 신중히 고려되지 않으며, 원질서원칙 역시 아카이브 단계에서는 무의미한 것으로 규정된다.

이에 반해 생산목적의 본원성을 강조하는 평가이론의 근원은 아카이브의 본질에 대한 르네상스적 회귀에 그 출발점을 둔다. 앞선 2장에서 언급하였듯이, 고대 로마법에 근거한 관념인 영속적 기억성과 공적 신뢰성으로 대표되는 아카이브의 본질은 가치의 중립성을 원칙으로 한다. 일회성 기록 내지 사본 등을 제외한 보존기록물은 위의 두 관념에 기초하여 동등한 가치가 부여되며, 따라서 특정 가치에 귀속된 선별행

---

9 Theodore R. Schellenberg, 『현대 기록학개론』, 이원영 역, 진리탐구, 서울, 2002, p. 18.

위는 무의미한 것으로 인식된다. 이와 같은 사조에 뿌리를 둔 아카이브에 대한 인식은 현대 유럽의 아카이브 정의에 전승된다. 대표적으로 영국의 Jenkinson은 문서가 아카이브로 전환되는 주요 관건을 공식적 보존내력(Official Custody)으로 규정하면서, 아카이브를 공적 활동으로 생산·수집되어 공신력을 부여받은 기관에 의해 보존되는 문서로 정의하고 있다.[10] 이는 공신력 있는 공공기관에 의해 지속적으로 보존되어 온 것에 기인한 기록물에 대한 신뢰성 및 내용적 진실성, 그리고 인위적 수집이 아닌 공적 활동 중 자연적으로 축적된다는 자연성 및 전체 기록물과의 상호연관성이란 아카이브의 본질적 속성을 근저로 하는 것이다.

바로 여기서 생산목적 고유의 가치를 중시하는 평가관념이 도출된다. 생산목적과 상관없는 가치척도를 도입하는 것은 아카이브의 본성을 파괴하는 행위로 간주된다. 생산 당시의 배경 및 목적·기능·구조 등과는 무관한 장차 이용될 이차적 가치 위주로 특정 기록군을 한정하는 것은 아카이브의 의미를 축소시키게 되며, 따라서 평가는 개별 기록물에 인위적 가치를 부여하거나 이를 통해 특정 기록물을 선별해 내는 행위만으로 한정될 수 없다는 것이다. 또한 생산목적과 분리된 개별적 내용 가치를 기준으로 선별하는 것은 생산기록물의 통합성을 훼손시키는 행위로 간주된다. 특정 조직의 업무수행 중 자연적으로 축적된 기록물은 상호 유기적 구조를 형성하며, 특정 조직의 행위에 대한 근거 및 사실 그 자체로서 의미를 지닌다고 볼 때 인위적인 이차적 가치 위주의

---

10 Hilary Jenkinson, *A Manual of Archive Administration: Including the Problems of War Archives and Archive Making*, Oxford: The Clarendon Press, 1922, pp. 9~11.

선별은, 이러한 유기성을 약화시키는 결과를 초래할 뿐만 아니라 생산기관 내 기록물의 유기적 연관성을 강조한 출처주의 및 원질서원칙에도 배치되는 것이다.[11]

이를 염두에 둔다면 평가란 인위적 가치의 유무에 따른 이분법적 구분이 아닌, 기록에 대한 신뢰성 및 내용적 진실성을 확보하며 생산맥락 본연의 유기적 구조를 유지 · 보존하는 생산단계부터의 일련의 과정으로 파악할 수 있다. 따라서 기록물의 개별적 가치보다는 출처원칙 및 생산 당시의 원질서를 반영한 상호유기성이 강조되고, 생산목적과는 동떨어진 불특정 이용자 위주의 이차적 가치보다는 생산자적 가치가 우선시되며, 평가의 주체 또한 생산자 중심으로 귀결된다.[12]

이러한 양방향의 평가 이론들은 향후 변증법적 과정을 거치며 상호보완되는 방향으로 전개된다. 법령상의 가치개념 또한 이러한 동향의 반영으로 볼 수 있다. 우선 법령에 명문화한 '보존가치 평가기준' 및 '보존기간별 분류기준'에서는 역사적 · 증거적 가치 등 향후 이용자 중심의 이차적 가치 범주를 구체적으로 명문화시키고 있을 뿐만 아니라, 업무참고적 가치의 개념을 설정함으로써 생산자적 시각의 일차적 가치도 함께 투영시킬 수 있도록 하고 있다. 또한 처리과에 대한 보존기간 산정업무의 위임을 통해 생산기관 자체의 행정적 활용기간을 고려하면서도, 기록물분류기준표상의 보존분류 항목을 통해 영구기록물관리기관의 수집의지를 반영토록 한 점 역시, 이와 같은 양 가치를 모두 반영

---

11 Luciana Duranti, 「평가의 개념과 기록학」, 『기록학의 평가론』, 오항녕 역, 진리탐구, 서울, 2005, pp. 292~299.
12 Hilary Jenkinson, *A Manual of Archive Administration: Including the Problems of War Archives and Archive Making*, Oxford: The Clarendon Press, 1922, pp. 15~16.

시키려는 법령상의 의도를 엿볼 수 있다.

　이러한 가치범주의 설정은 법령 이전의 영구보존 기록물 선별관행에 대한 반향이기도 하다. 종전의 『공문서분류번호및보존기간표』를 토대로 한 평가체제에서는 일선 기관에서 파악한 행정활용 기간을 준용하여 산정된 보존기간을 기록물 건별로 적용케 함으로써, 역사적 가치 및 기타 기록물의 중요도에 대한 시각이 결여된 채 행정적·법적 시각의 일차적 가치만을 영구보존 대상 선별에 반영되도록 해왔다.[13] 이를 감안할 때 법령상의 보존가치 및 보존기간 산정조항에 역사적 중요도에 따른 가치를 명문화하고 있는 점은 생산부서 차원의 시각뿐만 아니라 역사적으로 가치 있는 기록물을 영구보존하려는 의지의 표현이다. 특히 앞서 살핀 기록물분류기준표의 보존분류 사항을 근간으로 한 영구보존 대상 선별 논리를 염두에 둔다면, 법령상의 가치개념은 역사적 가치를 기본으로 한 생산자적 가치의 동시 반영이란 이원적 구조를 지닌다고 볼 수 있다.

　처리과에 대한 보존기간 산정권한의 부여는 생산자적 입장의 가치를 투영시킬 수 있는 요소로 볼 수 있다. 처리과의 보존기간 산정은 기록물분류기준표의 기준사항을 참고로 하며, 기록물분류기준표의 기준보다 하향 책정 시 영구기록물관리기관의 재심사를 받는다는 점에서 처리과의 선정권한은 형식상의 논리로 보이기 쉬우나, 그 이면에는 생산자적 가치의 반영을 강화할 수 있는 요소 또한 내재되어 있다. 우선 처리과 차원에서 준영구 이상의 가치를 지닌다고 판단될 경우 기록물분

---

[13] 김태웅, 「기록물분류기준표의 제정과 전망」, 『기록보존』12, 정부기록보존소, 1999, pp. 164~165.

류기준표상에 유한보존 대상으로 책정되었다 할지라도 상향된 보존기
간을 부여할 수 있도록 하고 있으며, 또한 보존기간 및 보존장소 등에
대해서는 영구기록물관리기관에 대한 사후 통보로 기록물분류기준표
의 사항을 변경 사용할 수 있도록 규정하고 있다. 이는 곧 생산자적 시
각에서도 중요기록물을 선별할 수 있는 일정 범위의 권한을 부여하는
것으로 해석할 수 있다.

이러한 점을 본다면 법령상에 제시된 가치의 개념은 향후 이용자적
관점과 생산자적 입장의 가치논리를 융합시킨 것으로 이해할 수 있다.
비현용단계에서 재창출되는 이차적 가치의 반영을 통해 향후의 유용성
을 제고시킴과 아울러, 생산자적 입장에서 판단되는 가치를 생산자를
통해 직접 반영시킴으로써 생산 당시의 맥락 및 기능을 반영한 가치평
가를 가능케 해준다. 그러면 당면 사안은 각 기록물에 내재하는 내용적
가치를 중시할 것인가 혹은 기록물의 상호유기성 보호를 통해 생산맥
락상의 가치를 중시할 것인가라는 가치의 적용방식 문제로 귀결된다.

② 평가 상의 가치 적용방식

가치 적용방식에 대한 최근 이론상의 조류는 기록물간의 상호유기성
및 생산맥락을 강조하는 경향으로 모아지고 있다. 이러한 동향은 사회
의 다원화 및 복잡화 경향과 맞물린 개별적 내용 가치에 대한 회의에
그 출발점을 둔다. 법령상의 평가조항은 이러한 동향을 반영시킬 수 있
는 골격을 구비하고 있다. 즉 평가 상의 가치 적용을 기록물 각각에 수
록된 내용보다는 기록물이 생산된 구조적 상황 속에서 수행하며, 해당
기관의 구조 및 기능에 기초하여 기록물이 유기적으로 조직되고 나아
가 전체 구조 속에서의 상호연관성을 증대시킨다. 기록물분류기준표의

운영 논리는 이에 상응하는 측면을 지닌다. 우선 기록물분류기준표의 운영은 해당 기관에 대한 사전조사에 기초하며, 따라서 업무기능상의 가치에 기록물의 가치가 연동될 수밖에 없는 구조를 지니게 된다.[14] 또한 기본적으로 기록물분류기준표는 해당 기관의 업무기능 및 출처를 반영한 기록물간의 상호유기성을 확보할 수 있는 장치로서의 역할을 담당한다. 법령 이전의 기능별 십진분류 방식과 달리, 공공기관의 직제상 최하 단위이자 업무처리의 기초단위인 처리과를 기준으로 조직분류를 시행하고, 여기에 해당 업무에 대한 최하위 기능단위인 단위업무를 기준으로 한 기능분류를 융합시킴으로써 기록물의 조직적 생산맥락 및 기능적 연원과 기록물 실체를 연계시킨 평가를 가능케 하며, 나아가 단위업무 간의 관련성에 기초하여 처리과 단위, 실·국 단위, 기관 단위 및 최종적으로는 국가적 견지에서 기록물간의 통합성을 유지한 영구보존 대상의 선별논리를 적용시킬 수 있게 된다.

단위업무별 보존기간의 책정 또한 내용에 따른 개별적 가치선별 논리를 지양케 한다. 단위업무는 해당기관 내 업무기능의 최소단위이자, 기록물이 생산된 본래의 목적과 수행기능 등을 함축하는 가장 구체적인 기록물의 생산배경을 의미한다. 이러한 단위업무를 기준으로 기록물분류기준표는 해당 업무를 수행하는 조직과 여기서 생산된 기록물을 상호 연계시켜 기능적으로 상향 통합되는 논리적 구조를 형성시킨다.

생산 이전부터 영구보존 대상의 범주를 구체적으로 선정하는 방식 또한 법령 속에 내재되어 있다. 각 기관에서는 역사자료의 보존과 책임

---

14 이승억, 「기록물관리체제에서의 기록물분류기준표제도의 성격과 운영방안」, 기록물평가분류워크숍 자료, 2001, p. 1.

있는 업무수행을 위해 입안단계부터 종결단계까지 그 과정 및 결과가 모두 기록물로 남을 수 있도록 필요한 조치를 강구해야 한다라고 법령에 규정함으로써 종전의 결재기록 위주가 아닌 업무활동 전 과정에 대한 기록생산을 강제하고 있으며, 또한 단위업무를 통해 업무기능과 기록생산을 연결시킴으로써 업무활동 전반에 대한 포괄적 문서화를 지향케 하고 있다.[15] 그리고 중요 정책이나 사안 등에 대해서는 법령에 직접 세부 범주를 명문화시켜 영구보존 대상으로 지정토록 하고 있으며, 영구기록물관리기관 시각에서 생산되어야 할 범주를 단위업무별로 기록물분류기준표상의 보존기간을 통해 제시함으로써 생산 이전부터 항구적 보존대상의 범주를 지정할 수 있게 한다.

궁극적으로 이러한 동향을 정교화 할 수 있는 방안은 수집제도의 역량 강화로 귀결된다. 여기서는 항구적 보존대상의 선정이 업무활동이 종료된 비현용단계에서의 개별 기록물에 대한 검토를 통해 이루어지는 것이 아니라, 생산 이전부터 그 구체적 범주가 구조화 집단화되며, 따라서 선별(Selecting)보다는 수집(Collecting)이 평가의 주요 요소로 자리하게 된다. 이러한 점을 볼 때 앞서 언급한 수집 강화 요소는 또 다른 의미를 지닌다고 볼 수 있다. 물론 영구기록물관리기관에서 수립하는 수집제도의 근간은 기본적으로 기록물분류기준표에 의해 실현되며 기록물분류기준표의 제정 권한 또한 영구기록물관리기관에 위임된 점을 염두에 둘 때, 기록물간의 상호유기성 및 생산맥락에 기반을 둔 선별은 해당 기관 및 나아가 사회구조·이슈·역사적 동향 등에 따른 가치의

---

15 이승억, 「한국 공공분야 '기록보유(Recordkeeping)' 체제 전망 - '기록물분류기준표'의 제도적 의의와 특성」, 『기록학연구』4, 한국기록학회, 2001, pp. 34~38.

차등화를 기록물분류기준표에 반영할 수 있는 영구기록물관리기관의 분석 능력에 따라 좌우된다고 해도 과언은 아니다.

물론 내용에 따른 개별 기록물별 선별 논리 또한 간과할 수 없는 부분이다. 법령상의 평가분류 개념은 기록물분류기준표를 근간으로 한 평가체제에서 개별적 가치를 보호할 수 있는 장치로 간주된다. 준영구 이상의 기록물에 대해 내용 및 상태 등을 분석하는 평가분류는, 앞서 살핀 항구적 보존전략의 효율화 측면과 더불어 개별 기록물의 가치를 재창출하는 요소 또한 내재되어 있다. 우선 단위사안별 내용분석을 통해 역사적·사회적 가치 및 기타 이용가치 등 제2, 제3의 가치를 발굴함으로써 비현용단계에서 개별 기록물의 가치를 새롭게 창출하는 역할을 수행한다. 또한 내용 및 상태평가뿐만 아니라 열람·활용빈도를 고려한 매체수록 방식 및 수리·복원 등의 차별화를 통해 활용성을 제고시키고, 기록물철별 상세한 내용분석을 통해 추출된 역사주제어 및 추가기술 등을 바탕으로 검색·열람 등의 효율화를 기할 수 있게 한다.

전체적 선별의 틀을 정교화 할 수 있는 요소 또한 내재되어 있다. 법령상 평가분류는 기록관리 전 과정 속에서 실제 생산된 기록물의 내용을 분석하는 유일한 업무단계로 설정되어 있다. 이는 곧 개별 기록물에 대한 철저한 내용분석을 바탕으로, 해당 조직 내에서의 업무기능 및 가치를 기록물 실물을 통해 직접 파악할 수 있는 절차임을 의미한다. 따라서 기록물 실물을 통한 이러한 분석결과는 기록물분류기준표에 반영할 수 있으며, 결국 기록물분류기준표를 토대로 하는 선별의 틀을 현실적으로 구체화할 수 있는 방편으로 삼을 수 있다.

이러한 점을 볼 때 기록물의 내용에 대한 이해 및 분석 역량이 평가분류의 관건으로 떠오른다. 실제 평가분류 대상 기록물은 다양한 기관에서 생산된 각기 다른 내용적 특성 및 전문적 영역을 지닌 것들이며, 또한 보존기간이 준영구 이상으로 책정된 중요기록물의 가치를 다시 세분화하는 작업이기 때문이다. 따라서 평가분류 제도의 완전성을 지니기 위해서는 영구기록물관리기관 기록관리전문가의 역량 제고라는 당위론적 결론과 함께, 관할 기관의 기록물에 대한 사전분석 강화가 전제되어야 한다. 평가분류 대상에 대한 사전분석은 제도적으로 뒷받침되어 있다. 우선 기록물분류기준표의 보존분류 사항을 통해 각 기관별 평가분류 대상의 범주가 단위업무별로 정해져 있으며, 또한 생산현황보고를 통해 평가분류의 시행 이전에 실질적으로 확정된 대상을 단위사안별로 파악할 수 있다. 그리고 기록물분류기준표 제정을 위한 단위업무 조사과정에서 각 기관의 조직체계는 물론, 상호 유기적 기능 및 처리과 수준에서의 업무 내역 파악이 가능하며, 기록물 실물이 이관되기 최대 9년간의 시간동안 기록물을 통해 수행된 사안의 사회적 의미 및 이에 대한 학계·언론계 및 사회적 동향을 분석해 평가분류에 반영할 수 있다.

보존기간 산정방식을 통해서도 개별적 가치의 발굴이 가능하다. 앞서 언급한 바대로 처리과에서 실시하는 실제 보존기간의 산정이 기록물분류기준표상의 기준과 달리 유한보존 대상으로 하향 조정된 경우에는 최종적으로 영구기록물관리기관의 재검토를 받도록 함으로써 단위업무 내 보존기간 편차를 최소한으로 축소하려 하지만, 또 한편으로는 준영구 이상으로의 상향조정은 가능케 하고 있어 조직상의 기능적 중요도가 떨어지는 단위업무 내에서도 독자적으로 중요가치를 지닌 기록물을 개별적으로 선별할 수 있게 하고 있다. 이러한 점은 폐기제도에서도 살펴볼 수 있다. 폐기는 단위사안별로 수행케 함으로써 기록물철별로도 함유할 수 있는 이차적 가치의 선별이 가능하며, 또한 폐기절차를 전문요원에 의한 심사 및 기록물폐기심의회에 의한 심의 등 두 단계로 강화시킴으로써, 단위업무 중심의 보존기간 책정에서 사장되기 쉬운 개별적으로 가치를 발하는 기록물을 선별해내는 장치를 제공하고 있다.

이상에서 살핀 바와 같이 법령상에 내재해 있는 가치의 개념 및 범주는 최근의 이론적 동향을 수용하면서도 상호 융합시킨 성격을 보여준다. 기록물분류기준표에 근간을 둔 평가체제를 기반으로 생산자적 입장의 법적·행정적 가치와 영구기록물관리기관 시각의 향후 이용적 가치의 동시 투영을 지향하고 있으며, 보존분류 및 기록물분류기준표 등의 각종 제도적 장치를 통해 이에 대한 실현을 뒷받침하고 있다. 가치적용의 범주 또한 조직구조 및 업무기능에 기초한 단위업무별 선별을 지향하면서도 한편으로는 개별적으로도 존속할 수 있는 내용적 가치를 보호하고 있다. 이와 같은 가치선별의 장치들은 결국 후대에 전승할 기록물의 범주를 결정한다는 점에서 법령은 평가를 위한 최소한의 근거를 마련했다고 볼 수 있다.

전자기록 환경과 평가제도 개편

1. 기록물분류기준표 기반 평가제도의 한계

기록물분류기준표에 기반을 둔 평가체제는 기록학의 이론적 사조를 적극적으로 수용하면서도 우리나라 기록관리 인프라상의 현실적 가용자원을 활용하여 재구성하고 있다는 면에서 많은 강점을 지니고 있다. 이는 기록관리의 후발주자로서 외국의 선진 경험 및 여기서 생성되어 온 다양한 이론들의 수용이 용이하다는 점에 기인한 결과이기도 하지만, 무엇보다 과거의 관행을 탈피하고 중요기록물을 후대에 전승하려는 적극적 의지의 표출 결과이기도 하다. 종합적으로 말한다면 기록물분류기준표에 기반을 둔 평가체제는 중요기록물의 선별과 관련하여 기본적 하드웨어는 갖추었다고 볼 수 있다.

하지만 기록물분류기준표에 근간을 둔 평가제도의 다양한 강점에도 불구하고 제도의 수행과정에서 그 한계점 역시 드러났다. 무엇보다 기록물분류기준표가 의도한 중앙집중식 평가 논리는 제도상의 적합성 여부와 상관없이 실제 운영상 여러 문제점이 노출되었다. 국립기록청의 사후 승인 하에 생산기관별로 수립 권한을 지닌 외국의 기록물 처분지침과 달리, 기록물분류기준표의 제정권한은 중앙기록물관리기관 및 특수기록물관리기관과 같은 영구기록물관리기관에 위임되어 있다. 이는 기록관리 전반을 조율하는 기록물분류기준표의 통일적 운영을 기획한 의도로도 볼 수 있지만, 한편으로는 처리과의 생산자적 시각에서 도외시되기 쉬운 역사 및 향후 이용가치를 보존기간 책정에 반영시킴과 아울러 중요 기록물을 수집하려는 영구기록물관리기관의 정책적 의지를 기록관리의 총괄적 견지에서 투영시키려는 의지 또한 함유하는 것이다.

그러나 최근 정부 조직의 다변화 및 복잡화 양상 속에 영구기록물관리기관에서 모든 기관의 업무기능을 내실 있게 파악하기는 용이치 않으며, 소수의 담당 인원으로 단위업무의 중요도를 파악하여 보존기간을 책정하는 것 역시 현실적으로 불가능한 것으로 나타났다.[16] 아울러 기록물분류기준표를 통해 단위업무별로 책정된 보존기간을 실제 단위사안별로 부여 시 대부분 그대로 따라 기관의 특성 및 업무를 정확히 고려한 보존기간 산정이 실제 이루어지지 않았으며,[17] 이외 증거적 가치·역사적 가치 등에 대한 실사 없이 보존기간이 책정되었다든지[18] 내

---

[16] 국가기록원, 「업무 및 기록분류체계 통합에 의한 기관 단위과제별 보존기간표 및 기록물보존업무처리기준표 작성 방안」, 『기록물 보존업무 처리기준표 작성: 2006. 6. 27 중앙행정기관 자료』, 국가기록원, 2006. 6, p. 4.

[17] 국가기록원, LG CNS 컨소시엄, 『기록관리시스템 혁신 ISP사업 최종결과보고서 : 2. 추진과제별 개선모델 설계-2.1 업무 및 기록분류체계 통합방안』, 국가기록원, 2006, p. 23.

실 있는 보존기간 책정기준이 불명확[19]하다든지 등 실제 운영상의 여러 문제점들이 현실로 나타났다.

기록물분류기준표가 지닌 분류방식 또한 문제로 지적되었다. 2004년부터 적용되기 시작한 기록물분류기준표는 예전의『공문서분류기준및보존기간표』에 근거한 분류의 단점을 지양하고, 조직-업무활동-기록물을 연계시키는 분류를 가능케 하였다.[20] 또한 종전 건 단위의 주제별 분류에서 탈피하여 처리과를 정점으로 단위업무별 체제로 전환함으로써 출처주의와 원질서원칙에 입각한 기록물의 분류를 구현케 하였다.[21] 하지만 기록물분류기준표가 지닌 제도적 의미는 차치하고라도 실제 운영과정에서 난점 또한 나타났다. 가령 구체적인 단위업무 설정지침의 부재 및 이에 따른 설정기준의 모호로 인해 각 기관마다 서로 다른 레벨로 단위업무가 설정되는 것 등이다. 이와 아울러 전자기록물의 평가와 관련해서는 그 제도적 기반이 매우 취약하다는 점 역시 기록물분류기준표 기반 평가제도의 한계로 들 수 있다. 종이기록물과 마찬가지로 기록물분류기준표를 통한 보존기간 책정 정도의 방안만 마련되어 있을 뿐, 전자기록물의 평가에 필요한 구체적인 방안들은 거의 고려되지 못하였다. 결론적으로 기존의 기록물분류기준표가 지닌 분류의 적합성 및 평가 상의 난점들을 보완하고 업무과정에 기반을 둔 기록의 생산 및

---

18 국가기록원,「업무 및 기록분류체계 통합에 의한 기관 단위과제별 보존기간표 및 기록물보존업무처리 기준표 작성 방안」,『기록물 보존업무 처리기준표 작성: 2006. 6. 27 중앙행정기관 자료』, 국가기록원, 2006. 6, p. 4.

19 국가기록원, LG CNS 컨소시엄,『기록관리시스템 혁신 ISP사업 최종결과보고서 : 2. 추진과제별 개선모 델 설계-2.2 기록관리 항목 관리방안』, 국가기록원, 2006, p. 82, 85.

20 이승억,「한국 공공분야 '기록보유(Recordkeeping)' 체제 전망 - '기록물분류기준표'의 제도적 의의 와 특성」,『기록학연구』4, 한국기록학회, 2001, p. 38.

21 이원규,『한국 기록물관리제도의 이해』, 진리탐구, 서울, 2002, p. 80.

관리를 위해, 범정부적 기능분류체계를 기반으로 업무분류와 기록분류를 통합시킨다는 발상이 도출되었다. 이 과정 속에서 기록물분류기준표 기반 평가제도는 정부기능분류체계(Business Reference Model, 이하 BRM으로 약칭)에 토대를 둔 기록관리기준표 기반 평가제도로 개편되게 된다.

2. 기록관리기준표 기반 평가제도

기록관리기준표 기반 평가제도는 업무분류와 기록분류의 연계를 위해 도입된 BRM에 기반을 둔다. BRM은 지난 2003년 정부혁신지방분권위원회의 전자정부 로드맵 가운데, 서비스 중심으로 공공기관의 업무를 재설계할 목적으로 수립되었다.[22] BRM은 정부 기능을 범정부 차원에서 업무 및 서비스 중심으로 분류하고 법령 등의 정보를 기능과 연계시켜 관리케 하는 업무참조모델로, 정부의 직제에 근거를 둔 상시적 업무에 대한 기능별 분류와 각 부처에서 매년 수립하는 업무 목표에 대한 목적별 분류로 구성된다.

---

[22] 정부혁신지방분권위원회, 『참여정부의 전자정부 로드맵』, 정부혁신지방분권위원회, 2003, p. 33.

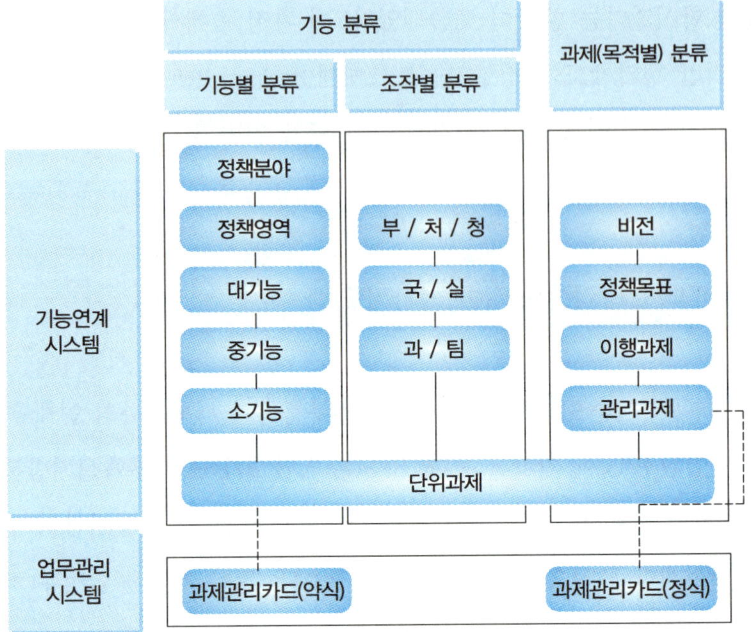

〈출처〉 국가기록원, LG CNS 컨소시엄, 『기록관리시스템 혁신 ISP사업 최종결과보고서: 2. 추진과제별 개선모델 설계－2.1 업무 및 기록분류체계 통합방안』, 국가기록원, 2006, p. 30.

BRM 분류체계는 〈도표 6-I〉과 같이 총 6개의 층위를 지닌다. 우선 최상위 계층인 정책분야는 정부 예산분배 체계 및 국가 간 행정서비스 통계자료 비교를 위한 국제기준 등을 고려하여 대국민 서비스와 정부 내 활동을 분류한 것이며, 정책영역은 정책분야 내 조직의 기능을 구체화한 것으로 정책분야와 각 부처 대기능과의 연계성을 고려하여 선정하게 된다. 정책영역 산하의 기능군인 대기능은 각 부처의 국·실 수준에서 담당하는 기능을, 대기능 산하의 중기능은 각 부처의 팀·과 수준에서 담당하는 기능을 의미한다. 그리고 소기능은 중기능을 수행하기 위해 담당자가 수행하는 기능으로 소관 법령·훈령 및 직제 등을 통해 도출하게 되며, 최하위 계층인 단위과제는 업무 간 유사성 및 독자성을 고려하여 업무 담당자가 소기능을 세분화한 업무 영역을 의미하게 된다.[23]

2006년 국가기록원의 ISP사업에서는 업무분류체계와 기록분류체계를 통합한다는 취지에서 위와 같은 BRM의 6레벨을 그대로 기록분류체계의 계층구조로 수용하였다. 그 타당성 여부는 별도의 논의가 필요하지만, 이는 전자기록 환경에서 업무의 행위 내역을 반영한 증거로서의 기록 확보를 위해 기본적인 방편으로 자리한 기능분류 방식을 채택한 것으로 해석할 수 있다. BRM 분류체계는 기존의 기록물분류기준표에서 추구했던 분류방식과 유사한 정부업무에 대한 기능분류를 지향한다. 하지만 기록물분류기준표에서는 기관을 중심으로 하위분류를 구조화한 것과 달리, 범정부 기능을 대국민 서비스 차원에서 분야로 나누고 이에 따라 하위 기능을 분류하고 있다는 점에서 차이를 지닌다.[24]

전자기록 환경에 대비한 새로운 평가제도는 바로 이와 같은 BRM 분류체계와 연동하여 수행된다. 업무행위를 투영한 증거로서의 기록은 실제 업무 프로세스 속에서 생성되는 관계상 전자기록 환경에서는 업무와 기록을 통합시키게 되며,[25] 아울러 기록관리는 업무활동 결과로서의 기록 그 자체를 관리하는 것이 목적이 아닌 업무행위 및 프로세스와 연계한 활용을 우선적인 목적으로 삼게 된다.[26] 바로 여기서 업무구조

---

[23] 국가기록원, LG CNS 컨소시엄, 『기록관리시스템 혁신 ISP사업 최종결과보고서 : 2. 추진과제별 개선모델 설계-2.1 업무 및 기록분류체계 통합방안』, 국가기록원, 2006, p. 31.

[24] 곽정, 「행정기관의 기록관리시스템 개선모델 분석」, 『기록학연구』 14, 한국기록학회, 2006, p. 162.

[25] 김명훈, 「전자기록 환경에서의 '업무친화적' 기록관리 방향성 분석」, 『정보관리연구』 38(4), 한국과학기술정보연구원, 2007, pp. 156~158.

[26] Sarah J. A. Flynn, "The Records Continuum Model in Context and Its Implecations for Archival Practice", *Journal of the Society of Archivists* 22(1), 2001, p. 4.

와 기록구조를 일치시킨 분류체계와 연동하여 평가가 수행되며,[27] 이를 통해 업무 기능상의 중요도에 따른 가치판단이 이루어지게 된다.

BRM 분류체계를 기반으로 한 평가방식도 유사한 논리에서 해석이 가능하다. 기록관리법에서는 효율적이고 책임 있는 업무수행을 위해 업무의 입안단계부터 종결단계까지 업무수행의 모든 과정 및 결과가 기록물로 생산·관리될 수 있도록 업무과정에 입각한 기록관리를 천명하면서,[28] 업무과정에 기반을 둔 기록관리기준표를 작성·운영하며 여기에 보존기간 및 그 책정 사유를 명시토록 규정하고 있다.[29] 이는 곧 BRM 분류체계가 의도하는 기능분류를 토대로 업무과정에 기반을 둔 기록관리기준표가 수립되며, 업무분류와 기록분류를 일치시킨 기록관리기준표에 기능을 기반으로 보존기간을 책정한다는 점에서 전자기록 환경에서 일반적으로 수용되는 평가의 방향과 일치하는 것으로 볼 수 있다.[30]

기록관리기준표를 토대로 수행되는 보존기간 책정의 기본 단위는 단위과제로 설정되었다. 단위과제는 BRM 분류체계의 소기능에 대해 유사성·독자성 등을 고려하여 영역별·절차별로 세분한 업무를 말하는 것으로,[31] 분류 및 보존기간 책정 등 모든 기록관리의 기본단위가 된다. 또한 단위과제는 소기능을 추진하기 위한 개별적인 업무로서 업무관리

---

27 David Roberts, "The New Australian Records Management Standard", State Records New South Wales, 1998. 12. 〈http://www.records.nsw.gov.au/publicsector/rk/sacramento/sacramento.htm〉

28 기록관리법 제16조 1항.

29 기록관리법 시행령 제25조 1항.

30 곽정, 「행정기관의 기록관리시스템 개선모델 분석」, 『기록학연구』14, 한국기록학회, 2006, pp. 175~176.

31 기록관리법 시행령 제2조.

시스템에서 업무실적관리의 기본 단위로 적용되며, 법령 등의 유관정보 및 수행주체 등의 속성정보 등 업무와 관련된 정보들 역시 단위과제 레벨에서 관리되며 업무 자체는 물론 업무 관련 정보들을 통제하는 중심 단위가 된다.[32] 이러한 단위과제에 부여된 보존기간은 BRM에 기본 데이터로 탑재되어 해당 단위과제의 수행 시 생산되는 과제관리카드·문서관리카드·메모보고 등 여러 유형의 기록물에 동일한 보존기간이 부여되게 된다.

단위과제에 대한 보존기간 책정은 두 가지 측면에서 연유를 파악할 수 있다. 우선 종전의 기록물분류기준표를 기반으로 한 보존기간 책정 방식에서는 동일 단위업무 내의 기록물철에 서로 다른 보존기간이 책정되어 상이한 방식으로 처리가 이루어진다는 점을 개선하려는 의도이다.[33] 이와 아울러 단위과제가 업무간의 유사성 및 독자성을 고려하여 절차별로 세분화한 최하 단위의 기능임을 감안할 때, 해당 단위과제에서 생성된 기록의 보존가치 역시 단일하게 나타날 수 있다는 전제에 근거한 것이다.[34]

이러한 전제를 기반으로 한 보존기간 책정은 기능의 성격 구분에 따라 그 주체 및 방식을 달리한다. 각 기관의 모든 처리과에서 공통적으로 수행하는 '처리과 공통업무'와 기관 단위의 운영과 관련하여 공통

---

32 국가기록원, LG CNS 컨소시엄, 『기록관리시스템 혁신 ISP사업 최종결과보고서 : 2. 추진과제별 개선모델 설계-2.1 업무 및 기록분류체계 통합방안』, 국가기록원, 2006, p. 30.

33 국가기록원, LG CNS 컨소시엄, 『기록관리시스템 혁신 ISP사업 최종결과보고서 : 2. 추진과제별 개선모델 설계-2.2 기록관리 항목 관리방안』, 국가기록원, 2006, p. 82, 85, 93.

34 국가기록원, 「업무 및 기록분류체계 통합에 의한 기관 단위과제별 보존기간표 및 기록물보존업무처리 기준표 작성 방안」, 『기록물 보존업무 처리기준표 작성: 2006. 6. 27 중앙행정기관 자료』, 국가기록원, 2006. 6, p. 7.

적으로 설치된 부서의 업무인 '기관 공통업무'의 경우에는, 국가기록원이 보존기간 책정의 책임을 맡아 공통업무 보존기간표를 제정하게 되며, BRM 관리부서에서 규정한 공통업무에는 국가기록원이 제정한 공통업무 보존기간표의 단위과제별 보존기간을 그대로 적용시키게 된다.[35] 그리고 단위과제 신설 시에는 BRM 부서에 신청하여 승인을 받은 후 국가기록원이 정한 보존기간을 책정토록 하며, BRM 관리부서에서 공통업무가 아닌 것으로 규정한 경우에는 고유업무와 동일한 방식으로 보존기간을 책정하도록 하고 있다.[36] 이처럼 공통업무의 보존기간 책정 주체를 단일화하여 일괄 적용토록 한 것은 공통업무에서 생산된 기록물은 일반적으로 장기보존할 필요가 없다는 전제와 함께, 공통업무의 단위과제 보존기간 책정의 통일성을 기하기 위한 의도이다.[37]

이에 반해 고유업무의 보존기간 책정 주체 및 방식은 양상을 달리한다. 기관의 설립목적을 실현하기 위해 수행하는 고유업무의 경우 보존기간 책정의 주체는 업무의 처리과정 중에서 기록물을 생산하는 업무담당자가 된다. 새롭게 개정된 기록관리법 시행령에서는 "단위과제별 보존기간은 중앙기록물관리기관의 장이 정하는 보존기간 준칙에 따라 공공기관에서 설정·시행하되, 행정자치부령으로 정하는 절차에 따라 관할 영구기록물관리기관의 장과 협의하여 확정한다"라고 명시하고

---

35 기관 공통업무는 각 기관의 규모 및 업무 관행 등에 준하여 변형시켜 적용하며, 영구기록물관리기관과 보존기간의 적정성을 협의하여 사용토록 하고 있다. 국가기록원, 『단위과제 보존기간 책정·조정 지침』, 국가기록원, 2007. 7, p. 9.

36 국가기록원, 「업무 및 기록분류체계 통합에 의한 기관별 업무및기록분류표 작성 방안」, 국가기록원 평가자문회의 자료, 2006, pp. 4~5.

37 국가기록원, 「업무 및 기록분류체계 통합에 의한 기관 단위과제별 보존기간표 및 기록물보존업무처리기준표 작성 방안」, 『기록물 보존업무 처리기준표 작성: 2006. 6. 27 중앙행정기관 자료』, 국가기록원, 2006. 6, p. 9.

있다.[38] 이를 근거로 고유업무의 보존기간은 각 기관의 업무담당자가 본인의 담당 단위과제 확인 후 단위과제별로 보존기간을 책정토록 하고 있다.[39] 단 이러한 책정은 기록관리법 시행령 상의 〈별표 1〉에 제시된 '기록물의 보존기간별 책정 기준' 및 이를 상세히 세분화한 '보존기간 책정준칙'을 참고하여 수행하게 된다.[40]

한편 각 기관의 기록관은 보존기간을 확정하는 역할을 담당한다. 일선 처리과의 업무담당자가 책정한 단위과제별 보존기간을 취합하여 고유업무 보존기간 책정준칙과 비교해 확인 및 조정 과정을 거쳐 확정하며, 기관장 결재를 거쳐 BRM 관리부서 및 국가기록원에 제출하게 된다.[41] 그리고 국가기록원에서는 보존기간을 최종적으로 승인하는 책임을 맡는다. 매년 12월 말 기록관으로부터 제출받은 자료를 근거로, 각 기관의 업무담당자가 책정한 단위과제별 보존기간의 타당성을 검토함과 더불어, 조정이 필요한 경우 조정을 실시해 최종적으로 보존기간을 승인하게 된다.[42]

이상과 같이 살핀 현행 평가체제 및 방식은 예전 제도의 단점을 보완하면서도 전자기록 환경에 대응하여 개편되었다는 점에서, 기록물분류기준표를 근간으로 한 종전의 제도와 차별성을 지닌다고 볼 수 있다.

---

[38] 기록관리법 시행령 제25조 3항.

[39] 국가기록원, 「업무 및 기록분류체계 통합에 의한 기관별 업무및기록분류표 작성 방안」, 국가기록원 평가자문회의 자료, 2006, p. 3, 5.

[40] 국가기록원, 『단위과제 보존기간 책정·조정 지침』, 국가기록원, 2007. 7, p. 9; 국가기록원, 「업무 및 기록분류체계 통합에 의한 기관별 업무및기록분류표 작성 방안」, 국가기록원 평가자문회의 자료, 2006, p. 3.

[41] 국가기록원, 「업무 및 기록분류체계 통합에 의한 기관별 업무및기록분류표 작성 방안」, 국가기록원 평가자문회의 자료, 2006, pp. 6~7.

[42] 국가기록원, 「업무 및 기록분류체계 통합에 의한 기관별 업무및기록분류표 작성 방안」, 국가기록원 평가자문회의 자료, 2006, pp. 9~10.

우선 중앙기록물관리기관이 보존기간 책정을 전담했던 방식을 탈피하여 각 기관별로 그 권한을 위임한 점은, 제도 운영상의 현실적 여건을 감안한 방안이다. 중앙기록물관리기관이 기록물분류기준표의 제정과정에서 단위업무별로 보존기간을 책정하고 각 기관에서 단위사안별로 보존기간을 실제 부여토록 한 것은, 가치 선별 상의 생산자적 입장 역시 반영할 수 있도록 한 전략적인 의도라 할 수 있다. 하지만 중앙기록물관리기관에서 각 기관의 업무를 모두 분석한다는 것은 현실적으로 불가능하며, 세부적인 업무에 대한 파악이 전제되지 않는 보존기간은 정확성 면에서 일정 한계를 지닐 수밖에 없다. 이러한 점에서 보존기간 책정 주체를 개별 기관으로 설정한 것은 바로 이러한 한계를 개선하기 위한 방편이라 할 수 있다.

또한 기능상의 중요도 위에 선별할 수 있는 기반 역시 구축하였다. 기능평가는 방대한 양의 기록을 평가하기 위한 방안이라는 점에서 실무상의 지지를 받지만, 앞선 4장에서 언급한 바대로 컨티뉴엄에 기반을 둔 논리 측면에서도 전자기록 환경 하의 평가방식으로서 강점을 지닌다. 현행 평가제도에도 유사한 논리의 적용이 가능하다. BRM 분류체계와 기록분류체계를 연계시킨 가운데 업무 및 기록분류 상의 기본 단위인 단위과제에 보존기간을 책정하게 되며, 이를 통해 단위과제의 중요도를 근간으로 평가가 수행될 수 있도록 하기 때문이다.

하지만 현행 평가제도가 지닌 무엇보다 중요한 점은 기록의 맥락 및 품질을 확보한 가운데 중요기록물을 선별할 수 있는 토대를 마련했다는 점이다. 전자기록의 경우 업무의 행위내역을 정확하게 기록으로 획득하는 것이 필수과제로 부상되는 상황에서, 업무분류체계와 기록분류체계의 연동은 이를 위한 기본적인 전제로 설정된다. 바로 이를 통해 수없이 생성되는 디지털 객체 가운데 업무행위를 반영한 증거로서의 기록 확보가 가능해지며, 아울러 다원적이면서도 복잡한 전자기록의 생산맥락 역시 파악할 수 있게 된다. 이러한 측면에서 종래 기록물분류 기준표가 지닌 분류상의 한계를 지양하고, BRM 분류체계에 기록분류를 연계시킴으로써 맥락을 지닌 증거를 기록으로 획득할 수 있는 기반을 마련했다고 볼 수 있다. 이와 더불어 기록의 품질을 기본적으로 확보할 수 있는 기반 역시 수립하였다. 전자기록의 경우 품질의 확보 없이는 중요기록물의 선별은 물론 이후의 기록관리 행위 역시 아무런 의미가 없게 된다. 이러한 측면에서 기존의 종이기록에 기반을 둔 메타데이터 요소를 전자기록에 맞게 재설계함과 더불어, 전자기록관리시스템을 통해 품질을 확보한 기록을 기록관리 전 과정에 걸쳐 유지될 수 있도록 한 점은, 품질을 지닌 중요기록물을 선별할 수 있는 기반을 제공한다는 점에서 의미를 지닌다고 볼 수 있다.

이상과 같은 측면에서 현행 평가방식은 전자기록 환경 하의 평가를 위한 제도적 골격을 마련하였다고 볼 수 있다. 업무와 기록의 연계를 통해 맥락 및 기록품질을 기본적으로 확보함과 아울러, 기능에 따라 중요 대상의 선별을 가능케 해주고 있다. 이와 함께 평가를 사후에 수행되는 독립된 업무가 아닌, 생산이전 단계부터 다양한 업무와 유기적으로 연계되어 이루어지도록 설계되어 있다. 하지만 이러한 전자기록 환경 하의 평가 행위가 지닌 핵심이라 할 수 있는 어떠한 대상을 어떠한 목적으로 선별할 것인가에 대해서는 그 철학 및 방책이 미약하다. 이에 다음 절에서는 현행 평가방식이 지닌 문제점을 검토한 다음, 향후 전자기록 환경 하의 국가 기록평가체계 발전을 위한 개선방안을 제시하고자 한다.

전자기록 환경 하의 국가 기록평가체계 혁신 과제

1. 평가방식 측면

전자기록 환경을 맞아 새롭게 개편된 현행 평가방식은 기능평가의 형식을 갖추고 있다. 정부 업무분류체계인 BRM과 연계하여 기록분류 체계를 수립함으로써 기록의 맥락 및 품질을 확보한 가운데 기록을 선별할 수 있는 토대를 마련하였으며, 업무 및 기록 분류상의 기본 단위인 단위과제에 보존기간을 책정케 함으로써 기록이 생성된 기능상의 중요도를 근간으로 평가가 수행될 수 있게 한다는 점에서이다. 그럼에도 불구하고 현행 평가방식은 기능평가의 핵심이라 할 수 있는 중요기록의 선별 논리 측면에서 그 본질이 결여되어 있다. 보존기간 책정을 단위과제라는 기능에 수행한다고 기능평가는 아니며, 방식 및 논리 면에서 기능평가와는 본질적으로 상이한 측면을 지니기 때문이다.

전자기록 환경에서 분류와 결부되어 수행되는 기능평가는 본디 다음의 논리에 근간을 둔 것이라 할 수 있다. 즉 업무의 행위내역을 반영한 증거의 확보가 최우선적 과제로 부상되는 상황에서, 우선적으로 맥락을 지닌 증거의 원천적 확보를 위해 업무분류에 기록의 분류체계를 연계시키게 된다. 또한 기록관리는 이러한 증거를 획득할 책무를 지닌다는 점에서, 업무 행위를 반영한 증거 획득을 위해 업무와 기록관리를 통합시키게 된다. 한편 기록관리의 주목적인 업무행위의 정확한 포착은 조직을 둘러싼 내외부 환경의 반영이라 할 수 있다. 환경은 조직이 기능하고 운영되는 외적 내적 조건에 직간접적으로 영향을 미치는 요소로, 조직은 이러한 환경과 상호작용을 하며 조직의 목표 달성을 위해 업무를 수행하게 되기 때문이다. 이러한 점에서 기록관리 영역은 조직의 영위 및 업무 수행에 필요한 기록을 기록관리시스템으로 획득할 책무를 부여받게 되며, 여기서 기능평가는 조직에서 필요로 하는 대상 범주를 파악해주는 역할을 담당하게 되는 것이다.

조직의 영위 및 업무 수행에 필요한 기록의 파악은 조직을 둘러싼 내외부 제반 환경에 대한 사전적 분석을 전제로 하게 된다. 조직은 환경에 적응하며 업무를 수행하는 관계상, 조직을 둘러싼 내외부 환경 및 업무에 대한 사전적 파악 없이는 필요 기록의 확인이 어렵기 때문이다. 이 때문에 기능평가에서는 우선 조직을 둘러싼 제반 환경에 대한 분석을 통해 조직이 영위되고 기록이 생성되는 행정적·법적·업무적·사회적 맥락을 파악함과 아울러, 다원화된 환경에 적응하며 조직을 영위하고 업무를 수행하는데 필수적인 기록 유형을 파악하게 된다. 그리고 업무에 대한 상세 분석을 통해 맥락을 지닌 증거 확보를 위한 기반을 구축함과 더불어, 조직에 대한 보다 완벽한 이해 속에 어떠한 기록이 생성되며 어떠한 기록이 조직의 영위 및 업무 수행을 위해 생성·획득되어야 하는지를 파악할 수 있게 해준다. 바로 이러한 면에서 전자기록 환경에서 기능평가는 맥락 및 기록품질을 지닌 업무행위에 대한 증거를 기록으로 획득케 함과 동시에, 조직의 영위 및 업무 수행에 필요한 기록 유형을 정확히 파악해주게 된다. 하지만 현행 평가방식은 기능평가가 지닌 중요기록물의 선별 논리 및 방식 측면에서 다음과 같은 일정 한계를 지니고 있다.

① 사전적 업무분석 강화

먼저 조직의 필요 기록 파악을 위한 내외부 환경 및 고유업무에 대한 사전적 분석이 미약하다는 점이다. 현행 평가방식의 기반이 되는 BRM 분류체계는 정부 기능을 범정부 차원에서 업무 및 서비스 중심으로 분류한 업무참조 모델로, 업무분류체계와 기록분류체계의 통합을 위해 BRM 분류체계의 6레벨을 그대로 기록분류체계의 계층구조로 수용하였다. 하지만 BRM 분류체계의 1~3레벨의 경우 예산회계 분류체계와의 일원화 과정에서 순수한 정부 기능분류로서의 취지가 퇴색되어 일관된 기준으로 분류되지 못했을 뿐만 아니라, 4레벨 이하의 분류 역시 충분한 업무분석 없이 진행된 한계를 지닌다.[43]

이에 반해 전자기록 환경에서 기능분류 및 이와 연동된 기능평가의 핵심은 맥락을 지닌 증거의 확보와 함께 조직 및 업무상의 필요 기록군 파악임을 염두에 둘 때, BRM 분류체계를 기록분류체계와 그대로 연동

---

[43] 곽정, 「행정기관의 기록관리시스템 개선모델 분석」, 『기록학연구』 14, 한국기록학회, 2006, p. 185.

시킨 것은 일정 한계를 지닐 수밖에 없다. 맥락을 지닌 증거의 확보를 위한 최소한의 방편을 마련할 수 있는 현실적인 방안이라는 점은 인정하지만, 4레벨 이하의 업무기능에 대한 세부적인 업무분석이 전제되지 않는 분류 및 평가는 질적 적합성이 담보될 수 없기 때문이다.

기실 전자기록 환경에서 기록의 분류상 기능적 접근을 채택하는 근본적인 이유는 복잡화된 업무기능에 대한 이해를 바탕으로, 업무의 행위내역을 반영한 증거로서의 기록을 획득하기 위함이다. 이것은 곧 BRM 분류체계상의 상위 레벨보다는 업무와 직접적으로 관련된 하위 레벨에 대한 세부적 파악이 기능분류상의 핵심임을 의미한다고 할 수 있다. 또한 기능평가 역시 세부적인 업무기능에 대한 구체적인 분석이 가장 핵심적인 요소라 할 수 있다. 이러한 분석이 전제될 때에만 조직이 영위되고 업무가 수행되는 정황에 대한 전반적인 파악 속에 업무에 필요한 기록의 구체적인 가치 파악이 가능하기 때문이다.

<도표 6-Ⅱ> 현행 보존기간 책정 절차

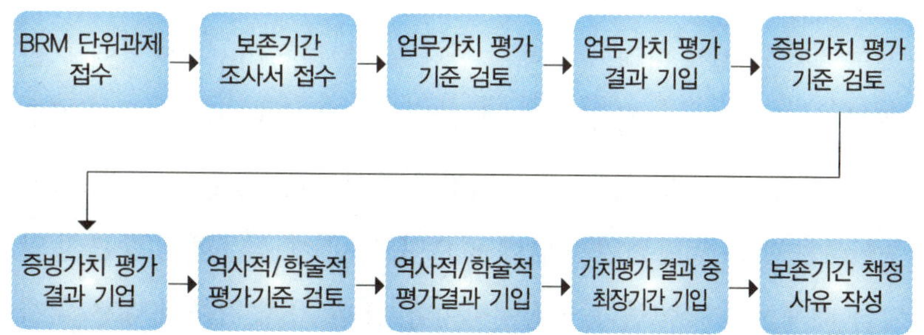

<출처> 국가기록원, 「업무 및 기록분류체계 통합에 의한 기관별 업무및기록분류표 작성 방안」, 국가기록원 평가자문회의 자료, 2006 및 국가기록원, 「보존기간 책정 표준운영절차(안)」, 「기록관리표준 이행확산도구 개발 – 별책 1 기록관 공통 기록관리 표준운영절차」, 국가기록원, 2007을 참조하여 작성.

하지만 위의 도표에 제시된 바대로 현행 보존기간 책정 절차에서는 기록관리 관점에서의 업무기능에 대한 분석이 결여된 채 보존기간 책정이 이루어지게 된다. 외부 영역에서 수립한 BRM 분류체계를 기록분류체계로 준용하는 과정에서, 기능평가의 핵심이라 할 수 있는 업무분석 과정에서의 기록물 필요성 파악이 행해지지 않기 때문이다. 이러한 이유로 인해 현행 보존기간 책정방식에서는 위의 도표에서 보여주는 절차와 같이 기 생성된 단위과제에 시행령상의 보존기간 책정기준 중 하나를, 업무가치·증빙가치·역사 내지 학술가치의 관점에서 연역적으로 선택하는 방식을 취할 수밖에 없게 된다. 따라서 일반적 기준을 구체적 사안에 적용시키는 과정에서 발생하는 주관성의 개입이나 적용상의 부정확성 문제 등은 불가피하게 된다.

바로 이러한 점에서 세부적인 업무분석이 결여된 현행 평가방식은 근원적으로 한계를 지닐 수밖에 없다. 단위과제라는 업무기능에 기반을 두고 평가를 수행한다는 측면에서 기능평가의 외형은 갖추었지만, 본질적으로 기능평가와는 상이한 성격을 지닌다. 현행 기록관리법 시행령에서는 단위과제별 보존기간을 중앙기록물관리기관의 장이 정하는 보존기간 준칙에 따라 책정해야 한다고 명시하면서, 시행령에 보존기간 책정 기준을 비교적 상세히 제시하였다. 하지만 이러한 책정 기준을 근거로 가치를 평가하는 것은 일정 한계를 지닐 수밖에 없다. 가치 기준이라는 것은 일반적일 수밖에 없으며, 그 실제 적용에서 주관성 및 편차를 배제시키기 어렵다는 점에서이다. 또한 가치 기준의 내용 역시 상당히 모호하다. 예를 들어 보존기간 5년의 가치 기준은 업무에 참고하거나 관련 법령을 근거로 또는 기타 이유로 3년 이상 5년 미만의 보존할 가치를 지닌 대상으로 명시되어 있고, 30년이나 10년, 3년의 가치

기준 역시 해당 년수 미만 하위 년수 이상의 보존할 가치를 지닌 대상으로 제시하고 있다. 이처럼 조직을 둘러싼 제반 환경 및 업무에 대한 세부적인 파악 없이 평가를 수행하는 것은, 기능평가의 핵심이라 할 수 있는 기록이 지닌 현용적 가치의 정확한 파악을 불가능하게 한다. 이러한 점에서 모호한 가치 기준을 근거로 획일화된 보존기간을 책정하는 것은 전통적인 미시적 평가와 크게 다를 바 없는 평가방식이라 할 수 있다.

② 구체적 처분지침 수립

구체적인 처분지침의 수립이 어려운 점 역시 이와 연동된 문제로 볼 수 있다. ISO 15489에서는 필요한 기간 동안 업무기능 및 활동을 지원하는 것을 기록관리 정책의 목표로 설정하면서, 기록을 통해 업무의 지속적인 운영을 지원하고 규제환경의 요구에 따르며 필요한 설명책임을 완수하는 것을 기록관리 프로그램 상의 기본 원칙으로 제시하고 있다. 이것은 조직이 영위되는 내외부 환경 대응에 필요한 기록과 함께 업무 수행에 요구되는 기록의 정확한 파악을 전제로 하는 것이다. 이를 위해 ISO 15489에서는 DIRS A~C단계를 통해 조직을 둘러싼 내외부 환경 및 업무에 대한 분석을 기반으로 처분지침을 수립케 함으로써, 조직 자체는 물론 조직이 영위되는 행정적·법적·사회적 맥락 속에 구체적인 처분지침 개발을 가능케 하고 있으며, 아울러 해당 기록물에 대한 적재적시의 처분이 이루어질 수 있도록 해준다.

하지만 현행 보존기간 책정 방식으로는 구체적인 처분지침의 마련이 어렵다. 조직을 둘러싼 내외부 환경 및 업무에 대한 분석 없이 시행령 상의 일반적 기준을 근거로 보존기간을 부여하는 방식으로는, 조직 및 업무에 필요한 기록물의 정확한 파악에 한계가 있을 수밖에 없기 때문이다. 또한 1·3·5·10·30년 등 고정된 연한으로 보존기간을 부여하는 방식으로는 시의적절한 기록의 처분 수행을 어렵게 한다. 가령 6년만 보존하면 되는 기록물은 10년간 의무적으로 보존해야 하며, 11년간 보존하면 되는 기록물 역시 30년간 불필요하게 보존해야 하기 때문이다.

이와 같은 측면에서 보존기간 책정을 기반으로 한 현행 평가방식의 한계를 극복하기 위해서는 우선적으로 각 기관별 업무분석을 대폭적으로 강화시킬 필요가 있다. BRM 분류체계에서 차용하는 현재의 방식으로는 각 기관의 고유업무에 대한 정확하면서도 심도 있는 파악이 다소 미진하며, 무엇보다 업무분석 과정에서 포착할 수 있는 해당 기록이 지닌 현용적 필요성 파악이 이루어지지 않는다. 다행히도 2007년 7월 발간된 『단위과제 보존기간 책정·조정 지침』에서는 보존기간 책정 시 각 기관의 업무분석 역시 필요하다고 언급하고 있지만,[44] 평가 상의 논리적 기반이나 구체적 방안에 대해서는 제시치 않고 있다. 전자기록 환경 하의 보편적 평가방식이라 할 수 있는 기능평가의 핵심은 사전적인 맥락 파악에 놓여있다. 임의적인 기준을 근거로 기록이 지닌 가치의 경중을 구별하는 것이 아닌, 조직을 둘러싼 제반 환경 및 복잡한 업무의 사전적인 이해를 바탕으로 조직 및 업무에 필요한 기록을 획득하는 것으로부터 평가가 출발하기 때문이다.

이를 감안할 때 전자기록 환경을 맞아 현용적 가치 선별을 강화한 평가 수행을 위해서는 현행 BRM 분류체계에 기반을 둔 보존기간 책정 논

---

[44] 국가기록원, 『단위과제 보존기간 책정·조정 지침』, 국가기록원, 2007, p. 10.

리를 보완할 필요가 있다. 그 구체적 방식은 여러 방면으로 고안이 가능하지만, 기본적으로는 앞선 〈도표 4-Ⅷ〉 및 〈도표 4-Ⅸ〉에서 제시한 바와 같은 절차를 통해 조직 운영 및 업무 수행과 관련된 제반 맥락을 우선적으로 파악해야 한다. 최근 공공영역은 거버넌스 환경 속에 기관 운영 상 다양한 이해당사자들과의 상호관계가 더욱 중요해지고 있으며, 지식정보화 조류 속에 업무 수행을 위한 지식정보의 필요성이 날로 증대되고 있다. 또한 사회의 다원화 및 복잡화와 맞물려 기록을 통해 조직이 대응해야 할 각종 법규가 계속적으로 늘어나고 있으며, 글로벌화 된 경쟁 사회 속에 조직을 둘러싼 위험요소 역시 증가하고 있다. 이는 곧 조직의 운영을 위해 또한 업무의 수행을 위해 기록이 갖게 되는 현용적 필요성은 날로 제고됨을 의미한다. 이러한 상황에서 평가는 더 이상 영구보존 대상 선별 논리로 한정될 수 없으며, 또한 이관하거나 폐기하는 시점을 결정하는 보존기간 책정 논리에 머무를 수 없다. 바로 이와 같은 측면에서 현행 평가방식은 일정 기준을 근거로 보존기간을 책정하는 논리 차원을 넘어, 조직을 둘러싼 내외부 환경 및 업무에 대한 분석을 기반으로 조직의 영위 및 업무 수행에 필수적인 기록을 선별하는 방향으로 전환될 필요가 있다.

③ 현용적 가치 파악 강화

전자기록의 현용적 가치 내지 필요성을 세부적으로 정확하게 파악할 수 있는 방안 마련 또한 필요하다. 업무에 실익을 제공하는 전자기록 환경 하의 업무친화적 기록관리 방향 속에, 기록이 지닌 현용적 가치를 1·3·5·10·30년 등 고정된 연한으로 한정지을 필요는 없다. 물론 고정된 연한으로 보존기간을 한정하는 것은 기록물 처분 상의 시기적 통일성을 기할 수 있다는 면에서 이점을 지니지만, 시행령 상의 일반적 기준을 근거로 부여하는 것은 그동안 비판을 받아 온 분류학적 가치구분 논리와 다를 바 없다. 하지만 무엇보다 중요한 점은 이러한 방식으로는 해당 기록물이 지닌 조직 및 업무에 대한 세부적인 필요성의 파악이 어렵다는데 있다.

이를 고려할 때 해당 기록의 정확한 가치 파악 및 이를 통한 구체적인 처분지침 수립을 위해서는, 현재와 같은 고정된 보존기간을 일반적 기준을 통해 부여하는 방식을 개선할 필요가 있다. 이를 위한 개선책은 여러 방면으로 도출이 가능하지만, 기본적으로 사전적인 조사 내지 분석 작업이 전제되어야 한다. 이러한 점에서 'Skupsky Retention Method' 은 벤치마킹할 수 있는 하나의 사례로 들 수 있다. 이것은 법학자이자 기록관리전문가인 미국의 Skupsky가 실제 조직에 적용해 온 경험 및 노하우를 바탕으로 정립시킨 방법론으로, 사전의 철저한 법규 분석을 바탕으로 기록이 지닌 법적 규정적 요건을 구체적으로 도출하게 된다.

이 방식에서는 우선 첫 번째 단계인 예비절차(Preliminary Procedures) 수행을 위해 행정·법률·재무를 담당하는 최소한 부서장 수준 이상의 승인 및 지원을 획득해야 한다는 전제를 설정하는데, 이는 구체적인 처분지침 수립에 소요되는 조직 내의 지원을 확보하기 위함이다. 이러한 승인 및 지원이 확보되면 조직 내 어떠한 기록물이 생성되는지에 대한 인벤토리 조사를 수행하며, 마지막으로 조직의 기능 및 활동내역, 그리고 업무와 관련된 각종 법규 및 규정 등의 내역을 파악하게 된다. 두 번째 단계인 법규연구(Legal Research)에서는 기관 내 법률전문가의 자문과 함께 예비절차를 통해 얻은 정보들을 기반으로, 법규연구 과정을 거처 기관 및 기록에 영향을 미치는 실제 조항들을 분석하게 되며, 세 번째 단계인 법규연구 색인화(Legal Research Index)에서는 법규연구를 통해 획득된 기록의 보유에 영향을 미치는 법규상의 관련 정보들을 추출하게 된다.

네 번째 단계인 법규그룹 파일(Legal Group File)에서는 우선 기록에 영향을 미치는 수많은 법규들을 범주별로 그룹화하게 된다. 그 다음 각 법규그룹을 대표하는 '법규 리텐션기간'을 결정하고 이를 다시 기록 리텐션기간으로 활용하게 된다. 다섯 번째 단계인 기록 리텐션스케줄 확정에서는 기록 시리즈에 상당하는 기록의 '기능별 리텐션 카테고리'를 예비절차 단계에서 수립된 인벤토리로부터 50~70개 수준으로 형성하고, 기능별 리텐션 카테고리에 대한 기술을 수행하게 된다. 이와 별도로 이용자 리텐션기간을 이용자가 해당 기록물을 얼마나 필요로 하는지를 기반으로 하여 결정할 수 있다. 이후 네 번째 단계에서 형성된 법규그룹 파일을 '기능별 리텐션 카테고리'와 연계시키며, 법규그룹 파일에 부여된 '법규 리텐션기간'은 '기능별 리텐션 카테고리'에 대한 법적 리텐션기간으로 삼게 된다. 이어 리텐션기간 동안 해당 기록물을 보유할 책임 부서를 결정함과 아울러 리텐션기간이 부여된 기록물을 목록화시킴으로써, 종국적으로 이를 기반으로 법규 준수를 위한 구체적인 처분지침을 도출하게 된다.[45] 미국 연방정부 자체만으로도 기록의 처분에 영향을 미치는 1만 개 이상의 법령이 시행되는 상황에서, 이러

---

[45] 이에 대한 구체적인 과정에 대해서는 Donald S. Skupsky, *Records Retention Procedures: Your Guide to Determine How Long to Keep Your Records and How to Safely Destroy Them!*, Colorado: Information Requirements Clearinghouse, 1990을 참조.

한 방법론은 기록의 정확한 보유기간 및 처분지침 수립을 위한 기반을 제공해준다고 볼 수 있다. 바로 이러한 점에서 현행 평가제도 역시 기록물이 지닌 조직 및 업무에 대한 정확한 필요성 파악과 함께, 이를 통해 기록관리기준표 상의 기준값을 구체적으로 부여할 수 있도록 하는 방안이 마련되어야 한다.

세부적이면서도 정확한 전자기록의 필요성 파악은 업무친화적 기록관리 실현을 위한 기반 도구로 활용될 수 있다. 업무 수행 상에 실질적 일익을 제공하는 전자기록 환경 하의 업무친화적 기록관리 방향 속에, 전자기록의 정확한 필요성 파악은 조직의 영위 및 업무 수행에 필수적인 기록의 확인을 가능케 해주기 때문이다. 하지만 업무친화적 기록관리 실현을 위한 기반 도구로 자리매김하기 위해서는 필요 기록의 확인 차원을 넘어, 실제 업무와 필요 기록을 구체적으로 연계시키는 전략으로까지 나아가야 할 필요가 있다. 기록을 조직의 적재적소에 필요한 자원으로 만드는 것은 기록관리 절차 중 처분 단계라 할 수 있지만, 지금까지의 처분방식은 이러한 역할을 수행하지 못하였다.[46] 그동안 일반적으로 처분지침의 주안점은 대량의 기록물 중 불필요한 부분의 폐기, 한시 기록물의 일정기간 보관, 영구보존 대상의 이관 시기 규정, 사무실 및 서버공간의 절감 차원 등에 놓여왔다.[47]

하지만 전자기록 환경에서 이러한 처분지침의 전통적인 역할은 보강될 필요가 있다. 업무친화적 기록관리 방향 속에 처분지침은 예전처럼

---

[46] Graham Beastall, "Records Management Meets Knowledge Gathering", *Records Management Journal* 8(2), 1998, p. 90.

[47] ARMA, *Retention Management for Records and Information*(Standard for Records and Information Management, ANSI/ARMA 8-2005), Lenexa: ARMA, 2005, p. 3.

단순 업무상의 참고적 활용 목적으로 얼마나 오래 '보관'해야 할지를 결정하는 차원을 넘어, 조직의 운영 및 업무에 필수적인 기록을 적재적소에 투입함으로써 적정 산출을 담보하는 전략적 위치를 차지할 필요가 있다.[48] 이러한 점에서 현행 보존기간 책정 논리 또한 개선이 필요하다. 시행령 상의 기준을 근거로 고정된 연한의 보존기간을 책정하는 것은 해당 기간 동안 기록관으로 이관하여 보관해야 할 년수 표기를 의미할 뿐, 업무의 직접적인 필요 및 활용과 관련해서는 별다른 의미 전달이 없다. 이를 감안할 때 현재 전자기록 환경으로 변이되는 패러다임 전환기를 맞아 현용기록관리의 역할이 강화되는 상황에서, 조직을 둘러싼 제반 환경 및 업무분석을 통해 조직의 운영 및 업무 수행에 필요한 기록을 구체적으로 파악함과 아울러 이를 실제 업무와 연계시킬 수 있는 방안이 강구되어야 한다.

④ 업무자와 기록관리전문가 공조체제 구축

이상과 같은 개선방안을 충족시키는 현행 평가제도의 발전적 운영을 위해서는 업무담당자와 기록관리전문가 간의 협력체제를 강화시킬 필요가 있다. 앞서 언급한 바대로 현행 평가방식에서 업무담당자는 보존기간 책정을 담당하고, 각 기관의 기록관에서는 이를 검토·확정하며 국가기록원은 최종적으로 승인하는 역할을 담당한다. 각 기관의 고유업무에 대한 보존기간을 업무를 직접 수행하며 기록을 생산하는 업무담당자가 책정토록 한 것은, 전자기록 환경 하의 평가 논리와도 부합된

₄₈ Laurie Fischer, "Condition Critical: Developing Records Retention Schedules", *Information Management Journal* 2006(1-2), 2006, pp. 26~34.

다. 기능상의 중요도를 근간으로 평가를 수행하는 상황에서, 해당 기능의 세부 내역 및 업무에 대한 중요도를 가장 정확하게 파악할 수 있는 주체는 바로 업무담당자이기 때문이다. 이러한 연유에서 업무담당자가 주체가 되는 각 기관별 보존기간 책정방식은 전자기록 환경에 대응한 평가방식으로 일견 적절하다고 볼 수 있다.

또한 최근의 조직운영 환경을 고려할 때에도 기관별 보존기간 책정방식은 설득력을 지닌다. 전자정부의 추진과 함께 공공기관이 당면하게 되는 조류 중 하나는 거버넌스의 추이라 할 수 있다. 국민의 적극적인 참여가 정부의 효율적 운영에 전제가 되는 거버넌스 추이 속에 공공기관의 국민에 대한 설명책임 의무는 더욱 증대되고 있으며, 여기서 기록은 국민과의 의사소통 및 설명책임을 위한 가장 일반적인 도구로 자리하게 된다.[49] 이러한 점에서 앞선 5장에서 언급한 바대로 현재 세계 각국에서는 한시기록물에 대한 보존기간 책정 책임을 각 기관에 전적으로 일임하고 있다. 이와 함께 현재 공공영역 역시 글로벌화 된 환경 및 지식정보화 사회 속에 조직을 운영하는 상황에서, 지식정보의 한 유형으로서 기록이 지닌 업무적 가치는 더욱 중시되고 있다. 여기서 업무에 필요한 기록의 가치를 가장 정확하게 선별할 수 있는 주체는 바로 업무담당자라는 측면에서, 업무담당자에 의한 평가는 이론상으로나마 기록의 현용적 가치 선별 측면에서 타당성을 지니게 된다고 볼 수 있다.

---

[49] Heather Briston, "Keeping an Account: The Role of Archives and Archivists in Accountability", 15th International Congress on Archives, 2004.
〈http://www.wien2004.ica.org/imagesUpload/pres_56_BRISTON_BEN06.pdf〉

전통적인 평가에서는 영구기록물관리기관 아키비스트의 지적 능력에 전적으로 의존했다면, 현행 평가제도에서는 이처럼 처리과의 업무담당자와 기록관 및 국가기록원 기록관리전문가 간의 공조체제 위에 이루어지게 된다.

이러한 의미에서 현행 평가제도의 질적 담보를 위해서는 삼자 간의 명확한 역할 정립이 필요하다. 우선 처리과의 업무담당자는 보존기간 책정의 실질적 주체로서 정확한 보존기간을 책정토록 해야 하며, 아울러 정확한 보존기간 책정의 전제가 되는 업무분석이 효과적으로 수행될 수 있도록 적극적으로 협력해야 한다. 기록관의 기록관리전문가는 각 처리과에서 취합된 보존기간을 기관 자체의 견지에서 검토해 확정함과 아울러 업무담당자의 보존기간 책정을 지도·감독해야 하며, BRM 담당자와의 공조 속에 기록관리 원리에 부합하는 업무분석이 이루어질 수 있도록 해야 한다. 그리고 국가기록원에서는 보존기간 책정제도의 원활한 운영을 총괄함과 더불어, 승인 권한을 대폭 강화시킬 필요가 있다. 업무담당자에 의한 보존기간 책정은 업무적 시각에 국한되어 이루어지기 쉬우며, 역사적·문화적 가치 등 소위 기록이 지닌 이차적 가치에 대한 판단은 미흡할 수밖에 없는 단점을 지니기 때문이다.

이와 더불어 다양한 이해당사자들의 참여 역시 확보할 수 있는 방안이 마련되어 한다. 최근의 다원화되고 복잡화된 사회 속에 당대의 사회상을 구축할 수 있는 기록군을 선별하기 위해서는, 아키비스트의 능력에만 전적으로 의존할 수 없기 때문이다. 기록을 선별하여 후대에 전승하는 것은 당대의 행위내역 가운데 일부만을 한정시킨다는 측면에서 과거의 증거를 통해 집단기억을 통제하는 권력의 요새라 할 수 있으며,[50] 아울러 이러한 측면에서 사회적 정치적 관련성은 항시 존재해 왔다고 볼 수 있다.[51] 이와 같은 관점에서 볼 때 아키비스트의 주관적 판단에 전적으로 의존하는 과거와 같은 평가방식은 지양되어야 하며, 다양한 이해당사자들이 직간접적으로 참여할 수 있는 장치가 현실적으로 요구된다.

앞선 5장에서 살핀 바와 같이 호주 NAA에서는 이를 위해 공동체 컨설테이션(Community Consultation)을 실시하고 있다. 이것은 연방기록물에 대한 평가 결정시 공동체의 참여 증진을 목적으로 한 것이다. 이를 위해 NAA는 기능 기반 평가 시 각 기관별로 파악된 해당 기록물에 대한 이해당사자들의 필요 기간을 수렴해 참조하며, 아울러 범정부 기능 분석 시에도 국가 영구보존기록물 선별을 위해 광범위한 범주의 이해당사자들을 대상으로 컨설테이션을 수행하고 있다.[52] 이처럼 공동체 컨설테이션을 활용한 평가방식은 평가 시 호주 국민의 요구 및 기대를 충족시킬 가능성을 제고시키며, 아울러 평가 절차상의 투명성 증진과 함께 NAA의 사업에 대한 공동체의 인식 및 참여 역시 확대시키게 된다.[53] 현행 평가제도에서도 이와 같이 다양한 이해당사자들의 의견 및 참여를 확보할 수 있는 방안이 마련되어야 한다. 현재 시행령상의 일반적인

---

50 Laura Millar, "Evidence, Memory, and Knowledge : The Relationship between Memory and Archives", 15th International Congress on Archives, 2004, pp. 6~7.
⟨http://www.wien2004.ica.org/imagesUpload/pres_166_MILLAR_ZMIL01.pdf⟩

51 Danielle Laberge, "Information, Knowledge, and Rights: The Preservation of Archives as a Political and Social Issue", *Archivaria* 25, 1987, p. 49.

52 Anne-Marie Schwirtlich, "The Functional Approach to Appraisal: The Experience of the National Archives of Australia", *Comma* 2002(1-2), 2002, p. 60.

53 NAA, *Appraisal*, NAA, 2003.
⟨http://www.naa.gov.au/recordkeeping/disposal/appraisal/intro.html⟩

보존기간 책정기준을 근거로 업무담당자의 판단에 의존하는 방식은 중요기록물의 선별 상 한계가 있을 수밖에 없기 때문이다. 이를 위해 관련 학계 및 단체, 언론기관, 시민 등 다양한 이해당사자들이 국가적 견지의 영구보존 대상 선별에 참여할 수 있는 제도적 장치 마련이 필요하며, 이를 통해 평가 상의 설명책임성 확보 및 다양한 이해당사자들의 요구를 충족시킬 수 있도록 해야 한다.

⑤ 내용분석을 통한 미시적 가치 선별

개별적으로 지닐 수 있는 미시적 가치를 함유한 기록물의 선별 방안 역시 마련되어야 한다. 앞선 4장에서 언급한 바대로 전자기록 환경에서 기능평가가 수행되는 이유 중 하나는 방대한 양의 기록물을 평가하기 위함이라는 현실적 문제도 있다. 하지만 다른 한편으로 기능상의 중요도를 기반으로 평가를 수행하는 과정에서 개별 기록물별로 지닐 수 있는 미시적 가치를 놓치기 쉬운 한계 또한 지니게 된다.

현행 평가제도 역시 단위과제별로 보존기간을 책정하고 단위과제에 편제된 개별 기록물들에 대해서는 단위과제에 부여된 보존기간을 자동적으로 상속받도록 하고 있다. 이는 앞서 언급한 바대로 단위과제가 업무간의 유사성 및 독자성을 고려하여 절차별로 세분화한 최하 단위의 기능임을 감안할 때, 해당 단위과제에서 생성된 기록의 보존가치 역시 단일하게 나타날 수 있다는 전제에 근거한 논리이다. 이러한 논리는 일견 타당성을 지니지만, 그렇다고 개별 기록물별로 지닐 수 있는 내용적 가치까지는 부인할 수 없다.

평가의 근본 목적이 가치 있는 기록물을 선별하는 것이라면, 가치 있는 기록물 발굴을 위한 세밀한 내용분석은 평가 방법론상의 근간이 된다. 이러한 점에서 기록물을 생성케 한 업무행위의 중요도를 기반으로 평가를 수행하는 가운데에서도, 세밀한 내용분석을 통해 개별 기록물별로 지닐 수 있는 역사적, 연구적 및 기타 이용적 가치의 선별 필요성이 제기된다. 특히 최근의 지식정보화 환경에서 기록이 조직의 영위 및 업무 수행에 필요한 지식정보 자원으로 활용되기 위해서는 미시적 가치의 발굴 방안이 마련되어야 한다.

이러한 점을 감안할 때 이전 법령상의 평가분류 업무 역시 복원되어야 할 필요가 있다. 평가분류 업무는 현재의 단위과제에 근거한 보존기간 책정 가운데에서도 개별적 가치를 보호할 수 있는 장치로 간주된다. 준영구 이상의 기록물에 대해 내용 및 상태 등을 분석하는 평가분류는 항구적 보존전략의 효율화 측면과 더불어 개별 기록물의 가치를 재창출하는 요소 또한 내재해 있다. 단 전자기록의 경우 기록매체의 보존성 및 훼손도를 분석하는 상태평가 업무는 불필요하다고 할지라도, 내용분석을 통해 역사적, 사회적 가치 및 기타 이용가치 등 제2, 제3의 가치를 발굴하는 내용평가는 복원이 필요할 것으로 사료된다. 평가분류 업무 중 내용평가는 실제 기록물을 통해 수록된 내용 및 특성을 분석하는 유일한 업무단계임을 염두에 둘 때, 여기서 분석된 정보들을 바탕으로 미시적 가치를 지닌 전자기록의 선별에 활용할 수 있기 때문이다.

⑥ 정보로서의 가치선별

나아가 기록이 지닌 '정보'로서의 가치 선별을 강화시킬 필요가 있다. 그동안 전자기록 환경에서 업무의 행위내역을 반영하는 증거의 강조 속에, 기록이 지닌 정보로서의 가치는 상대적으로 등한시되어 왔다. 앞서 살핀 바대로 전자기록 환경에서 ISO 15489를 기반으로 한 평가는 조직의 영위 및 업무 수행에 필요한 증거를 맥락 및 품질을 확보하며 선별케 하는 강점을 지니지만, 실제 정보로서의 유용성을 창출할 수 있는 시각까지는 제시하지 못한 한계를 지닌다. 전자기록 환경에서 기록은 미래의 역사 내지 기타 문화적 목적으로 생성되는 것이 아닌 역동적인 조직 운영 환경 속에서 업무를 위해 생성·활용됨을 감안할 때, 평가는 필요한 보유기간을 정하는 차원을 넘어 조직이 운영되는 총체적인 프로세스 위에 각 업무에 필요한 정보를 선별하여 제공하는 역할을 담당해야 한다. 특히 최근의 지식정보화 환경 속에 평가는 업무 시효가 끝난 기록을 대상으로 역사적·문화적 가치를 지닌 영구보존 대상을 선별하는 행위로 머무를 수 없다. 상당수의 지식정보가 기록으로 생성되는 상황에서 맥락 및 기록품질을 확보한 완전무결한 기록을 업무상의 정보적 필요에 부응하여 선별함과 더불어, 세부 업무에 지식정보로서 투입시킬 수 있는 방향이 현실적으로 요청되고 있기 때문이다.

이러한 점에서 보존기간 책정을 통해 해당 연한 동안 보관토록 하는 현행 평가방식의 소극적 발상을 탈피할 필요가 있다. 현재 지식정보화 사회를 맞아 우리나라의 공공영역에서도 행정의 부가가치를 높이는 지식을 효율적으로 관리·활용하여 정책 및 서비스의 품질 향상을 추구함과 더불어, 업무와 혁신 활동을 지식관리와 통합하려는 목표 하에 지식행정을 추진 중에 있다. 그간 지식관리가 업무와 직접 연계되지 못한 시스템 위주의 형식적인 활동으로 그친 한계를 극복하고,[54] 업무 과정 속에서 자연스럽게 지식이 창출·활용되도록 업무관리시스템 및 정부기능

---

[54] 행정자치부,『2006년도 정부 경쟁력 향상을 위한 지식행정 추진 기본 계획』, 행정자치부, 2006, p. 5.

분류시스템과의 연동을 추진하고 있으며, 문서관리카드 본문 및 붙임 자료를 지식으로 가공·분류하여 정부통합지식관리시스템에 제공하는 방안을 모색 중에 있다.[55] 이러한 상황에서 기록관리 영역은 더 이상 주어진 객체를 관리해 보존하는 전통적 역할에 머무를 수 없으며, 정부 행정의 생산성 제고에 일익을 담당하는 새로운 소명이 요구된다. 바로 이러한 측면에서 현행 평가제도는 장기적으로 업무에 필요한 정보를 선별하여 제공하는 방향으로 개선되어야 할 필요가 있다고 할 수 있다.

이를 위해서는 우선 기록이 지닌 정보로서의 가치를 새롭게 정립할 필요가 있다. 최근 전자기록 환경에서는 증거의 확보 없이는 기록으로 성립될 수 없으며, 이후의 기록관리 조치 역시 무의미하다는 전제 하에 기록의 증거성 확보에 치중해왔다. 이처럼 증거가 강조되는 추세 속에 기록이 지닌 정보로서의 중요성 및 개념 정립은 상대적으로 등한시 되어 왔다.[56] 그동안 기록의 가치 개념 중 하나로 '정보적 가치'란 준거역시 사용되어 왔지만, 이는 특정 인물·사건·현상·사안 등에 대해 비현용단계에서 지니게 되는 가치[57]라는 면에서 최근의 조직 운영에 필요한 정보 개념과는 상이하다고 볼 수 있다. 바로 이러한 측면에서 평가를 통해 선별될 수 있는, 최근의 지식정보화 사회에 부응하는 기록의 정보적 가치 개념이 새롭게 설정되어야 한다. 상당수의 지식정보는 기

---

55 행정자치부, 『정책·서비스 품질 향상을 위한 2007년 지식행정 추진 계획』, 행정자치부, 2007, pp. 5~6.

56 Mats Burell, "Appraisal and Information Theory", *Principles of Appraisal and Their Application in Electronic Environment: European Models and Concepts*, Arkistolaitos, 2000, pp. 40~41 〈http://www.narcfi/dlm/〉

57 Schellenberg가 개념화한 정보적 가치의 의미에 대해서는 Theodore R. Schellenberg, 「현대 공공기록의 평가」, 『기록학의 평가론』, 오항녕 역, 진리탐구, 서울, 2005, pp. 37~43을 참조.

록으로 생성되며, 기록 속에는 맥락 및 품질을 지닌 지식정보가 내재되어 있기 때문이다.[58] 물론 기록이 지닌 정보적 가치는 조직 및 부서마다 심지어는 세부적인 업무마다 각기 상이할 수 있다는 점에서, 이러한 가치 개념을 일률화 내지 정형화시키기는 매우 어렵다. 이러한 면에서 맥락 및 증거성을 지닌 기록의 획득을 위해 행해지는 업무분석은 하나의 방편으로 활용될 수 있다. 실제 업무내역을 세부적으로 분석하는 과정에서 각각의 업무에 투입이 필요한 지식정보 유형을 파악할 수 있으며, 이를 통해 지식정보를 수록한 기록의 파악 역시 가능하기 때문이다.

⑦ 평가 상의 프로세스적 접근 도입

이의 연장선상에서 평가 상의 프로세스적 접근이 필요하다. 그동안 기록관리 영역에서 업무분석은 주로 맥락의 확보를 위한 분류 논리 차원에서 접근해왔다. 전자기록 환경 하의 매트릭스적인 생산 메커니즘에서 맥락의 확보를 위해서는, 업무분석을 통해 전체적인 업무분류체계를 파악한 후 이를 기반으로 기록분류체계와 연동시킬 필요가 있기 때문이다. 하지만 업무분석은 기록이 지닌 정보적 가치의 선별 측면에서도 적극적으로 활용될 필요가 있다. 즉 앞서서도 언급한 바대로 업무행위에 대한 파악을 토대로 조직의 영위 및 업무 수행에 필요한 기록을 구체적으로 파악할 수 있기 때문이다. 특히 업무과정의 세부적인 행위내역을 파악하는 프로세스 분석은 특정 업무행위의 수행 시 필요한 정보는 무엇이며 어떠한 정보를 생산·유지해야 하는지를 파악할 수 있

---

58 Sue Myburgh, "Competitive Intelligence: Bridging Organizational Boundaries", *Information Management Journal* 2004(3-4), 2004, pp. 47~48.

게 해준다.[59]

이러한 점에서 현행 평가방식에서도 기록의 현용적 가치 파악 시 프로세스 분석을 도입할 필요가 있다. 현재 우리나라 보존기간 책정 방식에서는 업무활용 가치라는 명칭 하에 업무 추진과정에서 기록의 필요성 내지 타 업무를 위한 참고 활용성을 감안하여 1·3·5·10·30·준영구·영구 중 하나의 보존기간을 채택토록 하고 있다.[60] 하지만 이러한 방식은 업무 수행 상의 세부적인 필요성 파악 없이 7종의 보존기간 틀 안에 기록의 가치를 분류하는 행위에 지나지 않는 것으로, 전자기록 환경 하의 평가 방향에 부합되지 않는다고 할 수 있다. 분업화 논리 및 문서주의에 기반을 둔 산업화 사회의 관료제 하에 기록물은 위계화 된 계층 간의 의사소통 수단이자 업무 수행내역을 수록한 결과였다면, 지식정보화 사회에서는 업무의 과정 및 결과를 보여주는 증거로서의 성격을 넘어 업무 수행에 필수적인 정보로서 인식될 필요가 있다. 이를 감안할 때 업무 프로세스 분석에 기반을 둔 평가는 업무에 필요한 기록물의 가치를 보다 세밀하게 파악해준다는 측면에서 적극적으로 도입방안을 마련할 필요가 있다.

최근 우리나라 공공영역에서도 핵심 업무를 효율적이면서도 생산적인 방식으로 수행하기 위해 업무 프로세스 재설계(Business Process Reengineering, 이하 BPR로 약칭)를 적극적으로 도입하고 있는 추세이다.

---

59 이소연, 오명진, 「기록관리를 위한 업무분석 방법론 연구: 호주표준 AS 5090을 중심으로」, 『기록학연구』12, 한국기록학회, 2005, p. 2.

60 국가기록원, 「보존기간 책정 표준운영절차(안)」, 『기록관리표준 이행확산도구 개발 - 별책 1 기록관 공통 기록관리 표준운영절차』, 국가기록원, 2007, pp. 5~7.

이는 공공영역이 기능적으로 세분화되고 전문화된 복잡하면서도 규모가 큰 조직으로서, 정보의 효율적 처리를 비롯한 정보통신기술의 잠재적 효과들을 최대한으로 살리기 위함이다.[61] 이러한 BPR은 업무 프로세스의 조정 시 정보의 효율적 투입을 기본 전제로 하는 것으로, 공공영역의 경우 범국가적 정보의 흐름 및 통합에 기반을 두게 된다.[62] 바로 여기서 현재 업무 프로세스를 기축으로 업무정보시스템 및 기록관리시스템, 지식관리시스템 간의 상호운용성 강화를 통해 업무 생산성을 향상시킬 필요가 제기되는 것으로,[63] 이러한 점을 감안할 때 평가 상의 프로세스적 접근을 통해 세부적인 업무에 필요한 기록을 선별하여 지식정보로 투입할 수 있는 방안 마련이 요구된다고 할 수 있다.[64]

2. 평가체계 측면

① 이원적 국가 평가체계 구축

한편 국가적 차원의 중요기록물 선별을 위한 별도의 평가전략 구축

---

[61] 유홍림, 김행기, 「공공부문 BPR의 성공요인과 추진전략에 관한 연구」, 한국행정학회 학술대회 발표논문집, 한국행정학회, 2004, p. 4.

[62] 신원형, 김용오, 「업무과정재설계의 이론적 고찰」, 『광주ㆍ전남행정학회보』8, 광주ㆍ전남한국행정학회, 2001, p. 175, 183.

[63] 김익한, 「업무과정에 기축한 기록정보시스템 시론」, 『기록보존』18, 국가기록원, 2005, pp. 6~7.

[64] 바로 이와 같은 점에서 최근 처분지침 수립 상의 프로세스적 접근 필요성 논의가 서서히 진행되고 있다. 조직구조와 기능, 기록물 조사를 바탕으로 생산자의 의견을 수렴해 수립하는 전형적인 처분지침은 최근의 조직 운영 및 업무 환경에 부합하게 새로운 방향전환이 필요하다는 이유에서이다. 아직 개별적인 사례 제시 수준에 머물고 그 방안 역시 개략적 소개 수준이지만, 향후 평가 상의 프로세스적 접근 방안을 모색하는데 참고로 삼을만하다. 이에 대해서는 JMCL, "Process-Driven Retention Scheduling", *Records Management Society Bulletin* 94, 1999. 〈http://www.jmcl.net/paper1.htm〉 및 Tina Torres, "Creating a Process-Focused Retention Schedule", *Information Management Journal* 2006(9-10), 2006 을 참조.

역시 시급하다. 전자기록 환경에서 업무분석을 기반으로 수행되는 기능평가는 각 기관 차원의 현용적 필요를 충족시키는 기록의 선별에는 강점을 지니지만, 국가적 차원의 영구보존 대상 선별을 위한 평가방식으로는 일정 한계를 지닐 수밖에 없기 때문이다. 아울러 최근의 전자기록 환경에서 국가 및 사회는 더욱 다원화되고 복잡한 메커니즘 하에 영위되고 있음을 감안할 때, 파편화된 내용 선별을 지양하고 당대의 사회상 및 집단기억을 미래에 전달하기 위해서는 국가적 차원의 영구보존 대상을 선별하기 위한 평가 상의 체계적·계획적 접근이 필요하다고 할 수 있다. 이로 인해 앞선 5장에서 살펴본 바대로 세계 각국에서는 국가적으로 중요한 가치를 지닌 기록을 선별하기 위해 별도의 평가전략을 수행하고 있으며, 이를 통해 당대의 국가 및 사회상을 투영한 영구보존 대상을 체계적·계획적으로 선별할 수 있는 기반을 마련하고 있다.

이처럼 각국의 영구보존 대상 선별에서 당대의 사회상 측면을 강조하는 이유는, 사회의 다양화 및 복잡화 경향과 맞물려 기록물의 개별적 내용만으로는 선별이 무의미하다는데 있다. 기록은 특정 환경과 일정 의미를 함축하며 연계된 다큐멘테이션으로, 따라서 개별적 내용으로는 그 의미 및 역할을 세부적으로 파악할 수 없기 때문이다.[65] 기층으로부터의 다양한 생활상의 이해를 추구하는 사회사 동향 역시 사회상을 중시케 하는 원인이다.[66] 이는 기록의 통합성 및 상호연계성을 중시함과

---

65 Chris Hurley, "What, If Anything, Is Records Management?", RMAA Conference Paper, 2004, p. 6.
〈http://www.sims.monash.edu.au/research/rcrg/publications/ch-what.pdf〉

66 Tom Nesmith, "Archives from the Bottom Up: Social History and Archival Scholarship", *Archivaria* 14, 1982, pp. 5~26.

아울러 보다 다양하고 폭넓은 기록의 이용을 촉진시키며, 기록이 생성된 사회적·환경적 맥락을 강조하기 때문이다.[67] 바로 이러한 점에서 최근 세계 각국의 영구보존 대상 선별은 당대의 사회상을 재구축한다는 측면에서, 거시적 관점을 통해 평가를 체계적·계획적으로 수행하는 것이다.

하지만 전자기록 환경에 대비하기 위해 새롭게 개편된 현행 평가방식은 이러한 사회상의 투영이 미진하다는 점에서 종전의 기록물분류기준표를 기반으로 한 평가방식과 질적 차이를 지니지 않는다. 시행령의 개정과정에서 보존기간 책정기준을 예전보다 다소 상세화 시킨 측면은 있지만, 일반적인 문구로 설명되어 있는 기준을 각 기관의 구체적인 고유업무에 적용하는 과정에서 파생될 주관성 및 편차는 피할 수 없는 부분이다. 물론 시간을 갖고 시행령에 제시된 보존기간 책정기준을 각 기관별로 구체화시킨 책정준칙을 추후에 마련하면 이러한 문제는 일정부분 완화가 가능할 수도 있겠지만, 근본적인 해결책이 될 수는 없다. 일정 기준을 잣대로 하여 단위과제별로 영구보존 대상 및 한시보존 대상의 보존기간을 책정하는 것은 과거 Schellenberg가 고안한 분류학적 가치구분 논리와 크게 다를 바 없기 때문이다.

이러한 측면을 감안할 때 당대의 사회상 및 집단기억을 형성시킬 수 있는 국가적 차원의 영구보존 대상 평가전략이 구축될 필요가 있다. 시행령상의 보존기간 책정기준을 근거로 한 영구보존 대상 선별방식은 당대의 사회상 및 집단기억의 형성과는 거리가 먼, 파편화된 단위과제

---

[67] Terry Eastwood, "Archives and Social History", *Archivaria* 14, 1982, p. 3.

들의 산술적 조합만을 양산시키기 때문이다. 기록은 특정 환경과 일정 의미를 함축하며 연계된 사회적 행위의 산물로, 그 내용 자체로 가치가 있기 보다는 총체적 사회 내에서의 의미를 지닐 때 보다 큰 가치를 지니게 된다. 이러한 의미에서 세계 각국에서는 국가적 차원의 중요기록 선별을 위해 별도의 평가전략을 구축하였으며, 이를 통해 당대의 사회상 및 집단기억을 형성시킬 수 있는 영구보존 대상을 계획적이면서도 체계적으로 선별할 수 있는 기반을 마련하였다. 동일한 맥락에서 영구보존 대상의 보존책임을 맡고 있는 국가기록원 및 기록물관리기관 역시 국가적 차원의 중요대상을 선별할 수 있는 평가전략 마련이 시급히 요청된다고 할 수 있다. 이들의 고유 사명이 국가적 중요기록물의 후대 전승이라면, 책정된 보존기간을 승인하는 수준으로는 스스로에 부여된 역사적 설명책임을 다했다고 볼 수 없기 때문이다. 이러한 의미에서 국가기록원 및 영구기록물관리기관은 종래와 같은 중립적·객관적인 보관자로서의 입장을 넘어, 업무 및 사회상을 증거로서 획득함과 아울러 사회의 집단기억 및 정체성을 형성시키는 적극적 선별자로서의 역할을 담당해야 한다.

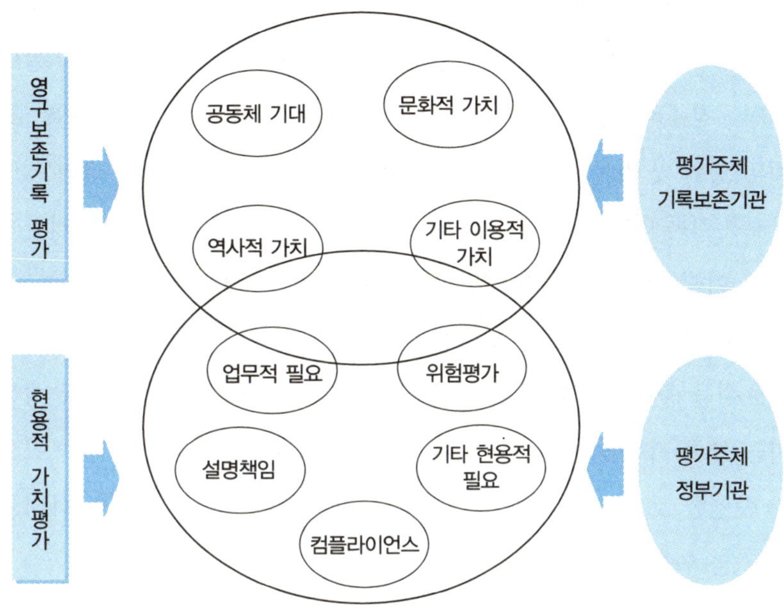

여기서 앞선 5장 3절에서 제기한 이원적 평가체계의 필요성이 도출
된다고 할 수 있다. 업무분석에 기반을 둔 기능평가를 통해 조직의 영
위 및 업무 수행을 위해 필요한 현용적 가치를 선별하는 한편으로, 기
능평가의 한계를 보완하기 위해 영구보존 대상을 선별할 수 있는 별도
의 평가전략이 마련되어야 하기 때문이다. ISO 15489의 평가 논리를 근
간으로 공공기록의 평가 준거 및 주체를 도출하면 위의 〈도표 6-Ⅲ〉에
제시한 바와 같이 도식화할 수 있다. 즉 공공기록의 평가는 평가의 주
체를 달리하며 영구보존기록 평가와 현용적 가치평가란 이원적 구도를

형성하게 된다.

예전의 종이기록 환경에 비해 대폭적으로 강화된 현용적 가치평가 영역에서는 사전적인 환경 및 업무분석을 기반으로 업무적 필요·설명 책임·컴플라이언스·위험평가 등과 관련된 기록을 선별함으로써, 조직의 영위 및 업무 수행 상의 기록 필요성을 충족시켜준다.[68] 그리고 영구보존기록 평가 영역에서는 역사적·문화적 가치와 함께 사회 전반에 걸친 이해당사자들의 기록물에 대한 관심 내지 필요성을 의미하는 공동체의 기대 등을 준거로 선별함으로써, 기록이 지닌 보다 넓은 범주의 필요성을 충족시키게 된다. 이와 같은 양자의 평가 준거들은 기록 생산자는 물론 기록을 둘러싼 모든 이해당사자들이 지닌 기록에 대한 필요를 반영한 것으로, 이러한 측면에서 기록이 지닌 모든 가치를 나타내준다고 볼 수 있다.

단 이러한 평가 준거들은 과거 라이프사이클에 기반을 둔 평가 논리대로 양자가 단절적으로 존재하는 것은 아니다. 즉 현용적 가치가 존재한다고 해서 역사적·문화적 가치가 존재하지 않는 것은 아니며, 컨티뉴엄에서 제시하는 논리대로 양자의 가치는 동시적으로 존재할 수도 있다는 것이다. 하지만 컨티뉴엄에서 주장하는 이러한 가치의 동시성이 가치의 동시적 평가 논리로까지 치환될 수는 없다. 5장 3절에서 언급한 바대로 모든 기록은 현용적 가치와 영구보존기록으로서의 가치가 동시에 존재한다는 논리는 이론적으로 성립이 가능하지만, 이를 동시에 평가하는 행위는 인간이 예언적 능력이 존재하지 않는 이상 현실적

---

[68] 이러한 각각의 평가 준거들에 대한 구체적인 설명에 대해서는 3장 2절을 참조.

으로 불가능하기 때문이다.

이와 같은 점에서 앞선 도표에서 제시한 평가 준거들은 평가 주체를 달리하며 선별될 필요가 있다. 즉 현용적 가치평가는 조직을 영위하고 업무를 수행하는데 필요한 대상을 기록의 생산 및 활용을 담당하는 각 기관 스스로 수행하게 된다. 영구보존기록 평가는 현용적 가치평가와는 상관없이, 국가적 차원의 시각에서 당대의 사회상 및 집단기억을 형성시킬 수 있는 중요기록물을 기록보존기관에서 수행하게 된다. 한편 이러한 양자의 평가는 과거 라이프사이클에 기반을 둔 평가 논리대로 시간적 격차를 두지 않는다. 비현용단계에서의 사후적인 평가는 전자기록의 특성 및 기록의 양을 감안할 때 현실적으로 어렵기 때문이다. 따라서 그 구체적인 평가 시기는 각 국가 및 제도적 특성에 따라 다소 상이할 수는 있지만, 현용적 가치평가와 영구보존기록 평가는 일반적으로 생산이전 단계에서 수행되게 된다. 단 주체를 달리하기 때문에 현용적 가치와 영구보존기록으로서의 가치의 동시적 선별이 가능해진다.

이처럼 주체를 달리한 이원적 평가 준거들은 전자기록 환경 하의 평가 방향을 여실히 대변해준다. 그동안 종이기록 환경 하의 평가가 영구보존기록 선별 논리에 국한되었다면, 전자기록 환경 하의 평가는 영구보존기록 선별 논리와 함께 현용적 가치의 선별 논리 역시 또 하나의 축을 형성하게 된다. 이러한 점에서 주체를 달리한 이원적 평가 준거들은 앞선 5장에서 언급한 컨티뉴엄의 복수화 논리를 현실적 방안으로 치환할 수 있는 방편을 제공하며, 아울러 Millar의 '총체적 아카이브즈' 개념을 실현할 수 있는 평가의 새로운 방향을 설정해 준다고 할 수 있다.

이상과 같은 측면을 감안할 때 종국적으로 전자기록 환경에 대응한 우리나라의 평가체계는 〈도표 6-Ⅳ〉에 제시된 바와 같은 이원적 체계를 형성해야 한다. 현행 평가방식은 맥락 및 기록품질을 지닌 전자기록의 선별을 가능케 한다는 점에서 전자기록 환경 하의 평가를 위한 제도적 기반은 마련했다고 볼 수 있지만, 어떠한 대상을 왜 선별하는가라는 평가의 궁극적 목적에 대한 철학은 부재하다. 이러한 측면에서 이원적 평가체계는 그동안 보존기간 책정기준을 근거로 수행해 온 평가 상의 한계를 극복하고, 국가적 차원에서 기록이 지닌 일차적 가치와 이차적 가치가 조화된 평가 수행을 가능케 해준다.

〈도표 6-Ⅳ〉 전자기록 환경 하의 이원적 국가 기록평가체계 모형

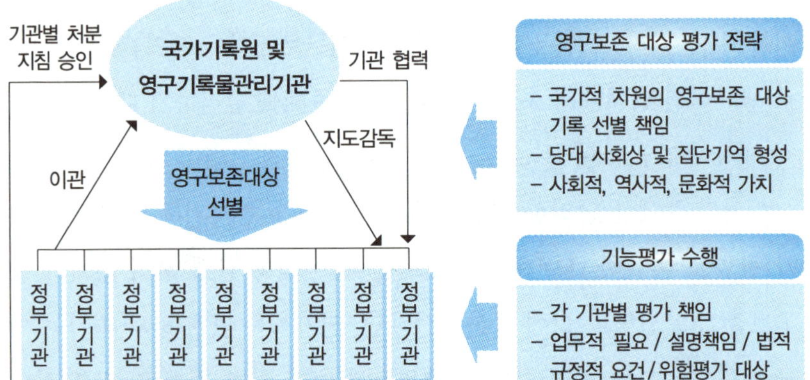

즉 각 기관 차원에서는 조직을 둘러싼 제반 환경 및 업무분석을 통해, 조직의 영위 및 업무 수행에 필요한 기록의 현용적 가치를 정확히

평가함과 아울러 기관의 고유업무에 대한 구체적인 처분지침을 수립하게 된다. 이러한 기능평가를 통해 각 기관의 운영 및 업무 수행의 효율성과 효용성을 확보함과 아울러 지식정보자원으로 활용할 수 있는 기록을 선별함으로써 업무적 필요를 충족시키며, 또한 기관의 사업·시스템·재원의 활용 및 직원의 활동 등을 합리적으로 조사 내지 분석하는데 필요한 기록을 선별함으로써 기관 내외부의 이해당사자들에 대한 설명책임을 확보해야 한다. 그리고 앞서 언급한 Skupsky Retention Method 등의 장치를 통해 기관의 활동과 연관된 각종 법령 및 규정·표준·강령·실무지침 등을 준수할 수 있는 기록을 정확하게 파악해야 하며, 기타 위험평가 등 각 기관 차원의 현용적 필요를 충족시키는 기록을 선별함으로써 업무상의 실익 및 적재적시의 기록 처분과 함께 현용기록관리의 기반을 강화시켜야 한다. 제반 환경 및 업무분석에 기반을 둔 이러한 평가의 책임은 각 기관 스스로에 할당되는 것으로, 이는 곧 각 기관의 운영 및 업무 수행에 필요한 기록의 선별은 기관 자체적으로 궁극적 책임이 있음을 의미한다.

한편 항구적 보존대상의 선별 및 보존책임을 담당하는 국가기록원과 영구기록물관리기관에서는 이러한 기관 차원의 평가와는 별도의 평가전략을 수행하게 된다. 기관 차원의 기능평가가 지닌 한계로 지적되는 사회적 내지 문화적 가치의 선별을 위해 국가적 차원의 영구보존 대상을 선별할 수 있는 평가방안이 요구되기 때문이다. 물론 각 기관의 처분지침을 승인하는 과정에서 일부 영구보존 대상을 부분적으로 파악할 수도 있지만 한계가 있을 수밖에 없다. 따라서 다원화되고 복잡화된 사회 속에 당대의 사회상 및 집단기억을 형성시킬 수 있는 영구보존 대상을 계획적이면서도 체계적으로 선별할 수 있도록 별도의 평가전략을 마련해야 한다.

　이러한 이원적 평가체계는 기존의 보존기간 책정기준에 근거한 획일적이면서도 파편화된 기록의 선별을 지양하고, 국가적 견지에서 현용적 가치와 사회문화적 가치가 공존하는 기록의 선별을 가능케 해준다는 점에서 의미를 찾을 수 있다. 1·3·5·10·30년으로 획일화된 모호한 보존기간 책정 대신, 기관의 영위 및 업무 수행에 필요한 기록을 제반 환경 및 업무분석을 통해 구체적으로 파악함으로써 기록의 현용적 가치 선별을 강화시키게 된다. 아울러 단위과제 수준의 파편화된 영구보존 대상 선별을 방지하고 명확한 평가 목표 및 방향성 정립 위에 체계적·계획적으로 선별케 함으로써, 당대 사회상 및 집단기억을 형성시킬 수 있는 기반을 제공하게 된다. 그리고 전자기록 환경에서 증거의 확보 문제와 연동되어 수행되는 기능평가의 한계를 보완해 줌으로써, 종국적으로 각 기관 차원의 현용적 가치와 국가 차원의 사회문화적 가치가 조화를 이룬 범국가적 평가체계를 이루게 한다고 볼 수 있다.

② 민간 전자기록 수집체제 수립

　민간 전자기록의 체계적인 수집 방안 마련 또한 필요하다. 국가기록원에서는 2006년 전자기록 환경에 대비하여 수집제도 정비방안을 제시하였다. "국가의 중요기록물을 보존·관리하기 위해 공공기관의 업무와 관련하여 생산한 기록물의 인수뿐만 아니라 비인수된 생산기관 소장기록물 및 민간영역의 생산기록물에 대한 관리를 강화하여 기록물의 정보자원 활용 촉진 및 대국민 열람서비스의 기능 강화의 토대를 마련"하기 위한 목적에서이다.[69] 이러한 목적 하에 국가적으로 보존할 가치가 있는 주요 민간기록물 역시 국가적 기록관리 체제 속에 편입시킨다는 세부 방안을 제시하였다.

이는 공공성 있는 주요 민간기록물을 국가적 관리체계 내로 편입시
킨다는 2006년 『기록관리혁신종합실천계획』에 근거한 것으로, 민간기
록물에 대한 적극적 관리의지를 표명했다는 점에서 의미를 찾을 수 있
다. 하지만 이러한 주요 민간기록물에 대한 수집은 실태조사를 통한 매
입 및 기증에 한정될 뿐,[70] 당대 사회상을 형성시키기 위한 국가적 차원
의 수집정책은 부재한 실정이다. 아울러 개인 내지 민간단체 소장 전자
기록물에 대한 구체적인 수집방안 역시 마련하지 못하였다. 앞선 5장
에서 언급한 바대로 영국에서는 수집정책을 통해 당대의 사회상을 형
성시킬 수 있는 수집방안을 마련하였으며, 독일에서는 공공영역과 민
간영역의 구분 없이 참여하는 다기관협력 평가전략을 통해 다양한 아
카이브들 간의 공조체제 위에 국가적으로 중요한 기록물을 수집할 수
있는 토대를 구축하였다. 이러한 점을 볼 때 개별적인 민간기록의 파편
화된 수집에 앞서 국가적 차원의 수집 틀 내지 수집정책의 수립이 선행
될 필요가 있다.

최근 국가 및 사회는 거버넌스 원리에 따라 영위되고 있다. 이에 따
라 국가 내 상당수의 정치적·사회적 행위들은 국가와 시민 간의 상호
작용을 통해 이루어진다. 이러한 상황에서 기록을 통해 당대의 사회상
및 집단기억을 형성시키기 위해서는 전자기록의 평가만으로는 역부족
이다. 정부의 활동내역을 수록한 공공기록으로는 특정 사안에 대한 단

---

69 국가기록원, LG CNS 컨소시엄, 『기록관리시스템 혁신 ISP사업 최종결과보고서 : 2. 추진과제별 개선모
델 설계-2.17. 수집관리 다양화 및 활성화』, 국가기록원, 2006, p. 506.
70 국가기록원, LG CNS 컨소시엄, 『기록관리시스템 혁신 ISP사업 최종결과보고서 : 2. 추진과제별 개선모
델 설계-2.17. 수집관리 다양화 및 활성화』, 국가기록원, 2006, p. 509.

면만을 보여줄 수 있기 때문이다. 가령 정부에서 수행한 특정 정책이 있다면 여기에는 민간단체 및 학계, 시민단체 등 다양한 이해당사자의 참여가 있게 된다. 따라서 공공기록의 체계적인 이관을 담보하는 평가만으로는 이해당사자들의 참여가 배제된 정부의 정책에 관한 기록만 남게 된다. 다양한 이해당사자의 참여와 관련된 기록 역시 남겨질 때만 정부 정책에 대한 전체상이 형성될 수 있다.

〈도표 6-Ⅴ〉 국가 중요기록물 입수체계

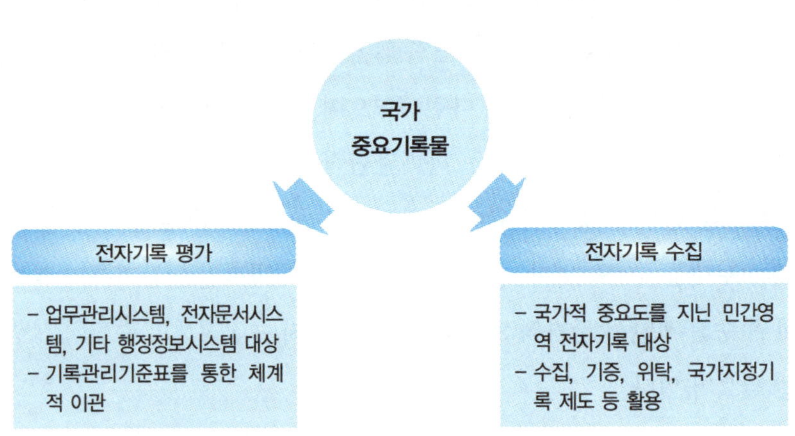

바로 이러한 점을 감안할 때 최근의 거버넌스 환경에서는 공공영역과 민간영역에서 생성된 기록물의 조화를 통해서만 동시대의 사회상 및 집단기억 재구축이 가능할 것으로 사료된다. 위의 도표에 제시된 바대로 동시대의 국가 중요기록물을 확보하기 위해서는 전자기록의 평가체계와 수집체계가 양대 축을 형성해야 한다. 즉 전자기록의 평가체계에서는 업무관리시스템 및 전자문서시스템 그리고 기타 각종 행정정보시스템을 통해 생성된 중요기록물을 기록관리기준표의 보존기간 책정을 통해 결정함으로서, 공공영역에서 생성된 중요기록물을 체계적으로 이관 받게 된다. 그리고 전자기록의 수집체계에서는 민간영역에서 생성된 기록을 수집 및 기증, 위탁, 국가지정기록물 지정제도 등을 통해 확보함으로써 국가적 견지에서 중요성을 지닌 민간 전자기록을 입수하게 된다. 이처럼 전자기록의 평가와 수집의 공조체제가 확보된다면, 전자기록의 평가가 지닌 한계를 보완할 수 있는 공공기록과 민간기록이 조화된 국가 중요기록물의 보존 및 후대 전승이 가능해지게 된다.

아울러 현행 평가제도와 수집제도의 유기적 업무체제 구축 역시 필요하다. 현행 평가는 시행령에 제시된 보존기간 책정기준을 토대로 단위과제 단위에 보존기간을 부여하는 방식으로 이루어지며, 수집은 결락기록물의 보완이나 민간기록물의 관리체계 수립에 초점이 맞추어져 있어 업무의 유대관계가 미약하다. 5장에서 살핀 바대로 영국의 경우 평가정책과 수집정책이 긴밀한 유기적 관계를 형성하며 당대의 국가 중요기록물을 확보하기 위한 방편으로 활용되고 있는 것처럼, 현행 평가제도와 수집제도 역시 당대의 사회상 및 집단기억 형성이란 거시적 목표 하에 국가적 견지의 중요기록물을 확보할 수 있는 유기적 업무체제를 구축해야 한다.

제 7 장

전자기록 평가의 향후 과제

전자기록 평가 통합 절차모형 개발

1. 전자기록 평가의 기본 구조

종이기록 환경 하의 평가는 업무를 통해 주어진 결과로서의 기록을 생산 이후의 독립된 단계에서 개별적인 가치에 따라 선별하는 분리된 행위였다면, 전자기록 환경 하의 평가는 업무와 기록의 연계 속에 업무 상의 필요성 및 사회적·문화적 필요성을 사전적으로 분석하는 유기적 행위라 할 수 있다. 또한 전자기록의 맥락성 및 증거성 파악이 가치평 가의 기본 전제로 설정되며, 진본성이 부재한 중요기록물의 선별은 무 의미하다는 점에서 속성평가 역시 새로운 평가절차로 자리하게 된다. 이러한 점에서 전자기록의 평가는 과거와 같은 가치 선별논리로만 국 한될 수 없으며, 총체적인 기록관리 프로세스와 연동된 유기적인 절차 를 형성해야 할 필요가 있다.

　　전자기록 환경에서의 평가는 〈도표 7-I〉에 제시한 바와 같이 네 가지 방면의 행위들이 복합된 유기적 절차라 할 수 있다. 우선 업무 내역을 반영한 증거의 확보 없이는 기록으로 성립될 수 없다는 점에서, 전자기록의 생산맥락 및 증거성 확보는 가치 있는 기록을 선별하는 평가의 기본 전제가 된다. 아울러 수정 및 복제가 용이한 전자기록의 특성으로 인해, 진본성의 입증 없는 기록의 선별은 무의미하다는 점에서 진본성평가 역시 평가 상의 필수적 절차로 부상하게 된다. 이러한 두 방면의 행위들이 전자기록의 속성평가를 형성한다면, 전자기록의 가치평가 또한 두 방면의 행위로 구성된다. 먼저 기능평가는 업무분석을 통해 평가가 수행되도록 함으로써, 조직을 영위하고 업무를 수행하는데 필요한 기록의 현용적 가치를 구체적으로 파악할 수 있게 해준다. 하지만 기능평가가 지닌 현용적 가치 중심의 선별논리를 지양하기 위해 별도의 평가전략 마련이 요구되며, 이러한 점에서 기능평가와는 별도로 국가적 차원의 영구보존 대상 선별을 위한 평가전략이 나머지 축을 형성하게 된다.

〈도표 7-I〉 전자기록 평가 구조

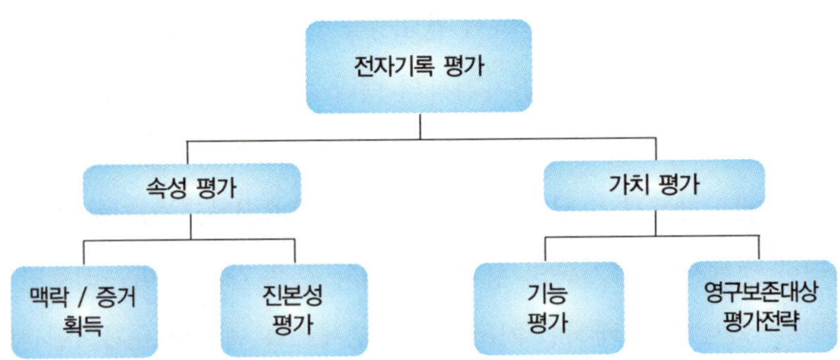

바로 이러한 측면에서 전자기록 환경 하의 평가는 제반 환경 및 업무 분석을 통한 생산맥락과의 연동 속에, 조직의 영위 및 업무 수행과 더불어 사회상 및 집단기억 형성에 필요한 정보를, 완전무결한 상태로 선별하는 유기적 절차로 자리하게 된다. 즉 기록이 지닌 증거성 및 행위와의 연계를 통한 맥락성을 원천적으로 확보한 가운데 업무행위의 중요도를 기반으로 평가가 수행되며, 진본성·무결성·신뢰성·가용성 등을 유지한 채 선별할 수 있게 한다. 또한 기록관리의 궁극적 목표와 평가를 연동시키는 가운데 조직을 둘러싼 내외부 환경에 대응하며 조직을 운영하고 업무를 수행해 나가는데 필요한 기록의 범주를 선별케 하며, 더불어 당대의 사회상 및 집단기억을 형성시킬 수 있는 국가적 차원의 중요기록물을 체계적이면서도 계획적으로 선별할 수 있게 해준다.

이와 같은 점을 고려할 때 전자기록 환경 하의 평가는 속성평가와 가치평가가 통합된 전체 기록관리 프로세스상의 유기적 절차를 형성할 필요가 있다. 과거 종이기록 환경 하의 평가는 업무의 결과로 주어진 기록을 비현용단계에서 선별하는 독립된 업무단계였다면, 전자기록 환경 하의 평가는 업무분석을 기반으로 맥락성 및 증거성 확보와 함께, 업무행위상의 중요도를 지닌 기록을 선별해 진본성을 입증하고 유지시켜야 하는 지속적인 프로세스를 지녀야 하기 때문이다.

2. InterPARES 프로젝트 평가체제 모형의 한계

전자기록의 속성평가와 가치평가가 결합된 평가체제 모형은 InterPARES 프로젝트 평가팀의 연구성과를 통해 석출할 수 있다. 이는 속성평가와 가치평가를 통합시킨 현재까지 제시된 유일한 평가체제 모형으로, 진본성을 지닌 중요 전자기록의 장기보존이란 모토아래 진본성평가와 가치평가를 별도의 단계로 설정하였다. 4장에서 살핀 바대로 InterPARES 프로젝트 1에서는 전자기록 평가체제 모형 속에 진본성평가와 가치평가를 통합된 단계로 설계하였으나, 가치평가의 구체적 방식 및 세부 절차에 대해서는 제시치 않았다. 하지만 InterPARES 프로젝트 2에서는 InterPARES 프로젝트 1의 개별적인 연구결과들을 컨티뉴엄 이론에 입각해 전체 기록관리 절차로 모형화한 업무지향 레코드키핑 모형(Business-Driven Recordkeeping Model)을 통해 개략적으로 제시함으로써, 속성평가와 가치평가가 결합된 절차를 파악할 수 있게 해준다. 이에 InterPARES 프로젝트 1의 전자기록 평가체제 모형 및 InterPARES 프로젝트 2의 업무지향 레코드키핑 모형, 그리고 진본 전자기록의 장기보존 절차를 생산 이전부터 최종 보존에 이르기까지 도식화시킨 보존사슬 모형(Chain of Preservation Model)을 통해 가치평가 및 속성평가 절차를 석출하면 〈도표 7-Ⅱ〉와 같이 나타낼 수 있다.

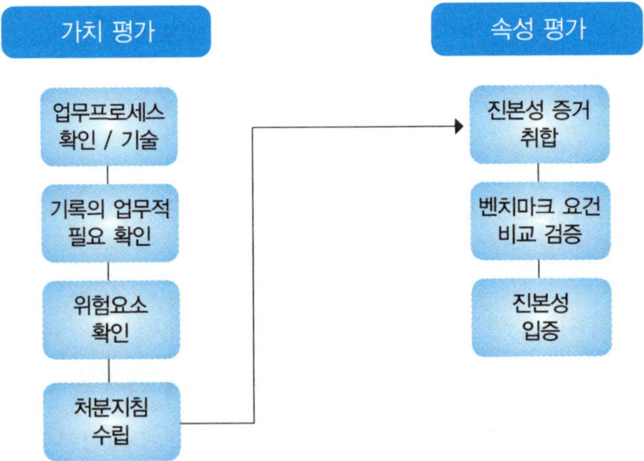

〈도표 7-Ⅱ〉 InterPARES 프로젝트의 가치평가·속성평가 절차

가치평가 절차는 조직의 업무 프로세스 분석을 기반으로 업무 수행에 필요한 기록의 범주를 확인함과 더불어, 레코드키핑 기능의 수행과 관련된 잠재적 위험요소를 파악하는 절차들로 구성된다. 우선 업무 프로세스 확인·기술(Identify/Describe Business Processes) 절차에서는 관련 법 내지 규정적 요건과 함께 과거 업무 및 기록관리 수행에 관한 정보를 기반으로, 생성된 기록의 보유 요건을 확인하게 된다. 이어 기록의 업무적 필요 확인(Identify Business Need for Records) 절차에서는 업무 프로세스에 대한 위험분석에 근거해, 처리행위 레벨에서 업무 프로세스를 위한 기록의 필요를 확인하게 되는데, 이는 다시 세 부분으로 구분된다.

즉 여기서는 먼저 기록 생산을 위한 법적 규정적 요건과 더불어 이러한 요건이 충족되지 못할 경우 발생하게 되는 위험요소를 결정하게 된다. 그리고 관련 법 내지 규정적 요건과 함께 과거 업무 및 기록관리 수행에 관한 정보를 기반으로, 어떠한 기록이 어떠한 구조 및 형식, 기술로 생성되어야 하는지 확인하게 되며, 아울러 이를 기반으로 생성된 기록의 보유기간을 파악하게 된다. 업무적 필요 확인 절차에 이은 위험요소 확인(Identify Risks from Recordkeeping Perspective) 절차에서는 조직을 둘러싼 제반 환경 및 업무 프로세스 분석 그리고 기록의 업무적 필요 및 보유 요건을 기반으로, 레코드키핑 기능의 수행과 관련된 잠재적 위험요소를 확인하게 되며, 이러한 과정을 거쳐 파악된 기록의 가치 내지 필요성을 기반으로 최종적으로 처분지침을 수립하게 된다.[1]

---

[1] InterPARES 2 Project, "Business-Driven Recordkeeping(BDR Model(Consultation Draft)", 2007. 8. 〈http://www.interpares.org/ip2/ip2_models.cfm〉; InterPARES 2 Project, "Definitions of Activities of the BDR Model(version 5)", 2007. 7. 〈http://www.interpares.org/display_file.cfm?doc=ip2_BDR_model (consultation_draft_20070730).pdf〉

InterPARES 프로젝트 2의 보존사슬 모형에 제시된 속성평가 절차는 InterPARES 프로젝트 1의 진본성평가 절차와 동일하다. 즉 진본성 입증을 위한 증거 취합(Compile Evidence Supporting the Presumption of Authenticity) 절차에서는 진본성 입증에 근거가 되는 전자기록물의 무결성 및 생산 절차상의 적절성에 관한 증거를 수집·문서화시키게 된다. 진본성 입증을 위한 벤치마크 요건과의 비교·검증(Measure Evidence against Requirements for Authentic Records) 절차에서는 위의 과정을 통해 얻은 진본성 입증을 위한 증거들을 InterPARES 프로젝트 진본성팀에서 제시한 벤치마크 요건에 기초하여 확인하게 된다. 그리고 최종적으로 진본성 입증(Verify Authenticity) 절차에서는 전자기록물의 진본성 입증에 필요한 근거를 수립함과 더불어, 벤치마크 요건에 부합하는 근거가 불충분한 경우 해당 전자기록물을 사본 내지 백업본과 비교하거나 감사증적(Audit Trails) 확인 등의 방법을 통해 진본성을 입증하게 된다.

InterPARES 프로젝트에서 제시하는 위와 같은 평가절차는 가치평가와 속성평가가 통합된 전자기록의 평가 모형을 제공한다는 점에서 의미를 지닌다. InterPARES 프로젝트 1에서는 제시치 않은 가치평가 절차를 개략적이긴 하지만 InterPARES 프로젝트 2의 업무지향 레코드키핑 모형을 통해 석출할 수 있게 함으로써, 업무기능에 기반을 둔 기능평가와 함께 진본성평가를 통합적으로 설계할 수 있는 기반을 마련해주고 있다. 하지만 이러한 평가 모형은 전자기록 관리 프로세스와 연계되지 않은 한계를 지닌다. 전자기록의 속성평가 및 가치평가에 필요한 요소들을 병렬적으로 모형화 하였을 뿐, 실제 전자기록 관리상의 일반적 프로세스와 연동된 평가절차 논리는 제시치 못하고 있다.

3. 전자기록의 가치평가 · 속성평가 통합 절차모형 개발

전자기록의 평가는 제반 환경 및 업무분석을 기반으로 맥락성 및 증거성의 확보와 함께 가치를 지닌 기록을 선별해 진본성을 입증하고 유지시켜야 한다는 점에서, 기록의 생산 이전부터 기록관리의 전 과정 속에 유기적으로 수행되는 프로세스를 구축해야 한다. 바로 이러한 점에서 전자기록 환경 하의 기록관리에 대한 표준적인 절차 모형을 제시하는 ISO 15489의 프로세스와 연동하여, 가치평가와 속성평가가 통합된 평가절차를 설계할 필요가 있다. 이에 4장에서 분석한 ISO 15489에 기반을 둔 기능평가 절차 및 InterPARES 프로젝트의 진본성평가 논리 그리고 진본성평가의 세부 절차에 대한 개별 연구성과를 바탕으로, ISO 15489의 기록관리 프로세스에 기축하여 전자기록 평가 프로세스를 설계하면 〈도표 7-Ⅲ〉과 같이 도식화할 수 있다.

① 생산이전 단계 : 가치평가 모듈

ISO 15489에서 제시하는 생산이전 단계 중 업무분류와 획득대상 파악은 맥락을 지닌 증거의 획득을 통해 신뢰성을 확보함과 아울러, 이를 기반으로 가치평가를 위한 제반 정보를 파악하는 절차라 할 수 있다.[2] 업무분류와 획득대상 파악은 평가 상의 동일한 프로세스를 공유하게 되는데, 먼저 관련정보 수집 절차에서는 조직 자체 및 조직을 둘러싼 제반 환경의 파악에 필요한 각종 정보를 사전적으로 수집하게 된다. 수집

---

[2] 이하 생산이전 단계의 평가절차에 대한 설명은 4장 2절의 내용을 기반으로 발췌 · 재정리한 것임.

〈도표 7-Ⅲ〉 전자기록의 가치평가·속성평가 통합프로세스 모형

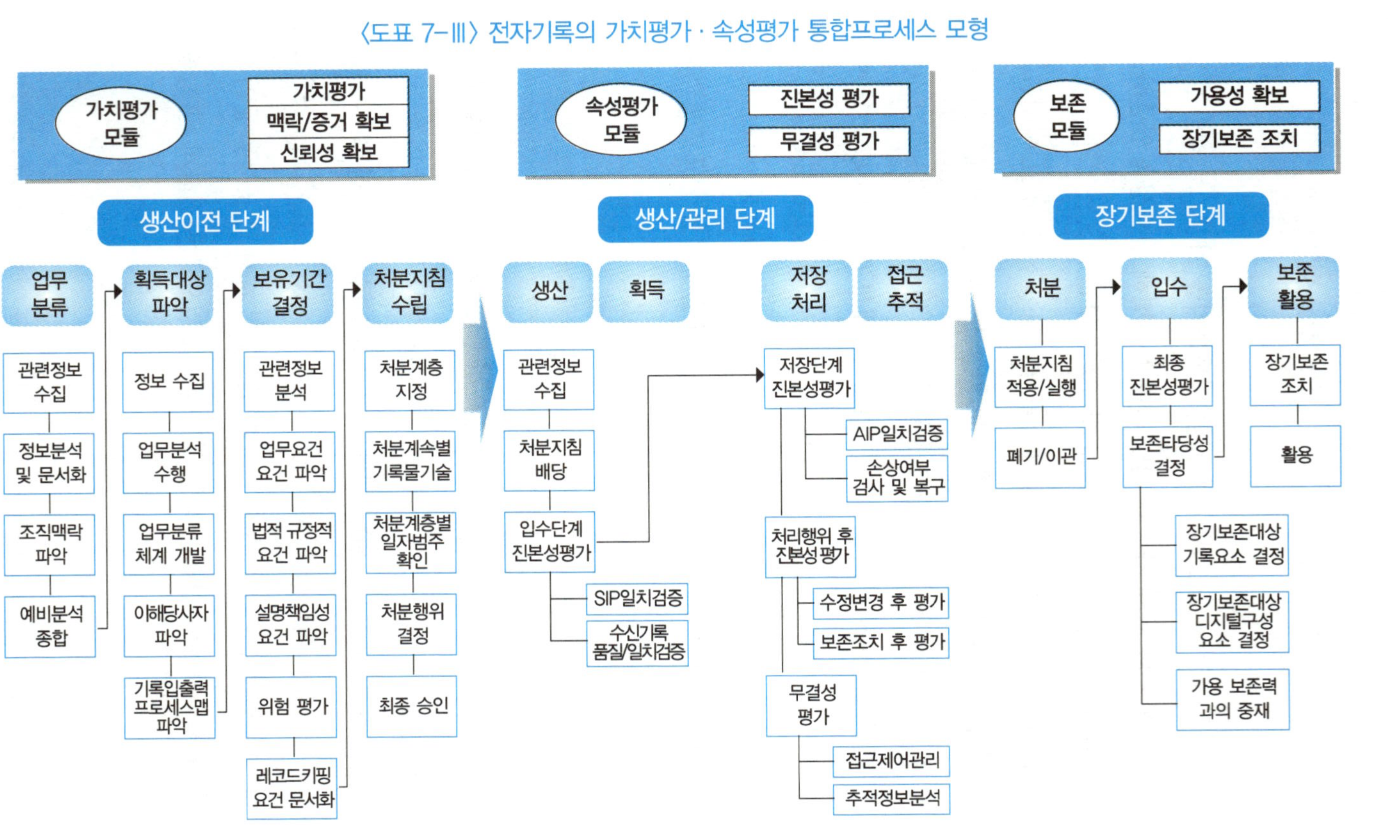

되는 정보는 각종 문서자료 및 인터뷰 등을 통해 확보되며, 이전의 업무 프로세스분석 및 위험분석과 같은 정보자료가 존재할 경우 이 역시 활용하게 된다. 이러한 과정을 통해 수집된 관련 정보들을 바탕으로 분석 및 문서화 과정을 거쳐 조직맥락 파악 절차를 수행하게 된다. 조직맥락 파악은 전자기록의 핵심적 속성이라 할 수 있는 맥락성 및 증거성 확보의 기본 전제가 되는 절차이다. 이는 다원적이고 복잡화된 업무 환경에서 기인하는 복합적인 맥락의 파악과 함께, 조직의 영위 및 업무 수행과 관련된 다양한 법적 규정적 맥락 파악이 전자기록 환경에서는 필수적으로 요구되기 때문이다. 이해당사자 역시 파악되어야 하는 맥락 요소라 할 수 있는데, 조직이 영위되고 업무가 수행되는 맥락상의 핵심 부분이자, 설명책임·컴플라이언스·업무적 필요·사회적 가치 등 평가 상에서 기록의 보유기간을 결정하는 중요한 요소로 자리하기 때문이다.

이와 같은 예비분석 결과를 종합화한 정보를 토대로 본격적인 업무분석을 수행하게 된다. 업무분석은 업무행위 및 프로세스 조사를 통해 조직이 수행하는 업무와 그 수행방식에 관한 개념적 모델을 개발하는 절차이다. 전자기록 평가에서 업무활동 분석이 사전적으로 수행되는 이유는 업무행위를 정확하게 반영하는 맥락을 지닌 증거의 확보가 평가의 최우선적 선결 조건으로 상정되기 때문이다. 따라서 업무분석은 기록을 생성시킨 행위의 중요도를 기반으로 평가를 수행하는 전자기록 환경의 기능평가에서 중핵을 이루는 절차라 할 수 있다.

업무분석 결과는 업무분류체계 개발로 귀결된다. 이는 조직이 수행하는 세부 업무의 논리적 체계임과 더불어, 여기에 기록분류를 연동시킴으로써 기록의 논리적 체계 확립은 물론 계층성 및 상호연계성을 부여하는 지적 통제수단으로서의 역할을 담당하게 된다. 업무분류체계 개발을 통해 업무의 행위내역을 반영한 증거로서의 기록 확보와 함께, 조직의 영위 및 업무 운영상에 필수적인 기록 포착을 가능하게 해준다. 이해당사자 파악 절차는 조직을 둘러싼 이해당사자들을 기능-활동-처리행위와 구체적으로 연계시키는 것으로, 이를 통해 실제 기록에 관계되는 이해당사자를 파악함으로써 보다 구체적인 기록의 가치를 도출할 수 있는 기반을 마련하게 된다. 업무분류 및 획득대상 파악의 마지막 절차는 기록 입출력 프로세스맵 파악이다. 업무분석 과정에서 행해진 프로세스 분석을 기반으로, 업무가 구체적으로 수행되는 세부 프로세스 별로 투입 기록물 및 산출 기록물을 파악할 필요가 있다. 실제 구체적인 업무 프로세스는 업무에 필요한 기록물의 투입을 통해 이루어지며 아울러 업무의 결과 역시 기록물로 생성되는데 따른 귀결로, 이를 통해 각 프로세스 별로 필수적으로 획득해야 할 기록물을 구체적으로 파악할 수 있게 해준다.

ISO 15489의 보유기간 결정 단계는 기능평가 상의 레코드키핑요건 확인 절차에 상응하는 것으로, 앞서 파악한 조직을 둘러싼 내외부 환경 및 업무에 대한 상세 분석을 기반으로 조직의 영위 및 업무 수행에 필요한 기록의 가치를 결정하는 실질적인 평가 절차라 할 수 있다. 먼저 관련정보 분석은 예비분석 및 업무분석을 통해 확보된 정보를 기반으로 레코드키핑요건을 분석하는 절차이다. 관련정보 분석에 필요한 정보는 이전의 레코드키핑요건 분석 자료와 함께 기존의 처분지침을 활용할 수 있으며, 인터뷰 자료는 조직의 영위 및 업무 수행 상에서 어떠한 기록물이 필요한지를 파악하는데 유용하다. 정책문·조직 가이드라인·업무매뉴얼 등과 같은 내부 자료를 통해서도 구체적인 업무내역 및 프로세스에 요구되는 기록에 대한 구체적인 요건을 파악할 수 있으며, 조직과 관련된 다양한 법령·규정·표준 등 외부 자료에서는 법적 규정적 요건 및 설명책임성 요건의 파악이 가능하다.

관련정보 분석 후에는 여기서 도출된 내용을 바탕으로 기록의 실제 가치를 파악하게 된다. 업무요건 파악 절차에서는 조직의 운영 및 업무 수행을 지원하는데 있어 해당 기록이 필요로 되는 정도를 평가하는데, 기록은 업무 수행 중에 생성된 산물이라는 점에서 업무에 활용되는 정보로서의 가치 또한 지니게 되는 데에서 연유하는 것이다. 법적 규정적 요건 파악은 관련 법령 및 규정, 표준 등에서 요구하는 기록의 보유기간 및 감사상의 필요한 보유기간을 파악하는 것이다. 이러한 법적 규정적 요건을 구체적으로 파악하기 위해서는 조직의 영위 및 업무 수행과 관련된 다양한 법령·규정·지침·표준·매뉴얼 등에서 명시하는 요건들을 상세히 분석할 필요가 있다. 설명책임성 요건은 최근의 민주사회 발전과 함께 중요성이 더욱 증대되는 것으로, 기록이 행위 내역에 대한 정확하면서도 신뢰할 수 있는 증거라면, 조직 및 그에 속한 개인이 법적·사회적·도덕적 책무를 준수했는지를 보여주는 설명책임 상의 기본 도구가 되는 것에서 연유하는 것이다. 주어진 환경에 대응하며 조직을 영위하는 과정에서 무엇을 했는지에 대한 설명책임은 당대만이 아닌 미래에도 제공해야 하며, 바로 여기서 행위의 증거인 기록은 설명책임을 전달하는 역할을 담당하게 된다. 위험평가 절차는 조직 내 위험요소는 무엇이며 해당 기록이 폐기될 경우 조직에 어떠한 잠재적 비용이 발생하는지를 측정하는 것으로, 앞선 업무분석을 통해 업무활동과 관련된 위기를 확인하게 되면 이를 기반으로 여기서는 실제 위기를 평가하게 된다.

이와 같은 과정을 통해 파악된 레코드키핑요건은 문서화될 필요가 있다. 레코드키핑요건 문서화시 필요한 요소는 조직의 규모 및 활동의 복잡화 수준에 따라 다양하지만, 일반적으로 생산기관명·관련 법령명 및 세부 조항·효력일자·기능 및 활동명·레코드키핑요건·관련 이해당사자 등이 명시되어야 한다. 이러한 레코드키핑 문서화 절차를 기반으로 최종적으로 처분지침을 수립하게 된다. 처분지침은 조직 내외부를 둘러싼 업무적·법적·사회적 맥락 파악 및 세부적인 업무분석 그리고 업무적 필요·법적 규정적 요건·설명책임성 요건 및 위험평가 등 기록의 구체적인 레코드키핑요건 파악을 통해 개발되는 것으로, 업무분류체계와 연동하여 해당 기록에 대한 구체적인 통제도구로서의 역할을 담당하게 된다. 처분지침의 구체적인 수립 절차는 국가 및 조직마다 각기 상이하게 설계할 수 있지만, 아무튼 이러한 처분지침을 기반으로 전자기록에 해당 보유기간 및 구체적인 처분행위가 배당됨으로써 폐기 및 이관행위를 합법적으로 수행하게 된다.

이상과 같이 전자기록의 평가 가운데 가치평가는 생산이전 단계의 다양한 절차들을 통해 수행되는 프로세스를 형성하게 된다. 수많은 디지털 객체들 가운데 업무의 행위내역을 반영한 증거의 확보와 아울러 전자기록이 생성되는 복합적인 맥락이 파악되어야만 기록으로서 성립될 수 있다는 점에서, 실제 가치의 평가 이전에 조직의 기능 및 구조, 역할과 더불어 조직이 영위되는 사회·정치적 환경 및 규제 환경을 파악하게 된다. 아울러 이를 통해 증거성 및 맥락성 확보와 함께 조직이 영위되는 행정적·법적·사회적 맥락에 대한 이해를 바탕으로 가치평가를 수행하게 된다. 또한 이러한 가치평가는 조직의 영위 및 업무 수행 상의 필요를 근거로 생산 이전에 완료되며, 이를 토대로 처분지침을 수립함으로써 실제 기록의 생산과 동시에 평가 결과가 배당되게 된다. 이와 같은 평가 절차들을 통해 전자기록의 핵심적인 속성이라 할 수 있는 증거성 및 맥락성 확보와 함께 이를 기반으로 신뢰성을 확보하게 되며, 이러한 토대 위에 전자기록물의 가치를 기능상의 맥락에 근거하여 평가하게 된다.

② 생산관리 단계 : 속성평가 모듈

생산관리 단계에서는 평가가 수행된 전자기록의 속성을 확보·유지하기 위한 속성평가 절차가 수행된다. 생산이전 단계에서는 업무분석에 기반 한 기능평가를 통해 기관이 영위되는 행정적·법적·사회적 환경에 대한 완벽한 이해 속에 가치평가를 수행하였다면, 생산관리 단계에서의 평가는 진본성 확보 및 유지를 위한 속성평가가 ISO 15489의 관리단계와 맞물려 이루어지게 된다. 이를 통해 계속적 가치를 지닌 중요기록물을 진본성을 유지한 채 장기보존할 수 있는 기반이 마련된다고 할 수 있다.

속성평가는 ISO 15489의 획득·저장·처리·접근·추적 단계와 연동하여 〈도표 7-Ⅲ〉에서 제시한 바와 같은 절차들로 나타낼 수 있다.[3] 속성평가의 첫 번째 절차는 입수단계에서의 진본성평가로, 이는 다시 입수기록패키지(SIP)의 일치검증과 수신기록의 품질 및 일치검증 절차로 구분할 수 있다. 생산기관에서 입수기관으로 또는 업무정보시스템

---

[3] 이하 전자기록의 진본성평가와 관련된 설명은 김익한,「전자기록의 진본 평가 시스템 모형 연구」,『기록학연구』14, 한국기록학회, 2006, pp. 98~106의 내용을 주축으로 한 것이다. 앞서 서론에서 밝힌 바와 같이 진본성평가 및 기술력 문제는 본서의 범위에서 논외로 한 것에서도 그 이유를 찾을 수 있지만, 위의 연구는 무엇보다 OAIS 참조모형의 논리에 근거해 기록관리 상의 세부적인 절차별로 필요한 진본성평가 방안 및 내용을 구체적으로 제시한다는 점에서, 관리 프로세스별로 진본성평가 절차를 상세히 도출할 수 있기 때문이다. 이에 별도의 각주 표기가 없는 한 진본성평가에 관한 내용은 위의 연구를 주축으로 하였음을 밝힌다.

에서 기록관리시스템으로 기록이 송신되기 전 포맷·메타데이터 구성·송수신 절차 및 방식에 대해 협상이 이루어지게 되는데, 이를 기반으로 생산기관에서는 생성된 기록을 입수기록패키지 형태로 재생산하게 되며, 이 과정에서 원래의 기록과 입수기록패키지가 내용적으로 일치하는지 검증절차가 요구된다. 포맷 변환이 수행될 경우에는 포맷 변환 전후의 내용이 일치하는지 검증이 필요하며, 또한 메타데이터 요소들이 진본성 유지 요건과 합치하는지 역시 분석이 필요하다. 수신기록의 품질 및 일치검증 절차에서는 입수기록패키지로의 변환 후 입수기관 내지 기록관리시스템으로 전송할 시, 발송된 전자기록과 입수된 전자기록이 일치하는지 여부와 함께 품질을 검증한다. 품질검사는 전자적 객체의 물리적 손상여부 체크 및 복구로 구성된다. 그리고 일치검증에서는 송수신된 전자적 객체가 동일 비트스트림을 유지하고 있는지에 대해 검증하게 되는데, 생산기관과 입수기관 간의 공동 확인 절차가 필요하며 이에 대한 증명을 전자기록에 부여하는 방안 역시 요구된다.

전자기록이 입수된 이후에는 현용 및 준현용을 위해 저장장치에 처분지침 상의 보유기간동안 저장하게 되는데, 이러한 저장단계에서는 보존기록패키지(AIP) 일치검증과 저장된 전자적 객체의 손상여부 검사를 통해 진본성을 평가하게 된다. 보존기록패키지 일치검증 절차에서는 저장 전의 보존기록패키지와 저장 후의 보존기록패키지의 일치검증이 핵심적인 진본성평가 과정으로 설정되는데, 여기서는 비트스트림의 일치 여부 확인 및 파일 크기·헤더와 테일의 일치 확인 등을 수행하게 된다. 전자적 객체의 손상여부 검사는 전자기록의 물리적 불안정성에서 기인하는 손상 여부를 검사하고 이를 복구하는 절차로, 저장장치의 표면 검사 및 배드섹터 검사 등을 포함하게 된다. 손상 확인 시에는 이

를 복구처리해야 하며, 복구 이력 및 복구된 전자기록의 진본 인증 정
보가 부가되어야 한다.

전자기록이 기록관리시스템에 입수된 이후 각종 관리조치들을 통해
다양한 처리행위가 수행되는데, 이러한 처리행위는 전자기록 객체의
변경을 동반하는 관계상 처리행위 후 진본성평가가 수행되어야 한다.
이는 다시 수정·변경 후의 진본성평가와 보존조치 후의 진본성평가로
세분화할 수 있다. 보존조치 후의 진본성평가는 하드웨어 및 소프트웨
어·시스템 및 기타 포맷의 마이그레이션 후, 이전의 전자기록과 내용
적으로 일치하는지 평가하는 것이다. 수정·변경 후의 진본성평가는
기록의 관리기준 값 변화와 연계된 것으로, 관리기준 값의 변경처리는
메타데이터의 변경을 동반하는 관계상 변경 후 적절성에 대한 평가를
수행하는 것이다.

전자기록관리시스템에서 진본 전자기록의 무결성평가는 기본적으
로 접근 및 감사추적 절차와 연계되어 있다. 접근 절차에서는 접근제어
리스트의 변경관리 및 적절성에 대한 평가를 통해 무결성평가가 수행
되는데, 이 때 조직의 변화나 신규 직원의 채용이 있는 경우 권한자와
기능의 매핑 정보를 변경하여 접근제어리스트의 변경관리를 해주어야
한다. 이와 아울러 접근제어 정책의 변화에 따른 변경관리 및 접근제어
설정의 적절성에 대한 주기적 평가 역시 필수적이다. 감사추적 절차에
서는 다양한 감사추적 데이터를 유형별로 주기적으로 분석함으로써 불
법적 접근 여부를 검증하게 된다. 이외 시스템의 접근제어나 보안 기능
을 넘어선 차원에서의 불법적 접근에 대해서는 시스템 로그정보 분석
을 통해 검사해야 하며, 불법적 접근에 대해서는 해당 사실을 기록화
하고 불법적 접근에 의한 변경내역을 바로잡아 진본성을 유지시켜야

한다.

③ 장기보존 단계 : 보존 모듈

생산이전 단계에서의 가치평가 및 생산관리 단계에서의 속성평가를 기반으로, 장기보존 단계에서는 진본성을 지닌 중요기록물의 장기보존 조치가 이루어진다. 생산이전 단계의 가치평가를 통해 수립된 처분지침을 근거로 실제 전자기록의 이관 및 폐기가 행해지는데, 특히 장기보존을 위해 이관된 대상에는 최종적인 진본성평가와 함께 보존타당성을 결정하는 절차가 수반되게 된다. 최종 진본성평가 절차는 장기보존을 위해 디지털 아카이빙 시스템으로 이관된 객체를 대상으로 이관 전후의 일치검증을 수행한다는 점에서, 앞선 저장단계의 진본성평가 방식을 준용할 수 있다. 아울러 InterPARES 프로젝트 진본성팀에서 제시한 벤치마크 요건 및 베이스라인 요건과의 비교검증을 통해 최종적으로 진본성을 입증하는 방안 역시 활용될 수 있다.[4]

보존타당성 결정은 전자기록이 지닌 기술의존성에서 기인하는 절차로, 전자기록을 생성시킨 하드웨어·소프트웨어·시스템 및 기술력 등에 대한 정보 없이는 향후 이용이 불가능하다는 점에서 전자기록 평가

---

4 InterPARES 2 Project, *Preservation Guidelines-Preserving Digital Records: Guidelines for Organizations*.[cite 2008. 4]
〈http://www.interpares.org/ip2/display_file.cfm?doc=ip2(pub)preserver_guidelines_booklet.pdf〉
InterPARES 2 Project, *A Framework of Principles for the Development of Policies, Strategies and Standards for the Long-term Preservation of Digital Records*(Final: public), 2008. 3.
〈http://www.interpares.org/ip2/display_file.cfm?doc=ip2(pub)policy_framework_document.pdf〉
이러한 벤치마크 요건 및 베이스라인 요건에 대해서는 InterPARES Project, "Requirements for Assessing and Maintaining the Authenticity of Electronic Records", *The Long-term Preservation of Authentic Electronic Records: Findings of the InterPARES Project*, 2000, pp. 5~12를 참조.
〈http://www.interpares.org/book/interpares_book_k_app02.pdf〉

상의 필수적 절차로 설정된다.[5] 기실 평가는 본디 보존비용과의 함수관계에서 출발한 것임을 염두에 둘 때, 전자기록의 장기보존에 요구되는 비용 및 기술력 판단을 의미하는 보존타당성 결정은 전자기록 평가 상의 필수불가결한 절차라 할 수 있다. 기술 및 보존비용 간의 관계에 대한 계량적 연구에서는 전자기록의 기술력 내지 구조적 복잡성이 증가하면 여기에 소요되는 보존비용은 기하급수적으로 상승하게 되며, 따라서 보존비용과의 최적점에서 보존 가능한 전자기록을 선별해야 함을 제시한다.[6] 이러한 점에서 보존비용은 전자기록 평가 상의 준거 중 하나로 설정되기도 하며, 기록의 가치가 보존에 소요되는 비용을 상쇄치 못할 경우 해당 기록의 선별은 행해질 수 없게 된다.[7] 바로 이와 같은 측면을 감안해 InterPARES 프로젝트에서는 전자기록 평가 상의 필수적 절차로서 세 단계로 세분화해 설정하고 있다.[8]

한편 〈도표 7- I〉의 가치평가 절차 가운데 영구보존 대상 평가전략은 생산이전 단계에서 제시한 가치평가 절차와는 다른 별도의 프로세스를 구축할 필요가 있다. 예비분석에서부터 최종 처분지침 승인에 이르는 일련의 과정들은 기능평가의 일반적 프로세스로, 국가적 차원의 영구보존 대상 평가 절차로는 적절치 않기 때문이다. 이러한 연유로 인해

---

[5] Terry Eastwood ed., "Appraisal of Electronic Records: A Review of Literature in English", *The Long-term Preservation of Authentic Electronic Records: Findings of the InterPARES Project*, 2002, pp. 12~13. 〈http://www.interpares.org/book/interpares_book_1_app03.pdf〉

[6] Eljas Orrman, "Structural Complexity of Electronic Records as a Factor Guiding Decisions on Permanent Retention", *Principles of Appraisal and Their Application in Electronic Environment: European Models and Concepts*, Arkistolaitos, 2000. 〈http://www.narcfi/dlm/〉

[7] IRMT & ICA, 『전자기록물 관리』, 김명훈 역, 진리탐구, 서울, 2005, pp. 124~126; NAA, "How Long Should Records Be Kept", *Keeping Electronic Records*,[cite 2006. 6] 〈http://www.naa.gov.au/recordkeeping/er/keeping_er/how_long.html〉

[8] InterPARES 프로젝트 평가팀에서 제시한 보존타당성 결정 절차에 대한 상세한 설명은 4장 1절을 참조.

국가적 차원의 영구보존기록 평가는 기능평가와는 동일한 평가절차로 수행되기 어려우며, 별도의 절차 마련이 요구된다.[9] 이러한 영구보존기록 평가를 위한 절차는 일반적 절차 모형으로 제시할 수는 없다. 앞선 5장에서 살핀 각국의 영구보존 대상 평가전략이 각기 상이한 바대로, 각국의 당대 사회상 및 집단기억을 형성시킬 수 있는 영구보존 대상의 범주 및 평가방안은 각국의 사정을 반영하며 수립되어야 하기 때문이다. 단 영구보존 대상 평가전략 역시 중요기록물의 원천적 확보를 위해 생산이전 단계에서 수행되어야 하며, 맥락성 및 증거성의 기본적 확보 위에 이루어져야 함은 물론이다.

이상과 같이 살핀 전자기록 평가체계 모형은 ISO 15489의 기록관리 프로세스를 기축으로, 가치평가와 속성평가 절차가 통합된 평가 프로세스를 제시해준다. 이러한 평가체계는 ISO 15489의 기록관리 프로세스를 생산이전 단계 및 생산관리 단계로 구분하여 각기 가치평가 모듈과 속성평가 모듈로 구분할 수 있다. 생산이전 단계의 가치평가 모듈에서는 조직을 둘러싼 제반 환경 및 업무에 대해 사전적으로 분석함으로써 다원적인 생산맥락과 함께 업무 내역을 반영한 증거를 기록으로 획득할 수 있도록 하며, 아울러 사전적 분석 정보를 기반으로 조직의 영위 및 업무 수행에 필요한 기록을 선별할 수 있게 한다. 이와 같은 점에서 가치평가 모듈에서는 전자기록 평가의 기본 전제라 할 수 있는 맥락성 및 증거성의 확보와 함께 이를 통해 기록의 신뢰성 확보 역시 가능

하게 되며, 이러한 토대 위에 가치평가를 수행할 수 있도록 해준다. 그리고 생산관리 단계의 속성평가 모듈에서는 가치평가 모듈에서 선별된 기록들을, 처분지침에 규정된 보유기간 동안의 다양한 관리 조치 속에 진본성 및 무결성을 평가하고 유지시키게 된다. 이러한 양 단계의 평가 모듈을 통해 확보된 업무 행위에 대한 증거로서의 가치를 지닌 진본 전자기록은, 보존 모듈에서의 장기보존 조치를 통해 가용성을 확보한 가운데 보존 및 활용에 이를 수 있는 기반을 마련하게 된다.

단 이러한 평가체계 모형은 일반적인 절차 모형을 나타낸 것으로, 세부적인 절차들은 상호 중첩될 수도 또한 순서가 일부 바뀌어 구현될 수도 있다. 아울러 실제 평가 프로세스의 구축은 국가 및 조직에 따라 각기 상이할 수 있다. 하지만 맥락성 및 증거성의 확보와 함께 가치를 지닌 기록을 선별해 진본성을 평가·유지시키는 기본적 절차들을 ISO 15489의 기록관리 프로세스 토대 위에 제시한다는 면에서 범용성을 지닌다고 볼 수 있으며, 따라서 위의 평가절차 모형을 기반으로 각 국가 및 조직의 특성에 맞는 실제 평가 프로세스를 구축해야 한다. 종국적으로 이러한 전자기록 평가 프로세스는 맥락성 및 증거성을 지닌 진본 기록을 현용적 가치와 사회·문화적 가치가 조화된 가운데 선별하여 활용되도록 할 수 있는 토대를 제공해 주게 된다.

지식정보화 사회와 전자기록 평가 발전방향

1. 전자기록과 정보적 가치

전자기록 환경 하의 평가는 기록이 지닌 현용적 가치에 우선적으로 주목한다는 점에서 평가 상의 새로운 패러다임을 제시한다. 업무 행위를 반영한 증거를 기록으로 획득하는 것이 최우선적 과제로 설정되는 전자기록 환경에서, 업무와 기록을 통합시킴으로써 맥락을 지닌 증거를 원천적으로 확보케 하며, 아울러 업무와 기록관리가 연동된 업무친화적 기록관리 방향 속에 조직의 영위 및 업무 수행에 필요한 기록을 획득하는 것이 평가의 기본 논리로 설정되도록 한다.

또한 전자기록 환경 하의 평가 함의는 생산맥락과의 연동 속에, 업무에 필요한 정보를 완전무결한 상태로 선별한다는 데에서 찾을 수 있다. 업무 분석을 통해 기록이 지닌 증거성 및 행위와의 연계를 통한 맥락성을 원천적으로 확보한 가운데 업무행위상의 중요도를 기반으로 평가가 수행되며, 디지털 객체들 가운데 업무행위 내역을 반영한 증거로서의 기록을 진본성·무결성·신뢰성·가용성 등의 기록품질을 유지한 채 선별할 수 있게 한다. 이와 더불어 기록관리의 궁극적 목표와 평가를 연동시키는 가운데 조직을 둘러싼 내외부 환경에 대응하며 조직을 운영하고 업무를 수행해 나가는데 필요한 기록의 범주를 선별해준다. 그리고 이러한 논리를 토대로 한 평가체제 및 방식은 과거와 같이 단절적인 기록관리 흐름 속에 영구보존 대상을 선별하는 분리된 단계가 아닌, 업무분석을 주축으로 기록의 생산 이전부터 기록관리의 전 과정 속에 유기적으로 수행되는 프로세스를 구축케 된다. 바로 이와 같은 측면에서 전자기록 환경 하의 평가는 여느 정보관리 영역에서는 찾아볼 수 없는, 맥락 및 품질을 확보한 업무상의 필요 기록을 조직에 제공하는 메커니즘을 제공한다고 할 수 있다.

하지만 최근의 사회 환경에 대응하는 기록관리의 정체성을 정립하고 역할을 강화시키기 위해서는 보완되어야 할 측면 역시 존재한다. 기록관리는 주어진 객체를 관리하는 방법론만으로 한정될 수는 없으며, 시대 및 환경에 따라 그 의미 및 역할을 부단히 변형시켜 왔다. 따라서 종이기록 환경에서 전자기록 환경으로 이전하는 패러다임 전환기를 맞아 최근의 사회 환경에 대응하는 역할 모색을 위해서는, 평가 역시 새로운 방향성 설정이 필요하다. 기존의 산업화 사회에서 정립된 기록 및 기록관리의 의미는 정보화 사회로의 진전과 함께 재숙고 되어야 할 필요가 있기 때문이다.[10]

이러한 견지에서 볼 때 전자기록 환경의 평가에서 보완되어야 할 측면은 다름 아닌 기록이 지닌 정보적 측면의 유용성 강화라 할 수 있다. 3장

2절에서 언급하였듯이 ISO 15489는 기록을 증거로서 뿐만 아니라 정보로 인식하고 있다는 데에서 의미를 찾을 수 있다. 하지만 이와 같은 인식을 넘어 정보로서의 유용성을 창출시키는 데에는 일정 한계를 지니고 있다. 즉 최근의 프로세스 중심 업무 환경에서 실제 정보로서의 활용성을 창출할 수 있는 시각까지는 아직 결여되어 있으며,[11] 아울러 기록관리와 정보관리의 연계 내지 통합방안을 마련하는 등 업무 수행에 실질적 도움을 줄 수 있는 영역을 보다 구체화시킬 필요가 있다는 점이다.[12]

바로 이러한 측면에서 최근의 지식정보화 환경 속에 전자기록의 평가 논리를 더욱 발전시키기 위해서는 정보 자산으로서의 유용성을 강화시킬 필요가 있다. 수많은 디지털 객체를 관리해야 하는 현재의 패러다임 전환기에서 기록이 지닌 증거성의 강조 경향은 당연한 귀결이라 할 수 있다. 업무 내역을 반영한 기록의 확보가 예전의 종이기록 환경처럼 용이하지 않은 상황에서, 이러한 증거의 확보 없이는 이후의 기록관리 자체가 무의미해지기 때문이다. 이러한 과정에서 그동안 증거의 수호에만 모든 관심을 집중해왔을 뿐, 기록 안에 수록된 내용이 지닌 정보자원으로서의 의미는 간과되어 왔다고 할 수 있다.[13] 하지만 전자

---

10 Bruno Delmas, "Archival Science Facing the Information Society", *Archival Science* 1(1), 2001, pp. 25~30; Fernada Ribeiro, "Archival Science and Changes in the Paradigm", *Archival Science* 1(3), 2001, p. 295, 303.

11 Mary M. White-Dollmann, "ISO 15489: A Tool for Records Management Mergers", *Information Management Journal* 2004(9-10), 2004, p. 44; Julie McLeod, "Assessing the Impact of ISO 15489: A Preliminary Investigation", *Records Management Journal* 13(2), 2003, p. 72.

12 Robert J. McLean, "Developing and Maintaining an Effective Records Management Programme", *ISO Bulletin* 2002(2), 2002, p. 23.

13 Richard J. Cox, *Managing Records as Evidence and Information*, Westport, Conn.: Quorum Books, 2001, p. 5; Mats Burell, "Appraisal and Information Theory", *Principles of Appraisal and Their Application in Electronic Environment: European Models and Concepts*, Arkistolaitos, 2000. 〈http://www.narcfi/dlm/〉

기록 시대의 조직이 영위되는 환경 및 최근의 지식정보화 사회에서 기록은 더 이상 업무의 결과로서만이 아닌 현재의 정보자산으로 간주해야 할 필요가 있다.[14] 최근의 지식정보화 사회에서 기록관리는 과거와 같은 수동적인 보관자 역할이 아닌, 조직 운영에 실익을 담당하는 핵심적인 영역으로 자리해야 하기 때문이다.

2. 기록과 지식의 상관성

① 최근의 기록생산 환경과 지식정보의 필요성

최근 조직이 운영되는 환경은 지식정보화 사회로 접어들고 있다. 컴퓨터 및 네트워크 기술의 발전과 함께 가속화된 지식정보화 환경에서, 지식정보는 조직의 영위 및 업무 수행에 필수적인 조직의 핵심 자산으로 인식되고 있다. 정보통신 기술의 발전은 업무 수행 방식을 변모시켜, 업무 중 지식정보의 필요성을 증대시킴과 아울러 지식정보의 활용 및 접근을 용이하게 해주고 있다.[15] 아울러 과거 분업화에 따른 조직운영 논리에서 탈피하여 리엔지니어링 및 프로세스 재설계 등을 통해 업무를 재편하는 과정에서, 업무 수행에 필요한 적재적소의 지식정보 투입이 요구되고 있다. 이로 인해 최근의 조직운영 환경에서 지식정보는 조직의 핵심역량 강화 및 경쟁우위 확보를 위한 핵심 자산으로 관리해야 할 필요성이 증대되고 있는 추세이다.[16]

---

14 Paul Sutcliffe, "Building the Corporate Memory in the E-environment", *Records Management Journal* 13(2), 2003, p. 53.

15 Larry Eiring, "The Evolving Information World", *Information Management Journal* 2002(1-2), 2002, p. 21.

16 野中郁次郎, 紺野登, 『지식경영』, 나상억 역, 21세기북스, 서울, 1998, pp. 27~47.

업무 수행롤 위한 지식정보의 효율적 통제 필요성은 최근과 같은 방대한 양의 지식정보를 생성시키는 조직운영 메커니즘에서 필수적 요소라 할 수 있다. 각 부서에서 수행하는 업무 중 수많은 지식정보가 발생하고 이러한 지식정보는 업무 수행의 신진대사로 작용하는 전자시대의 업무 환경에서, 실제 지식정보의 체계적 관리는 조직의 성패를 좌우하는 요소로 자리하고 있다. 예를 들어 일본 내 기업 영역을 대상으로 한 조사 자료에 따르면, 조직의 재편·통합이나 업무 담당자의 변동 등에 따른 필요 정보의 확보 어려움이 조직운영 상의 일상적인 난관으로 작용하고 있다.[17] 또한 로이터사의 조사에서는 선진국 노동인구의 70% 이상이 방대한 양의 정보 통제에 실질적인 시간을 허비하고 있으며, 또한 미국의 컨설턴트사인 Delphi그룹의 조사에서도 평균적인 노동인력의 하루 일과 중 65% 이상을 업무에 필요한 정보를 찾는데 소비하고 있다고 보고하고 있다.[18] 바로 이러한 측면에서 지식정보의 체계적인 관리 필요성은 업무의 효율적 수행을 위한 필수 사항이라 할 수 있으며, 정보 기술과 업무전략 그리고 업무행위가 일체화된 지식정보 전략은 최근의 조직운영 환경에서 조직의 성패를 가늠할 핵심 요소로 자리하게 된다.[19]

비단 민간영역뿐만 아니라 최근의 공공영역 역시 조직의 운영을 위한 지식정보의 필요성이 비약적으로 증대되고 있다. 종래 관료제에 근간을 두어 온 공공영역의 업무에서는 일반적으로 단순 사무 및 관리 업

---

17 山下貞麿, 「ナレッジマネジメントと記錄管理」, 『情報管理』 49(3), 科學技術振興機構, 2006, pp. 132~141.

18 Larry Eiring, "The Evolving Information World", *Information Management Journal* 2002(1-2), 2002, pp. 21~22에서 인용.

19 Jan Duffy, "Knowledge Management and Its Influence on the Records and Information Manager", *Information Management Journal* 2001(7), 2001, pp. 64~65.

무의 과다, 지시 내지 보고 업무의 과중 및 기록의 홍수, 비능률적인 기록관리 체계 등이 행정 능률을 저해하는 요인으로 자리해왔다.[20] 하지만 경직되고 비능률적인 정부운영 패턴을 변화시키기 위한 행정개혁 과정에서, 정부 조직의 업무 효율성 제고 및 고객지향형 민주행정 구현을 위해 지식정보의 필요성은 더욱 급증하는 추세이다.[21] 특히 전자정부의 확산과 함께 진행되는 네트워크 거버넌스의 구축 및 지식정보 기반 국가체제 개편 등 미래 정부의 설계방향 설정은 지식정보를 필수 공공재로 인식케 하고 있다.[22] 이로 인해 최근의 공공영역은 업무활동의 상호연계 강화 및 프로세스 기반 업무수행, 그리고 과거 종이 시대의 분산적 정보 저장 및 활용과는 다른 시스템 및 인터넷을 통한 지식정보 공유 등의 특성을 보이고 있다.[23]

이러한 상황에서 최근 새롭게 주목받고 있는 영역은 지식관리 분야라 할 수 있다. 현재 기업 및 공공부문 등 모든 영역에서 확산되고 있는 지식관리는 1970년대 초 컴퓨터의 등장, 1980년대 초 사무자동화, 그리고 1990년대 초의 업무 프로세스 재설계에 견줄만한 주목을 받고 있는 분야이다.[24] 예전의 정보관리는 기존의 업무 패턴을 정형화해 정확하고 신속한 업무처리를 가능케 해주는 역할을 담당했다면, 최근의 네트워크 기술과 결합된 지식관리는 이를 넘어 업무 수행 방식을 변모시키고

---

[20] 권기헌, 『전자정부의 이론과 실제』, 경희대학교 출판국, 서울, 2004, p. 12.

[21] 조주행, 『행정이론: 21C 지식-정보화 사회의 정부경영학』, 인간사랑, 고양, 2002, pp. 328~333.

[22] 송희준, 「지식정보화와 미래형 정부 설계 방향」, 『지식정보화와 미래 정부 모형』, 2002년 한국행정학회 기획심포지엄 발표논집, 2002, pp. 20~23.

[23] Per Granath, Stefan Alariksson, Sverker Axelsson, "Creating a System for Public Information: The Swedish Aid Agency's Transformation to Electronic Administration", *Records Management Journal* 14(1), 2004, pp. 25~32.

[24] ARMA, "Knowledge Management: An Overview", *Information Management Journal* 2000(6), 2000, p. 4.

새로운 가치를 창출시키는 동력으로 작용하고 있다.[25] 또한 정보기술
역시 전산부서 위주로 수행되는 필요 데이터의 축적을 목적으로 하는
기술적 관점에서, 지식정보자원을 효율적으로 획득·관리·통제해 나
아가기 위한 전사적인 전략적 접근으로 변모하고 있다.[26] 이러한 지식
관리는 컴퓨터 기술상의 특화된 개념이나 기능으로 한정지을 수 없다.
지식관리는 학습 사항 및 노하우의 자산화를 통한 이들의 재사용에 초
점을 맞추며, 이를 통해 조직상에 필요한 새로운 지식 창출을 추구한
다. 아울러 지식의 식별·포착·검색·공유 및 평가와 관련된 통합적
접근을 기반으로 수집·배분 및 재사용에 초점을 맞추는 것으로, 여기
서 중요한 점은 기술이 아닌 인간 간의 상호작용에 중점을 두게 된다는
점이다.[27]

지식관리 영역에서 대상으로 삼는 '지식'(Knowledge) 개념은 종전의
'정보'(Information)와는 질적 차이를 갖는다. 즉 정보를 해석할 수 있는
의미 및 가치를 지닌 데이터의 집합으로 정의한다면, 지식은 이러한 정
보들이 의미 있게 구조화된 집합체를 뜻한다고 볼 수 있다.[28] 이는 곧
정보는 내외부로부터 입수된 업무에 필요한 데이터들의 집적체라면,
지식은 이러한 정보들을 해당 업무행위와 구체적으로 연계시켜 활용도
및 정보의 가치를 극대화시킨 보다 진전된 개념이라 할 수 있다. 업무
상에서 지식은 문서나 보고서를 읽음으로써, 데이터베이스나 기타 전

---

25 이재규, 『지식경영학 원론』, 박영사, 서울, 2003, pp. 96~114.
26 강근복 외, 『지식정보사회와 전자정부』, 나남출판사, 서울, 1999, pp. 111~118.
27 Jan Duffy, "Knowledge Management and Its Influence on the Records and Information Manager",
Information Management Journal 2001(7), 2001, pp. 62~63.
28 하정출, 『제5물결 디지털 시대와 지식형명 시대의 지식경영론』(개정판), 두남, 서울, 2005, pp. 16~22.

자적 정보를 검색함으로써 얻게 된다. 또한 업무행위나 타자의 의견을
관찰·이해함으로써, 특정 과업의 수행과정에서 자연스럽게 그리고 이
상과 같은 모든 활동이 합쳐져 생성되게 된다. 이처럼 지식은 다양한
경로 및 방식을 통해 생성되지만, 근본적으로는 기록화 된 정보의 관찰
(insight) 및 이해(comprehension) 그리고 숙지(mastery)를 통해 형성된다
고 할 수 있다.[29]

② 기록과 지식의 상관성

여기서 중요한 점은 이러한 지식은 기록화 된 정보 및 행위와의 상호
관련성을 강조한다는데 있다. 하지만 이에 앞서 우선 기록과 지식의 본
질적 차이를 살펴볼 필요가 있다. 기록은 업무상의 행위내역을 문서화
한 증거로서 업무적 내지 사회적 행위에 대한 과거 사실을 실증해 주는
것에 주안점이 놓여 있다면, 지식은 가까운 미래의 행위를 위한 정보자
산으로서의 변형적 가치(Transformational Value)에 초점이 맞추어져 있
다. 또한 기록은 업무상의 관련성을 기반으로 한 집합적 단위의 맥락
(Context) 중심으로 관리된다면, 지식은 개별적인 대상들을 내용
(Content)에 중점을 두고 관리되게 된다. 그리고 기록은 주로 과거 회기
적으로 일정 가치 준거에 기반을 둔 평가를 통해 가치가 고정되지만,
지식은 현재의 필요성에 맞게 다양한 상황에서 다양한 새로운 가치가
생성되게 된다.[30]

---

29 ARMA, "Knowledge Management: An Overview", *Information Management Journal* 2000(6), 2000, pp. 6~7.
30 Michael Pemberton, "KM & RM: Oil & Water?", *Information Management Journal* 2004(5-6), 2004, pp. 48~49.

하지만 양자 간의 상이점만 존재하는 것은 아니다. 기록은 본디 업무의 행위내역을 수록한 내용을 지니고 있다는 점에서 지식화 할 수 있는 잠재적 정보를 함유하고 있다고 볼 수 있다.[31] 물론 암묵지의 경우 단어화 내지 구문화를 통해 기록으로 치환하는 것이 현실적으로 어렵지만,[32] 업무 중 상당수의 지식은 기록화 된 형태의 형식지로 생성된다는 점에서 양자 간은 공통분모를 지니게 된다. 이와 더불어 기록이 지닌 행위와의 연계성 역시 양자 간의 공통적 요소로 볼 수 있다. 지식은 업무행위와 구체적으로 연계된 활용도를 지닌다는 점에서 정보와 차이를 지닌다. 기록 역시 업무행위와의 관련 속에 도출된 원질서원칙 및 출처주의를 기반으로 통합되어, 단순 산술합 이상의 의미를 지닌 통합관계 속에 업무절차 및 노하우 등의 지식이 내재되어 있다고 할 수 있다.[33]

기록관리와 지식관리 양자 간의 공통점 역시 존재한다. 지식관리는 조직의 지식자원을 체계적이고 효율적으로 관리함과 더불어 활용성을 극대화시키는 활동으로, 지식의 생산·저장·정리·검색·확산 및 보급 활동을 포괄한다. 기록관리 역시 조직의 기록화 된 정보를 체계적이고 효율적으로 관리함과 더불어 활용성을 극대화시키는 활동으로, 기록화 된 정보의 생산·저장·정리 및 조직화·검색·처리 활동을 포괄한다는 점에서 지식관리와 유사하다.[34] 바로 이러한 점에서 양자는 특

---

31 김익한, 「기록관리를 기반으로 한 통합형 지식관리시스템 구축 방향 연구」, 『기업의 지식정보 관리와 유통』, 명지대학교 금융지식연구소, 2004, pp. 141~143.

32 Martin Sanderson, "Records Management and the Capture of Tacit Knowledge", *Records Management Journal* 11(1), 2001, p. 9.

33 김익한, 「기록관리를 기반으로 한 통합형 지식관리시스템 구축 방향 연구」, 『기업의 지식정보 관리와 유통』, 명지대학교 금융지식연구소, 2004, pp. 145~149.

34 ARMA, "Knowledge Management: An Overview", *Information Management Journal* 2000(6), 2000, pp. 6~7.

정 정보자원을 체계적으로 관리해 조직의 업무 효율성을 극대화시킨다는 공통분모를 지니게 된다고 할 수 있다.

이는 최근의 조직 및 업무 환경 변화와도 관련성을 지닌다. 기록은 조직의 운영 및 업무 수행 과정에서 생성된 산물임을 감안할 때, 조직 구조 및 업무 프로세스의 변화는 곧 기록의 목적·내용·활용도 등의 변화를 수반케 한다고 볼 수 있다.[35] 기실 20세기 이후 관료제의 본격적 확대과정 속에, 조직의 계층구조는 리더층이나 하위층보다는 중간관리층이 지속적으로 비대해져왔다. 이는 중간관리층의 정보처리 및 관리 필요가 증대되었기 때문으로, 이들 중간관리층은 조직의 계층구조 내에서 주로 업무에 필요한 다양한 정보들을 정리·축적하고 관리하는 역할을 담당해왔다.[36] 바로 이러한 상황에서 현용기록관리 영역은 대량의 기록들을 체계적으로 분류하고 평가를 통해 불필요한 것을 처리하며, 필요한 기간 동안 보관하는 등의 역할이 설정되어 왔다.[37]

하지만 최근 조직은 관료제 및 기계주의를 기반으로 한 고착된 구조에서, 매트릭스조직·네트워크조직·수평조직 등 가변적인 구조로 변모하고 있다.[38] 이러한 조직 구조의 변화는 최근의 다원화되고 글로벌화된 조직운영 환경의 변화에 대응하기 위한 전략으로, 전업화를 기반으

---

[35] AIIM International Europe, DLM-Forum, *Education, Training & Operation: From the Traditional Archivist to the Information Manager*, AIIM Industry White Paper on Records, Document and Enterprise Content Management for the Public Sector, AIIM International Europe, DLM-Forum, 2002, p. 8.

[36] 염재호, 「지식정보화와 국가 발전」, 『지식정보화와 미래 정부 모형』, 2002년 한국행정학회 기획심포지엄 발표논집, 2002, pp. 7~8.

[37] 20세기 관료제를 기반으로 한 조직 환경에서 설정된 현용기록관리의 의미 및 역할에 대해서는 Theodore R. Schellenberg, 『현대 기록학개론』, 이원영 역, 진리탐구, 서울, 2002, pp. 30~49를 참조.

[38] 이러한 조직 유형의 변화상 및 내용에 대해서는 박우순, 『현대조직론』, 법문사, 서울, 1998, pp. 112~132를 참조.

로 했던 종래의 조직 내지 부서 간의 경계가 와해되고 다자간의 연계 속에 업무 및 인력, 정보 등을 공유하는 특징을 보이고 있다. 한편으로 이러한 조직 구조의 변화는 컴퓨터 및 네트워크 기술의 발전과 함께 등장한 정보기술에 의해 추동된 것으로, 정보기술은 종래의 계층 간 의사소통의 '기지국' 역할을 담당했던 중간계층이 대폭적으로 줄어 든 수평적 업무 수행 패턴을 야기시켰다.[39] 이와 같은 조직 구조 및 운영방식의 변화는 곧 기록이 생산·공유·통제·활용되는 방식 역시 변화됨을 의미하는 것으로, 현용기록관리의 의미 및 역할 역시 변모하게 됨을 뜻하게 된다. 이는 다시 최근의 조직 운영 환경에 필요한 기록 및 기록관리의 의미와 역할 재정립을 요구하는 것으로, 이러한 의미에서 앞선 2장에서 도출한 전자기록 환경에서의 업무친화적 기록관리 논리가 설득력을 얻게 된다.

전자기록 환경에서 기록관리는 맥락을 지닌 완전무결한 증거의 생성을 전제로 한다는 점에서, 조직 내 지식관리의 중심축을 형성하게 된다. 우선 기록 및 기록관리시스템은 가치 있는 지식 자원이 될 수 있다. 기록화 된 정보는 형식지 형태로 존재하는 아직 가공되지 않은 지식 자원으로, 기록관리 개념 및 방법론은 이러한 지식의 개발 및 활용을 촉진시키는데 일조가 가능하다.[40] 본디 지식관리는 급변하는 업무 환경 속에서 생성된 개념이지만, 그동안 정확한 이론 및 개념의 정립 없이 컴퓨터 시스템의 관점에서 파악해 온 한계를 지닌다.[41] 이와 함께 지식

---

39 이와 같은 정보기술 혁명 하의 조직운영 방식 변화에 대한 상세한 설명으로는 Peter F. Drucker, 『지식경영』, 현대경제연구원 역, 21세기북스, 서울, 1999, pp. 18~37을 참조.

40 William Saffady, *Knowledge Management: A Manager's Briefing*, Kansas: ARMA, 1998, p. 2.

41 Jan Duffy, "Knowledge Management and Its Influence on the Records and Information Manager", *Information Management Journal* 2001(7), 2001, pp. 64~65.

관리에 대한 논의는 업무의 맥락에서 어떻게 정보가 이용되는지에 대한 이해 없이 진행되어 왔고 아울러 지식 역시 미구조화 된 상태로 활용되어 왔음을 염두에 둘 때, 기록관리는 한계에 부딪힌 지식관리의 현실적인 대체업무 도구로 활용할 필요가 있다.[42] 전자기록 환경에서 더욱 강화된 업무와 기록 간의 친연관계는 업무가 수행된 과정 및 결과를 반영한 증거로서의 기록을 생성케 하며, 또한 업무와 연동한 분류논리는 맥락 및 상호연계성에 토대를 둔 정보를 제공해 주기 때문이다.

  지식은 기록화 된 정보를 기반으로 생성된다는 점 역시 기록관리가 지식관리에 기여할 수 있는 측면으로 볼 수 있다. 기록은 업무의 행위 내역을 반영한 정보를 수록하고 있다는 점에서 지식이 생성되고 활용될 수 있는 기반을 제공해 준다.[43] 문서주의를 특징으로 하는 관료제의 정착 이후 모든 업무는 기록을 통해 수행된다는 점에서 업무에 필요한 형식지는 반드시 기록으로 남게 되며, 아울러 암묵지 조차 기록화 된 정보를 검색해 읽고 이해하는 과정에서 창출된다고 할 수 있다. 이러한 점에서 성공적인 지식관리를 위해서는 효율적인 기록관리 정책 및 프로세스와 상호 보완적인 관계를 형성해야 할 필요가 있다.[44] 체계적으로 수행된 기록관리는 형식지 및 암묵지를 생성시킬 수 있는 기록화 된 정보를 유지시켜 줌으로써 지식관리를 위한 토대를 마련해 주며, 성공적인 지식관리는 기록관리 정책 및 절차를 위한 전제가 됨과 아울러 조

---

42 Kenneth Toms, "Knowledge Management Is Dead: Long Live Records Management", *Records Management Journal* 14(2), 2004, pp. 90~93.

43 Catherine E. Hare, "Records Management in the Next Millennium: Conference Report", *Records Management Journal* 8(2), 1998, p. 144.

44 William Saffady, *Knowledge Management: A Manager's Briefing*, Kansas: ARMA, 1998, pp. 13~15.

직 내 기록관리의 효용성을 제고시켜 줌으로써 기록관리의 기반을 강
화시켜 주기 때문이다.[45]

지식은 업무와의 연계성을 전제로 한다는 점에서도 전자기록 환경
하의 기록관리와 공통분모를 지닌다. 지식은 단순한 정보의 축적이 아
닌 구체적인 업무 상황에 맞는 정보의 활용 측면을 강조한다는 점에서
업무와의 연계성을 전제로 한다.[46] 한편 전자기록 환경 하의 기록관리
역시 업무 행위에 대한 증거의 확보가 최우선 과제로 설정된다는 점에
서, 해당 업무는 물론 업무를 둘러싼 제반 환경 요소까지 사전적으로
분석하는 것에서 출발점을 둔다. 이러한 점에서 지식과 기록은 업무를
주축으로 하여 공존하게 되며, 바로 여기서 양자는 업무과정에 기축한
정보(Process Bound Information)로서 통합적으로 관리해야 할 필요성이
도출된다. 이러한 측면에서 업무정보시스템·기록관리시스템·지식
관리시스템의 상호운용성을 강화함으로써 지식정보화 사회에서 조직
의 정보적 필요를 지원할 수 있는 전략적 발상이 도출된다고 할 수 있
다.[47]

암묵지의 관리 또한 기록관리 영역이 일조할 수 있다는 견해 역시 제
시되었다. 암묵지는 개인의 경험·노하우 등 외형적으로 표현하기 어
려운 지식이라는 점에서 관리상의 어려움이 존재한다. 하지만 업무자
는 자신의 개인적 지식 및 경험, 노하우를 기반으로 업무를 수행하며

---

45 ARMA, "Knowledge Management: An Overview", *Information Management Journal* 2000(6), 2000, pp. 6~7.

46 Jan Duffy, "Knowledge Management and Its Influence on the Records and Information Manager", *Information Management Journal* 2001(7), 2001, p. 62.

47 김익한, 「업무과정에 기축한 기록정보시스템 시론」, 『기록보존』 18, 국가기록원, 2005, pp. 5~16.

이 과정 속에서 각 개인의 암묵지는 외부화(Externalization) 과정을 거쳐 형식지로 변환되는데,[48] 이를 기록화 된 형태로 포착한다면 조직 전체에 걸쳐 장기간 이용할 수 있는 지적 자산으로 될 수 있다. 또한 암묵지는 경험·관심·지적 수준·업무내용·업무기술 등이 공유되는 상황에서 그 이전이 용이함을 감안할 때, 기록화 된 형태로의 포착은 업무의 창의성 및 연속성 유지를 위해서도 필수적이라 할 수 있다. 이러한 점에서 기록관리전문가는 종래와 같은 기록의 관리 및 이용자의 요청에 대응하는 차원을 넘어, 암묵지 포착을 위해 기록의 생산이전 단계부터 기록화 된 형태로 획득할 수 있는 지식이 무엇인지와 함께 업무 프로세스 및 업무자의 정보 필요를 파악해야 한다. 이와 더불어 암묵지는 주로 개인 간의 대면적 관계를 통해 유통됨을 감안할 때 미래의 기록관리전문가는 '인간 지향형'(human-based)이 되어야 하며, 조직원 스스로 지식을 생산·관리·공유할 수 있게 하는 지휘자의 역할을 담당해야 한다.[49]

3. 지식정보화 사회 대응을 위한 평가 방향성 정립

이상과 같은 논의를 반영하듯 최근 기록관리 분야에서도 기록을 조직의 지식정보 자원으로 인식하려는 움직임이 서서히 태동하고 있다. 호주 NAA에서는 기록관리·정보관리·지식관리 영역 모두 조직에 필

---

[48] 암묵지가 형식지로 변환되는 외부화 과정에 대한 구체적 설명에 대해서는 野中郁次郎, 紺野登, 『지식경영』, 나상억 역, 21세기북스, 서울, 1998, p. 106을 참조.
[49] Martin Sanderson, "Records Management and the Capture of Tacit Knowledge", *Records Management Journal* 11(1), 2001, pp. 9~12.

요한 정보를 관리한다는 인식 하에, 기록관리를 기축으로 통합될 필요가 있음을 제시하였다. 각각의 관리 방식은 서로 상이한 측면을 지니지만 이들 세 영역은 조직의 영위 및 업무 수행에 필요한 정보를 다루며, 아울러 기록화 된 정보를 기반으로 한다는 점에서 공통분모를 지닌다는 점에서이다. 특히 전자업무 환경에서는 그 필요성이 더욱 증대되는데, 이들 모두는 '기록화정보시스템'(Recorded Information System)을 근간으로 관리되기 때문이다. 따라서 기록화정보시스템 개발 시에는 이 세 가지 관리 유형을 모두 고려해야 하며, 생산 이후의 콘텐츠 확보를 통해서가 아닌 생산단계 내지 그 이전단계부터 이 세 가지를 염두에 두며 기록으로 생산해야 함을 제안하고 있다.[50] 이러한 방향을 토대로 현재 NAA에서는 기록관리를 정부 차원의 지식정보 관리전략과의 통합적 관점에서 접근할 계획을 수립 중에 있다.[51]

ISO 15489에서도 기록을 지식정보 자원으로 인식하려는 맹아적 요소를 보이고 있다. 앞서 3장에서도 언급하였듯이 ISO 15489에서는 기록을 업무행위에 대한 증거로서 뿐만 아니라, 업무 수행에 필요한 정보 자산으로 정의 내리고 있다. 이러한 연유로 인해 AS 4390에서는 아직 완전하게 해결치 못한 기록관리의 이점을 추가시킨 것이며[52], 아울러 AS 4390에서는 추후의 본격적인 연구가 필요하다는 전제 하에 논외로 했던 '정보'의 개념을 기록의 정의에 포함시킨 것이다. 이러한 점에서

---

50 NAA, "Information Management, Knowledge Management and Recordkeeping", Archives Advice 56, NAA, 2001. 〈http://www.naa.gov.au/recordkeeping/rkpubs/advices/advice56.html〉

51 NAA, "Management Accountability", NAA Annual Report 2006-07, NAA, 2006. 〈http://www.naa.gov.au/ar2007/managment_accountability.html〉

52 Austrailian Society of Archivists, NSW Branch, "Report on Talk Given by Kate Cumming on ISO 15489 and ARMA Conference", 2002. 3. 〈http://www.archivists.org.au/pubs/newsletters/nsw200203.html〉

ISO 15489는 아직 초보적 형태이긴 하지만 전자기록 시대에 조직의 효율적인 정보관리 전략 개념이 반영되어 있다고 볼 수 있으며,[53] 최근과 같은 글로벌화 된 업무 환경에서도 각국의 법규 준수 및 방대한 양의 정보 처리 등 업무에 실질적인 도움을 주는 기록관리를 수행할 수 있는 방안을 제시해주고 있다.[54] 또한 최근의 조직운영 환경에서 지식정보시스템은 업무와 업무자, 기술의 병합을 전제로 하듯, ISO 15489의 '기록시스템' 개념 역시 사람과 업무, 기술을 포괄하는 의미로 설정되었다.[55] 바로 이러한 점을 감안할 때 ISO 15489는 업무분석을 기반으로 업무자의 일상적 업무 과정에서 필요로 하는 기록을 선별해 업무에 투입할 수 있도록 하는 근거를 제공해준다고 볼 수 있다.

물론 ISO 15489에는 최근의 지식정보화 환경에서 조직의 정보적 필요에 대응할 수 있는 실질적인 방안까지는 제시치 않고 있다.[56] 이는 전자기록 환경 하의 기록관리 패러다임 전환기에 전 세계 기록학계의 논의가 대부분 증거의 확보에 주안점을 둘 뿐, 아직 정보 자산으로서 까지는 구체적으로 진행되지 못한 바에 기인한 결과라 할 수 있다. 하지만 본서에서 제시한 바대로 향후 전자기록 관리 및 평가의 방향은 증거의 확보 차원을 넘어 조직의 영위 및 업무 수행에 실익을 주는 업무친화적 경향임을 감안할 때, 지식정보화 시대에 적극적으로 대응할 수 있

---

53 Julie McLeod, "Assessing the Impact of ISO 15489: A Preliminary Investigation", *Records Management Journal* 13(2), 2003, p. 72.

54 David O. Stephens, "The Why and How of International Records Retention", *Information Management Journal* 2005(9-10), 2005, pp. 28~35.

55 Jackie Bettington, "Standardised Recordkeeping: Reality or Illusion?", *Archives and Manuscripts* 32(2), 2004, pp. 56~57.

56 Julie McLeod, "Assessing the Impact of ISO 15489: A Preliminary Investigation", *Records Management Journal* 13(2), 2003, p. 72.

는 실질적인 방안이 마련되어야 할 필요가 있다.

ISO 15489를 이용자를 위한 맥락에서 정리한 BS ISO 15489 해설집에서는 지식자원 관리에 있어서의 기록의 의미 및 기록관리의 역할을 보다 명확하게 제시해주고 있다. 업무의 시효가 다한 기록을 관습적으로 관리해 온 과거와 달리 현재 기록관리자와 정보관리자, 지식관리자의 기능은 통합되고 있는 추세라는 전제 하에,[57] 우선 기록을 조직의 유용한 지식 자산으로 명시한다. 즉 기록은 조직 및 고객 등에 대한 축적된 지식의 저장고로, 적절하게 관리하면 각종 이해당사와의 관계를 증진시킬 수 있는 핵심 정보로 가공될 수 있으며, 시간의 흐름과 함께 업무절차 및 업무처리에 관한 노하우 등의 정보를 제공해준다는 것이다.[58] 바로 이러한 측면에서 기록은 지식의 원천 자료로, 기록관리는 정보의 체계적인 저장 및 색인화, 그리고 접근·이용·통제 등의 수단을 통해 지식관리를 위한 기반을 제공해야 할 필요성을 지니게 된다.[59] 아울러 기록은 업무 과정 중에 필연적으로 생성된다는 점에서 기록 안에는 오랜 기간 업무자들의 업무행위가 축적되어 있으며, 보관된 기록으로부터 지식을 찾아내는 것이 조직의 경쟁력을 확보하는 길이라 할 수 있다.[60]

최근 들어 맹아하기 시작한 이러한 동향들은 전자기록 환경 하의 향후 기록관리 및 평가 역할을 가늠케 해준다. 그동안 기록관리의 역할은 시대 및 외부 환경에 대응하며 변모해온 것처럼, 최근의 지식정보화 환

---

[57] BIP 0025-1, 2.3.1.
[58] BIP 0025-1, 3.
[59] BIP 0025-1, 3.
[60] BIP 0025-1, 6.

경에서 기록관리는 기록을 물리적으로 관리하는 시각에서 벗어나 정보과학의 틀 속에서 의미 및 역할이 재구축될 필요가 있다.[61] 이러한 면에서 기록관리는 지식정보가 업무의 핵심 자산으로 인식되는 상황에서 조직의 정보관리에서 핵심 역할을 담당해야 하며,[62] 이윤의 창출 없는 과중 업무로부터 조직의 가치 창출을 위한 도구로 변모해야 한다.[63] 기록은 무엇보다 업무의 과정에서 업무를 처리하고 지원하기 위해 생성됨을 염두에 둘 때, 기록관리는 과거와 같은 역사 편향적 시각을 넘어 현용적 목적 역시 중시되어야 하기 때문이다.[64]

전자기록 환경 하의 평가는 바로 이러한 측면에서 조직의 운영에 필수적인 정보를 선별하는 역할을 강화시켜야 한다. 과거와 같이 평가는 독립적으로 수행되는 비현용단계의 지적 활동이 되어서는 안되며, 조직의 임무와 목표를 반영하며 조직의 업무과정과 통합되어야 할 필요가 있기 때문이다. 기록은 조직의 운영과정 중에 생성되고 조직은 환경과의 상호작용 속에서 영위된다면, 평가는 환경 순응에 필수적인 기록유형을 선별하는 역할이 필요하다. 그런데 최근 조직이 운영되고 기록이 생성되는 환경은 지식정보화 사회이며, 기록은 이러한 제반 환경과 상호작용하며 조직을 영위해 나가는데 필요한 정보를 함유하고 있다. 따라서 평가는 과거와 같은 업무적 시효가 끝난 기록을 대상으로 역사적·문화적 가치를 지닌 영구보존 대상을 선별하는 행위로 머무를 수

---

61 Fernada Ribeiro, "Archival Science and Changes in the Paradigm", *Archival Science* 1(3), 2001, p. 303.

62 Catherine E. Hare, "Records Management in the Next Millennium: Conference Report", *Records Management Journal* 8(2), 1998, pp. 113~114.

63 Sue Myburgh, "Competitive Intelligence: Bridging Organizational Boundaries", *Information Management Journal* 2004(3-4), 2004, p. 47.

64 Terry M. Campbell, "Archives and Information Management", *Archivaria* 28, 1989, pp. 146~150.

는 없으며, 지식정보화 사회에서 조직의 영위 및 업무 수행에 필요한 정보를 선별하는 역할을 담당해야 하는 것이다.

나아가 이러한 선별과 함께 필요 기록을 업무에 제공하는 역할 역시 설정될 필요가 있다. 전자기록 환경에서 기록관리의 우선적 과제 중 하나는 생산자의 필요에 부응하는 것이라 할 수 있다.[65] 기록은 무엇보다 미래의 역사가 내지 기타 문화적 목적의 이용자를 위해 생산되는 것이 아닌, 현재의 업무를 위해 생성·활용되기 때문이다. 이러한 측면에서 평가는 필요한 보유기간을 판단하는 차원에만 머무르지 말고, 조직이 운영되는 총체적인 프로세스 위에 각 업무에 필요한 정보를 선별하여 제공하는 역할을 담당해야 한다. 이러한 측면에서 전자기록 환경 하의 평가 역할은 다원적이면서도 복잡한 조직운영 환경에서 업무상의 맥락 및 기록품질을 확보한 완전무결한 기록을, 조직의 영위 및 업무 수행상 의 필요에 부응하여 선별함과 더불어, 이를 통해 세부적인 업무에 필요 한 기록을 지식정보로써 투입시키는 방향으로 나아가야 한다.

---

[65] An Xiaomi, "An Integrated Approach to Records Management", *Information Management Journal* 2003(7-8), 2003, pp. 28~29.

결론

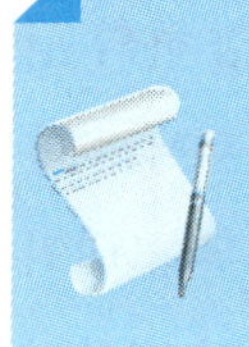

결론

　본서는 기록관리는 주어진 객체를 관리하는 방법론 차원을 넘어, 주어진 환경 속에서의 의미와 역할 탐구가 선행되어야 한다는 문제의식에서 출발하였다. 지난 시대를 거슬러 기록의 의미 및 기록관리의 역할이 부단히 변해왔듯이, 비단 전자기록 환경은 종이기록에서 전자기록으로 관리대상의 매체 전환만을 의미하지 않기 때문이다. 기록관리 방법론상의 변화에 우선하여 보다 중요한 점은 당대 사회에서의 기록이 지닌 의미 및 기록이 생성되는 사회적 환경들에 대한 조망, 그리고 여기서 기록관리가 지닌 함의 및 역할 분석이라 할 수 있다. 이러한 점을 감안할 때 최근의 전자기록 환경에서 기록관리 패러다임 변화를 조망함과 아울러 새로운 사회 환경에 부응하는 전자기록 및 전자기록 관리의 의미와 역할을 정립시키기 위해서는, 현용기록관리의 의미 및 방향성에 대한 연구와 더불어 지식정보화 사회에 대응하는 기록의 현용적 가치에 대한 본격적인 연구가 요청된다고 할 수 있다.

이에 본서에서는 이를 위한 하나의 방편으로 전자기록 환경 하의 평가를 논제로 연구를 수행하였다. 전자기록은 그 논리적 객체로서의 특성으로 인해 업무와 상관없는 사후적 결과물로서가 아닌 업무의 내역을 반영한 사전적 증거로서 파악되며, 또한 비현용단계에서의 기록이 지닌 가치에 우선하여 현용단계의 업무와 관련된 기록으로서의 가치가 앞선다. 이는 곧 전자기록 환경 하의 평가 패러다임은 과거와 같은 비현용단계에서의 미래적 이용가치에서 현용단계에서의 현재적 활용가치로 이전함을 의미하는 것이다. 이러한 점을 고려할 때 전자기록 환경 하의 평가에 관한 연구는 최근의 지식정보화 환경에서 조직의 영위 및 업무 수행에 필요한 기록의 가치에 주목함과 더불어 이를 통해 조직에 실익을 주는 현용기록관리 방향을 제시한다는 점에서, 최근의 사회 환경에 부응하는 전자기록 및 전자기록 관리의 의미와 역할을 정립시켜 줄 수 있다.

기록의 평가 문제는 그동안 기록학 영역 가운데 가장 활발한 이론적 논쟁이 진행되어 온 분야이지만, 거의 모두 생산 본래의 목적과는 상관없는 비현용단계에서의 영구보존 대상 선별에 국한하여 연구를 수행해 왔다. 이는 시간의 흐름에 따른 가치의 변화 및 이에 따른 물리적 매체의 공간적 이동을 전제로 설정된 종이기록 환경 하의 평가체제가 본디 업무부서에서 생성된 수많은 기록물 가운데 영구보존 대상을 한정시키기 위한 논리에 근저하고 있다는 데에서도 그 이유를 찾을 수 있지만, 무엇보다 업무와는 별개로 수행되는 기록관리 패턴 속에 기록을 사후적인 결과물로 간주해 온 경향에 기인한 바 크다. 이로 인해 기록이 지닌 현용적 가치평가에 관한 연구는 거의 전무한 실정이다.

한편 1990년대부터 서서히 진행되기 시작한 전자기록 환경 하의 평가에 관한 연구는 주로 기술적 내지 방법론적 측면에 집중하여 이루어

왔다. 이는 종이기록과는 다른 전자기록이 지닌 기술상의 특성에서도 그 연유를 찾을 수 있지만, 무엇보다 기록의 가치를 선별한다는 점에서 전자기록의 평가 역시 종이기록과 다르지 않을 것이라는 발상에 기인한 것이라 할 수 있다. 하지만 전자기록 환경 하의 평가는 업무 행위에 대한 증거를 선별하는 기술적 내지 방법론적 문제로 한정될 수 없다. 기록 및 기록관리의 의미와 역할은 시대 및 환경에 대응하며 부단히 변해왔음을 염두에 둘 때, 전자기록 환경 하의 평가 역시 최근의 환경에 부합하는 역할 및 목표 정립이 필요하다. 이와 아울러 기록의 가치를 선별하는 것이 평가라면 그리고 기록의 가치는 주어진 환경에 따라 변한다면, 전자기록 환경에서 기록이 지닌 가치에 관한 논의는 평가 연구상의 중핵을 이루어야 할 필요가 있다.

현재 전 세계적으로 전자기록 환경 하의 평가에 관한 연구는 본격적인 시작단계라 할 수 있다. 대부분의 연구들은 전자기록 관리 방법론에 대한 개론적 설명 가운데 일부로서 부분적 측면에 한정해 언급하고 있는 실정이며, 전자기록의 평가를 단일 주제로 한 몇 편의 연구들 또한 종이기록 평가와의 차별성에 기초하여 전자기록 평가 상의 일반적 원리를 개괄적으로 소개하는 수준에 그치고 있다. 이러한 점을 감안할 때 전자기록 환경 하의 평가에 관한 체계적이면서도 심도 있는 연구는 전 세계적으로 시급히 요청된다고 할 수 있다. 이와 더불어 전자기록 환경 하의 평가는 업무와는 상관없는 주어진 결과를 사후적으로 선별하는 것이 아닌, 업무의 행위 내역을 반영한 필요 기록을 사전적으로 획득하는 것임을 염두에 둘 때 평가 상의 새로운 패러다임 변화를 해명하는 단서를 제공해 줄 수 있다.

이상과 같은 연구 목적 및 의의를 기반으로 수행한 본서의 연구결과를 요약하면 다음과 같다. 우선 1장에서는 전자기록 평가 연구를 위한 도론으로서 전자기록 평가 상의 특성과 함께, 기존의 종이기록에 기반을 둔 평가와는 다른 전자기록 평가 상의 딜레마를 고찰하였다. 기존의 종이기록에 기반을 둔 평가가 종이라는 물리적 매체에 기재된 내용을 사후적으로, 라이프사이클과 연동된 가치 논리에 따라 영구보존 대상 중심으로 선별하는 독립된 행위였다면, 전자기록 평가는 컨티뉴엄 논리를 토대로 사전적인 기능 분석을 통해 중요 기록을 선별하는 유기적 행위라 할 수 있다. 이와 더불어 전자기록 평가에서는 가치 선별 문제뿐만 아니라 기술적 문제 역시 중요시되며, ISO 15489에서 규정한 기록 품질 역시 기본적으로 확보해야 하는 고도의 난제들이 수반되게 된다. 하지만 전자기록 평가에서 무엇보다 중요한 사항은 기존의 소위 이차적 가치뿐만 아니라, 조직의 영위와 업무 수행에 실질적 일익을 담당하는 현용적 가치 역시 중시된다는 점이다.

이어 2장에서는 전자기록 환경 하의 평가 함의를 도출하기 위한 기반 연구로, 전자기록 환경 하의 업무친화적 기록관리 방향에 대해 분석하였다. 라이프사이클에 기반을 둔 단절적 기록관리 패턴 속에 아카이브관리 영역에 중점이 놓여왔던 종이기록 환경과는 달리, 전자기록 환경에서는 조직의 영위 및 업무 수행에 실익을 주는 현용기록관리의 의미 및 역할이 강화되는 것으로 본서에서는 규정하였다. 이를 뒷받침 하는 논리적 근거로 우선 전자기록 환경에서 기록을 정의하는 요소로 새롭게 부상되고 있는 '증거' 개념을 고찰한 다음, 이러한 증거를 원천적으로 확보하기 위해 행해지는 업무와 기록, 기록관리의 연계성 창출 논리를 분석하였다.

전자기록 환경에서 기록의 증거 개념은 과거 종이기록 환경 하의 증거 개념과 질적 차이를 지닌다. 전자기록 환경 하의 증거는 해당 기관의 조직 및 기능 내력에 관한 정보로서 존재하는 것이 아닌, 구조 및 맥락과 상호 연관된 상황에서 그 의미를 지니게 된다. 즉 기록은 업무행위를 반영한 증거를 제공함과 동시에, 생산 연원이 되는 기능 및 활동과 부단히 연계되어야 함이 강조된다. 이러한 증거성 및 행위와의 연계를 통한 맥락성은 기타 유형의 정보자료와 기록을 구분 짓게 하는 핵심으로, 이는 나아가 기록의 관리 및 이용을 위한 요건에도 중대한 영향을 미치게 된다.

전자기록 환경에서 기록의 본성으로 증거 개념이 강조되는 이유는 전자기록의 특성 측면에서 찾을 수 있다. 전자기록은 내용-구조-맥락이 각기 별도로 존재하게 되며, 이러한 세 요소의 분리로 인해 구조 및 맥락에 대한 사전적 정보의 파악 없이는 기록물로서의 본원적 의미 파악이 어렵게 된다. 이러한 점에서 전자기록은 기록의 생산연원이 되는 배경의 파악이 필수적 과제로 부상되며, 업무정보시스템을 통해 생성·유통되는 수많은 정보객체들 가운데 '맥락을 함유한 정보'로서 그 개념을 정립해왔다. 이는 곧 업무행위 내역을 그대로 반영한 증거의 획득이 전자기록 환경에서 기록관리의 최우선 지향점이 됨을 의미하는 것이다. 이러한 이유로 인해 업무의 행위내역을 반영한 증거로서의 기록확보가 전자기록 환경에서 기록관리 상의 전제로 자리하게 된다.

증거의 확보를 위해 행해지는 업무와 기록, 기록관리의 친연성 강화는 기록의 현용적 활용 측면을 강조한 '업무친화적 기록관리'로 귀결된다. 맥락을 지닌 증거의 원천적 확보를 위해 업무와 기록을 연계시키고 또한 업무행위를 반영한 증거 획득을 위해 업무와 기록관리를 통합시키는 가운데, 기록관리 영역은 조직의 영위 및 업무 수행에 필요한 기록을 기록관리시스템으로 획득할 책무를 부여받게 된다. 기록관리의 주목적인 업무행위의 정확한 포착은 조직을 둘러싼 내외부 환경의 반영이라 할 수 있기 때문이다.

여기서 환경은 조직이 기능하고 운영되는 외적 내적 조건에 직간접적으로 영향을 미치는 요소로, 조직은 이러한 환경과 상호작용을 하며 조직의 목표 달성을 위해 업무를 수행하게 된다. 따라서 조직을 둘러싼 환경에 대한 분석은 기록물이 생성된 정확한 생산맥락을 파악할 수 있도록 함과 동시에, 환경 순응에 필수적인 기록물의 유형을 확인할 수 있게 해준다. 이는 곧 조직이 내외부 환경에 대응하며 영위되기 위해 또한 직접적인 업무 수행을 위해 필수적인 기록물의 획득을 필요로 하게 한다. 이를 감안할 때 전자기록 환경 하의 기록관리는 예전처럼 업무의 결과로 주어진 이미 생성된 기록을 관리하는 것이 아닌, 업무에 실질적으로 필요한 대상을 기록관리시스템으로 획득하는 것으로부터 출발하는 방향으로 나아가고 있다고 할 수 있다.

이를 실증적으로 분석하기 위해 3장에서는 기록관리 국제표준인 ISO 15489를 기반으로 전자기록 환경 하의 평가 함의를 도출하였다. 우선 1절에서는 ISO 15489의 제정 과정 및 전자기록 환경 하의 기록관리 표준으로서 지니는 의미를 실제 조항들을 통해 고찰하였다. 국제 표준으로서의 ISO 15489가 지닌 강점은 범용성을 지닌 세계 표준이라는 점이나 체계적인 기록관리시스템 구축 방법론을 제시한다는 외형적 차원을 넘어, 전자기록 환경에서 갖는 기록관리 상의 함의가 내재해 있다는 점에 있다. 이것은 바로 업무와 기록, 기록관리의 친연성을 기반으로 한 현용기록관리의 강화라 할 수 있다.

이는 ISO 15489에서 제시하는 기록의 정의 및 업무와 연계된 분류논리, 그리고 조직의 정책목표와 기록관리의 목표를 연동시킨 의도에서 찾아볼 수 있다. 하지만 ISO 15489가 지향하는 업무친화적 기록관리 방향은 궁극적으로 ISO 15489에서 의도하는 평가 논리에 내재되어 있다고 할 수 있다. 이는 업무의 행위 내역을 반영한 증거의 확보 및 지속적인 유지를 위해 업무와 기록, 기록관리를 연계시키는 차원을 넘어, 조직의 영위 및 업무 수행에 실익을 제공하는 기록의 현용적 가치를 파악해주기 때문이다.

ISO 15489의 평가 준거들은 최근의 사회 및 조직운영 환경에 적극적으로 대응하기 위한 전략적 측면으로 이해할 수 있다. 우선 조직의 운영 및 업무는 법규를 기반으로 수행된다는 점에서, 조직은 법규를 준수해야 할 책무를 지닌다. 이러한 책무의 준수 여부는 업무 행위를 정확히 반영한 기록을 통해 증명된다는 점에서, 기록은 조직 운영 및 업무 수행에 필수적인 컴플라이언스의 매개가 된다.

또한 조직은 당대의 특정 환경 하에서 일정 목표를 달성하기 위해 일정 구조를 지닌 사회적 단위라는 점에서, 조직을 둘러싼 환경과 불가분의 관계를 지니게 된다. 이러한 환경에 대응하며 조직을 영위하는 과정에서 '무엇을 했는지'에 대한 설명을 당대만이 아닌 미래 세대에 제공해야 하며, 바로 여기서 행위의 증거인 기록은 설명책임을 전달하는 역할을 담당하게 된다. 아울러 기록은 조직의 업무수행 과정 중에 생산되어 활용된다는 점에서, 업무 행위의 신뢰할 수 있는 반영물로서의 기록은 역으로 업무에 필요한 신뢰할 수 있는 정보가 된다.

이와 같은 점에서 ISO 15489의 평가는 실제 조직에 도움이 되는 기록의 현용적 가치를 강화시킨다고 볼 수 있으며, 또한 생산맥락과의 연동 속에 기록품질을 확보한 완전무결한 상태로 중요기록물을 선별한다는 데에서 의미를 찾을 수 있다. 즉 사후적인 내용적 접근을 지양하고 업무와 기록을 사전적으로 연계시킴으로써, 기록이 지닌 증거성 및 행위와의 연계를 통한 맥락성을 원천적으로 확보한 가운데 맥락상의 중요도를 기반으로 평가가 수행될 수 있게 한다. 또한 0과 1로 이루어진 무수히 많은 디지털 객체들 가운데 업무 행위내역을 반영한 증거로서의 기록을 진본성·무결성·신뢰성·가용성 등 기록품질을 유지한 채 선별할 수 있게 하며, 이와 더불어 기록관리의 궁극적 목표와 평가를 연동시키는 가운데 조직을 둘러싼 내외부 환경에 대응하며 조직을 운영하고 업무를 수행하는데 필요한 기록의 범주를 선별해 주게 된다.

ISO 15489에 기반을 둔 전자기록 환경 하의 평가 논리가 위와 같다면, 기록의 품질을 확보한 중요기록물의 선별을 위해서는 구체적인 평가체제 및 평가방식이 필요하다. 이를 위해 4장에서는 종이기록 환경과는 다른 전자기록 평가체제 구조를 파악하기 위해 InterPARES 프로젝트 평가팀에서 제시한 전자기록 평가체제 모형을 고찰하였다. 이 모형에서는 계속적으로 활용할 가치를 지닌 중요 전자기록물을 진본성을 유지한 채 선별함과 아울러, 이를 장기적으로 보존·활용할 수 있도록 하는 메커니즘을 네 단계로 제시해준다. 이러한 네 단계의 평가체제는 가치 있는 기록물을 선별한다는 기존의 평가 자체만의 차원을 넘어, 전자기록물의 평가와 관련된 레코드키핑상의 다양한 기능들을 하나의 모형으로 통합시키고 있다. 전자기록 환경 하의 평가는 기록품질을 확보하고 있는 전자기록의 장기보존을 위한 첫 번째 단계로서의 의미를 지닌다고 볼 때, 위의 모형은 가치평가 및 진본성평가와 더불어 디지털 아카이빙 단계로 이관되기까지의 과정을 통합적으로 구조화 시켜준다는 점에서 의미를 찾을 수 있다.

하지만 InterPARES 프로젝트 평가팀의 연구에서는 중요기록의 평가방식에 대해서는 제시치 않은 한계를 지닌다. 이에 2절에서는 ISO 15489에 제시된 기능평가의 전형적 모형을 기반으로 그 수행되는 과정을 세부적으로 고찰하였다. 전자기록 환경에서 기능평가를 수행하는 이유는 여러 측면에서 설명이 가능하지만, 보다 근원적으로는 컨티뉴엄 이론에 입각해 파악이 가능하다. 컨티뉴엄 이론에서는 업무행위를 정확하게 반영하는 증거의 확보가 평가의 최우선적 선결 조건으로 상정된다. 이를 위해 개인 내지 단체의 활동 과정 중에 생성된 문서를 조직적 활동 단위인 기능-활동-처리행위와 연계시킴과 아울러, 조직의 필요를 충족시키는 기록물이 증거-기억-집단기억으로 전화되며 레코드키핑시스템으로 획득 가능하도록 한다. 이를 기반으로 과거와 같은 생산 기록물에 대한 사후적 접근이 아닌, 생산 이전의 업무분석에 기반한 기능평가를 통해 기관이 영위되는 행정적·법적·사회적 환경에 대한 완벽한 이해 속에 평가가 수행될 수 있도록 한다. 그리고 이러한 업무분석과 맞물려 조직에서 필요로 하는 기록물 대상 범주를 파악해 획득함과 더불어, 총체적인 기록관리 체계 내로 평가를 편입시켜 유기적인 프로세스로 자리하게 한다.

전자기록 환경에서 기능평가를 수행하게 되는 논리를 토대로 그 구체적인 수행 방식을 살펴보면, ISO 15489에서 제시하는 기록관리시스템 설계 및 수행 방법론인 DIRS를 통해 기본적 구조를 파악할 수 있다. 즉 DIRS를 기반으로 한 기능평가는 우선 예비조사 단계에서 조직이 영위되는 제반 환경 및 맥락을 사전적으로 파악해 행정적·법적·사회적 환경에 대한 완벽한 이해 속에 평가가 수행될 수 있는 기반을 마련하며, 업무활동 분석 단계에서 구체적인 업무분석을 통해 업무와 기록을 연계시킨 가운데 평가를 제반 기록관리 프로세스와 통합시키게 된다. 그리고 레코드키핑요건 확인 단계를 통해 조직의 영위 및 업무 수행에 필요한 레코드키핑요건을 확인하게 되며, 종국적으로 이러한 결과는 처분지침 개발로 마무리되게 된다.

이러한 단계를 통해 수행되는 기능평가가 지닌 강점은 바로 업무 맥락과의 연계 속에 이루어진다는 데에서 도출할 수 있다. 즉 업무의 맥락 속에 평가를 수행함으로써 기록의 생산 목적 본래의 가치 선별이 용이하며, 업무의 행위내역에 대해 기록이 지닌 증거로서의 가치 역시 파악할 수 있다는 점이다. 하지만 기능평가가 지닌 무엇보다 중요한 점은 기록이 지닌 현용적 가치를 강화시킨다는 측면에 있다. 철저한 업무분석을 통해 평가가 이루어짐으로써 왜 이 기록이 업무에 중요한지를 파악할 수 있게 해주게 된다. 그리고 이러한 업무분석은 조직을 둘러싼 법규·관련 조직·내외부 이해당사자 등의 제반 환경을 파악케 함으로써, 이러한 환경에 대응하며 조직을 영위하고 업무를 수행하는데 필요한 기록의 범주를 구체적으로 한정시킬 수 있게 해준다. 바로 이러한 면에서 기능평가는 전자기록 환경 하의 업무친화적 기록관리 패러다임 속에, 업무에 실익을 주는 현용적 가치를 강화시킨다고 할 수 있다.

하지만 기능평가의 이면에는 그 한계 역시 존재한다. 즉 기능평가는 기본적으로 조직 내지 업무상의 현용적 필요에 초점을 둔 것인 관계상, 영구보존 대상의 선별을 위한 평가방식으로는 일정 한계를 지닐 수밖에 없다. 이러한 점을 감안할 때 전자기록 환경에서 국가적 차원의 기록 평가체계를 수립하기 위해서는 영구보존 대상 선별을 위한 별도의 평가전략 마련이 필요하다. 본서에서 고찰한 각국에서는 이를 위해 별도의 평가 전략을 수행하고 있다. 호주 NAA에서는 기능평가와는 별도로 범정부 기능분석을 통해 국가적 견지에서 중요한 기록물을 체계적·계획적으로 선별할 수 있는 메커니즘을 마련하고 있으며, 영국에서는 전자기록 환경 하에 대비하기 위해 수집 및 평가정책을 대대적으로 개편함으로써 과거 Jenkinson의 논지에 토대를 둔 평가에 대한 비관여주의에서 적극적 관여주의로 전환하였다. 또한 독일에서는 다기관협력 평가를 통해 당대 사회상을 형성시키기 위한 범국가적인 협력 체제를 구축하였으며, 캐나다에서는 거시평가 전략을 통해 다원화되고 복잡화된 기록생산 환경에서 국가적으로 중요한 가치를 지닌 영구보존기록을 체계적으로 선별할 수 있는 기반을 마련하고 있다.

이와 같이 세계 각국에서는 국가적으로 중요한 가치를 지닌 기록을 선별하기 위해 별도의 평가전략을 구축하였다. 최근의 전자기록 환경에서 국가 및 사회는 더욱 다원화되고 복잡한 메커니즘 하에 영위되는 상황에서, 방대한 양의 기록 가운데 국가적 차원에서 중요한 영구보존 대상을 선별하기 위해서는 우선적으로 평가의 목표 및 방향을 정립함과 아울러 평가에 대한 체계적·계획적인 접근이 필수적이라 할 수 있다. 이러한 연유에서 각국에서는 영구보존 대상을 선별할 수 있는 별도의 평가전략을 수립한 것으로, 이를 통해 당대의 사회상 및 집단기억을 형성시킬 수 있는 중요기록물의 선별 기반을 구축하게 된다. 이러한 평가전략들은 각 기관 차원에서의 한시기록 평가와는 별도로 국가적 차원에서 중요한 영구보존 대상을 선별하기 위한 것으로, 바로 이러한 점에서 전자기록 환경 하의 평가 방향은 이원적 구도를 형성할 필요가 있다고 볼 수 있다. 즉 업무행위에 대한 증거를 기록으로 획득하는 과정과 연동하여 수행되는 기능평가를 통해 조직의 영위 및 업무 수행에 필요한 기록의 현용적 가치를 정확히 평가하는 것이 하나의 축이라면, 이와는 별도로 기능평가의 한계로 지적되는 사회적 내지 문화적 가치의 선별을 위해 국가적 차원의 영구보존 대상을 선별할 수 있는 평가전략 수립이 또 하나의 축이라 할 수 있다.

6장에서는 이상과 같은 분석 결과를 토대로 전자기록 환경에 대응한 현행 우리나라 평가제도의 개선 과제들을 분석하였다. 현행 평가제도는 기록물분류기준표를 근간으로 한 종전 제도의 단점을 보완하면서도 전자기록 환경에 대응하여 개편되었다는 점에서, 전자기록 환경 하의 평가를 위한 제도적 골격을 마련하였다고 볼 수 있다. 하지만 평가의 핵심이라 할 수 있는 어떠한 대상을 어떠한 목적으로 선별할 것인가에 대해서는 별다른 방책이 구축되어 있지 않다. 이러한 측면에서 본서에서는 전자기록 환경 하의 현행 평가제도 개선을 위한 방안을 제시하였다. 이와 같은 개선 방안을 크게 구분하자면, 우선 보존기간 책정을 기반으로 한 현행 평가방식의 한계를 극복하기 위해서는 각 기관별 업무분석을 대폭적으로 강화시킬 필요가 있다는 점이다. 둘째 전자기록의 현용적 가치 내지 필요성을 구체적으로 파악할 수 있는 방안 마련 역시 필요하다는 점이다. 셋째 기록이 지닌 정보로서의 가치 선별을 강화시킬 필요 역시 존재하며, 마지막으로 국가적 차원의 중요기록물을 선별할 수 있는 별도의 평가전략 수립이 시급히 요청된다는 점이다.

마지막으로 7장에서는 최근의 기록생산 환경에 대응하기 위한 전자기록 평가의 향후 과제를 두 부분으로 상정하여 제안하였다. 우선 1절에서는 가치평가와 속성평가가 통합된 전자기록의 평가절차 모형 개발을 위해, ISO 15489의 기록관리 프로세스를 기반으로 한 전자기록 평가 프로세스를 설계하였다. 전자기록의 평가체제는 InterPARES 프로젝트에서 그 기본 모형을 제시하였지만, 이는 전자기록의 평가에 필요한 절차 요소들을 병렬적으로 나열한 것이라는 점에서, 전자기록의 평가 수행을 위한 구체적인 프로세스는 파악할 수 없다. 이에 본서에서는 가치평가와 속성평가가 통합된 평가절차를 ISO 15489의 기록관리 프로세스와 연동하여 구조화시켰으며, 이를 통해 맥락성 및 증거성과 함께 기록품질을 지닌 중요기록물이 평가되어 장기보존에 이를 수 있는 평가 프로세스를 설계하였다. 이와 함께 본서의 연구결과를 기반으로 최근의 기록생산 환경에서 평가가 지향해야 할 향후 방향성을 조직의 운영 및 업무 수행에 필수적인 지식정보를 선별하는 역할 강화로 제시하였다.

이상과 같이 살핀 본서의 연구 결과는 전자기록 환경 하의 기록관리 방향성을 정립하였다는 점에서 연구사적 의미를 찾을 수 있다. 그동안 전자기록 관리에 관한 연구들은 디지털 객체를 기술적으로 관리하는 방법론 측면에 대부분 집중되어 왔다. 그러나 기록관리는 주어진 객체를 관리하는 방법론 차원을 넘어 시대 및 환경에 적응하며 그 의미와 역할을 변모시켜왔다는 문제의식 하에, 본서에서는 전자기록 환경 하의 새로운 패러다임으로 업무친화적 기록관리 방향을 제시하였다. 이러한 업무친화적 기록관리는 라이프사이클에 기반을 둔 비현용단계 중심의 기록관리를 지양하고, 업무와 기록, 기록관리의 통합 속에 업무에 실질적 일익을 제공하는 기록관리를 지향케 한다는 점에서 최근의 기록생산 환경에 부합하는 기록관리의 역할을 정립시켜준다. 아울러 근래 들어 현용기록관리의 역할 정립을 위한 연구 필요성이 서서히 제기되기 시작함을 염두에 둘 때, 전자기록의 고유 속성과 연계하여 도출한 업무친화적 기록관리 방향에 관한 논의는 이를 위한 이론적 기반을 제공한다는 점에서도 의미를 찾을 수 있다.

위의 논의를 구체화하기 위해 본서에서 선정한 전자기록 환경 하의 평가에 관한 연구결과는 기록 평가에 관한 새로운 시각을 제시해준다. 전 세계적으로 전자기록 환경 하의 평가에 관한 연구는 현재 시작단계라 할 수 있다. 대부분의 연구들은 전자기록 관리 방법론 가운데 일부로서 평가 문제를 언급하고 있는 실정이며, 전자기록의 평가를 단일 주제로 한 몇 편의 연구들 또한 종이기록 평가와의 차별성에 기초하여 그 원리를 개괄적으로 소개하는 수준에 그치고 있다. 이러한 점에서 본서의 연구결과는 전자기록 환경 하의 평가 논제를 심층적으로 분석하였다는 면에서 연구 상의 의미를 지닌다. 또한 그동안 평가에 관한 연구 대부분이 영구보존기록의 선별 측면에 집중되어 수행되어왔음에 반해, 본서에서는 기록의 현용적 가치선별 강화가 전자기록 환경 하의 새로운 평가 경향임을 구체적으로 논증하였으며, 전자기록의 평가 논제를 가치선별 차원에만 국한시키지 않고 전자기록 환경의 패러다임 전환과 연동하여 논증하였다는 점에서 연구사적 의미를 지닌다고 볼 수 있다.

특히 ISO 15489에 내재된 평가 논리 모색을 통해 전자기록 환경에서 평가가 지니게 되는 함의를 도출하였다는 점에서도 의미를 지닌다. 이는 곧 생산맥락과의 연동 속에 조직의 영위 및 업무에 필요한 대상을, 기록품질을 지닌 완전무결한 상태로 선별케 한다는 것이다. 이러한 측면에서 전자기록 환경 하의 평가는 과거와 같은 영구보존 대상 선별 논리에 치우치지 않고 기록이 지닌 현용적 가치의 선별 역시 강화시키며, 또한 맥락 및 품질을 확보한 업무상의 필요 정보를 조직에 제공하는 메커니즘을 제시한다는 점에서 최근의 지식정보화 환경에 기여할 수 있는 강점 또한 지니게 된다. 이러한 본서의 연구결과는 지금까지의 선행연구들에서는 밝히지 못한 평가 논제에 관한 새로운 시각을 제시하였다는 점에서, 전자기록 환경에 부합하는 평가 논의에 관한 단서를 제공해 준다고 할 수 있다.

ISO 15489의 평가 논리 및 방식에 대한 본서의 연구결과는 기록관리 전 과정에 걸친 유기적 업무 프로세스 가운데 평가를 파악할 수 있게 한다는 점에서도 연구 상의 의미를 찾을 수 있다. ISO 15489의 제정 이후 호주·미국·독일·프랑스·중국·네덜란드 등 세계 각국에서는 ISO 15489를 적극적으로 수용하고 있으며,[1] 우리나라에서도 2007년 개정작업을 거쳐 국가표준으로 채택하여[2] 국가 기록관리체제 정비의 근간으로 삼고 있다. 이러한 상황에서 ISO 15489를 기반으로 한 평가 논리 및 방식에 대한 분석은 여타 기록관리 프로세스의 정비와 연동하여 평가를 자리매김할 수 있게 해준다. ISO 15489 자체에서는 평가란 용어를 찾아볼 수 없으며, 아울러 ISO 15489의 평가 논리에 대한 구체적인 연구성과 역시 아직 제출되지 않았음을 감안할 때, 본서의 연구결과는 ISO 15489의 평가 논리 및 방식에 대한 파악과 더불어, 평가를 별도의 업무단계가 아닌 기록관리 전 과정과 유기적으로 연계된 절차로 파악할 수 있는 기반을 제시해준다고 볼 수 있다.

나아가 본서에서 도출한 이원적 평가체계 구도는 기록이 지닌 현용적 가치와 사회문화적 가치가 조화된 평가체계를 구현시켜준다는 점에서, 전자기록 환경 하의 공공기록 평가체계에 대한 전형적 모형을 제공해준다. 최근의 전자기록 환경에서 평가는 현용적 가치 선별의 강화와 함께, 국가적 견지에서의 사회상 및 집단기억 형성을 요구받고 있다. 하지만 지금까지 현용적 가치 선별을 강화시키는 기능평가에 관한 논의와 사회상 및 집단기억 형성을 위한 영구보존 대상 평가 논의가 별도로 이루어져왔다. 이러한 정황에서 이원적 평가체계 구상은 양 논의를 서로 연결시켜주는 가교 역할을 해준다. 즉 이원적 평가체계에서는 우선적으로 업무행위에 대한 증거를 기록으로 획득하는 과정과 연동하여 수행되는 기능평가를 통해, 조직의 영위 및 업무 수행에 필요한 기록의 현용적 가치를 정확히 평가해주게 된다. 그리고 기능평가의 한계로 지적되는 사회적 내지 문화적 가치의 선별을 위해 국가적 차원의 영구보존 대상을 선별할 수 있는 별도의 평가전략을 수행케 함으로써, 종국적으로 기관 차원의 현용적 가치와 국가 차원의 사회문화적 가치가 조화를 이룬 범국가적 평가체계를 이루게 해준다.

---

1 Michael Steemson, "RM Standard ISO 15489 Takes the World by Storm", 2002.
〈http://www.caldeson.com/1548902.html〉

2 우리나라의 KS X ISO 15489에 대한 상세한 해설에 대해서는 국가기록원, 『기록관리 국가표준의 체계적 확산방안』, 국가기록원, 2006을 참조.

이상과 같은 본서의 연구결과는 전자기록 환경 하의 기록관리 정체성 정립 논의에도 하나의 단서를 제공한다. 최근의 지식정보화 시대 속에 정보관리 및 지식관리 영역 등과 차별화된 기록관리 정체성 수립을 위해, 1990년대 중반 이래 서구학계에서는 '증거' 문제에 초점을 맞추어왔다. 하지만 전자기록 환경에서의 증거성 강조 경향은 종이기록에서 전자기록 환경으로 변이되는 패러다임 전환에 따른 과도기적 현상이라 할 수 있다.[3] 내용-구조-맥락이 분리된 논리적 실체로서 업무의 내역을 반영한 기록의 확보가 예전의 종이기록 환경처럼 용이하지 않은 상황에서, 무엇보다 최우선적으로 증거의 획득에 주목하지 않을 수 없기 때문이다. 이에 본서에서는 전자기록 환경에서 기록관리의 역할은 증거의 확보에만 머무를 수 없다는 문제의식 하에, 증거 이상의 의미를 모색하기 위한 본격적인 논의기반을 제시하였다는 점에서 연구 상의 의미를 찾을 수 있다. 특히 최근의 지식정보화 사회에 대응할 수 있는 기록관리의 역할과 함께 이를 위해 평가가 담당해야 할 방향을 제공해준다는 점에서 향후의 보다 진전된 연구를 위한 발판을 마련해준다고 할 수 있다.

본서는 전자기록 환경 하의 평가 논제에 관한 이론적 기반 구축을 주목적으로 한 관계로 인해, 실무적 적용 방안에 대해서는 구체적으로 제시치 않았다. 본서에서 제시한 각종 논의 및 발전방안을 구체화시키는 작업은 별도의 수많은 연구가 필요할 것으로 사료되며, 향후 이론과 실무 간의 공조 속에 중장기적으로 개발해야 하기 때문이다. 아울러 구체

---

3 김명훈, 「전자기록 환경에서의 '업무친화적' 기록관리 방향성 분석」, 『정보관리연구』 38(4), 한국과학기술정보연구원, 2007, p. 164.

적인 실무적 적용방안은 현장의 실무논리를 반영하며 다양하게 도출이 가능한 관계상, 본서만으로 학술적 측면에서의 이론적 타당성 내지 보편성을 확보하기 어렵기 때문이다. 여기서는 이번 연구 결과를 발전시키기 위해 필요한 향후의 연구 방향을 간략히 제시하며 본서를 마무리하고자 한다.

우선 전자기록물의 체계적인 수집 방안에 관한 연구가 필요하다. 최근 국가 및 사회는 거버넌스 원리에 따라 영위되고 있다. 이에 따라 국가 내 상당수의 정치적·사회적 행위들은 국가와 시민 간의 상호작용을 통해 이루어진다. 아울러 거버넌스 환경을 맞아 기록화 된 정보를 통한 국민과의 인터페이스를 극대화시킬 필요성 역시 증가하고 있다. 이러한 상황에서 기록을 통해 당대의 사회상 및 집단기억을 형성시키기 위해서는 전자기록의 평가만으로는 역부족이다. 정부의 활동내역을 수록한 공공기록으로는 특정 사안에 대한 단면만을 보여줄 수 있기 때문이다. 바로 이러한 점을 감안할 때 최근의 거버넌스 환경 하에 동시대의 국가 중요기록물을 확보하기 위해서는 전자기록의 평가체계와 수집체계가 양대 축을 형성해야 할 필요가 있다.

전자기록물의 수집은 대부분 기록품질 및 메타데이터의 확보, 장기보존 대책 마련 등 초기 통제가 난해하다는 점에서, 다양한 방면에서 연구가 이루어져야 한다. 특히 업무관리시스템과 전자문서시스템만을 대상으로 전자기록을 관리할 수 있는 방안을 마련한 우리나라로서는, 현재 다양한 유형의 전자기록물을 수집하기 위한 별다른 대책이 준비되어 있지 않다고 할 수 있다. 이를 감안할 때 전자기록물의 수집에 관한 다양한 영역의 연구를 통해 평가를 보완하는 방안이 마련된다면 국가적 차원의 평가체계 구축이 완성될 것이다. 본서에서 제시한 이원적 평가체계를 기반으로 현용적 가치와 사회문화적 가치를 지닌 기록을 선별하고 나아가 수집을 통해 공공기록의 평가를 보완할 수 있는 중요 기록물을 선별한다면, 국가적 견지에서 현재 및 미래의 필요를 모두 충족시킬 수 있는 기록물의 활용 및 보존이 가능해지기 때문이다.

기록이 지닌 지식정보로서의 가치를 현실화시킬 수 있는 방안에 관한 연구 역시 필요하다. 조직의 영위 및 업무 수행에 필요한 기록을 선별함과 더불어, 이를 구체적으로 필요한 영역에 지식정보 자원으로 투입하는 것을 향후 전자기록 환경 하의 평가가 나아가야 할 발전 방향으로 본서에서는 제시하였다. 물론 이러한 방안 마련은 결코 용이하지 않다. 기록과 지식 내지 기록관리와 지식관리의 단순 병렬적 비교를 통해 양자 간의 통합방안을 성급하게 제안하거나, 양 시스템을 기술적으로 통합시키려는 등의 현재 연구동향은 별다른 해결책이 되지 못한다. 발생 원인의 진단 없는 현상만의 치유가 쓸모없는 것처럼 말이다.

이를 고려할 때 위의 방안을 마련하기 위해서는 우선적으로 연역적 추론 방식을 활용해 기록 속의 지식정보 요소를 파악할 필요가 있다. 즉 조직의 업무 프로세스와 관련하여 현재 활용되고 있는 지식정보 유형을 파악한 다음, 이러한 유형 가운데 형식지로 변환이 가능하거나 기록으로 획득 가능한 대상을 확인하는 것이다. 이를 통해 종국적으로는 업무 프로세스 상에서 지식정보로 활용할 수 있는 세부적인 기록 유형을 도출해 낼 수 있게 된다.

하지만 장기적인 관점에서의 근원적인 연구 역시 수행될 필요가 있다. 기록의 생산 모체이자 활용 주체인 조직과 기록 간의 관계에 관한 연구 역시 이러한 연구영역 중 하나가 될 수 있다. 전업화를 통해 반복적인 업무를 일상적으로 수행하는 관료제 기반 조직과, 영역의 구분 없이 실시간으로 복합적·지적 업무를 수행하는 지식 기반 조직 간에는 기록의 내용 및 필요성 등에 엄격한 차이가 존재하며, 이는 조직 내에서의 기록의 의미 및 기록관리의 역할 역시 변형시킬 개연성이 있기 때문이다. 지식과 기록 간의 관계에 대한 보다 심도 있는 연구 역시 수행되어야 한다. 지식과 기록의 공통 요소 및 근본적인 차이, 업무를 중심으로 한 지식관리 프로세스와 기록관리 프로세스의 비교, 지식의 가치기준 및 평가모듈, 지식변환 과정에서의 기록화 방안, 지식의 활용사이클과 기록의 라이프사이클 등 해명되어야 할 수많은 연구과제들이 산적해 있다. 본서에서 해결치 못한 향후의 연구를 통해 기록이 업무상의 필수적인 지식정보로 활용될 수 있기를 기대하며 추후의 연구과제로 남긴다.

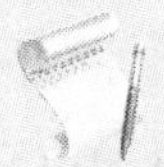# 참고문헌

1. 법령 및 정부 자료

공공기록물관리에관한법률[일부개정 2007. 4. 27 법률 제8395호]

공공기록물관리에관한법률 시행령[전부개정 2007. 4. 4 대통령령 제19985호]

공공기록물관리에관한법률 시행령 시행규칙[전부개정 2007. 4. 5 행정자치부령 제380호]

국가기록원, 『단위과제 보존기간 책정 · 조정 지침』, 국가기록원, 2007.

국가기록원, 『기록관리시스템 기능요건 표준』, 국가기록원, 2007.

국가기록원, 「보존기간 책정 표준운영절차(안)」, 『기록관리표준 이행확산도구 개발 - 별책 1 기록관 공통 기록관리 표준운영절차』, 국가기록원, 2007.

국가기록원, 『기록관리 국가표준의 체계적 확산방안』, 국가기록원, 2006.

국가기록원, 「업무 및 기록분류체계 통합에 의한 기관 단위과제별 보존기간표 및 기록물보존업무처리기준표 작성 방안」, 『기록물 보존업무 처리기준표 작성: 2006. 6. 27 중앙행정기관 자료』, 국가기록원, 2006.

국가기록원, 「업무 및 기록분류체계 통합에 의한 기관별 업무및기록분류표 작성 방안」, 국가기록원 평가자문회의 자료, 2006.

국가기록원, LG CNS 컨소시엄, 『기록관리시스템 혁신 ISP사업 최종결과보고서』, 국가기록원, 2006.

산업자원부 산업정책과, 『지속가능한 국가발전을 위한 "기업의 사회적 책임"(CSR) 확산 추진 기본계획(안)』, 산업자원부, 2005.

정부혁신지방분권위원회, 『참여정부의 전자정부 로드맵』, 정부혁신지방분권위원회, 2003.

행정자치부, 『정책·서비스 품질 향상을 위한 2007년 지식행정 추진 계획』, 행정자치부, 2007.

행정자치부, 『2006년도 정부 경쟁력 향상을 위한 지식행정 추진 기본 계획』, 행정자치부, 2006.

2. 단행본

▶ 국내 연구서

강근복 외, 『지식정보사회와 전자정부』, 나남출판사, 서울, 1999.

곽건홍, 『한국 국가기록 관리의 이론과 실제: 기록이 없으면 역사도 없다』, 역사비평사, 서울, 2003.

권기헌, 『전자정부의 이론과 실제』, 경희대학교 출판국, 서울, 2004.

권기헌, 『전자정부와 행정개혁: 패러다임·모형 그리고 개혁』, 커뮤니케이션북스, 서울, 1999.

김명훈, 서석제, 김자경, 『전자기록관리의 이해』, 한국국가기록연구원, 서울, 2004.

김명훈, 『출처주의와 현대 기록관리』, 한국국가기록연구원, 서울, 2003.

박우순, 『현대조직론』, 법문사, 서울, 1998.

유 훈, 『행정학원론』(제6정판), 법문사, 서울, 1991.

이원규, 『한국 기록물관리제도의 이해』, 진리탐구, 서울, 2002.

이재규, 『지식경영학 원론』, 박영사, 서울, 2003.

조주행, 『행정이론: 21C 지식-정보화 사회의 정부경영학』, 도서출판 인간사랑, 고양, 2002.

하정출, 『제5물결 디지털 시대와 지식형명 시대의 지식경영론』(개정판), 두남, 서울, 2005.

▶ 해외 연구서

AIIM International Europe, DLM-Forum, *Education, Training & Operation: From the Traditional Archivist to the Information Manager*, AIIM Industry White Paper on Records, Document and Enterprise Content Management for the Public Sector, AIIM International Europe, DLM-Forum, 2002.

Archives New Zealand, Government Rocordkeeping Group, *Standard for Functional Specifications for Electronic Recordkeeping Systems*, Archives New Zealand, 2005.

ARMA, *Retention Management for Records and Information*(Standard for Records and Information Management, ANSI/ARMA 8-2005), Lenexa: ARMA, 2005.

ARMA, *Electronic Records Retention: New Strategies for Data Life Cycle Management*, Renexa: ARMA, 2003.

Barbara Craig, *Archival Appraisal: Theory and Practice*, München: K.G. Saur, 2004.

Claes Granstrom, Torbjorn Hornfeldt, Gary M. Peterson, Maria Pia Rinaldi Mariani, Udo Schafer, Josef Zwicker, *Authenticity of Electronic Records: A Report Prepared for UNESCO*(ICA Study 13-1), ICA, 2002.

Donald S. Skupsky, *Recordkeeping Requirements: The First Practical Guide to Help You Control Your Records.....What You Need to Keep and What You Can Safely Destroy*, Colorado: Information Requirements Clearinghouse, 1994.

Donald S. Skupsky, *Records Retention Procedures: Your Guide to Determine How Long to Keep Your Records and How to Safely Destroy Them!*, Colorado: Information Requirements Clearinghouse, 1990.

Elizabeth Shepherd & Geoffrey Yeo, *Managing Records: A Handbook of Principles and Practice*, London: Facet Publishing, 2003.

Frank Boles, *Selecting & Appraising Archives & Manuscripts*, Chicago: SAA, 2005.

Frank Boles & Julia Marks Young, *Archival Appraisal*, New York, London: Neal-Schuman Publishers, Inc., 1991.

Hilary Jenkinson, *A Manual of Archive Administration: Including the Problems of War Archives and Archive Making*, Oxford: The Clarendon Press, 1922.

ICA, Committee on Current Records in an Electronic Environment, *Electronic Records: A Workbook for Archivists*(ICA Study 16), ICA, 2005.

ICA, Committee on Electronic Records, *Electronic Records Management: A Literature Review*(ICA Studies 10), ICA, 1996.

ICA, Committee on Electronic Records, *Guide for Managing Electronic Records from an Archival Perspective*(ICA Studies 8), ICA, 1996.

ICA, IRMT, *Managing Public Sector Records: A Study Programme-Glossary*, ICA, IRMT, 1999.

ISO, *Information and Documentation-Records Management Processes-Metadata for Records: Part 1 Principles*, ISO, 2004.

ISO, *Information and Documentation: Records Management - Part 1: General*, ISO, 2001.

ISO, *Information and Documentation: Records Management - Part 2: Guideline*, ISO, 2001.

Janet Gertz, *Selecting Guidelines for Preservation*, Joint RLG and NPO Preservation Conference Guidelines for Digital Imaging, RLG & NPO, 1998.

Laura Millar, *Authenticity of Electronic Records: A Report Prepared for UNESCO and the International Council on Archives*(ICA Study 13-2), ICA, 2004.

Lewis Bellardo & Lynn Lady Bellardo, *A Glossary for Archivist, Manuscript Curators, and Records Manager*, Chicago: SAA, 1992.

NAA, *DIRKS - A Strategic Approach to Managing Business Information*, Cenberra: NAA, 2001.

NAA, *Administrative Functions Disposal Authority: A Disposal Authority for Administrative Functions Linked to Keyword AAA Modified for Commonwealth Use*, NAA, 2000.

Paul Ayris, *Guidance for Selecting Materials for Digitisation*, Joint RLG and NPO

Preservation Conference Guidelines for Digital Imaging, RLG & NPO, 1998.

Peter Walne, *Dictionary of Archival Terminology*(2nd Revised Edition), New York, London, Paries, München: K G Saur Verlag Gmbh & Co., 1988.

Richard C. Berner, *Archival Theory and Practice in the United States: A Historical Analysis*, Seattle & London: University of Washington Press, 1983.

Richard J. Cox, *Managing Records as Evidence and Information*, Westport, Connecticut: Quorum Books, 2001.

Richard Pearce-Moses, *A Glossary of Archival and Records Terminology*(Exposure Draft), Chicago: SAA, 2004.

Theodore R. Schellenberg, *The Management of Archives*, New York: Columbia Univ. Press, 1965.

Trever Livelton, *Archival Theory, Records, and the Public*, Lanham, Md.: Scarecrow Press, 1996.

William Saffady, *Knowledge Management: A Manager's Briefing*, Kansas: ARMA, 1998.

▶ 번역서

British Standard Institute, *Effective Records Management - Part 1: A Management Guide to the Value of BS ISO 15489-1(BIP 0025-1)*, British Standard Institute, 2003(국가기록원, 『기록관리 국제표준 자료집』, 국가기록원, 2006).

British Standard Institute, *Effective Records Management - Part 2: Practical Implementation of BS ISO 15489-1(BIP 0025-2)*, British Standard Institute, 2003(국가기록원, 『기록관리 국제표준 자료집』, 국가기록원, 2006).

F. Gerald Ham, 『아카이브와 매뉴스크립트의 선별과 평가』, 강경무, 김상민 역, 진리탐구, 서울, 2002.

IRMT & ICA, 『전자기록물 관리』, 김명훈 역, 진리탐구, 서울, 2005.

IRMT & ICA, 『재무기록물 관리』, 김명훈 역, 진리탐구, 서울, 2003.

Peter F. Drucker, 『지식경영』, 현대경제연구원 역, 21세기북스, 서울, 1999.

Theodore R. Schellenberg, 『현대 기록학개론』, 이원영 역, 진리탐구, 서울, 2002.

野中郁次郎, 紺野登, 『지식경영의 시대: 일본적 경영과 지식관리』, 송균석, 정원진
　　역, 시그마프레스, 서울, 2003.

野中郁次郎, 紺野登, 『지식경영』, 나상억 역, 21세기북스, 서울, 1998.

3. 연구논문

▶ 국내 논문

곽건홍, 「한국 국가기록 관리체제 '혁신'의 성격: 기록관리법 개정안 분석을 중심으
　　로」, 『기록학연구』13, 한국기록학회, 2006.

곽　정, 「행정기관의 기록관리시스템 개선모델 분석」, 『기록학연구』14, 한국기록학
　　회, 2006.

김명훈, 「전자기록 환경 하의 현행 평가제도 개선방향 분석: 평가방식 및 평가체제
　　를 중심으로」, 『기록학연구』19, 한국기록학회, 2009.

김명훈, 「전자기록 환경에서의 기능평가 프로세스 분석」, 『정보관리연구』39(4), 한
　　국과학기술정보연구원, 2008.

김명훈, 「전자기록 환경과 이원적 국가 평가체계 - 호주 국립기록청의 평가 전략 검
　　토」, 『기록IN』4, 국가기록원, 2008.

김명훈, 「전자기록 환경에서의 세계 각국 평가체제 개편에 관한 연구 - 국가적 차원
　　의 영구보존기록 평가전략을 중심으로」, 『정보관리연구』39(2), 한국과학기술정
　　보연구원, 2008.

김명훈, 「전자기록 환경에서의 '업무친화적' 기록관리 방향성 분석」, 『정보관리연
　　구』38(4), 한국과학기술정보연구원, 2007.

김명훈, 「ISO 15489의 평가함의 및 그 한계: 공공기록물 평가체제 정립을 위한 방향
　　성 모색」, 국가기록원 기록관리연구회 발표자료집, 2006.

김명훈, 「전자기록 환경에서의 평가에 관한 연구」, 『기록학연구』11, 한국기록학회,

2005.

김명훈, 「전자기록물의 평가에 관한 기반 연구」, 『기록보존』18, 국가기록원, 2005.

김명훈, 「공공기록물의 분류 원리: 출처주의에 대한 이론적 검토」, 『기록보존』16, 정부기록보존소, 2003.

김명훈, 「공공기록물의 평가체제에 대한 이론적 검토: 선별 방식 및 가치 기준을 중심으로」, 『기록학연구』6, 한국기록학회, 2002.

김명훈, 현종철, 「매뉴스크립트 평가체계 구축에 관한 사례 연구」, 『기록관리학회지』8(1), 한국기록관리학회, 2008.

김명훈, 현종철, 「사진 디지털아카이브 구축에 관한 연구 - 민주화운동 사진기록을 중심으로」, 『정보관리연구』37(4), 한국과학기술정보연구원, 2006.

김익한, 「전자기록의 진본 평가 시스템 모형 연구」, 『기록학연구』14, 한국기록학회, 2006.

김익한, 「불균형 잔존 행정기록의 평가방법 시론-조선총독부 공문서의 평가절차론 수립을 위하여」, 『기록학연구』13, 한국기록학회, 2006.

김익한, 「업무과정에 기축한 기록정보시스템 시론」, 『기록보존』18, 국가기록원, 2005.

김익한, 「기록의 속성과 메타데이터 표준을 통해 본 한국의 기록 · 기록기술」, 『기록학연구』10, 한국기록학회, 2004.

김익한, 「기록관리를 기반으로 한 통합형 지식관리시스템 구축 방향 연구」, 『기업의 지식정보 관리와 유통』, 명지대학교 금융지식연구소, 2004.

김익한, 「DIRKS-Manual의 실용적 적용」, 『기록학연구』8, 한국기록학회, 2003.

김익한, 「EDMS와 기록의 라이프사이클」, 『기록학연구』5, 한국기록학회, 2002.

김익한, 「기록물 관리체제론 및 평가분류의 새로운 흐름」, 『기록보존』11, 정부기록보존소, 1998.

김익한, 김성진, 「분절형에서 통합형 지식관리시스템으로: K사 지식관리시스템 사례연구」, 『지식연구』2-1, 2004.

김창호, 「ISO 26000 시행에 대한 기업의 사회적 책임경영 구축방안」, 『인적자원관리연구』13(2), 한국인적자원관리학회, 2006.

김태웅, 「기록물분류기준표의 제정과 전망」, 『기록보존』12, 정부기록보존소, 1999.

김현진, 「독일 기록관리 담론에서의 평가론」, 『기록학연구』14, 한국기록학회, 2006.

나영선, 「캐나다 거시평가 제도의 이론적 배경과 운영현황에 관한 연구」, 한국외국어대학교 대학원 정보기록관리학과 석사학위논문, 2007.

노명환, 「19세기 독일의 역사주의 실증사학과 기록관리 제도의 정립: 랑케, 지벨 그리고 레만과 출처주의/원질서원칙」, 『기록학연구』 14, 한국기록학회, 2006.

노정란, 「지식경영 관점에서 본 기록관리와 지식경영의 연관 관계」, 『한국문헌정보학회지』39(4), 한국문헌정보학회, 2005.

배영수, 「역사와 정치의 교차로-미국 문서관 제도의 위치」, 『세계 각국의 역사기록 보존, 어떻게 할 것인가-세계 각국의 사례와 비교하여』, 한국역사연구회 1996년 하반기 학술심포지엄자료집, 1996.

설문원, 「공공업무의 체계적 기록화를 위한 보유일정표 설계 방안」, 『한국문헌정보학회지』40(4), 한국문헌정보학회, 2006.

설문원, 「메타데이터 설계를 위한 기록의 계층 구조 분석」, 『한국비블리아학회 발표논집』13, 한국비블리아학회, 2005.

설문원, 「국가 기록관리 표준 정비의 방향 」, 『한국기록관리학회지』5(1), 한국기록관리학회, 2005.

설문원, 「기록의 품질기준 분석: 진본성, 신뢰성, 무결성, 가용성을 중심으로」, 『기록학연구』 11, 한국기록학회, 2005.

송희준, 「지식정보화와 미래형 정부 설계 방향」, 『지식정보화와 미래 정부 모형』, 2002년 한국행정학회 기획심포지엄 발표논집, 2002.

신원형, 김용오, 「업무과정재설계의 이론적 고찰」, 『광주ㆍ전남행정학회보』8, 광주ㆍ전남한국행정학회, 2001.

염재호, 「지식정보화와 국가 발전」, 『지식정보화와 미래 정부 모형』, 2002년도 한국행정학회 기획심포지엄 발표논집, 2002.

원종관, 「레코드 컨티뉴엄의 속성을 통해 본 증거와 기억의 조화에 관한 연구」, 한국외국어대학교 대학원 정보기록관리학과 석사학위논문, 2007.

유혜림, 「전자기록 환경의 도래와 영국 평가ㆍ수집제도 개편에 관한 연구」, 한국외국어대학교 대학원 정보기록관리학과 석사학위논문, 2007.

유홍림, 김행기, 「공공부문 BPR의 성공요인과 추진전략에 관한 연구」, 한국행정학회 학술대회 발표논문집, 한국행정학회, 2004.

윤태범, 「관료제 구조의 유형과 관료부패의 관계에 대한 연구」, 『부경대학교 논문집』3-1, 1998.

이소연, 오명진, 「기록관리를 위한 업무분석 방법론 연구: 호주표준 AS 5090을 중심으로」, 『기록학연구』12, 한국기록학회, 2005.

이승억, 「전자환경에서의 기록관리 개념에 관한 재검토」, 『기록학연구』6, 한국기록학회, 2002.

이승억, 「한국 공공분야 '기록보유(Recordkeeping)' 체제 전망 - '기록물분류기준표' 의 제도적 의의와 특성」, 『기록학연구』4, 한국기록학회, 2001.

이승억, 「기록물관리체제에서의 기록물분류기준표제도의 성격과 운영방안」, 기록물평가분류워크숍자료, 정부기록보존소, 2001.

이우택, 「사회의 투명성과 회계의 발전을 위한 연구: 회계의 Accountability 기능을 중심으로」, 『회계저널』8-1, 한국회계학회, 1999.

이원규, 「공공기록물의 수집 · 이관과 아키비스트의 역할」, 『기록학연구』2, 한국국가기록연구원, 2000.

이원규, 「공공기록물 보존기간 책정론 - 외국 사례의 검토와 더불어」, 『기록보존』11, 정부기록보존소, 1998.

이종렬, 김옥일, 「국가 위기관리체계 구축 전략에 관한 연구: AHP 분석을 통한 우선순위 결정」, 『정책분석평가학회보』14(3), 한국정책분석평가학회, 2004.

임석준, 「소비자 정치와 기업의 사회적 책임: 나이키의 글로벌 상품사슬을 중심으로」, 『한국정치학회보』39-2, 한국정치학회, 2005.

정윤수, 백용기, 「공공부문에서의 지식관리 도입과 정책 과제」, 『사회과학논총』17, 명지대학교 사회과학연구소, 2001.

▶ 해외 논문

Adrian Cunningham & Robyn Oswald, "Some Functions are More Equal than Others: The Development of a Macroappraisal Strategy for the National Archives of Australia", *Archival Science* 5(2-4), 2005.

Agnes E. M. Jonker, "Macroappraisal in the Netherlands: The First Ten Years, 1991~2001, and Beyond", *Archival Science* 5(2-4), 2005.

Alan A. Andolsen, "Will Your Records Be There When You Need Them?" *Information Management Journal* 2006(5-6), 2006.

Alf Erlandsson, "The Principle of Provenance and the Concepts of Records Creator and Record: Legal Development", *The Principle of Provenance: First Stockholm Conference on Archival Theory and the Principle of Provenance 2-3 sept 1993*, Kerstin Abukhanfusa & Jan Sydbeck ed., Stockholm: Swedish National Archives, 1994.

Angel Egbuji, "Risk Management of Organisational Records", *Records Management Journal* 9(2), 1999.

Angelika Menne-Haritz, "Appraisal or Documentation: Can We Appraise Archives by Selecting Content?", *American Archivist* 57(Summer), 1994.

Angelika Menne-Haritz, "Appraisal or Selection: Can a Content Oriented Appraisal be Harmonized with the Principle of Provenance?", *The Principle of Provenance: First Stockholm Conference on Archival Theory and the Principle of Provenance 2-3 sept 1993*, Kerstin Abukhanfusa & Jan Sydbeck ed., Stockholm: Swedish National Archives, 1994.

Anne-Marie Schwirtlich, "The Functional Approach to Appraisal: The Experience of the National Archives of Australia", *Comma* 2002(1-2), 2002.

An Xiaomi, "An Integrated Approach to Records Management", *Information Management Journal* 2003(7-8), 2003.

ARMA, "Knowledge Management: An Overview", *Information Management Journal*

2000(6), 2000.

August Wiemann Eriksen, "The Debate on Appraisal-Recurrencies and Traps", *The Principle of Provenance: First Stockholm Conference on Archival Theory and the Principle of Provenance 2-3 sept 1993*, Kerstin Abukhanfusa & Jan Sydbeck ed., Stockholm: Swedish National Archives, 1994.

Barbara Reed, "Beyond Perceived Boundaries: Imagining the Potential of Pluralised Recordkeeping", *Archives and Manuscripts* 33(1), 2005.

Barbara Reed, "Diverse Influence: An Exploration of Australian Appraisal Practice-Part I", *Archives and Manuscripts* 31(1), 2003.

Bjorn Lindh, "Accomplishing the Unfeasible: Defining and Describing Concepts in Archival Theory", *The Principle of Provenance: First Stockholm Conference on Archival Theory and the Principle of Provenance 2-3 sept 1993*, Kerstin Abukhanfusa & Jan Sydbeck ed., Stockholm: Swedish National Archives, 1994.

Brian P. N. Beaven, "Macro-Appraisal: From Theory to Practice," *Archivaria* 48, 1999.

Brien Brothman, "Afterglow: Conceptions of Records and Evidence in Archival Discourse", *Archival Science* 2(3-4), 2002.

Bruno Delmas, "Archival Science Facing the Information Society", *Archival Science* 1(1), 2001.

Canadace Loewen, "The Evolution, Application, and Future of Macroappraisal", *Archival Science* 5(2-4), 2005.

Candace Loewen, "Accounting for Macroappraisal at Library and Archives Canada: From Disposition to Acquisition and Accessibility", *Archival Science* 5(2-4), 2005.

Carl Vincent, "The Record Group : A Concept in Evolution", *Archivaria* 3, 1976~1977.

Catherine Bailey, "From the Top Down: The Practice of Macro-Appraisal", *Archivaria* 43, 1997.

Catherine Bailey, "Archival Theory and Electronic Records", *Archivaria* 29,

1989~1990.

Catherine E. Hare, "Records Management in the Next Millennium: Conference Report", *Records Management Journal* 8(2), 1998.

Charles M. Dollar, "Appraising Machine-Readable Records", *American Archivist* 41(October), 1978.

Chris Hurley, "What, If Anything, Is Records Management?", RMAA Conference Paper, 2004.

Chris Hurley, "Ambient Functions-Abandoned Children to Zoos", *Archivaria* 40, 1995.

Chris Hurley, "The Australian 'Series' System: An Exposition", *The Records Continuum: Ian Maclean and Australian Archives First Fifty Years*, Sue McKemmish & Michael Piggott ed., Clayton: Ancora Press in association with Australian Archives, 1994.

Ciaran B. Trace, "What is Recorded is Never Simply 'What Happened': Record Keeping in Modern Organizational Culture", *Archival Science* 2(1-2), 2002.

Claes Granstrom, "The Janus Syndrom", *The Principle of Provenance: First Stockholm Conference on Archival Theory and the Principle of Provenance 2-3 sept 1993*, Kerstin Abukhanfusa & Jan Sydbeck ed., Stockholm: Swedish National Archives, 1994.

Cristina Carvalho, "Appraisal Based on Organic Functional Analysis: A Case Study in an Electronic Records Environment", *Records Management Journal* 11(3), 2001.

Dan Zelenyj, "Archivy Ad Portas: The Archives-Records Management Paradigm Revisited in the Electronic Information Age", *Archivaria* 47, 1999.

Dan Zelenyi, "Linchpin Imperilled: The Functional Interpretation of Series and Principle of Respect des Fonds", *Archivaria* 42, 1996.

Danielle Laberge, "Information, Knowledge, and Rights: The Preservation of Archives as a Political and Social Issue", *Archivaria* 25, 1987.

Danielle Wickman, "What's New? Functional Analysis in Life Cycle and Continuum

Environments", *Archives and Manuscripts* 27(1), 1999.

David B. Gracy II, "Is There a Future in the Use of Archives?", *Archivaria* 24, 1987.

David Bearman, "Item Level Control and Electronic Recordkeeping", *Archives and Museum Informatics* 10(3), 1996.

David Bearman, "Archival Strategies", *American Archivist* 58(Fall), 1995.

David Bearman, "Archival Management to Achieve Organisational Accountability for Electronic Records", *Electronic Evidence: Strategies for Managing Records in Contemporary Organisations*, Pittsburgh: Archives and Museum Informatics, 1994.

David Bearman, "Diplomatics, Weberian Bureaucracy, and the Management of Electronic Records in Europe and America", *Electronic Evidence: Strategies for Managing Records in Contemporary Organizations*, Pittsburgh: Archives and Museum Informatics, 1994.

David Bearman, "New Models for Management of Electronic Records", *Electronic Evidence: Strategies for Managing Records in Contemporary Organizations*, Pittsburgh: Archives and Museum Informatics, 1994.

David Bearman, "Recordkeeping Systems", *Electronic Evidence: Strategies for Managing Records in Contemporary Organizations*, Pittsburgh: Archives and Museum Informatics, 1994.

David Bearman & Richard H. Lytle, "The Power of Principle of Provenance", *American Archival Studies: Readings in Theory and Practice*, Randall C. Jimerson ed., Chicago: SAA, 2000.

David Bearman & Margaret Hedstrom, "Reinventing Archives for Electronic Records: Alternative Service Delivery Options", *Electronic Records Management Program Strategies*, Archives and Museum Informatics Technical Report 18, Pittsburgh: Archives and Museum Informatics, 1993.

David O. Stephens, "The Why and How of International Records Retention", *Information Management Journal* 2005(9-10), 2005.

David O. Stephens, "The World's First International Records Management Standard", *Information Management Journal* 2001(7), 2001.

David O. Stephens and David Roberts, "From Australia: The World's First National Standard for Records Management", *Records Management Quarterly* 30(4), 1996.

Debra Barr, "The Fonds Concept in the Working Group on Archival Descriptive Standards Report", *Archivaria* 25, 1987~1988.

Duff Wendy, "Harnessing the Power of Warrant", *American Archivist* 61(Spring), 1998.

Duncan Simpson & Susan Graham, "Appraisal and Selection of Records: A New Approach", *Comma* 2002(1-2), 2002.

Elizabeth Man, "A Functional Approach to Appraisal and Retention Scheduling", *Records Management Journal* 15(1), 2005.

Elizabeth Shepherd, "Why Are Records in the Public Sector Organizational Assets?", *Records Management Journal* 16(1), 2006.

Elizabeth Yakel, "Knowledge Management: The Archivist's and Records Manager's Perspective", *Information Management Journal* 2000(7), 2000.

Eric Ketelaar, "Tacit Narratives: The Meanings of Archives", *Archival Science* 1(2), 2001.

Eric Ketelaar, "Archivistics Research Saving the Profession", *American Archivist* 63(Fall/Winter), 2000.

Ernst Posner, "Some Aspects of Archival Development since the French Revolution", *American Archivist* 3(July), 1940.

F. Gerald Ham, "The Archival Edge", *A Modern Archives Reader: Basic Readings on Archival Theory and Practice*, Maygene F. Daniels & Timothy Walch ed., Washington: NARA, 1984.

Fernada Ribeiro, "Archival Science and Changes in the Paradigm", *Archival Science* 1(3), 2001.

Frank B. Evans, "Archivists and Records Managers: Variations on a Theme",

American Archivist 30(January), 1967.

Graham Beastall, "Records Management Meets Knowledge Gathering", *Records Management Journal* 8(2), 1998.

Greg O' Shea1, "Research Issues in Australian Approaches to Policy Development", *Archives and Museum Informatics* 11(3-4), 1997.

Hans Booms, "Überlieferungsbildung : Keeping Archives as a Social and Political Activity", *Archivaria* 33, 1991~1992.

Hans Booms, "Society and the Formation of a Documentary Heritage: Issues in the Appraisal of Archival Sources", *Archivaria* 24, 1987.

Hans Hofman, "Standards: Not 'One Size Fits All' ", *Information Management Journal* 2006(5-6), 2006.

Hans Hofman, "Dealing with Electronic Records: Intellectual Control of Records in the Digital Age", *Janus*, 1998.

Heather MacNeil, "Archival Theory and Practice: Between Two Paradigms", *Archivaria* 37, 1994.

Hugh A. Taylor, "Canadian Archival Literature Revisited", *Archivaria* 18, 1984.

Hugh A. Taylor, "Information Ecology and the Archives of the 1980s", *Archivaria* 18, 1984.

Jackie Bettington, "Standardised Recordkeeping: Reality or Illusion?", *Archives and Manuscripts* 32(2), 2004.

James C. Connelly, "The New International Records Management Standard: Its Content and How It Can Be Used", *Information Management Journal* 2001(7), 2001.

James O' Toole, "Archives and Historical Accountability: Toward a Moral Theology of Archives", *Archivaria* 58, 2004.

James O' Toole, "On the Idea of Permanence", *American Archival Studies: Readings in Theory and Practice*, Randall C. Jimerson ed., Chicago: SAA, 2000.

Jan Duffy, "Knowledge Management and Its Influence on the Records and

Information Manager", *Information Management Journal* 2001(7), 2001.

Jay Atherton, "From Life Cycle to Continuum: Some Thoughts on the Records Management-Archives Relationship", *Archivaria* 21, 1985~1986.

Joan M. Schwartz and Terry Cook, "Archives, Records, and Power: The Making of Modern Memory", *Archival Science* 2(1-2), 2002.

Johanna Gunnlaugsdottir, "An International Standard on Records Management: An Opportunity for Librarians", *Libri* 52, 2002.

John Roberts, "Macroappraisal Kiwi Style: Reflections on the Impact and Future of Macroappraisal in New Zealand", *Archival Science* 5(2-4), 2005.

John Roberts, "One Size Fits All? The Portability of Macro Appraisal by a Comparative Analysis of Canada, South Africa, and New Zealand", *Archivaria* 52, 2001.

Jonathan Furner, "Conceptual Analysis: A Method for Understanding Information as Evidence, and Evidence as Information", *Archival Science* 4(3-4), 2004.

Joseph M. Firestone, "Mining for Information Gold", *Information Management Journal* 2005(9-10), 2005.

Julie McLeod, "ISO 15489: Helpful, Hype or Just Not Hot?", *Archives and Manuscript* 32(2), 2004.

Julie McLeod, "Assessing the Impact of ISO 15489: A Preliminary Investigation", *Records Management Journal* 13(2), 2003.

Kathryn Dan, "Acquisition, Appraisal and International Standard ISO 15489", *Comma* 2002(1-2), 2002.

Kenneth Toms, "Knowledge Management Is Dead: Long Live Records Management", *Records Management Journal* 14(2), 2004.

LAC, "Checklist of Sources to Support Research for the GRAD Program"(미간행자료), 2004. 10.

LAC, "Guide to Research in Support of Developing a Memorandum of Understanding(MOU) for the Disposition of Government Records"(미간행자료),

2004. 10.

Larry Eiring, "The Evolving Information World", *Information Management Journal* 2002(1-2), 2002.

Larry J. Hackman and Joan Warnow-Blewett, "The Documentation Strategy Process: A Model and A Case Study," *American Archivist* 50(Winter), 1987.

Laura Millar, "The Spirit of Total Archives: Seeking a Sustainable Archival System", *Archivaria* 47, 1999.

Laurie Fischer, "Condition Critical: Developing Records Retention Schedules", *Information Management Journal* 2006(1-2), 2006.

Laurie L. Gingrich and Brian D. Morris, "Retention and Disposition of Structured Data: The Next Frontier for Records Managers", *Information Management Journal* 2006(3-4), 2006.

Linda J. Henry, "Schellenberg in Cyberspace", *American Archivist* 61(Fall), 1998.

Luciana Duranti, Terry Eastwood, Heather MacNeil, "The Concept of Electronic Record", *Preservation of the Integrity of Electronic Records*, Dordrecht: Kluwer Academic Publishers, 2002.

Luciana Duranti, "The Concept of Appraisal and Archival Theory", *American Archivist* 57(Spring), 1994.

Luciana Duranti, "Diplomatics: New Uses for an Old Science(II)", *Archivaria* 29, 1989~1990.

Lucie Paquet, "Appraisal, Acquisition and Control of Personal Electronic Records: From Myth to Reality", *Archives and Manuscripts* 28(2), 2000.

M. Gutmann, K. Schurer, D. Donakowski, Hilary Beedham, "The Selection, Appraisal and Retention of Digital Social Science Data", *Data Science Journal* 30(3), 2004.

Margaret Hedstrom, "Archives, Memory, and Interface with the Past", *Archival Science* 2(1-2), 2002.

Margaret Hedstrom, "How Do Archivists Make Electronic Archives Usable and

Accessible?", *Archives and Manuscripts* 26(1), 1998.

Maria Guercio, "Archival Theory and the Principle of Provenance for Current Records: Their Impact on Arranging and Inventorying Electronic Records", *The Principle of Provenance: First Stockholm Conference on Archival Theory and the Principle of Provenance 2-3 sept 1993*, Kerstin Abukhanfusa & Jan Sydbeck ed., Stockholm: Swedish National Archives, 1994.

Marlize Palmer, "Records Management and Accountability Vs. Corruption, Fraud and Maladministration", *Records Management Journal* 10(2), 2000.

Martin Holmgren, "The Swedish Principle of Public Access to Official Documents-in Relation to Archival Theory and Electronic Data Processing", *The Principle of Provenance: First Stockholm Conference on Archival Theory and the Principle of Provenance 2-3 sept 1993*, Kerstin Abukhanfusa & Jan Sydbeck ed., Stockholm: Swedish National Archives, 1994.

Martin Sanderson, "Records Management and the Capture of Tacit Knowledge", *Records Management Journal* 11(1), 2001.

Mary M. White-Dollmann, "ISO 15489: A Tool for Records Management Mergers", *Information Management Journal* 2004(9-10), 2004.

Mary M. White-Dollmann, "ISO 15489 Part 1 : What Is It", *The Metro Records Insider: Newsletter of the Metro NYC Chapter of ARMA* XXIX(6), 2004.

Michael A. Lutzker, "Max Weber and the Analysis of Modern Bureaucratic Organization: Notes toward a Theory of Appraisal", *American Archivist* 45(Spring), 1982.

Michael Pemberton, "KM & RM: Oil & Water?", *Information Management Journal* 2004(5-6), 2004.

Michael Piggott, "Building Collective Memory Archives", *Archives and Manuscripts* 33(1), 2005.

Michael Roper, "Archival Theory and the Principle of Provenance: A Summing-up", *The Principle of Provenance: First Stockholm Conference on Archival Theory and the Principle of Provenance 2-3 sept 1993*, Kerstin Abukhanfusa & Jan Sydbeck ed., Stockholm: Swedish National Archives, 1994.

Michel Duchein, "The History of European Archives and the Development of the Archival Profession in Europe", *American Archivist* 55(Winter), 1992.

Michel Duchein, "Theoretical Principles and Practical Problems of Respect des Fonds in Archival Science", *Archivaria* 16, 1983.

Montserrat Canela, Isabel Campo, Joan Domingo, Jordi Serra, "The Appraisal Process as a Way to Integrate the Archival Point of View in the Planning, Creation and Use of Electronic Records and Automated Systems: A Case Study", *Proceedings DLM-Forum on electronic Records*, 1996.

Normand Fortier, "Transparency, Compliance, and Accountability: Developing a Knowledge Infrastructure for Macroappraisal at Library and Archives Canada", *Archival Science* 5(2-4), 2005.

Ole Kolsrud, "The Evolution of Basic Appraisal Principles - Some Comparative Observations", *American Archivist* 55(Winter), 1992.

Patrick J. Cunningham, "IM: Invaluable New Business Tool or Records Management Nightmare?", *Information Management Journal* 2003(11-12), 2003.

Paul Sabourin, "Constructing a Function-Based Records Classification System: Business Activity Structure Classification System", *Archivaria* 51, 2001.

Paul Sutcliffe, "Building the Corporate Memory in the E-environment", *Records Management Journal* 13(2), 2003.

Per Granath, Stefan Alariksson, Sverker Axelsson, "Creating a System for Public Information: The Swedish Aid Agency's Transformation to Electronic Administration", *Records Management Journal* 14(1), 2004.

Peter Botticelli, "Records Appraisal in Network Organizations", *Archivaria* 49, 2000.

Peter Horsman, "Dirty Hands: A New Perspective on the Original Order", *Archives and Manuscripts* 24(1), 1996.

Peter Horsman, "Taming the Elephant: An Orthodox Approach to the Principle of

Provenance", *The Principle of Provenance: First Stockholm Conference on Archival Theory and the Principle of Provenance 2-3 sept 1993*, Kerstin Abukhanfusa & Jan Sydbeck ed., Stockholm: Swedish National Archives, 1994.

Peter J. Sigmond, "Form, Function and Archival Value", *Archivaria* 33, 1991~1992.

Raimo Pohjola, "The Principle of Provenance and the Arrangement of Records/Archives", *The Principle of Provenance: First Stockholm Conference on Archival Theory and the Principle of Provenance 2-3 sept 1993*, Kerstin Abukhanfusa & Jan Sydbeck ed., Stockholm: Swedish National Archives, 1994.

Reto Tschan, "A Comparison of Jenkinson and Schellenberg on Appraisal", *American Archivist* 65(Fall/Winter), 2002.

Richard J. Cox, "7 Paths to Developing or Sustaining RIM Programs", *Information Management Journal* 2006(3-4), 2006.

Richard J. Cox, "The End of Collecting: Toward a New Purpose for Archival Appraisal", *Archival Science* 2(3-4), 2002.

Richard J. Cox, "A Documentation Strategy Case Study: Western New York," *American Archivist* 52(Spring), 1989.

Robert J. McLean, "Developing and Maintaining an Effective Records Management Programme", *ISO Bulletin* 2002(2), 2002.

Robert Kretzschmar, "Archival Appraisal in Germany: A Decade of Theory, Strategies, and Practices", *Archival Science* 5(2-4), 2005.

Rosana Andres Diaz, "The Principle of Provenance and the Problems of Authenticity - Regarding Current Records and Their Transfer From Agency Archives to Other Archives in the System", *The Principle of Provenance: First Stockholm Conference on Archival Theory and the Principle of Provenance 2-3 sept 1993*, Kerstin Abukhanfusa & Jan Sydbeck ed., Stockholm: Swedish National Archives, 1994.

Russell Kelly, "The National Archives of Australia's New Approach to Appraisal", *Archives and Manuscripts* 29(1), 2001.

Russell McCaskie, "Corporate Governance, Decision Making and Evidence: An Information Management Perspective", *Records Management Journal* 9(2), 1999.

Sally McInnes, "Electronic Records: The New Archival Frontier?", *Journal of the Society of Archivists* 19(2), 1998.

Sarah J. A. Flynn, "The Records Continuum Model in Context and Its Implications for Archival Practice", *Journal of the Society of Archivists* 22(1), 2001.

Sharon Alexander-Gooding and Sonia Black, "A National Response to ISO 15489: A Case Study of the Jamaican Experience", *Information Management Journal* 2005(3-4), 2005.

Stephen Twigge, "The Appraisal of Electronic Records", *Manual on Appraisal(Draft): A Practical Guide for the Daily Problems of Appraising and Selecting Documents*, ICA/CAP, 2005.

Stuart Orr, "Functions-based Classification of Records: Is It Functional?", *Archives and Manuscripts* 34(1), 2006.

Sue McKemmish, "Placing Records Continuum Theory and Practice", *Archival Science* 1(4), 2001.

Sue McKemmish, "Are Records Ever Actual?", *The Records Continuum: Ian Maclean and Australian Archives First Fifty Years*, Sue McKemmish & Michael Piggott ed., Clayton: Ancora Press in association with Australian Archives, 1994.

Sue McKemmish, Glenda Acland, Nigel Ward, Barbara Reed, "Describing Records in Context in the Continuum: The Australian Recordkeeping Metadata Schema", *Archivaria* 48, 1999.

Sue Myburgh, "Competitive Intelligence: Bridging Organizational Boundaries", *Information Management Journal* 2004(3-4), 2004.

Susan Healy, "ISO 15489 Records Management: Its Development and Significance", *Records Management Journal* 11(3), 2001.

Susan L. Cisco, Karen V. Strong, "The Value Added Information Chain", *Information Management Journal* 1999(1), 1999.

Terence M. Eastwood, "Reflections on the Development Archives in Canada and Australia", *Archival Documents: Providing Accountability Through Recordkeeping*, Sue McKemmish & Frank Upward ed., Melbourne: Ancora Press, 1993.

Terry Cook, "Macroappraisal in Theory and Practice: Origins, Characteristics, and Implementation in Canada, 1950-2000", *Archival Science* 5(2-4), 2005.

Terry Cook, "Macro-appraisal and Functional Analysis: Documenting Governance rather than Government", *Journal of the Society of Archivists* 25(1), 2004.

Terry Cook, "Archival Science and Postmodernism: New Formulations for Old Concepts", *Archival Science* 1(1), 2001.

Terry Cook, "What is Past is Prologue: A History of Archival Ideas since 1898 and the Future Paradigm Shift", *Archivaria* 43, 1997.

Terry Cook, "The Concept of the Archival Fonds in the Post-Custodial Era: Theory, Problems and Solutions", *Archivaria* 35, 1993.

Terry Cook, "From Information to Knowledge: An Intellectual Paradigm for Archives", *Archivaria* 19, 1984.

Terry Eastwood, "Appraising Digital Records for Long-Term Preservation", *Data Science Journal* 30(3), 2004.

Terry Eastwood, "What is Archival Theory and Why is it Important?", *Archivaria* 37, 1994.

Terry Eastwood, "How Goes It with Appraisal?", *Archivaria* 36, 1993.

Terry Eastwood, "Archives and Social History", *Archivaria* 14, 1982.

Terry M. Campbell, "Archives and Information Management", *Archivaria* 28, 1989.

Tina Torres, "Creating a Process-Focused Retention Schedule", *Information Management Journal* 2006(9-10), 2006.

Tom Mills, "Strategic Approaches to Appraisal", *Manual on Appraisal(Draft): A Practical Guide for the Daily Problems of Appraising and Selecting Documents*, ICA/CAP, 2005.

Tom Nesmith, "Seeing Archives: Postmodernism and the Changing Intellectual Place of Archives", *American Archivist* 65(Spring/Summer), 2002.

Tom Nesmith, "Still Fuzzy, But More Accurate: Some Thougth on the 'Ghosts' of Archival Theory", *Archivaria* 47, 1999.

Tom Nesmith, "Archival Studies in English-speaking Canada and the North American Rediscovery of Provenance", *Canadian Archival Studies and the Rediscovery of Provenance*, Tom Nesmith ed., Metuchen, N.J.: SAA & ACA, Scarecrow Press, 1993.

Tom Nesmith, "Archives from the Bottom Up: Social History and Archival Scholarship", *Archivaria* 14, 1982.

Trudy Huskamp Peterson, "Archival Principles and the New Technology", *American Archivist* 47(Fall), 1997.

Wang Rongsheng & Wang Yusheng, "Archives Are Purposive Action of the Subject-of-act: On the Double Quality of Archives", *Janus*, 1996.

Yogesh Malhotra, "Why Knowledge Management Systems Fail? Enablers and Constraints of Knowledge Management in Human Enterprises", *Knowledge Management Lessons Learned: What Works and What Doesn't*, Medford, N.J.: Information Today Inc., 2004.

Zawiyah M. Yusof & Rebert W. Chell, "Towards a Theoretical Construct for Records Management", *Records Management Journal* 12(2), 2002.

山下貞麿, 「ナレッジマネジメントと記録管理」, 『情報管理』49(3), 科學技術振興機構, 2006.

小谷允志, 「コンブライアンスと記録管理」, 『情報管理』48(7), 科學技術振興機構, 2005.

▶ 번역논문

Frank Boles & Mark A. Greene, 「쉘렌버그, 너마저도?」, 『기록학의 평가론』, 오항녕 역, 진리탐구, 서울, 2005.

Frank Boles, 「평가론의 역사」, 『기록학의 평가론』, 오항녕 역, 진리탐구, 서울, 2005.

Helen Willa Samuels, 「누가 과거를 지배하는가」, 『기록학의 평가론』, 오항녕 역, 진리탐구, 서울, 2005.

Luciana Duranti, 「평가의 개념과 기록학」, 『기록학의 평가론』, 오항녕 역, 진리탐구, 서울, 2005.

NARS, 「사초의 내재적 가치」, 『기록학의 평가론』, 오항녕 역, 진리탐구, 서울, 2005.

Richard J. Cox, 「도큐멘테이션 전략과 사초 평가 원칙」, 『기록학의 평가론』, 오항녕 역, 진리탐구, 서울, 2005.

Theodore R. Schellenberg, 「현대 공공기록의 평가」, 『기록학의 평가론』, 오항녕 역, 진리탐구, 서울, 2005.

兪洁純, 王宏新, 「문건·당안관리 일체화의 이론과 실제」, 김명훈 역, 『기록학연구』9, 한국기록학회, 2004.

4. 웹사이트 논문 및 자료

Adrian Cunningham, "Some Functions Are More Equal than Others: The National Archives' Macro-Appraisal Project", NAA, 2005.
〈http://www.naa.gov.au/images/cunninghamjul05_tcm2-4903.pdf〉

Angelika Menne-Haritz, "Appraisal and Disposal of Electronic Records and the Principle of Provenance: Appraisal for Access-Not for Oblivion", *Principles of Appraisal and Their Application in Electronic Environment: European Models and Concepts*, Arkistolaitos, 2000. 〈http://www.narcfi/dlm〉

Australian Council of Archives, "Corporate Memory in the Electronic Age: Statement of a Common Position on Electronic Recordkeeping", 1996.

〈http://www.nla.gov.au/dna/tf2001/padi/policy/html〉

Australian Society of Archivists, NSW Branch, "Report on Talk Given by Kate Cumming on ISO 15489 and ARMA Conference", 2002. 3.
〈http://www.archivists.org.au/pubs/newsletters/nsw200203.html〉

Barbara Reed, "Capturing Electronic Transactional Evidence: The Future", *Records Continuum Research Group Publications*, 2000.
〈http://www.sims.monash.edu.au/research/rcrg/publications/brermac.html〉

Barbara Reed, "Archives of the New Millenium: Exploring the Archival Issues of the Early Twenty-first Century", *Records Continuum Research Group Publications*, 1998.
〈http://www.sims.monash.edu.au/research/rcrg/publications/brep2a.html〉

Chris Hurley, "Problems with Provenance", *Records Continuum Research Group Publications*, 1998.
〈http://www.sims.monash.edu.au/research/rcrg/publications/provenance.html〉

David Roberts, "The New Australian Records Management Standard", State Records New South Wales, 1998. 12.
〈http://www.records.nsw.gov.au/publicsector/rk/sacramento/sacramento.htm〉

Eljas Orrman, "Structural Complexity of Electronic Records as a Factor Guiding Decisions on Permanent Retention", *Principles of Appraisal and Their Application in Electronic Environment: European Models and Concepts*, Arkistolaitos, 2000. 〈http://www.narcfi/dlm/〉

ERPANET, CODATA, *The Selection, Appraisal and Retention of Digital Scientific Data*, ERPANET, CODATA Workshop(Final Report), Lisbon: Biblioteca Nacional, 2003. 〈http://www.erpanet.org/events/2003/lisbon/LisbonReportFinal.pdf〉

Frank Upward, "Structuring the Records Continuum-Part 2: Structuration Theory and Recordkeeping", *Records Continuum Research Group Publications*, 1997.
〈http://www.sims.monash.edu.au/research/rcrg/publications/recordscontinuum /fupp2.html〉

Frank Upward, "Structuring the Records Continuum-Part 1: Postcustodial Principles and Properties", *Records Continuum Research Group Publications*, 1996. ⟨http://www.sims.monash.edu.au/research/rcrg/publications/recordscontinuum/fupp1.html⟩

Hans Hofman, *Metadata and Management of Current Records in Digital Form*, ICA/CER-Committee on Electronic and Other Current Records, 2000. ⟨http://www.ica.org/sites/default/files/metadata_eng.html⟩

Heather Briston, "Keeping an Account: The Role of Archives and Archivists in Accountability", 15th International Congress on Archives, 2004. ⟨http://www.wien2004.ica.org/imagesUpload/pres_56_BRISTON_BEN06.pdf⟩

Helen Mercer, TNA Inspection and Client Manager Unit, *How to Compile an Appraisal Report*(version 2), TNA, 2006. ⟨http://www.nationalarchives.gov.uk/documents/appraisal_report_v2.pdf⟩

Helen Mercer, TNA Inspection and Client Manager Unit, *Preparation for Undertaking Review of Paper Records*(version 2), TNA, 2006. ⟨http://www.nationalarchives.gov.uk/documents/preparation_paper_review. pdf⟩

Helen Mercer, *Appraisal Policy*(version 1), TNA, 2004. 8. ⟨http://www.nationalarchives.gov.uk/recordsmanagement/selection/pdf/appraisal_policy.pdf⟩

Hermann Rumschöttel, "Archives and Historical Research: A Connection to Redefine?", 15th International Congress on Archives, 2004. ⟨http://www.wien2004.ica.org/imagesUpload/pres_357_Rumschoettel_A-FRA-CHAN01.pdf⟩

Howard Davies, "Selection Policies for All: The Advent of Generic Operational Selection Policies for Use across Government", *Record Keeping* 8, TNA, 2006. ⟨http://www.nationalarchives.gov.uk/documents/spring2006.pdf⟩

ICA, Committee on Appraisal, "Bibliography on Appraisal(Draft)", ICA, 2004. ⟨http://www.ica.org/sites/default/files/BibliogCAPdraft.pdf⟩

InterPARES Project, "Activity Definitions: A Model of the Selection Function", *The Long-term Preservation of Authentic Electronic Records: Findings of the InterPARES Project*, 2001.

〈http://www.interpares.org/book/interpares_book_m_app04ii.pdf〉

InterPARES Project, "Model Diagrams: A Model of the Selection Function", *The Long-term Preservation of Authentic Electronic Records: Findings of the InterPARES Project*, 2001.

〈http://www.interpares.org/book/interpares_book_m_app04i.pdf〉

InterPARES Project, "Appraisal Task Force Report", *The Long-term Preservation of Authentic Electronic Records: Findings of the InterPARES Project*, 2000.

〈http://www.interpares.org/book/interpares_book_e_part2.pdf〉

InterPARES Project, "Appraisal of Electronic Records: A Review of Literature in English", *The Long-term Preservation of Authentic Electronic Records: Findings of the InterPARES Project*, 2000.

〈http://www.interpares.org/book/interpares_book_l_app03.pdf〉

InterPARES 2 Project, *Preservation Guidelines-Preserving Digital Records: Guidelines for Organizations.*[cite 2008. 4]

〈http://www.interpares.org/ip2/display_file.cfm?doc=ip2(pub)preserver_guidelines_booklet.pdf〉

InterPARES 2 Project, *A Framework of Principles for the Development of Policies, Strategies and Standards for the Long-term Preservation of Digital Records*(Final: public), 2008. 3.

〈http://www.interpares.org/ip2/display_file.cfm?doc=ip2(pub)policy_framework_document.pdf〉

InterPARES 2 Project, "Business-Driven Recordkeeping(BDR) Model(Consultation Draft)", 2007. 8.

〈http://www.interpares.org/ip2/ip2_models.cfm〉

InterPARES 2 Project, "Definitions of Activities of the BDR Model(version 5)", 2007. 7.

〈http://www.interpares.org/display_file.cfm?doc=ip2_BDR_model(consultati on_draft_20070730).pdf〉

Jari Lybeck, "Appraisal 2000: A Project of the Finnish National Archives and Its International Context", *Principles of Appraisal and Their Application in Electronic Environment: European Models and Concepts,* Arkistolaitos, 2000.
〈http://www.narcfi/dlm/〉

JMCL, "Process-Driven Retention Scheduling", *Records Management Society Bulletin* 94, 1999. 〈http://www.jmcl.net/paper1.htm〉

John Carlin, "Ready Access to Essential Evidence: The Strategic Plan of the National Archives and Records Administration 1997-2008", 2003.
〈http://www.archives.gov/about/plans-reports/strategic-plan/2003〉

LAC, "Multi-Institutional Disposition Authorities", LAC, 2005.
〈http://www.collectionscanada.gc.ca/information-management/007/007007-1008-e.html〉

LAC, "BASCS Guidance", LAC, 2003.
〈http://www.collectionscanada.ca/information-management/002/007002-2089-e.html〉

LAC, "Government-Wide Plan for Disposition of Records, Version 5: 1999", LAC, 2000.
〈http://www.collectionscanada.gc.ca/information-management/0625/0625.html〉

Laura Millar, "Evidence, Memory, and Knowledge: The Relationship between Memory and Archives", 15th International Congress on Archives, 2004.
〈http://www.wien2004.ica.org/imagesUpload/pres_166_MILLAR_ZMIL01.pdf〉

Mats Burell, "Appraisal and Information Theory", *Principles of Appraisal and Their Application in Electronic Environment: European Models and Concepts,* Arkistolaitos, 2000. 〈http://www.narcfi/dlm/〉

Michael Piggott, "Appraisal: The State of the Art", ASA South Australia Branch Workshop Paper, 2001.

〈http://www.archivists.org.au/sem/misc/piggott.html〉

Michael Steemson, "RM Standard ISO 15489 Takes the World by Storm", 2002. 〈http://www.caldeson.com/1548902.html〉

Michael Steemson, "ISO 15489: Set It to Music? You Are Gonna Need It!", 2001. 〈http://www.caldson.com/iso15489.html〉

Mike Marsh, "The Nexus & Praxis of Records Management and Archives: Is There a Difference? The Changing Role and Status of Records Managers in the Context of International (Global) Business Environment", 15th International Congress on Archives, 2004. 〈http://www.wien2004.ica.org/imagesUpload/pres_171_MARSH_B-ARMA%2001.pdf〉

NAA, *Sentencing*, NAA, 2007. 〈http://www.naa.gov.au/Images/Sentencing%20-%20final%20for%20editing_tcm2-6108.pdf〉

NAA, "Macro-appraisal Project: Results of Consultation", NAA, 2006. 6. 〈http://www.naa.gov.au/recordkeeping/disposal/appraisal/Macro-appraisalreport.html〉

NAA, "Whole-of-Government Functional Analysis: The Relative Significance of Functions of the Australian Government, 1975-2005", NAA, 2006. 6. 〈http://www.naa.gov.au/recordkeeping/disposal/appraisal/Wholeof-government-functional-analysis.html〉

NAA, "Management Accountability", *NAA Annual Report 2006-07*, NAA, 2006. 〈http://www.naa.gov.au/ar2007/managment_accountability.html〉

NAA, "How Long Should Records Be Kept", *Keeping Electronic Records*.[cite 2006. 6]. 〈http://www.naa.gov.au/recordkeeping/er/keeping_er/how_long.html〉

NAA & Australian Government, *Provisional Macro-appraisal Rankings of the Functions of the Australian Government, 1975-2004*, NAA, 2005.5. 〈http://www.naa.gov.au/recordkeeping/disposal/appraisal/provisional_rankings.

pdf〉

NAA, *Appraisal*, NAA, 2003.

〈http://www.naa.gov.au/recordkeeping/disposal/appraisal/intro.html〉

NAA, *Macro-Appraisal*(Revisions), NAA, 2003.

〈http://www.naa.gov.au/recordkeeping/disposal/appraisal/macro-appraisal.html〉

NAA, *Over of Classification Tools for Records Management*, NAA, 2003.

〈http://www.naa.gov.au/Images/classifcation%20tools_tcm2-1030.pdf〉

NAA, *Why Records are Kept: Directions in Appraisal*(Revisions), NAA, 2003.

〈http://www.naa.gov.au/Images/Why%20records%20are%20kept%5B1%5D_tcm

2-4856.pdf〉

NAA, "Information Management, Knowledge Management and Recordkeeping",
Archives Advice 56, NAA, 2001.

〈http://www.naa.gov.au/recordkeeping/rkpubs/advices/advice56.html〉

NARA, *Tips for Scheduling Potentially Permanent Digital Geospatial Data
Records.*[cite 2007. 9]

〈http://www.archives.gov/records-mgmt/publications/geospatial-tips.pdf〉

NARA, *Tips for Scheduling Potentially Permanent Digital Photographic Records.*[cite
2007. 9]〈http://www.archives.gov/records-mgmt/publications/photo-tips.pdf〉

NARA, *Tips for Scheduling Potentially Permanent E-mail Messages.*[cite 2007. 9]

〈http://www.archives.gov/records-mgmt/publications/email-tips.pdf〉

NARA, *Tips for Scheduling Potentially Permanent Records in Portable Document
Format(PDF).*[cite 2007. 9]

〈http://www.archives.gov/records-mgmt/publications/pdf-tips.pdf〉

NARA, *Tips for Scheduling Potentially Permanent Scanned Images of Textual
Records.*[cite 2007. 9]

〈http://www.archives.gov/records-mgmt/publications/textual-tips.pdf〉

NARA, *Tips for Scheduling Potentially Permanent Web Content Records.*[cite 2007.
9]〈http://www.archives.gov/records-mgmt/publications/web-tips.pdf〉

Peter Horsman, "Appraisal and Disposal as a Function of Records Management Systems", *Principles of Appraisal and Their Application in Electronic Environment: European Models and Concepts*, Arkistolaitos, 2000.
〈http://www.narcfi/dlm/〉

Philip C. Bantin, "Strategies for Managing Electronic Records: A New Archival Paradigm? An Affirmation of Our Archival Traditions?", *Archival Issues*, 1999. 〈http://www.indiana.edu/~libarch/ER/macpaper12.pdf〉

Raimo Pohjola, "Appraisal and Disposal of Electronic Records", *Principles of Appraisal and Their Application in Electronic Environment: European Models and Concepts*, Arkistolaitos, 2000. 〈http://www.narcfi/dlm/〉

Records Management Office, Archives Authority of New South Wales, "Steering into the Future: Electronic Recordkeeping in NSW", *Electronic Records Research 1997*, Archives & Museum Informatics, 1998.
〈http://www.archimuse.com/erecs97/Steeri~1.rtf〉

Richard Brown, "Preserving the Archival and Historical Memory of Government", 2001.
〈http://www.collectionscanada.gc.ca/information-management/007/007007-1042-e.html〉

Robert Edwards, "With Respect to Original Order: Changing Values in Archival Arrangement", *AABC News Letter* 11(1), 2001.
〈http://aabc.bc.ca/aabc/newsletter/11_1/with_respect_to_original_order.htm〉

Sue McKemmish & Glenda Acland , "Archivists at Risk: Accountability and the Role of the Professional Society", *Records Continuum Research Group Publications*, 1999.
〈http://www.sims.monash.edu.au/research/rcrg/publications/archive1.html〉

Sue McKemmish, "The Smoking Gun: Recordkeeping and Accountability", *Records Continuum Research Group Publications*, 1998.
〈http://www.sims.monash.edu.au/research/rcrg/publications/recordscontinuum/

smoking.html〉

Sue McKemmish, "Evidence of Me.....", *Records Continuum Research Group Publications*, 1996.

〈http://www.sims.monash.edu.au/research/rcrg/publications/recordscontinuum/smckp1.html〉

Sue McKemmish, "Understanding Electronic Recordkeeping Systems: Understanding Ourselves", *Records Continuum Research Group Publications*, 1994.

〈http://www.sims.monash.edu.au/research/rcrg/publications/smckeram.html〉

Terry Cook, "Appraisal Methodology: Macro-Appraisal and Functional Analysis - Part A: Concepts and Theory", 2001.

〈http://www.collectionscanada.gc.ca/information-management/007/007007-1035-e.html〉

Terry Cook, "Appraisal Methodology: Macro-Appraisal and Functional Analysis - Part B: Guidelines for Performing an Archival Appraisal on Government Records", 2001.

〈http://www.collectionscanada.gc.ca/information-management/007/007007-1041-e.html〉

Terry Cook, "Beyond the Screen: The Records Continuum and Archival Cultural Heritage", Paper delivered at the Australian Society of Archivists Conference, Melbourne, 2000.

〈http://www.archivists.org.au/sem/conf2000/terrycook.pdf〉

Terry Cook, "Are the Administrative and Cultural Value of Archives Compatible?", Monash University Appraisal Seminar Paper, 1999.

〈http://www.recordkeeping.com.au/march99/terrycookadmincultural.html〉

Terry Eastwood ed., "Appraisal of Electronic Records: A Review of the Literature in English", *The Long-term Preservation of Authentic Electronic Records: Findings of the InterPARES Project*, 2002.

〈http://www.interpares.org/book/interpares_book_1_app03.pdf〉

TNA, "The National Archives and the Selection of Records for Permanent
    Preservation".[cite 2007. 10]

〈http://www.nationalarchives.gov.uk/recordsmanagement/selection/acquisition.
htm〉

TNA, *Acquisition and Disposition strategy*, TNA, 2007. 3.

〈http://www.nationalarchives.gov.uk/documents/acquisition_strategy.pdf〉

TNA, "Acquisition Policy".[cite 2005. 9. 30]

〈http://www.nationalarchives.gov.uk/recordsmanagement/selection/acquisition.
htm〉

TNA, Appraisal Project Board, *The National Archives Appraisal Policy Background
    Paper - The 'Grigg System' and beyond*, TNA, 2004.

〈http://www.nationalarchives.gov.uk/recordsmanagement/selection/pdf/back
ground_appraisal.pdf〉

TNA, *Evaluating Information Assets: Appraising the Inventory of Electronic Records*,
    TNA, 2002.

〈http://www.nationalarchives.gov.uk/documents/appraisal_toolkit.pdf〉

TNA, *Management, Appraisal and Preservation of Electronic Records*(Vol. 1:
    Principles), TNA, 1999.

〈http://www.nationalarchives.gov.uk/electronicrecords/advice/guidelines.htm〉

TNA, Management, Appraisal and Preservation of Electronic Records(Vol. 2
    Procedures), TNA, 1999.

〈http://www.nationalarchives.gov.uk/electronicrecords/advice/guidelines.htm〉

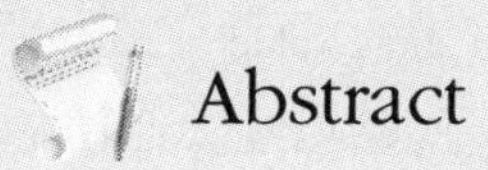

Abstract

Appraisal of Electronic Records

Kim, Myoung-Hun

This study begins with an assertion that archival science is prior to explore meaning and role of record management in given environments rather than developing record management methodology. Electronic record environments don't merely mean to exchange record management medium from paper to digital. The most important point exploring in electronic record environments is not management skills or methods, but meaning of records and role of record management in contemporary society. From this perspective, it is necessary of fundamental studies about meaning and direction of current record management and primary value of records for utilizing in knowledge-based society to renew meaning and role of electronic record management in contemporary society.

For this purposes, this study explores appraisal issue in electronic record environments. The characters of electronic records as a logical object cause to recognize electronic records as not by-products of business but evidence reflecting business process. And they are come to the first consideration for primary value of records in current stage prior to secondary value in non-current stage. This will mean that appraisal in electronic record environments is different from traditional appraisal system that mainly is based on paper records. The study on appraisal of electronic record environments will explore meaning and role of electronic record management in recently social environments in that it will show value of records which need to use for running organization and performing business, and direction of current record management supporting business activities.

Appraisal is the field which has carried out the most considerable debates on the theory and practice among archival science. Until now, most parts of studies on appraisal have focused on selecting secondary value of non-current records. Much of these debates and dialogues in North America have initially focused on the merits of the appraisal theory and methodology created at the National Archives in the period from the 1940s to the 1950s, and articulated primarily in the writings of Theodore Schellenberg. But these studies have regarded records as a by-product of business. For this reason, appraisal is considered to selecting secondary value of non-current records, and there are no studies about primary value of records.

In the meantime, the studies about appraisal of electronic record environments that have presented since 1990's mainly have focused on computer technologies or methodologies. This is because that computer technologies are substantial to appraisal of electronic records. But the trend of thought that appraisal of electronic records is equal to appraisal of paper records in aspect of selecting value of records is more substantial factor to this trend of studies. The discuss about appraisal of electronic record environments can not focus on computer technologies or methodologies. As meaning and role of record management have continually changed over the times, as appraisal also must reanalyze facing with recently electronic record environments. And then if appraisal is a basic function that selects records based on value, and if value of records changes according to given environments, the matter of value of electronic records has to occupy the heart of a matter in discussion for appraisal of electronic record environments.

Based on these purposes, chapter 1 examines characters of appraisal in electronic record environments comparing traditional appraisal mainly based on paper records. In electronic records environment, appraisal is different from traditional appraisal system. Since electronic records don't have physical entity and strongly depend on computer technologies, record professional fall into various dilemma in appraisal of electronic records. Moreover, because creation environment of electronic records is remarkably complex and diversified, appraisal of electronic records cannot be done until the later stages of the life cycle of the records. For this purpose, this chapter analyzes the differences between appraisal of electronic records and traditional appraisal system based on paper records in view of recordness of electronic record.

Chapter 2 is an analysis of the direction of 'business-friendly' record management in electronic record environments. This takes aim at investigating mean of appraisal in electronic record environments. Unlike paper record environments in which archive management has occupy a core phase of whole record management at the separated record management process based on the Life-cycle, electronic record environments reinforce the role of current record management for running organization and performing business. Supporting this assertion, this chapter first examines the term of 'evidence' that arises as a core element for definition of records in electronic record environments, and then investigates the interrelationship of business, record and record management through natures of electronic records; based on Record Continuum theory substituting Life-cycle theory, proves to reinforce the interrelationship of business, record and record management; suggests the direction of 'business-friendly' record management in electronic record environments which means paradigm shift in record management. Ultimately, this paradigm shift enforcing roles of current record management lights the nature of appraisal in electronic record environments.

Assuming appraisal is a core field to realize business-friendly record management, chapter 3 aims to analyze implications of appraisal based on ISO 15489 which has been established to international standard for record management in electronic record environments. First, this chapter examines the meanings as international standard for record management in electronic record environments, and then extracts factors of business-friendly record management from provisions of ISO 15489. Finally, this chapter investigates appraisal logic of ISO 15489 so as to analyze implications of appraisal in the electronic record environments. Implications of appraisal based on ISO 15489 in the electronic record environments are set on selecting electronic records in connected with context in which electronic records are created; selecting electronic records that need at business activities; selecting electronic records that have recordness prescribing ISO 15489.

Based on appraisal logic of ISO 15489 in electronic record environments, chapter 4 analyzes appraisal system and method concretely. This chapter investigates a model on appraisal system of electronic records established by InterPARES project 1. And then this chapter minutely examines Functional Appraisal that focuses on not content but function in which the records are created. Taking everything into consideration, Functional Appraisal in electronic record environments constitutes consecutive process that is performed organically in pre-creation stage of records. Ultimately appraisal in electronic record environments is organic process selecting electronic records across phases of whole record management, which assure business context and recordness, and need to run organization and perform business.

Chapter 5 aims to discuss limits of Functional Appraisal and grope for direction for supplementing limits of Functional Appraisal. There are also limits in the other side of Functional Appraisal that performs inevitably in electronic record environments. Appraisal in electronic record environments based on Functional Appraisal reinforces to select current values of records. But it has limits about selecting non-current values of records such as historical value or social value because it bases on business analysis in pre-creation stage. Therefore this chapter discusses limits of Functional Appraisal, and then suggests the necessity of archival appraisal strategies that complement Functional Appraisal. To investigate this archival appraisal strategies, this chapter analyzes Australia's Whole-of-Government Functional Analysis, United Kingdom's Acquisition Policy and Appraisal Policy, Germany's Cooperative Cross-Archives Appraisal and Canada's Macro Appraisal. Ultimately, these analyses is able to establish the base of the appraisal regime of public records which will harmonize primary value at current stage with secondary value at non-current stage in a national point of views.

Based on the studies above, chapter 6 proposes the improvement directions on appraisal regime and methods of Korea in electronic record environments from the perspective of long-term views as follows. First, business functional analysis of each agency in Functional Appraisal should greatly strengthen. Second, it is necessary to devise proper methods for selecting primary values at current stage of electronic records, and to reinforce appraisal of records as knowledges and informations. Finally, Functional Appraisal, which inevitably carries out for appraising electronic records, has defects in aspect of selecting archives important in a national point of views. Therefore this chapter suggests the necessity of archival appraisal strategies that complement Functional Appraisal. This appraisal system is able to establish a base of the regime of archival appraisal which will harmonize primary value at current stage with secondary value at non-current stage in a national point of views. Finally, chapter 7 establishes the appraisal process of electronic records based on record management process of ISO 15489 so as to develop the integrated appraisal process model of electronic records; suggests the development directions of appraisal in knowledge-based society.

This study provides a clue which can grope for meaning and role of record management and establish identity of record management in electronic record environments. European and North American scholars have focused on the point at issue of evidence since 1990s to establish identity of record management in electronic record environments, which is distinguished from information management and knowledge management etc. However this study suggests that meaning and role of record management in electronic record environments should go over issue of evidence; demonstrates paradigm shift enforcing roles of current record management in electronic record environments; provides theoretical discussions about the direction of business-friendly record management that significantly charge of running organization and performing business.

Viewing that most of studies on appraisal have focused on selecting secondary value of non-current records until now, this study has also significance in that presents theoretical discussions about natures of appraisal in electronic record environments enforcing selection of primary value of records. And it is meaningful for arguing appraisal of electronic records in connecting with paradigm shift in electronic record environments, and analyzing appraisal of electronic records as independent subject profoundly and synthetically.

Finally, this study has significance in that presents the whole national regime of appraisal in electronic record environments. It is able to establish the regime of appraisal which will harmonize primary value at current stage with secondary value at non-current stage in a national point of views. That is to say, on the one hand it reinforces to evaluate primary value of records being necessity for running organization and performing business through environments analysis and business analysis in pre-creation stage; on the other hand it provides a ground that can build up social shapes and collective memories through contemporary representative records based on a obvious appraisal policy. Ultimately, it has also significance in that provides a clue for solving a pluralistic problem that presents in record continuum theory and is not resolved till now.

저자 **김명훈**

건국대학교 및 동대학원 사학과를 졸업하였으며, 한국기록관리학교육원 기록관리전문요원과정을 거쳐 한국외국어대학교 대학원 정보기록관리학과에서 박사학위를 취득하였다. 서울중국학연구중심 연구원과 한국국가기록연구원 선임연구원을 역임하였고, 한국외국어대학교 기록학연구센터 책임연구원 및 한국외국어대학교 대학원 겸임교수로 활동하고 있다.

주요 저서로서는 『출처주의와 현대 기록관리』(한국국가기록연구원, 2003), 『전자기록관리의 이해』(한국국가기록연구원, 2004, 공저) 등이 있으며, 역서로는 『재무기록물 관리』(진리탐구, 2003), 『기록관리법 모델』(진리탐구, 2004), 『전자기록물 관리』, (진리탐구, 2005), 『기록관리직군을 위한 직제 모형』(진리탐구, 2006) 등이 있다.

주요 연구논문으로는 「공공기록물의 평가방식에 대한 이론적 고찰 : 선별방식 및 가치범주를 중심으로」(『기록학연구』6, 2002), 「공공기록물의 분류 원리 : 출처주의에 대한 이론적 검토」(『기록보존』16, 2003), 「전자기록 환경에서의 평가에 관한 연구」(『기록학연구』11, 2005), 「전자기록물의 평가에 관한 기반 연구」(『기록보존』18, 2005), 「사진 디지털아카이브 구축에 관한 연구 : 민주화운동 사진기록을 중심으로」(『정보관리연구』37-3, 2006), 「전자기록 환경에서의 업무친화적 기록관리 향방 분석」(『정보관리연구』38(4), 2007), 「매뉴스크립트 평가체제 구축에 관한 연구」(『한국기록관리학회지』8(1), 2008), 「전자기록 환경에서의 세계 각국 평가체제 개편에 관한 연구」(『정보관리연구』39(2), 2008), 「전자기록 환경에서의 기능평가 프로세스 분석」(『정보관리연구』39(4), 2008), 「전자기록 환경 하의 현행 평가제도 개선방향 분석 : 평가방식 및 평가체제를 중심으로」(『기록학연구』19, 2009) 등이 있다.

전자기록 평가론

초판1쇄 인쇄 : 2009년 6월 26일
초판1쇄 발행 : 2009년 7월 1일

지은이 : 김명훈
펴낸이 : 조영재
펴낸곳 : 新진리탐구 출판사
주소 : 서울시 마포구 동교동 197-8
전화 : 02-322-3072
팩스 : 02-322-3073
E-mail : plusma@naver.com
등록 : 2009년 1월 28일
등록번호 : 제313-2009-15호

※ 저자와 협의하에 인지를 생략합니다.

값 28,000원
ISBN 978-89-962366-1-0 (94000)